供应链物流管理

尤妙娜◎主编

SUPPLY CHAIN LOGISTICS MANAGEMENT

企业管理出版社
EMPH ENTERPRISE MANAGEMENT PUBLISHING HOUSE

图书在版编目（CIP）数据

供应链物流管理 / 尤妙娜主编. -- 北京 : 企业管理出版社, 2022.4
ISBN 978-7-5164-2572-5

Ⅰ.①供… Ⅱ.①尤… Ⅲ.①供应链管理—物流管理—高等学校—教材 Ⅳ.①F252.1

中国版本图书馆CIP数据核字(2022)第037236号

书　　名：供应链物流管理
作　　者：尤妙娜
责任编辑：张　羿
书　　号：ISBN 978-7-5164-2572-5
出版发行：企业管理出版社
地　　址：北京市海淀区紫竹院南路17号　邮编：100048
网　　址：http：//www.emph.cn
电　　话：编辑部（010）68701661　发行部（010）68701816
电子信箱：26814134 @qq.com
印　　刷：北京联兴盛业印刷股份有限公司
经　　销：新华书店
规　　格：710毫米×1000毫米　1/16开本　20.75印张　350千字
版　　次：2022年4月第1版　2022年4月第1次印刷
定　　价：88.00元

前言

当今社会的商业环境下，企业运营模式正在发生巨大的变革，协同、合作已经成为企业界的主旋律。供应链上的企业不再作为孤立的实体，而是作为一个企业群体的成员参与竞争。在各个企业协同作业的过程中，因为产品的消费地点与生产供应地点不同、消费时间与生产时间不同、企业的分工不同，产品从上游向下游流动要经过运输、包装、库存以及客户服务等各个环节，所以也必然存在供应链与物流管理的活动。

为了满足应用型人才培养的需要，本书紧密结合当前供应链物流的发展状况，以及我国改革开放后的供应链物流管理实践，吸收了近年来供应链物流管理教材建设和教学实践中总结出的新知识、新内容、新体系，系统介绍了供应链与物流管理领域的基础概念和基础理论，阐述了供应链管理与物流之间的关系，对供应链的类型和构建策略、供应链的管理策略进行了分析，尽可能地吸纳近几年来发展起来的新理论、新方法，以引导学生掌握本领域的前沿知识。

本书是基于湛江科技学院一流专业建设项目（PPJH2021009）、工商管理重点建设学科项目（CJXK201801）、学科建设与科学研究项目（CJ19CXQX026）等项目的研究成果，由尤妙娜主编而成。

全书共分为 11 章，包括供应链物流管理概述、供应链与物流管理组织体系、供应链采购物流管理、供应链库存管理与控制、供应链中的生产物流管理、供应链营销物流管理、供应链物流成本管理、供应链物流管理中的信息技术、供应链管理下的供应商选择与合作、供应链物流系统绩效评价与激励、供应链风险管理等。本书重点突出，深入浅出，逻辑体系性强，便于学习，并在每章后附有复习思考题及相关案例，增强了其实用性。

由于编者水平所限，书中如有不足之处敬请读者批评指正，以便修订时改进。如读者在使用本书的过程中还有其他意见或建议，恳请向编者提出宝贵意见。

尤妙娜

2021 年 10 月

目录

第一章　供应链物流管理概述

第六章　供应链营销物流管理

第七章　供应链物流成本管理

第一章　供应链物流管理概述

第一节　现代物流概述

一、现代物流的产生与发展

（一）现代物流的产生

1. 物流的历史

物流活动从人类从事产品交换时就已经存在。一般而言，物流是与商流相伴而生的，商品生产是物流产生的客观基础。然而，远在商品流通出现之前，甚至人类还在进化的朦胧时期，物流这种形态就已存在。自然界中存在的劳动工具的运动以及后来与农业生产相关的另一种形态——仓储，都是物流的雏形。我国在先秦时期就形成了仓储理论和思想，有“储”与“商”两个领域。在早期的物流活动中，运输和仓储成为主体活动，主要表现在生产性和流通性的领域之中。尽管物流活动在人类社会的生产活动和交易行为中早就存在，但物流作为一个与商流分离的独立领域，形成的历史还不长。物流一词最早起源于美国，从 20 世纪 50 年代起物流进入新的发展阶段，成为一个组织化、系统化的新型产业。随着经济的发展、科技的进步，物流正向着专业化、规模化、信息化和国际化的趋势快速发展。

2. 物流产生的根源

（1）生产和消费在时间上的分离。

人类社会开始商品生产之后，生产和消费逐渐分离，这就诞生了连接生产和消费的中间环节——流通。马克思在描述流通的这种地位时说：“流通和生产本身一样重要。”恩格斯也说过：“这两种职能在每一瞬间都互相制约，并且互相影响。”随着工业文明的崛起、社会生产和消费水平及规模的扩大和发展，以及大生产和专业化分工方式的采用，使现代的生产和消费在空间、时间以及人这三个要素上都表现为分离的形式。将生产和消费在空间上连接就需要进行物资输送；在时间上连接就需要进行物资储存；将生产和消费的人连接，就需要进行商品的买卖与交换。商品的运输、储存以及与此相联系的包装、装卸等物资实物流动即形成物流。物流产生的根源就在于生产与消费在时间和空间上的分离。

20 世纪 50 年代以后，由于生产的发展，产品逐渐丰富，使得生产和消费的分离越来越普遍。但是生产和消费的有效连接存在着难度，而与此同时人们要求流通的时间却越来越短。马克思指出：“流通的时间越等于零或越接近于零，资本的职能就越大，资本的生产效率就越高，它的自行增值就越大。”产需分离、劳务分工越来越彻底，并逐步扩大到城市分工、地区分工，进而走向大规模的集约化和国际化。这就需要依靠流通来弥补这种分离和分工，由此进一步促进了物流的迅速发展。

（2）经济的必要性。

第二次世界大战以后，世界各国经济环境都发生了巨大的变化，尤其是石油危机的爆发使主要的资本主义国家和企业开始面对提高利润和市场条件不稳定的压力。在大机器生产的条件下，流通成本相对于生产成本而言有上升的趋势，影响了商品的竞争力，而在生产中依靠提高生产效率却很难取得显著降低费用的目的。物流作为提高生产效率、控制与减少成本的一种重要途径，不断受到关注，促进了其发展。

3. 物流产生的背景和条件

20 世纪 50 年代以后，经济的发展促使市场竞争越发激烈，生产中各个重要的环节逐渐趋于专业化，物流与商流分离的情况更加突出。工业化进程的加快以及大批量生产和销售的实现，使生产成本相对下降，这就在一定程度上刺激了消费。市场的繁荣、商品的丰富，也促使流通领域出现了超级市场、商业街等大规模的物资集散场所。随着科学技术的不断发展，人们开始使用现代的流通技术和设备，提高了物资流通的速度和能力，使得商品的流通成本相对于生产成本有了降低的可能和趋势。经济的迅速发展也使市场逐渐成熟，经营观念由“生产导向”开始转向“市场导向”，一切都要适应市场的需要，高效的物流服务成为企业确保竞争力的重要手段。

正是在这种背景下，从降低成本、联结产品和迎合市场营销观念的角度，物流孕育而生。物流活动使其各个环节相互连接，实现物资的时间和空间效果，使原来处于分散、从属、孤立的各项物流活动联结起来，形成了一个物流大系统。

4. 现代物流的产生

20 世纪初，人们开始重视降低物资采购及产品的销售成本，技术的发展也为大批量配送提供了条件，物流于是脱离了原有的“仓储和运输就是物流”或“配送即物流”的传统层面，开始作为一个产业，逐步向组织化、系统化方向发展。

物流的英文名 Physical Distribution（PD）一词，最早出现在流通领域的营销活动中，由“现代管理学之父”德鲁克提出。1901 年，格鲁威尔在美国政府工作报告中第一次论述了对农产品配送成本产生影响的各种因素，揭开了人们对物流认识的序幕。后来美国的阿奇·萧在《市场分销中的若干问题》一书中，指出“物流是与创造需要不同的一个问题”，并提到“物资经过时间或空间的转移，会产生附加价值”，由此正式提出了“Physical Distribution”的概念，有人将它译成“实体分销”，也有人译成“物流”。第二次世界大战期间，美国军队围绕战争期间军需物资的供应建立了现代军事后勤（Logistics），即指战略物资的生产、采购、运输、仓储、配送等全过程的管理，战争中叉车技术的大量采用，装卸、搬运、运输、保管等独立的功能要素对物流的形成起到了巨大的推动作用，由此形成了一门“后勤管理”（Logistics Management）学科。“二战”后，物流开始在企业组织机构中得到应用，涉及运输、仓储、包装和物资搬运，已初具物流理论认识的核心。少数商业公司还设立了流通经理一职，负责运输、仓储、包装和搬运等物流业务。而到 20 世纪 50 年代后期，物流才被西方的企业组织广泛采用。现在欧美很多国家定义物流概念时更多地使用“Logistics”而不是“Physical Distribution”，此时的物流就不单纯是考虑从生产者到消费者的货物配送问题，而且还要考虑从供应商到生产者对原材料的采购，以及生产者本身在产品制造过程中的运输、保管和信息等各个方面，全面、综合性地提供经济效益和效率的问题。因此现代物流是以满足消费者的需求为目标，把制造、运输、销售等市场情况统一起来思考的一种战略措施。

（二）现代物流管理的发展与演变

现代经济社会生产经营方式的规模化、全球化、国际化发展，客观上要求专业化、规模化、系统化、网络化的现代物流提供强有力的支持和保证。现代物流是通过信息把运输（配送）、保管、装卸、包装、流通加工等基本活动要素集成在一起，实现物质实体从供应者向需求者转移的过程，其主要功能是消除商品生产和消费之间的空间、时间距离，创造空间和时间效用。国外有学者称，21 世纪是速度经济时代，谁掌握了物流，谁就掌握了市场，所以现代物流管理被放到了企业发展的战略高度来加以研究和实施。

1. 现代物流管理的形成——实体分销管理

20 世纪 60 年代，当西方管理科学的重心开始从生产领域转到非生产领域时，实体分销管理（Physical Distribution Management，PDM）的概念开始形成并受到重视。1962 年，美国学者道拉卡在《财富》杂志上发表的一篇论文《经济的黑暗大陆》中指出，消费者所支出的商品价格约 50% 是与商品流通活动相关的费用，物流领域是降低成本的最后边界。当时，物流以外活动领域的管理已经得到改善，生产领域的机械化、自动化取得进展，计算机在事务处理方面得到应用，销售方面采用了科学的营销方法，剩下的领域只有物流领域。因此，以降低成本、减少资金占用、缩短生产周期为主要目标的物流合理化被称作继"节约原材料""提高劳动生产率"之后的"第三利润源"和"最重要的竞争领域"，物流各功能活动的综合管理开始得到推进。其特征是：将销售领域存在的运输、保管、库存管理、配送等活动，以信息系统作为中介手段构成有机的整体，遵循二律背反原则，经济合理地配置相关资源，以达到降低成本的目的。

以前，物流是分散在企业组织不同职能中的一系列互不协调的、零散的活动。实体分销管理第一次将企业内部的运输、仓储和库存控制、物料搬运、信息处理等活动要素集成起来，朝着系统化、整合化方向发展。

相互联系、相互协调的物流系统实现了以下三个方面的有益效果。

第一，物流作为一种系统化管理方式，使得企业充分挖掘物流活动之间的相互联系，建立了以最小成本满足客户需求的"分销组合"。在设计集成分销系统中，致力于实现不同的物流活动成本之间的最优均衡。

第二，使得实体分销的客户导向性更强。实体分销管理最初由削减成本的愿望所驱动，到 20 世纪 60 年代，实体分销对企业销售、市场占有率、长期的客户忠诚等方面的重要影响作用越来越为人们所认识。在资产平衡表中，分销在成本和收益两个方面同时影响着公司的利润率。因此，新的分销部门开始制定基于订货处理、仓储和配送作业的更为协调、明确的客户服务战略。

第三，提高了分销在整个管理阶层中的地位。在公司董事会中，分销已经开始像生产、财务一样占有一席之地。为此，不少公司专门任命了分销经理来统管所有的分销活动，并负责设计和制定公司的分销战略。

2. 现代物流管理的发展——企业集成化现代物流管理

虽然实体分销管理将存在于企业经营各个领域的运输、保管等活动在各自的领域范围内实行一体化管理，大大增强了企业的客户导向，有效降低了企业的分销成本费用，与个别管理相比有了很大进步，但它只涉及产品的分销物流活动。事实上，物流贯穿于整个企业的运作流程中，不仅包括分销物流，而且包括采购物流和生产（服务）物流。因此，实体分销管理的思想和方法后来同样被应用到原材料、零部件的购进物流活动中，即通常所说的"采购物流管理"；应用到企业生产（服务）的物流活动中，即所谓"生产（制造）现代物流管理"或"服务物流管理"。这样，将采购物流、生产（服务）物流和分销物流集成起来，形成了企业内部的集成化现代物流管理（Integrated Logistics Management，ILM），它能最大限度地降低企业内部物流的总成本，获得更大整合效果。

丰田汽车公司的“看板生产方式”中的即时配送系统集中体现了集成化现代物流管理的思想。其原理是：根据市场需求确定产品生产的品种和数量之后，公司内部专业工厂之间、工厂内的各道工序之间以及委托零部件生产厂到组装厂的零部件供应，在指定时间内完成，供货时免除数量和质量的检验，供货时间误差规定在 30 分钟以内，其结果使得零部件的库存量只保持在 4～8 小时的水平上。

如果把实体分销管理出现之前对输送、保管等物资进行流动管理的方式看作分散的点状管理系统的话，那么实体分销管理就是线状的管理系统，而集成化现代物流管理则是由线构成的平面状管理系统。集成化现代物流管理使得企业内部从采购到销售等生产经营全过程的物流活动建立在高效率、合理化的基础之上，当企业内的现代物流管理到了这个阶段，进一步降低物流成本的余地已经变得很小了。

3. 跨企业的现代物流管理——供应链管理

随着过剩经济时代的到来，市场竞争日趋激烈，客户需求呈现多样化与个性化，消费者变得越来越挑剔。如何在竞争激烈和快速变化的市场中建立以销定产的生产经营体制和实时决策系统，通过提高对商品的预测准确率来降低企业的库存，减少交货期的延误，从而保住大量有价值的客户，就成为一个尤为重要的问题。近年来，随着条形码的普及和信息技术的进步，获取销售信息变得容易起来。同时，即时的数据通信、庞大的数据库构建也成为可能。物流信息系统的建立为解决以销定产问题指明了方向。在这一背景下，企业一方面越来越注重利用自身的有限资源形成自己的核心能力，发挥核心优势；另一方面，企业会充分利用信息网络寻找互补的外部优势，与其供应商、分销商、客户等上下游企业构建供应链网链组织，通过供应链管理（Supply Chain Management，SCM）共同形成合作竞争的整体优势。

供应链管理是一种以企业间物流信息系统为中介手段建立起来的、以关联企业为共同主体的物流管理系统，它把原材料、零部件的供应商到最终制成品的生产商、批发商和零售商及最终消费者，即生产、流通、消费的全过程的物流活动作为控制对象，通过对零售状况、各企业库存量等信息的相互提供、共同使用来达到再生产全过程的物流合理化。供应链管理跨越了单个企业的边界，在完整的产业链条上应用系统观念进行集成化管理。如果供应链上的所有企业都孤立地优化自己的物流活动，那么整个供应链的物流不可能达到优化。因此，要实现更大范围的最优化，就必须从供应链整体出发来协调各成员企业的物流活动，这就是供应链管理的本质。毫无疑问，供应链管理的驱动力是使供应链的总成本最小化。为了提高整个供应链的整体竞争优势和增加共同利益，供应链成员企业之间必须实现信息共享和物流活动的高度集成化，从而最大限度地缩短提前期、减少总库存，实现车辆重载率最大化、空运率最小化，以及运输方式、搬运系统、仓库容量的高效化。

在供应链上，物流贯穿了全过程，从供应商到核心企业的内部物流，再到分销商最终客户的分销物流，形成了以核心企业为集散中心的物流体系。而要使物流通畅、高效，核心企业必须发挥调度与管理中心作用，适时向供应商发出需求指令，向分销商发出供货指令，确保各个环节企业都在合适的时间得到合适品质、合适数量与合适规格型号的原材料、零部件或产成品，既不造成缺货，又不发生库存积压，并使供应链总成本最小化。

现代物流管理的发展，反映了对于物资流动相关活动从个别管理到系统管理、由简单系统管理到复杂系统管理的变化过程。信息技术的进步，为物流管理的高效化提供了可能。

二、现代物流的概念

传统的物流概念是指物质实体在空间和时间上的流动，过去我们长期以来把这种“流动”称之为“位移”。通俗地讲，物流就是指商品在运输、装卸、储存等方面的活动过程。现代物流是相对于传统物流而言的，它是在传统物流的基础上，引入高科技手段如通过计算机进行信息联网，并对物流信息进行科学管理，从而使物流速度加快、准确率提高、减少库存、降低成本，延伸并扩大了传统的物流功能。

然而关于现代物流，迄今为止各国理论界尚无统一完整的定义，国内外专家学者从不同的角度对现代物流的内涵进行了表述，概括起来主要有以下几种。

美国物流管理协会认为：“现代物流是以为满足消费者需求而进行的对原材料、中间库存、最终产品及相关信息从起始地到消费地的有效流动与存储的计划、实施和控制的过程。”

美国后勤管理协会认为现代物流是“有计划地将原材料、半成品及产成品由产地送至消费地的所有流通活动。它包括为用户服务、需求预测、信息联系、物料搬运、订单处理、选址、采购、包装、运输、装卸、废料处理及仓库管理等”。

日本通产省的研究所认为“现代物流是商品从卖方到买方的全部转移过程”。

还有一种说法认为现代物流是“在合适的时间、地点和合适的条件下，将合适的产品以合适的质量和成本提供给合适的消费者”，即所谓“7R”理论。

我国的许多专家学者则认为：“现代物流是根据用户的需求，以最经济的费用，将物流从供给地向需求地转移的过程。它主要包括运输、储存、加工、包装、装卸、配送和信息处理等活动。”

我国六部委（国家经济贸易委员会、铁道部、交通部、信息产业部、对外贸易经济合作部、中国民用航空总局）于 2001 年 3 月在《关于加快我国现代物流发展的若干意见》的通知中，对现代物流的定义是这样描述的："原材料、产成品从起点至终点及相关信息有效流动的全过程，它将运输、仓储、装卸、加工、整理、配送、信息等方面有机结合，形成完整的供应链为用户提供多功能、一体化的综合性服务。"

综上所述，尽管现在对物流的解释不一，但就现代物流的实质而言，它应包括以下四个方面的主要内容。

（1）实质流动（指原材料、半成品及产成品的运输）；

（2）实质存储（指原材料、半成品及产成品的存储）；

（3）信息流通（指相关信息的联网）；

（4）管理协调（指计划、实施和有效控制的过程）。

现代物流的服务内容分为以下三个层次。

第一层次，也是初级层次，只向需求方提供仓储、存货管理、发送、运输和分拨；

第二层次，除提供第一层次的服务外，还可参与订货处理、采购和生产计划管理；

第三层次，除提供第一、二层次的服务外，还可以帮助实现生产控制、质量控制和建立信息通信系统。

三、现代物流的构成

从现代物流的内涵可知，现代物流的构成主要包括以下几个方面内容。

1. 运输

运输是物流业务的中心活动。运输过程不改变产品的实物形态，也不增加其数量，物流部门通过运输解决物资在生产地点和消费地点之间的空间距离问题，创造商品的空间效用，实现其使用价值，满足社会需要，所以是一个极为重要的环节。设计运输系统时，应根据其担负的业务范围、货运量的大小及与其他各子系统的协调关系，重点考虑以下几个方面的问题：运输方式的选择；运输路径的确定；运输工具的配备；运输计划的制订；运输环节的减少；运输时间的加速；运输质量的提高；运输费用的节约；作业流程的连续性；良好服务水平的保证。

2. 储存

储存保管是物流活动的一项重要业务，通过存储保管货物可以解决生产与消费在时间、数量上的差异，以创造物品的时间效用。仓库是物流的一个中心环节，是物流活动的一个基地。对储存系统进行设计时，应根据仓库所处的地理位置、周围环境及物流量的多少、进出库频度，重点考虑以下几个方面的问题：仓库建设与布局合理；最大限度地利用仓库容积；货物堆码、存放的科学性；有利于在库物品的保养防护；加强入库验收、出库复核；加快出、入库时间；降低保管费用；加强库存管理，合理存储，防止缺货与积压；进出库方便；仓库安全。

3. 装卸搬运

装卸搬运是物流过程中不可缺少的一项业务活动。特别是在运输和保管工作中，几乎都离不开装卸搬运（有时是同步进行的）。装卸本身虽不产生价值，但在流通过程中，货物装卸好坏对保护货物的使用价值和节省物流费用有很大影响。装卸搬运系统的设计，应根据其作业场所、使用机具及物流量的多少，重点考虑以下几个方面的问题：装卸搬运机械的选择；装卸搬运机械化程度的确定；装卸搬运辅助器具的准备；装卸搬运的省力化；装卸搬运作业程序的制定；配合其他子系统协同作业；节约费用；操作安全。

4. 包装

在整个物流过程中，包装也是一个很重要的环节。包装分为工业包装和商业包装，以及在运输、配送当中为了保护商品所进行的拆包再装和包装加固等业务活动。对包装系统进行设计时，应根据不同的商品，采用不同的包装机械、包装技术和方法，并重点考虑以下几个方面的问题：包装机械的选择；包装技术的研究；包装方法的改进；包装标准化、系列化；节约包装资材；降低包装费用；提高包装质量；方便顾客使用。

5. 配送

配送是物流活动中接触千家万户的一项重要作业。它和运输的区别在于：运输多为大批量、远距离、品类比较复杂的物品，并且途中兼有储存的功能；而配送则包括拣选、加工、包装、组配、运输等多个环节，通常是小批量、多种类的产品运送，它属于二次运输、终端运输。设计配送系统时，应根据其配送区域、服务对象和物流量的大小，重点考虑以下几个方面的问题：配送中心地址的选择；配送中心作业区的合理布置，包括收货验收区、货物保管区、加工包装区、分货拣选区、备货配送区；配送车辆的配置；装卸搬运机械的选用；配送路线的规划；配送作业的合理化；配送作业流程的制定；配送的及时性；收费便宜；高服务水平。

6. 流通加工

流通加工主要是指在流通领域的物流过程中的加工，是为了销售或运输，以及提高物流效率而进行的加工。通过加工使物品更加适应消费者的需求，如大包装化为小包装、大件物品改为小件物品等，当然，在生产过程中也有一些外延加工，如钢材、木材等的剪断、切割等。流通加工系统的设计，应根据加工物品、销售对象和运输作业的要求，重点考虑以下几个方面的问题：加工场所的选定；加工机械的配置；加工技术、方法的研究；加工作业流程的制定；加工物料的节约；降低加工费用；提高加工质量；加工产品适销情况的反馈。

7. 物流信息

物流信息系统既是一个独立的子系统，又是为物流总系统服务的一个辅助系统。它的功能贯穿于物流各子系统业务活动之中，物流信息系统支持着物流各项业务活动的开展。通过信息传递，把运输、储存、包装、装卸搬运、配送、流通加工等业务活动联系起来，协调一致，以提高物流整体作业效率，取得最佳的经济效益。当然，物流信息系统又有一些分支系统，如运输信息系统、储存信息系统、销售信息系统等，都分别配合该系统的业务进行活动，发挥其应有的作用。在设计物流信息系统时，应重点考虑以下几个方面的问题：系统的内容；系统的作用；系统的特点。

四、现代物流的特征

现代物流是指具有现代特征的物流，是与现代化社会大生产紧密联系在一起的，体现了现代企业经营和社会经济发展的需要。在现代物流管理和运作中，广泛采用了代表着当今生产力发展水平的管理技术、工程技术以及信息技术等；随着时代的进步，现代物流管理和物流活动的现代化程度也会不断提高。现代化是一个不断朝着先进水平靠近的过程，从这个意义上来讲，现代物流在不同的时期也会有不同的特点，这些特点集中表现在如下几个方面。

1. 信息化

电子数据交换（Electronic Data Interchange，EDI）技术和国际互联网的应用，使物流质量、效率和效益的提高更多地取决于信息管理技术。物流的信息化是指商品代码和数据库的建立、运输网络合理化、销售网络合理化、物流中心管理电子化、电子商务和物品条码技术应用等。物流的信息化可实现信息共享，使信息的传递更加方便、快捷、准确，提高整个物流系统的经济效益。现代物流在信息系统的支撑下，借助于储运等系统的参与以及各种物流设施，共同组成一个纵横交错、四通八达的物流网络，物流覆盖不断扩大，规模经济效益日益显现，社会物流成本不断下降。

2. 智能化

智能化是物流自动化、信息化的一种高层次应用。物流作业过程中大量的运筹和决策，如库存水平的确定、运输（搬运）路径的选择、自动导引车的运行轨迹和作业控制、自动分拣机的运行、物流配送中心经营管理的决策支持等问题，都需要借助智能化专家系统才能解决。物流的智能化已成为新经济时代物流发展的一个新趋势。

3. 系统化

传统上讲，物流一般涉及产品出厂后的包装、运输、装卸，仓储，现代物流管理则向两头延伸并加入了新的内涵，使社会物流和企业物流有机地结合在一起。从采购物流开始，经过生产物流，再进入销售领域，要涉及包装、运输、装卸、仓储、加工配送等多个环节，最终到达用户手中，最后还有回收物流，可以说现代物流管理包含了产品从“生”到“死”的整个物理性的流通过程。即通过统筹协调、合理规划，控制整个商品的流动，以达到效益最大化和成本最小化，同时满足用户需求不断变化的客观要求。物流系统也就成了一个跨部门、跨行业、跨区域的社会系统，这样，就可以适应全球经济一体化、“物流无国界”的发展趋势。物流的系统化可以形成一个高效、通畅、可调控的流通体系，减少流通环节，节约流通费用，实现科学的现代物流管理，提高流通的效率和效益。

4. 自动化

自动化的基础是信息化，自动化的外在表现是无人化，自动化的效果是省力化。另外，自动化还可以扩大物流作业能力、提高劳动生产率、减少物流作业的差错等。物流自动化的设施非常多，包括条码、射频自动识别系统，自动分拣系统，自动存取系统，自动导引车，货物自动跟踪系统等。

5. 网络化

物流网络化的基础也是信息化。这里所说的网络化有两层含义：一是指物流配送系统的计算机通信网络化，主要指物流配送中心与供应商、制造商以及下游顾客之间的联系实现计算机网络化，比如物流配送中心向供应商提出订单这个过程就可以通过网络来自动实现，物流配送中心通过计算机网络收集下游客户订货的过程也可以自动完成；二是指组织的网络化，主要包括企业内部组织的网络化和企业之间的网络化。

随着市场竞争的加剧，越来越多的生产企业显现出集中化趋势，采取低成本扩张等方式迅速壮大企业实力。一方面，企业生产规模越来越大，其产品要经过各种通道送达全国乃至国外客户手中，需要网络化的物流企业作为其分销网络的组成部分来帮助其销售和拓展市场；另一方面，竞争导致产品本身的成本压缩空间减小，企业希望通过物流企业的规模效益和综合服务降低物流的总成本，从而提高市场竞争力。因此，构筑具有网络化和信息化特征的综合物流体系就成为历史发展的必然。

6. 柔性化

柔性化本来是为实现“以顾客为中心”的理念而在生产领域提出的，但要真正做到柔性化，即真正能根据消费者需求的变化来灵活调节生产工艺，没有配套的柔性化物流系统是不可能实现的。20 世纪 90 年代，国际生产领域纷纷推出柔性制造系统（Flexible Manufacture System，FMS）、计算机集成制造系统（Computer Integrated Manufacturing Systems，CIMS）、敏捷制造（Agile Manufacturing，AM）、企业资源计划（Enterprise Resource Planning，ERP）、大规模定制（Mass Customization，MC）以及供应链管理的概念和技术。这些概念和技术的实质是将生产、流通进行集成，根据需求端的需求组织生产，安排物流活动。因此，柔性化的物流正是适应生产、流通与消费的需求而发展起来的一种新型物流模式，它要求物流配送中心要根据消费需求“多品种、小批量、多批次、短周期”的特色，灵活组织和实施物流作业。

7. 标准化

物流标准化指的是以物流为一个大系统，制定系统内部设施、机械装备、专用工具等各个分系统的技术标准，制定系统内分领域如包装、装卸、运输等方面的工作标准，并按配合性的要求，统一整个物流系统的标准，研究物流系统与相关其他系统的配合性，进一步谋求物流大系统的标准统一。随着全球经济一体化的不断发展，各个国家都很重视本国物流与国际物流相衔接，在本国现代物流管理发展初期就力求使本国物流标准与国际物流标准化体系一致。若不如此，不但会加大国际交往的技术难度，更重要的是在本来就很高的关税及运费基础上又增加了因标准化系统不统一所造成的损失，使外贸成本增加。因此，现代物流管理标准化问题将日益受到重视并逐步得到解决。

8. 社会化

随着市场经济的发展，专业化分工越来越细。一个生产企业生产某种产品，除了一些主要部件由自己生产外，大多需要外购。而生产企业与零售商所需的原材料、中间产品，大部分是由专门的第三方物流企业提供，以实现少库存或零库存。这种第三方物流企业不仅可以在一定服务范围之内实现合理化物流，从而大量节约物流费用，而且可以节约大量的社会流动资金，实现资金流动的合理化，既提高经济效益，又提高社会效益。显然，完善和发展第三方物流是流通社会化的必然趋势。

物流业是经济发展到一定阶段、社会分工不断深化的产物。各种专业化现代物流管理企业的大量涌现及其表现出来的快速发展趋势表明：专业化现代物流管理服务作为一个新的专业化分工领域，已经发展成为新兴产业部门和国民经济的一个重要组成部分。

五、现代物流的发展趋势

1. 国际化

所谓现代物流管理，就是在社会生产力空前提高、全球范围的分工与交易空前扩大、科学技术特别是信息技术空前发展的阶段，流通从过去局部的、片段的、不连贯的、一国或几国的运动过程，变成了全球范围的运动过程；从过去只有商品货物的流通，变成了包括有形商品和无形商品——服务以及其他无形的要素禀赋的流通；从生产与流通相对分离、相对独立，变成了日益融合的大流通过程。真正意义上的国际化大流通逐步形成，市场经济发达国家在流通中占据了主导地位，用信息化、高科技化、高智能化和集约化的流通手段，把几乎所有国家都纳入了大流通的轨道。

在货物贸易国际化的同时，服务贸易的国际化程度也在不断扩大。目前世界贸易总额中，无形商品——服务的交易额已达到25%左右，而且服务贸易的增长速度要远远快于货物贸易。伴随贸易的国际化，有形资产与无形资产流通的国际化步伐也大大加快，通过有形资产和无形资产的再资本化和证券化，使对企业产权的交易具有了进入世界流通范畴的可能。通过国际货币市场和资本市场的建立，以及金融创新、各种衍生工具的利用，又形成了有形货币与无形货币的国际化大流通。特别是无形市场的国际化发展，使流通有了更广阔的空间。世界商品市场、世界劳务市场、世界技术市场、国际金融市场等共同构成了流通国际化的现代物流管理体系。

世界贸易组织1995年度报告指出：全球化“是不同国家的市场和生产日益变得更加相互依存的过程，这是由于货物和服务贸易的发展以及资本和技术的流动所造成的”。联合国贸易和发展会议1997年度报告指出：“全球化的概念既指货物和资源日益加强的跨国界流动，也指一套现代物流管理不断扩大的国际经济活动和交易网络的出现”“是全球在经济上的相互依存，市场、生产和金融活动的跨国界联系已加强到如此地步，以致任何一国的经济都不能不受到国界以外的政策和经济发展的影响”。国际货币基金组织对全球化的定义是“通过贸易、资金流动、技术涌现、信息网络和文化交流，世界范围的经济高速融合，亦即世界范围各国成长中的经济通过正在增长中的大量与多样的商品劳务的广泛输送、国际资金的流动、技术被更快捷广泛地传播而形成的相互依赖现象。其表现为贸易、直接资本流动和转让”。总的来说就是，为别国生产的比重越来越高，国际贸易规模越来越大，经济资源和要素禀赋如商品、资本、劳动力、信息、技术等，通过国际化大流通超越国界被重新配置的范围越来越广，阻碍生产要素在全球自由流通的各种壁垒不断被打破。现代流通成了经济全球化的内在动力，经济全球化是流通发展到更高阶段出现的必然结果。

2. 社会化

现代市场经济运行的起点是需求和消费。要求社会经济运行的出发点和归宿，只能是满足人们不断增长的物质与非物质的生活需求，只能是由消费者的消费行为引发。因为“个性愈是发达，它在日常生活中的行为愈是统一，它的能力和倾向就愈是趋向同质性，即统一个性的同质结构”，这种同质性使市场需求的社会化程度大大提高，几乎一切纳入流通范畴的东西，都具有了社会化的特点。从某种意义上说，只要是作为有生命的人，从出生到死亡的漫长历程，实际上都是需求不断满足、消费不断进行的往复，没有一个人能够脱离社会只靠自身的力量满足需求和消费，这样就使流通具有了社会化的内涵。

需求与消费的社会化，使整个社会形成成熟的大众消费社会。人们生活方式的改变，引发了家务劳动的社会化，家务劳动的社会化，造成了人们对更多的无形商品的需求，无形商品因而进入了流通，服务的社会化应运而生。人们工作方式的改变，使进入流通的劳动力内涵发生了巨变，在流通中，具有较高交换价值的不是人体而是人脑。传统流通阶段即工业革命时期，马克思主要研究劳动力体力的贡献，而在社会化大流通中，则必须研究劳动力脑力的贡献，一种完全的“通货”——知识产品进入了流通，凝聚着对劳动力投资而形成的人力资本，使劳动者终身教育变得更加社会化。当社会分工由垂直分工为主转向水平分工为主，生产变得更为社会化，世界上的很多产品已经无法在同一地点、同一工厂完成。社会化大生产本身成为社会化大流通的过程。产权的社会化，使企业的有形资产和无形资产同时进入流通，企业成了可以自由流通的商品，谁拥有企业的股权，谁就拥有企业的产权。在金融的国际化进程中，资本的社会化、货币的社会化通过证券的社会化形成了庞大的市场，从而使更多的金融资产具有了社会化的性质。现代科学技术的进步，科技成果转化为商品进入流通速度的加快，使科学技术越来越具有社会化的特点，某一发明、某一创造、某一革新要获得交换价值，就必须进入流通转化为生产力。从能够衡量流通发达程度和社会化程度的目前数据较为完整的三次产业发展比例来看，20 世纪 80 年代以来，世界三大产业的增长率分别为 2.6：2.4：3.2。其中高收入国家的比例为 1.5：2.1：3.2，第三产业的发展速度领先，快于第二产业 1 个百分点；中等收入国家的比例为 1.6：2.0：2.8，第三产业增长率快于第二产业增长率 0.8 个百分点；低收入国家的比例为 2.1：6.9：4.9，第三产业发展保持较高的速度。在 1965—1993 年间，全世界范围内第三产业产值占 GDP 的比重从 52% 上升到 62%，平均每年上升 0.357 个百分点，发达国家与发展中国家的增长趋势基本相同。到 1993 年，发达国家的这一比重已超过 60%，低收入国家达到 38%。目前美国第三产业增加值占 GDP 的比重已高达 89%。这标志着进入流通的一切物质与非物质载体，都越来越变得更加社会化。

3. 信息化

信息是进入现代流通的无形商品，但它一旦进入流通，就成为流通运动的先导，使流通成为由信息化带动的全过程加速度运动。信息进入流通，更具有社会产品被共用、共享的特征，信息流通的规模越大、速度越快、被重复使用的次数越多，对经济社会的价值就越大。

从人类诞生之日起，就开始与信息打交道。语言的产生是第一次信息革命；文字的产生是信息的第二次革命，人们可借助文字跨越历史的空间传递交换信息；第三次信息革命是造纸和印刷术的发明，是人类在存储信息和交流信息方面产生的飞跃；第四次信息革命是以电报、电话、广播以及其他突破性的信息传递技术的发明和应用为标志的，人类迈入了以电子手段远距离、快速度传递信息的时代；第五次信息革命是电子计算器的产生及飞速发展，使人类在处理信息的活动中，第一次获得了脑外装置。真正意义上的现代流通是在人类进入第五次信息革命中迅速形成的，不仅原来意义上的商品流通分流出商流、物流、资本流和信息流，而且所有进入现代流通的流通物在流通中均以信息为先导，以致人们获得信息的数量、质量、时效和稀缺程度，成了能否顺利组织流通的关键。如果没有信息化的运动过程，或者信息的运动过程十分缓慢，就不可能出现现代社会高度发达的流通体系。在国际金融市场上，信息联网、全天候开展业务已成了资本流通和货币流通的前提条件。信息不能先行，流通就不能畅达，信息化引领流通全过程越来越成为现代流通的运动特征。信息技术的迅速发展推动了流通的现代化。

计算机技术每 5 ~ 7 年速度增加 10 倍，体积减少 10 倍，价格下降 10 倍；微电子技术单位面积存储量每 18 个月增加 1 倍，成本基本不变；光纤技术 1975—1998 年单根光纤带宽增加 20 万倍，成本指数从 100 下降到 0.081。扩张信息的流通规模，加快信息的流通速度，创新信息的流通方式，发挥信息的带动和引领作用，是现代物流管理运动方式的核心特征。在世界科技革命迅猛发展的历程中，从来没有一种技术像信息技术这样对流通产生革命性作用，信息技术推动了流通创新，变成了真正意义上的现代流通。由于商品流通在时间和空间方面的迅速扩展，使用传统的流通方式已经无法应对，以信息技术为依托形成的商品流通的网络化和智能化，使商品流通的规模、速度、效率迅速膨胀，使现代物流管理成为引领经济运行的引擎。

4. 混沌化

当流通处于初始阶段时，商品交换一般是以物易物，这是一种处于平衡状态的非系统化状态。工业化阶段，流通囊括了所有有形的、刚性的要素禀赋。但由于生产力水平较低，特别是科学技术尚未得到高速发展，流通处于准平衡的系统化状态，一方面，流通自成独立的体系、运动过程和运动的空间与生产过程相对分离；另一方面，流通又与生产过程共同组成社会再生产的系统。但到了当代，流通成了一个活跃的、越来越复杂、越来越发达、越来越高级的动态运动过程。当外部或内部的、政治或经济的突变造成了巨大的冲击时，就会冲破这个系统，或在另一种条件下形成一种新的系统，一些随机因素会引致流通状态的突变。1987 年 10 月 19 日的“黑色星期一”，西方股市暴跌，其中一个很重要的原因是电脑程控交易、电脑管理指数、期票套率等新技术破坏了人们决策的自主性、多向性和随机性，使股票市场瞬息万变，远离平衡状态但高度敏感，在交易中具有高度不稳定性、不确定性和不规则性。这就使更多的经济学家开始用混沌学来研究流通中出现的突发事变，研究非线性、非均衡经济理论。

混沌成了社会化大流通的总廓特征，一切进入流通的流通物都处在变动中、处在流动中，处于均衡状态或准均衡状态的封闭或准封闭系统不复存在，而远离平衡的、非均衡状态的、开放的社会化大流通系统，不断地以更新的更复杂、更高级的结构替代旧有的简单的、较低级形态的结构，一个平衡点得以实现，下一个不平衡过程即将开始，流通在平衡与不平衡中得以发展。社会化大流通使整个世界经济连为一体，使世界成为一个交融汇通的整体系统，从简单到复杂、从两维到多维、从低级到高级、从清晰到混沌，实际上是社会化大流通发展的不可逆的变化过程，这一过程将继续下去。

5. 流通主体物流化

近些年来，物流产业作为用高新技术改造和整合传统产业而形成的新兴产业，正在全球范围迅速发展。其发展程度被作为衡量一个国家现代化水平、产业水平和综合国力的重要标志之一。一些经济学家通过对商品成本构成的分析，把降低产品成本中物化劳动的消耗，即原材料成本的降低，称为“第一利润源”；把降低活劳动消耗，即提高劳动生产效率，称为“第二利润源”；把降低物流费用称为“第三利润源”。从流通时间看，在商品的整个流通过程中，用于加工和制造的时间不到 10%，而 90% 以上的时间被物流过程所占用；从流通费用看，物流费用占产品总成本的比重高达 30%～40%。随着科学技术的进步，特别是当信息技术的发展极大地降低了商流、信息流和资本流的成本后，物流——物体在物理意义上的流动所花的费用就成了流通费用的主要构成部分。“第一利润源”和“第二利润源”的空间越来越小，而“第三利润源”却是世界公认的尚未开垦的“黑色大陆”。通过合理设计流程、采用现代物流技术和现代物流管理手段降低成本，就成了提高经济运行速度、质量和效益的切入点。世界上一些发达国家和地区的物流产业已成为国民经济的支柱产业。2000年，美国物流产业总规模为9500亿美元，几乎为高新技术产业的2倍，占GDP的比重为10%左右，并以年均23%的速度增长；日本物流产业总规模约为3500亿美元，占GDP的比重为11.4%；在中国香港地区，物流产业总规模为240亿美元，占GDP的比重为13.7%。大幅度降低全社会的流通费用，大力推进现代物流管理的发展，整合物流资源，不断提高国家的流通竞争力就成了发展现代流通的主体，成了大家的共同选择。

六、现代物流在中国的发展

我国的改革开放始于20世纪70年代末80年代初期，当时几乎所有的产品都处于一种供不应求的状况，而所有制造企业都把经营的重心放在了生产领域，不断地扩大产能、不断地提高劳动效率就能够销售更多的产品，每一样产品推出都能够马上拥有巨大的市场空间。在当时，民用商品正处于产品生命周期的导入阶段和成长阶段，在高额毛利的基础上，销售量的上升意味着利润的大幅度增加，我们假设一下，如果在当时有人提出物流整合的观点，其被接受的程度一定非常的低，这主要是基于整个市场利润和销售额的高增长，总额相对较低的物流成本与之相比就显得微不足道了。到80年代中后期到90年代初期，个别大众化的商品已经开始步入成熟期，自行车、缝纫机等家庭耐用消费品生产企业已经开始走向低谷，但是，随着人民生活水平的不断提升，家电产品则受到消费群体的追捧，同时，中外合资品牌的崛起填补了国内多个民用领域的空白，整个消费市场依然呈现出向上的趋势，那个时候的企业经营者主要的精力均放在产品销售、市场开拓方面，在政策允许的范围内，部分城市开始出现了货运车场，而大部分新兴制造业的产成品物流开始从以往的自行经营转向粗放型的外包。

在90年代中后期，随着市场竞争的日趋激烈，价格战成为几乎所有制造企业主流的竞争策略，为此，降低成本逐渐受到了重视。但是，企业经营者对成本控制的关注点集中在生产和采购领域，毕竟这两个部分构成了产品制造成本的大头，并且企业对市场的掌控力度不断加强，销售渠道呈现出向终端覆盖的趋势，与此同时，学术界和企业界掀起了“集中资源铸造企业核心竞争力”的讨论，企业界逐步形成非主营业务外包的经营思路，物流业务外包成为一种潮流，但依然属于一种粗放型的经营。90年代末期至今，互联网的发展对整个社会的经营观念造成了强大的冲击，物流作为电子商务实现的载体受到极大的重视，现代物流理论得到普及，越来越多的企业意识到物流整合所创造的竞争力和价值，具备领先物流理念和卓越运作能力的第三方物流企业受到了制造企业的青睐。

从上述我国现代物流发展的历程分析，现代物流在制造企业中兴起的原因主要是来自企业获取竞争优势的压力，根据国外的实践结果显示，通过物流的整合，可以使物流总成本降低23%，供货时间缩短75%，产品的可获得性提升9%，库存水平下降23%……种种的因素表明，中国“物流热”的兴起并不是偶然性的结果，而是当整体经济迈向买方市场，产品生命周期处于成熟期、衰退期的阶段时，提升客户服务水平、降低运营成本成了企业生存和发展的基础，因此，物流也就成为外界所说的“第三利润源”。

值得注意的是，当我们的企业经营者把视角放到现代物流管理的时候，却往往由于缺乏对现代物流管理的足够认识而使得事倍功半，他们理解中的物流依然停留在传统物流的范畴，仅仅以为物流就是运输和仓储两个环节。大部分企业经营者采取的都是压缩物流成本的策略，每年给物流部门下达物流成本的压缩指标，让物流部门与供应商进行交涉，寻求最低价位的服务提供商。然而，随着该种策略的实施，相关的服务水平也呈现出降低的趋势，市场缺货率上升，甚至工厂停工待料的情况也屡见不鲜。为了减少上述现象的出现，加大存货成了相应的应对策略，但因此换来的是巨额的存货资金投入，使企业的现金流面临危机。

这表明，传统物流的观念只能在具体业务成本过高的时候起到相应的作用，当其成本压缩接近极限时（也就是与物流供应商的成本相当接近），对企业经营的负面影响将抵消具体业务成本下降所取得的优势，为此，企业整合物流时必须从现代物流管理的视点进行，从总成本的概念并结合供应链管理的角度出发进行相关的变革，才能通过现代物流管理水平的提升，塑造新的竞争优势。

“物流管理是供应链管理流程的一部分，它对从起始点到消费地的货物流和货物储存、服务及相关信息进行有效的计划、实施和控制，以满足客户的需求”，这是美国物流采购协会对现代物流管理的最新定义，该定义界定了物流和供应链之间的关系，明确了现代物流管理是供应链中必不可少的载体，并且把满足客户需求作为现代物流管理的最终目标。据此，现代物流管理的服务功能也有了新的延伸，除了原有的运输和仓储职能以外，还延伸到了国际货代、搬运、增值服务（包装、再包装、打码、二次打码、分拣、加工、贴标签、回收）、物流信息服务（订单传输、订单处理、货物跟踪、数据分析、报表生成、库存警报）、物流规划（仓库布局及功能设计、运输方式规划、工厂布局、物流流程设计）等方面，而物流规划则是目前现代物流管理中的制高点，也是众多制造企业成功进行物流变革的必经之路。

不过，我们也应清晰地认识到，现代物流管理毕竟只是一个企业的后勤支持职能，现代物流管理能力的提升虽然可以在一定程度上提高企业的竞争水平，但是它并不是起着决定性作用的因素。引入现代物流管理的理念，主要是基于提升并满足客户服务水平和总成本控制的角度进行的。

首先，企业实施现代物流管理的第一个前提是在管理上把商流和物流进行分离。

目前，很多的制造企业，尤其是国有的制造企业，均把物流纳入销售部门或者采购部门的管理范畴，并且原材料物流和产成品物流往往是割裂开来的。这样导致的问题是：为了满足产品在市场上的销售或者保证原材料的及时供应，在销售和采购职能领导的要求下，不得不常常不顾成本的上升来满足（内部）客户的需求，从而导致了整体物流成本的上升；另外，分散的物流运作体系也不利于企业进行物流的整合。而纵观外资企业的物流职能设定，则往往具有物流和商流分离的特点，如国际知名的P&G公司，是把现代物流管理纳入客户服务职能中，由客户服务人员进行综合统筹管理，而生产和销售部门只需向客户服务部提出相关的服务水平需求，客户服务人员就会以此为依据，有效地进行物流规划，并对物流供应商进行整合。

而著名的跨国企业M公司则把物流职能独立出来成立了物流部门，并通过物流变革取得了良好的效果。早在1998年，M公司就在全国设有三个工厂和三个配送中心，为了保证产品的市场供应，还另设有54个小规模的区域配送中心，当时的供应商有30多家，但是，这些供应商主要是向M公司提供干线运输的服务，而短途配送业务只有30%由供应商负责配送，70%则是客户自提。M公司采取的这种策略，由于物流采购过于分散，造成相关业务成本偏高的现象，同时由于仓库过多，库存投资非常高，并且客户自提的做法也不利于M公司对市场的控制，市场缺货的现象非常频繁，有部分地区甚至出现了跨区销售的现象。

当时的物流部门负责人为了改善上述问题，邀请国内的一家知名物流企业集团参与了公司的物流变革项目，成立了由双方各相关职能高层管理人员参加的项目小组，在对相关的原因进行分析以后，制定了具体的实施策略，通过选择少数专业的物流企业作为供应商以集中采购、运作网络整合（仓储布点整合、优化业务流程、订单管理流程、运输管理流程、仓库管理流程）、物流职能内部架构重组、构筑物流信息网络等策略，从根本上扭转了物流管理的劣势，在现有工厂和配送中心设置不变的情况下，把原有的54个小规模的区域配送中心减少到20个，物流供应商从原有的30多个缩减到3个，并且短途配送业务主要由3家供应商提供相关的服务，客户自提的份额由原来的70%下降到20%……物流变革的成功，使M公司的客户满意度得到了大幅度的提升，由原来的85%上升到98%，物流业务成本在原有的基础上下降5个百分点，库存也得到了大幅度的压缩。在实施物流变革的过程中，M公司物流负责人的观点是，在物流职能管理方面，销售和采购部门只需提出有关的服务水平需求，而无须过多介入物流职能的管理过程，物流部门所进行的规划将会基于有关的服务水平需求进行，这就使得物流职能在行使其业务控制权力时，少了很多的掣肘，其主要的业务就会在服务基准上寻找突破口，例如通过相关的规划，有效地进行成本的控制、降低库存等。

其次，在对现代物流管理的理解上应着重从软性管理的角度出发，而不是盲目地对先进设施进行巨资投入。

随着“物流热”的兴起，有相当部分的管理者对现代物流管理片面理解为只要加大物流方面的投入，就等于在企业内部推行了现代物流管理。例如，近年来在我国兴起了“物流投资热”，全国各地的政府机构、大型国有企业都纷纷把建设现代化的物流基地作为其物流改革的特征，甚至不惜巨资引进世界上的先进物流设备。但遗憾的是，盲目的投入往往换来的是巨额的亏损。该种误区主要是由于国情的差异造成的。在国外，尤其是发达国家，人力资源相当昂贵，为了有效降低成本和提升效率，购置先进的物流设备以及建立现代化的物流基地就成为必要，而在我国则恰恰相反，人力资源成本低廉是目前我国最大的竞争优势，引进一套先进的物流设备或者巨资建设现代化的物流基地，其投入资金的利息往往已经超过聘请足够的工人提供满足需求的服务了，并且从投资回报的角度而言，高额的投入也意味着高额的回报，只考虑投入而忽略回报的行为是与财务投资的原则相悖的。

虽然现代物流管理已经远远超出了传统物流管理的范畴，但是，从上面的 M 公司案例中可知，现代物流管理首先是通过相关的整合保障物流服务水平能够满足（内部）客户的需求，而这一整合除了高端的物流规划以外，建立高效的信息查询和传递系统尤为重要。不过值得注意的是，所有信息系统的构筑都必须基于流程再造之上，信息系统只是提高效率的一种工具和手段，在此基础上来确保物流整体运作的透明度和灵活性。就我国目前的物流现状而言，传统物流业务往往占企业整体物流成本的 90% 左右，换句话说就是，现代物流管理的绩效主要体现在传统物流业务方面，因此，要提升现代物流管理就必须基于（内部）客户对传统物流业务的需求指标，并结合传统业务的成本构成因素，构筑相应的运作规范体系，并以此为基础建立物流职能的质量保障体系和监控体系。但是，目前的难点是，国内企业尚未能有效地对物流成本的各项细节进行界定，如车辆的使用成本、仓储成本、装卸成本的构成依然没有得到统一，基本上是每个企业都根据各自的理解设定成本的分析系统，甚至绝大多数企业只是粗略计算由此而付出的费用，并据此制定下年度的物流成本节省目标。因此，欠缺对细节的管理也使企业难以进行物流策略的制定，就更谈不上实施了。

综上所述，现代物流管理的变革并不是企业投入巨资引进物流设施、设备，以及兴建大型物流基地，而是应该从供应链的角度重新审视客户的服务需求，对现有的物流运作进行重新规划，通过企业物流职能的分离、物流供应商的整合、各种相关流程的再造、运作业务规范的制定、质量保障及监控系统的建立、信息系统的构筑等相关措施提升物流管理的综合服务能力，以此形成企业在物流职能方面的竞争力。另外，随着我国加入 WTO 以及买方市场的形成，国内企业将面临前所未有的激烈的市场竞争，如何通过提升物流管理水平以保障其发展将是所有企业经营者面临的一个课题，对他们而言，现代物流管理已经不再是一种理念，也不再是一种口号，更不是一种炒作，只有清晰地认识到现代物流管理在企业经营管理中的位置，才能真正使物流管理成为企业顺畅经营的保障，也才能通过对物流细节的管理起到满足客户需求、提升服务水平和效率、降低成本的作用。

第二节　供应链物流管理概述

一、供应链物流管理概念的提出

合作竞争时代的到来，使竞争无国界与企业相互渗透的趋势越来越明显，市场竞争实质上已不是单个企业之间的较量，而是供应链与供应链之间的竞争，对传统企业管理思想产生了巨大的冲击。面对变化反复无常、竞争日趋激烈的市场环境以及客户需要多样化与个性化、消费水平不断提高的市场需求，一方面，企业越来越注重利用自身的有限资源形成自己的核心能力，发挥核心优势，另一方面，企业也在充分利用信息网络寻找互补的外部优势，与其供应商、分销商、客户等上下游企业构建供应链网链组织，通过供应链管理共同形成合作竞争的整体优势。核心企业在供应链上有 5 种类型“流”的运动，既包括信息流（需求信息流和供应信息流）、资金流、工作流和价值流，也包括物流。物流贯穿供应链的全过程，从供应商到核心企业的供应物流，核心企业的内部物流，再到分销商与最终客户的分销物流，以及伴随而生的废弃物物流、回收物流等，形成了以核心企业为集散中心的物流体系。可见，在供应链上，物流是将产品或服务提供给最终客户，实现产品或服务增值的关键性活动。而要使物流通畅、高效，核心企业必须发挥调度与管理中心的作用，适时向供应商发出需求指令，向分销商发出供货指令，确保各成员企业都能在合适的时间得到合适品质、合适数量与合适规格型号的原材料、零部件或产成品，既不造成缺货，又不发生库存积压，并使供应链总成本最小化。

供应链管理意味着跨企业的物流管理，它包括供应商、生产商、批发商和零售商等不同企业在内的整个链的计划和运作活动的协调，意味着跨越各个企业的边界，在整个链上应用系统观念进行集成化管理。如果供应链上的所有企业都孤立地优化自己的物流活动，那么整个供应链的物流就不可能达到最优化。因此，要实现更大范围的最优化，就必须从供应链整体出发来协调各成员企业的物流活动。毫无疑问，供应链管理的驱动力是使供应链的总成本最小化。供应链上的库存主要集中在“成员企业组织的边界”上，即企业与企业之间的接口，也就是供应链物流管理的利润空间所在，而供应商行为和客户行为的不确定性导致了企业囤集缓冲库存的问题。为了提高整个供应链的整体竞争优势和增加共同利益，供应链成员企业之间必须从系统管理和集成化管理思想出发，实现集成化供应链物流管理。

供应链物流管理一词，最早是由一些世界级的管理顾问在 20 世纪 80 年代初期提出的，此后，随着经济和技术的快速发展，供应链物流管理从理论和实践上都发生了深刻的变革。最初，供应链物流管理被认为是一种关于加快物品和信息在供应通道中流动的运作管理活动，这种活动可以优化业务环节，并能使企业和供应链中的伙伴的活动保持同步，以在供应链中降低成本，提高生产效率。不过这只是供应链物流管理概念所涵盖的一部分。目前，比较主流的观点是立足于管理思想和方法集成的角度，认为供应链物流管理是执行供应链中从供应商到最终用户的物流的计划和控制等职能。

二、供应链物流管理的内涵与原理

（一）供应链物流管理的内涵

物流过程是一个物资流转过程，更是一个价值流转和信息流转的过程，物流贯穿于整个供应链的各环节，是企业间联系的纽带。近几年来，随着供应链理论与实践的不断发展，物流管理的范围也在不断扩展，在传统的物流管理职能（仓储、库存、运输）基础上，集成了市场和制造功能，又扩展到包括上下游供应链企业之间的协调管理上。未来市场的竞争是供应链与供应链的竞争而非企业与企业的竞争，因而要求我们站在整个供应链的视角看待物流管理，可以说供应链管理的思想改变了物流的管理方式和管理模式。

根据我国《国家物流标准术语》的定义，供应链物流管理是指利用计算机网络技术全面规划供应链中的商流、物流、信息流、资金流，并进行计划、组织、协调与控制。供应链物流管理，是一个以供应链核心产品或者核心业务为中心的物流管理体系。前者主要是指以核心产品的制造、分销和原材料供应为体系而组织起来的供应链的物流管理，例如汽车制造、分销和原材料的供应链的物流管理，就是以汽车产品为中心的物流管理体系。后者主要是指以核心物流业务为体系而组织起来的供应链的物流管理，例如第三方物流或者配送、仓储、运输供应链的物流管理。这两类供应链的物流管理既有相同点，又有区别。供应链管理的核心是供应链的物流管理，资金流是为物流服务的，为保障物流顺利进行创造条件。

（二）供应链物流管理的原理

供应链物流管理的原理，就是要结合供应链的特点，综合采用各种物流手段，实现物资实体的有效移动，既保障供应链正常运行的物资需要，又保障整个供应链的总物流费用最省、整体效益最高。

供应链物流管理也是一种物流管理，它和通常的物流管理没有本质的区别，同样包括运输、储存、包装、装卸、加工和信息处理等活动的策划设计和组织等工作，同样要运用系统的观点和系统工程的方法。供应链物流管理的特点，就是在组织物流活动时，要充分考虑供应链的特点。供应链最大的特点就是协调配合，例如在库存点设置、运输批量、运输环节、供需关系等方面都要统筹考虑集约化、协同化，降低供应链企业之间的总物流费用，以提高供应链整体的运行效益。

值得注意的是，这里提到的效益是着眼于供应链整体的效益，费用是供应链的总费用，这就是说不排除有的效益会降低、有的费用会增长的情况。因为既然供应链是一个系统，在以系统的观点处理问题时，这样的结果是正常合理的。

这里所谓供应链整体的效益，其最主要的代表就是核心企业的效益，应该说整个供应链的使命，就是要为核心企业提高效益服务的。所以供应链物流管理实际上是要站在核心企业的立场上，沟通整个供应链的物流渠道，将它们进行合理策划、设计和优化，提高运行效率、降低运行成本，为核心企业的高效率运作提供有力的支持。

站在核心企业的立场来组织物流，并不是意味着完全不顾非核心企业的利益。相反，要取得非核心企业的合作，就必须兼顾它们的利益。一方面，核心企业的利益最大化，本身就会给非核心企业带来利益最大化。例如汽车装配厂生产的汽车所占的市场份额扩大，就意味着部件厂的部件需要量更多，分销企业的销售收入也就更多。这样给上游企业和下游企业带来的利益自然也会最大化。另一方面，在制订供应链物流方案时，碰到具体问题，要站在核心企业的立场同时，在不影响大局的情况下，尽可能满足非核心企业的利益，这样做出的方案才是可行的。

结合供应链的特点来组织物流，既是供应链物流管理的优点，又是供应链物流管理的约束条件。一方面，它可以使物流在更大的范围内实行优化处理、优化资源配置，从而实现更大程度的节约，更大程度地提高效益；另一方面，在进行物流活动组织时，需要综合考虑更多的因素，需要更多的信息支持和优化运算，因此物流设计策划的工作量更大、难度也更大。

供应链主要应当由核心企业来组织管理，所以，供应链物流管理当然也应当由核心企业来组织管理。因为只有核心企业才知道它的供应链物流管理应当怎样做，才能够真正代表它的利益，才最有效益。但是在实际中，并不一定要核心企业亲自来组织管理，因为物流管理比较烦琐，而供应链物流管理就更加复杂，任何一个生产企业，在把主要精力管好生产的同时还要把物流管理起来，都是很困难的，所以，按现在通行的做法，供应链物流管理一般可以由核心企业委托或外包给第三方物流公司来承担。核心企业自己作为合同的甲方，只提出管理目标和任务，监督第三方物流公司的执行效果。而第三方物流公司则是作为合同的乙方，根据甲方的目标任务，提出物流方案，具体组织实施。由于第三方物流公司具有专业化的物流管理经验和能力，由它们根据核心企业的要求来组织管理供应链物流，可能会收到比核心企业亲自组织管理更好的效果。

三、供应链物流管理的特点与目标

由于供应链构成的复杂性，所以要有效地实现供应链物流管理，必须抛弃传统的管理思想，将供应链各成员企业的订货处理、采购、制造、装配、库存控制、分销等看作一个整体流程，实现对供应商的供应商、供应商、制造商、分销商、零售商、客户以及客户的客户整个供应链物流的集成化管理，才能创造新的整体竞争优势。

（一）供应链物流管理的特点

1. 客户物流——供应链物流的起点

由于整个供应链都是由客户需求拉动的，因而客户的采购物流是供应链物流的起点，整个供应链物流管理要以满足客户物流需求为核心，主动积极地为客户提供增值物流服务。

2. 核心企业——供应链物流的协调与管理中心

供应链是基于核心企业的利益共同体，虽然各成员企业都具有独立法人资格，相互之间没有行政上的隶属关系，但整个供应链体系是靠核心企业驱动的。同样，对供应链物流管理而言，核心企业发挥着调度与管理中心的作用，负责对供应商到核心企业的供应物流，核心企业的内部物流，再到分销商与最终客户的分销物流的总体协调与控制，确保供应链物流总成本最小化。

3. 企业接口物流——供应链物流管理的利润源

众所周知，在实行供应链管理之前，供应商与制造商、制造商与分销商、分销商与客户等关联企业之间的接口往往会出现管理“真空”，存在大量的物流延迟、重复作业和冗余库存等。而通过供应链物流管理，成员企业之间实现了全流程的无缝作业，大大提高了接口工作效率，有效减少了物流重复、浪费与失误。

4. 现代信息与网络技术——供应链物流管理实现的基础前提

因特网、局域网的出现与普及运用，为供应链物流的信息共享与信息交互提供了基础平台；EDI、ERP、CRM（Customer Relationship Management，即客户关系管理）的不断完善与广泛应用，为供应链物流管理提供了技术保障。

5. 现代管理思想与方法——供应链物流管理实现的理论保证

通过业务流程重构（Business Process Reengineer，BPR），能够消除各职能部门以及供应链成员企业的自我保护主义，实现供应链物流组织的集成与优化；通过准时生产方式（Just In Time，JIT）、快速反应（Quick Response，QR）、有效客户反应（Efficient Consumer Response，ECR）、全面质量管理（Total Quality Management，TQM）等管理思想与技术方法的综合运用，实现供应链物流管理方法的集成；通过资源整体优化配置，有效运用价值链激励机制，寻求非增值活动及相应结构的最小化，实现供应链物流管理效益的优化与集成。

（二）供应链物流管理的目标

供应链物流管理的目标即是通过调和总成本最低化、客户服务最优化、总库存最少化、总周期时间最短化以及物流质量最优化等目标之间的冲突，实现供应链绩效最大化。

1. 总成本最小化

众所周知，采购成本、运输成本、库存成本、制造成本以及供应链物流的其他成本费用都是相互联系的。因此，为了实现有效的供应链物流管理，必须将供应链各成员企业作为一个有机整体来考虑，并使实体供应物流、制造装配物流与实体分销物流之间达到高度均衡。从这一意义出发，总成本最小化的目标并不是指运输费用、库存成本或其他任何供应链物流运作与管理活动的成本最小，而是整个供应链物流运作与管理的所有成本的总和最低化。

2. 客户服务最优化

物流的本质就是服务，供应链物流的本质也是为整个供应链的有效运作提供高水平的服务。而由于物流服务水平与成本费用之间的二律背反关系，要建立一个效率高、效果好的供应链物流网络结构系统，就必须考虑总成本费用与客户服务水平的均衡性。供应链物流管理以最终客户为中心，客户的成功是供应链赖以生存与发展的关键前提。因此，供应链物流管理的主要目标就是要以最小化的总成本费用实现整个供应链客户服务的最优化。

3. 总库存最少化

传统的管理思想认为，库存是维系生产与销售的必要措施，因而企业与其上下游企业之间在不同的市场环境下只是实现了库存的转移，整个社会库存总量并未减少。按照 JIT 管理思想，库存是不确定性的产物，任何库存都是浪费。因此，在实现供应链物流管理目标的同时，要使整个供应链的库存控制在最低的程度，“零库存”反映的即是这一目标的理想状态。所以，总库存最少化目标的达成，有赖于对整个供应链的库存水平与库存变化的最优控制，而不只是单个成员企业库存水平的最低化。

4. 总周期时间最短化

在当今的市场竞争中，时间已成为竞争成功最重要的因素之一。按照马丁·克里斯托弗的观点，当今的市场竞争不再是单个企业之间的竞争，而是供应链与供应链之间的竞争。从某种意义上说，供应链之间的竞争实质上是时基竞争（Time-Based Competition，TBC），必须实现 ECR，最大限度地缩短从客户发出订单到获取满意交货的整个供应链物流的总周期时间。

5. 物流质量最优化

在市场经济条件下，企业产品或服务质量的好坏直接关系到企业的成败。同样，供应链物流服务质量的好坏直接关系到供应链的存亡。如果在所有业务过程完成以后，发现提供给最终客户的产品或服务存在质量缺陷，就意味着所有成本的付出将不会得到任何价值补偿，供应链物流的所有业务活动都会变为非增值活动，从而导致整个供应链的价值无法实现。因此，达到与保持物流服务质量的高水平，也是供应链物流管理的重要目标。而这一目标的实现，必须从原材料、零部件供应的零缺陷开始，直至供应链物流管理全过程、全人员、全方位质量的最优化。应该说明的是，从传统的管理思想出发，上述目标相互之间会呈现出互斥性：客户服务水平的提高、总周期时间的缩短、交货品质的改善必然以库存、成本的增加为前提，因而无法同时达到最优。而运用集成化管理思想，从系统的观点出发，改进服务、缩短时间、提高品质与减少库存、降低成本是可以兼得的。因为只要供应链物流的基本工作流程得到改进，就能够提高工作效率，消除重复与浪费，缩减工作人员，减少客户抱怨，提高客户忠诚度，降低库存总水平，减少总成本支出。

四、供应链物流管理的实现

有效实现供应链物流管理，必须完成以下六个方面的转变。

1. 由相互对立转向战略协作

传统上，协调物流的功能机制极端化，过分依赖市场交易机制，由于供需双方都追求各自最佳的财务效果，相互之间存在着大量的冲突。任何一方对对方都缺乏绝对的信任，供应商必须猜测客户的需求，因为特定需求和预测信息得不到共享，因而造成许多不必要的浪费。比如，当市场信息失真或扭曲时，供应链物流的运作效率将会大幅度降低。因此，要有效实现供应链物流管理，就应促进由市场交易机制向战略协作机制的快速转变，即在供应链各成员企业间建立一种长期的战略合作伙伴关系，以消除供应链物流过程中的各种浪费，提高对客户与市场需求的快速反应能力。供应链成员企业之间建立战略协作关系，旨在获取最大的整体竞争优势，其基本原理即战略协作远胜于对立竞争，能够实现合作各方的共赢。特别是在当今竞争日益激烈的动态市场环境中，战略协作通过信息共享能够大大加速新产品上市周期，有效压缩订货—交货总周期时间，消除供应链的“牛鞭效应”。

加强供应链成员企业之间的战略协作，必须做好以下五个方面的工作。

（1）高层管理的全力支持与参与。对供应链各成员企业来说，必须充分认识到，建立供应链战略协作关系，既不是单个物流作业活动问题，也不是中观的策略问题，而是关系到企业发展乃至整个供应链存在与发展的战略问题。因此，期望企业物流工作人员，如采购员、运输调度员、仓储保管员、配送员等，或者企业中的物流经理人员来解决问题，是无法达到预期目的的。只有企业高层管理者全力支持和参与，建立共同愿景目标，增进相互之间的信任和创造必要的价值增值过程，供应链战略协作伙伴关系才能顺利建立和持续发展。

（2）切实进行思想转变。战略协作关系的核心是实现供应链成员的共赢。因此，所有人员，特别是各成员企业的领导人员，必须彻底转变传统交易关系下非赢即输的对立思想，充分认识建立战略协作关系的必要性，并主动参与到实际变革中去。

（3）有效实施组织变革。成功的战略协作关系的建立，要求打破供应链成员企业之间的障碍，从优化整个供应链组织的角度出发重构供应链物流流程，建立跨职能、跨企业，甚至是跨越国家界限的物流工作团队。

（4）积极促进角色转换。供应链物流管理对供应链各成员企业的物流管理人员都提出了新的要求。因此，要按照战略协作关系的要求，积极促进高层管理者、主要的供应物流管理者、主要的制造物流管理者、主要的分销物流管理者、关键的物流服务提供者与管理者等有效实施角色转换，并协调其相互作用，以充分发挥每个物流人员的作用，提高整个供应链物流的运作效率。

（5）消弥相互冲突。要建立稳定可靠的战略合作关系，就必须从根本上解决供应链成员企业之间的冲突。这有赖于合作伙伴能够对合作成就的期望目标有更加广泛而深入的再思考，不仅要找到各方利益的共同点，而且要进一步扩大共同的利益基础。对于那些很难解决的严重冲突，应以最终客户对战略协作关系的需求与期望为出发点重新思考。毕竟，客户的目标与利益是第一位的，只有客户的成功，才能促进战略协作关系的完善与发展。这样，到最后往往也能达成实际的妥协，使战略协作关系得到进一步的巩固，并确保客户的问题得到完美解决。

2. 从功能整合转向流程集成

传统的物流管理以功能部门为基础，往往由于利益目标冲突、分工不清、信息分散等原因，各功能部门无法完全发挥其潜在效能，因而很难实现整体目标最优化。供应链各成员企业与整体之间的功能、业务的互动关系，是许多工作流程的综合体。为了提高整个供应链物流的工作效率，加快产品从供应商经制造商送达最终客户的物流速度，减少重复或不必要的物流步骤，改善跨功能、全过程的沟通与信息分享，应建立跨功能的物流工作团队。供应链上的各级物流主管及链上员工，都必须把供应链物流的所有功能活动视为一个整体流程，集中心力去满足甚至超越客户的需要，致力于客户价值的增值。同时，在一个流程框架中完成的工作应该有利于各种物流功能的整合。随着系统功能的整合，就能以最小的投入取得最大的组织效益，并使供应链物流组织富有弹性。从功能整合到流程集成是最有成效而又历时最长的转变之一。虽然这一趋势的发展给供应链成员企业的运营带来了实质性的改善，但其进一步发展仍然面临许多挑战：首先，虽然供应链各成员企业的采购、制造、仓储、分销等部门已经根据各自的流程进行了集成，但彼此之间的集成化水平依然不高，因此，下一步流程集成的首要工作即是要在核心企业内部完全打破各主要部门之间的功能界限，实现核心企业物流业务流程的集成；其次，要实现核心企业与其紧邻的供应链成员企业的物流业务流程的集成，尤其是核心企业与其供应商、客户企业物流业务流程的集成，在此基础上，最后实现整个供应链物流业务流程的集成化。

3. 从信息封闭转向信息共享

信息交互与信息共享是供应链物流高效运行的前提保证，有效的供应链物流管理需要准确、实时的前向和后向的需求信息、供应信息、控制信息作为基础。因此，信息流贯穿于供应链物流运作的全过程，既有供应信息（主要包括产品信息、物流能力信息、物流服务信息和质量保证信息），又有需求信息（主要包括产品需求信息、物流质量要求信息和增值物流服务需求信息），同时还有供应链及其成员企业的物流管理信息等。随着市场竞争的不断加剧，企业越来越意识到信息共享的重要性，供应链成员企业间只有做到信息共享，才能使信息得到充分利用，从而有效降低供应链物流的总成本，实质性地提高物流服务水平。近年来，以互联网为代表的网络技术的发展，有力地促进了信息封闭向信息共享的转变。而要真正实现供应链成员企业之间的信息共享与信息交互，有赖于以下转变的完成。首先，有效的信息共享必须以供应链成员企业之间的相互信任为基础。为了确保和维持企业间共享信息的可靠性，企业间必须充分建立彼此之间的信任。不过，管理者接受企业间信息共享的观念需要一个过程，一些管理者仍认为共享如预测、分销、库存、成本、等关键物流信息将使企业自身的竞争优势大打折扣，当管理者的目光仅仅局限于自己的职能部门时，甚至连成员企业内的信息共享都难以做到，就更不用说供应链成员企业之间共享信息了。其次，那些把信息看作企业重要资源的企业在与供应商或服务供应商进行商务活动时，也应以一种足够信任的方式来进行信息交互，以实质性地减少成员企业间的冲突。例如，许多制造商已经专门成立了一些独立的多功能物流工作团队来为他们的供应商或零售商提供物流服务，这个团队的人员来自各个职能部门，如采购、生产、营销、财务等。同时，信息共享的发展也越来越要求供应链成员企业共同制定物流经营战略和发展计划。最后，信息共享有多种方式，最有效的方式就是通过直接登录相关的数据库来获取所需的信息。信息共享也可通过第三方物流企业来完成，由它们指派特定的物流工作人员来确保彼此间的合作。信息共享的完全实现能够实质性提高供应链物流的集成化水平。

4. 从客户服务转向客户关系管理

供应链物流的目标旨在提升客户价值。在当今的买方市场条件下，客户在购买过程中的控制力越来越大，他们有最终的选择权，而且希望利用不同的方式购买产品或服务来满足其特定的需求。由此，客户关系管理越来越受到重视，并已成为市场领先企业的核心战略。传统的客户服务以符合内部的运营标准为目标，而在供应链管理模式下则以客户成功为宗旨。对许多客户来说，一些运营标准如订单完成周期时间的压缩、准确的送货时间和完美的订单送货，成为选择供应商的主要因素。而另一些客户则要求无论何时何地都能提供高水平的物流服务。因此，为了满足不同的客户需求，必须认真分析客户购买行为的驱动因素，以客户关系为基础进行供应链物流管理，充分发挥潜能、提供独特的物流解决方案。核心企业越来越认识到与关键客户建立紧密合作关系对供应链物流管理的重要性，而要获得最佳的客户关系，就必须使企业物流资源与特定客户的物流需求相匹配，并充分利用整个供应链的物流能力和资源来实现竞争对手不能提供或不能以合理成本提供的客户价值增值。要真正实现由客户服务转向客户关系管理，核心企业首先必须完成两个相应的转变：

一是企业要发展紧密的客户关系，就应该认识到不同的客户所期待和应得到的服务是不同的，因而，企业必须识别出核心客户，并为他们提供独特的增值物流服务，以满足甚至超过客户的需求。同时，企业不仅要满足客户的现有需求，而且要注重开发其潜在需求，这样，企业持续地使自己的物流服务能力与不断变化的客户需求相匹配，就能始终站在竞争的最前沿。二是企业要加强对市场变化的快速反应能力，以不断改善与客户的关系，而不仅仅是依靠预先准备的库存来满足计划内的需求。要实现这样的转变，就要求利用供应链的信息共享机制获取准确、及时的客户需求信息，而不是靠预测来推断客户的需求，因为预测的不精确性将直接影响客户服务的满意水平。

5. 从核算成本管理转向目标成本管理

为了更有效地实现供应链物流管理的目标，使客户需求得到最大程度的满足，成本管理应从战略的高度分析，与战略目标相结合，使物流成本管理与经营管理全过程的资源消耗和资源配置协调起来，因而要求实现从核算成本管理向目标成本管理的有效转变。与核算成本管理方法的明显差异在于，目标成本管理法不是局限于供应链企业内部来计算成本，而是从产品开发、设计阶段到制造阶段，以及整个供应链物流的各环节进行成本管理。在目标成本管理法引用的早期，通常企业首先通过市场调查来收集信息，了解客户愿意为这种产品所支付的价格，以及期望的功能、质量，同时还应掌握竞争对手所能提供的产品状况。这样，根据市场调查得到的价格，扣除所需获取的利润以及为继续开发产品所需的研究经费，计算出来的结果就是产品在制造、分销和产品加工处理过程中所允许的最大成本，即目标成本。目标成本管理是一种全过程、全方位、全人员的成本管理方法。全过程是指供应链产品生产到售后服务的一切活动，包括供应商、制造商、分销商以及客户在内的各个环节；全方位是指从生产过程管理到后勤保障、质量控制、企业战略、员工培训、财务监督等企业内部各职能部门各方面的工作以及企业竞争环境的评估、内外部价值链等；全人员是指从高层经理人员到中层管理人员、基层服务人员、一线生产员工。目标成本管理法是在作业成本管理法的基础上来考察作业的效率、人员的业绩、产品的成本，弄清楚每一项资源的来龙去脉，每一项作业对整体目标的贡献。总之，核算成本管理法局限于事后的成本反映，而没有对成本形成的全过程进行监控；作业成本管理法局限于对现有作业的成本监控，没有将供应链的作业环节与客户的需求紧密结合；而目标成本管理法则保证供应链成员企业的产品以特定的功能、成本及质量生产，然后以特定的价格销售，并获得令人满意的利润。

6. 由垂直一体化转向虚拟集成化

多年来，企业出于管理和控制上的目的，对为其提供原材料、半成品或零部件的其他企业一直采取投资自建、投资控股或兼并的垂直一体化管理模式，即核心企业与其他企业是一种所有权关系。例如，亨利·福特曾尝试利用所有权控制来获得供应链的垂直一体化。他的理想是通过对整个过程拥有所有权以管理和控制整个价值增值过程，从而减少浪费和增加业务相关性，因此，从橡胶种植、运输一直到生产，即从原材料供应到完成汽车的生产，全部由自己拥有所有权的企业完成。推行垂直一体化的目的，旨在加强核心企业对原材料供应、产品制造、分销和销售全过程的控制，使企业能在市场竞争中掌握主动，从而增加各个业务活动阶段的利润。在高科技迅速发展、市场竞争日益激烈、顾客需求不断变化的今天，垂直一体化战略已逐渐显示出无法快速敏捷地响应市场机会的薄弱之处，其问题在于需要大量的资金投资和构建非常复杂的企业组织结构。现在，要重构亨利·福特式的垂直供应链已不可能，因而核心企业必须通过与供应商、分销商甚至客户的虚拟集成化来建立供应链物流的无缝连接。

很早以前就有不少制造商和零售商利用第三方物流企业提供商品运输、储存、配送等物流活动，而现在这种趋势越来越明显，并且物流外包业务的内容也越来越多，以集中企业资源和精力于其核心业务，推动企业由垂直一体化向虚拟集成化发展。作为虚拟集成化供应链的核心企业，将发生以下两个转变：一方面，必须把自己的管理活动延伸到供应商、分销商、客户乃至供应商的供应商、客户的客户。为了得到最优的供应链绩效，在制定供应链战略目标和行动计划时，应充分考虑供应商资源的优化配置。对供应链管理来说，整体竞争能力的强弱取决于供应链中最弱的链节企业，供应商、分销商、客户等成员企业就像核心企业外延的部门，它们对供应链成功与否所起的作用与核心企业的功能部门完全一样。另一方面，必须重构组织结构以适应虚拟集成化的需要。供应链的全体成员必须对总价值的创造建立共同愿景，并且为愿景的实现共担责任。因此，供应链的核心企业必须对合作伙伴进行认真评估和严格挑选，所有成员都应在减少重复建设、重复劳动和供应链总周期时间的共同目标下，制定自己的经营战略并且保持同步。

五、供应链物流管理的实施方法

供应链物流管理的实施方法，常见的有如下几个。

1. 联合库存管理

供应链物流管理一个最重要的方面，就是联合库存管理。所谓联合库存管理，就是建立起整个供应链以核心企业为核心的库存系统，具体来说，一是要建立起一个合理分布的库存点体系，二是要建立起一个联合库存控制系统。

这里强调以核心企业为核心，是因为在供应链中很容易形成多中心，如果搞多中心，必然分散精力和资源，还可能互相干扰，则必然影响供应链的正常有效运行。所以一个供应链系统必须只有一个中心，所有其他的企业都必须服从这个中心，自觉地为这个中心服务。供应链库存系统也必须按照这种思想去组织。

2. 供应商管理库存

供应商管理库存，是供应链管理理论出现以后提出来的一种新的库存管理方式。就是供应商掌握核心企业库存的一种库存管理模式，是对传统的由核心企业自己从供应商购进物资、自己管理、自己消耗、自负盈亏的模式的一种革命性变动。

3. 供应链运输管理

除库存管理之外，供应链物流管理的另一个重要方面就是运输管理，但是运输管理相对来说没有库存管理那样要求严格、关系重大。因为现在运力资源丰富，市场很大，只要规划好了运输任务，就能够很容易地找到运输承包商来完成它。因此，运输管理的任务主要就是三个：一是设计规划运输任务，二是找到合适的运输承包商，三是运输组织和控制。

4. 连续补充货物

连续补充货物，就是指供应点连续地多频次小批量地向需求点补充货物。它基本上是与生产节拍相适应的运输蓝图模式，主要包括配送和准时化供货方式。配送一般是用汽车将供应商下线的产品按核心企业所需要的数量（日需要量或者半天需要量）进行一定频次的批量送货（一天一次或二次）。准时化供货，一般是用汽车、叉车进行更短距离、更高频次的小批量多频次供货（按生产线的节拍，一个小时一次或二次），或者用传输线进行连续同步供应。

5. 分销资源计划

分销资源计划是 MRP（Material Requirement Planning，即物料需求计划）原理和技术在流通领域中的应用。该技术主要解决分销物资的供应和调度问题，基本目标是合理进行分销物资和资源配置，以达到既有效地满足市场需要又使得配置费用最省的目的。

6.JIT 技术

JIT 技术，包括 JIT 生产、JIT 运输、JIT 采购、JIT 供货等一整套 JIT 技术。这些在供应链中基本上都可以用得上。它们的思想原理都一样，就是四个“合适”：在合适的时间，将合适的货物，按合适的数量，送到合适的地点。它们的管理控制系统一般采用看板系统，基本模式都是多频次小批量连续送货。

7. 快速、有效的反应系统

QR 系统是 20 世纪 80 年代由美国塞尔蒙公司提出并流行开来的一种供应链管理

系统，主要的思想就是依靠供应链系统而不是只依靠企业自身来提高市场响应速度和效率。一个供应链系统通过加强企业间沟通和信息共享、供应商掌握库存、连续补充货物等多种手段进行运作，能够达到更高的效率，以更高的速度灵敏地响应市场需求的变动。

ECR系统也是美国塞尔蒙公司于20世纪90年代提出来的一个供应链管理系统，主要思想是组织由生产厂家、批发商和零售商等构成的供应链系统，在店铺空间安排、商品补充、促销活动和新商品开发与市场投入四个方面相互协调、合作，以更低的成本更好、更快地满足消费者的需要。

8. 协同式供应链库存管理

合作计划、预测与补货（Collaborative Planning，Forecasting and Replenishment，CPFR）模型是近年来供应链研究与实践的热点。它的形成始于沃尔玛所推动的CFAR（Collaborative Forecast And Replenishment，即合作预测与补货），CFAR是通过零售企业与生产企业的合作，共同做出商品预测，并在此基础上实行连续补货的系统，后来在沃尔玛的不断推动之下，基于信息共享的CFAR系统又开始向CPFR发展。

六、供应链物流管理中的信息交互

从某种意义上来说，供应链物流管理主要是通过信息管理来实现的。在物流系统内部各要素之间，以及物流系统与外部环境之间，始终存在着信息的交互。从物流管理的发展趋势我们可以看出，信息将是供应链物流管理的重点，信息应用于物流系统，可以缩短物流活动的周期，加快物流速度，节约运输工具、资金、人员等。信息被看作是获得未来物流竞争优势的关键因素之一。

1. 供应链物流管理中的信息

供应链物流管理中的信息是反映物流各种活动内容的知识、资料、图像、数据、文件的总称，它在物流各个环节中生成，又反过来控制整个物流系统的运行。信息在供应链物流管理中起着非常重要的作用，信息贯穿于供应链物流管理运作的全过程，起着“中枢神经作用”和“支持保障作用”，既有供应信息，主要包括产品信息、物流能力信息、物流服务信息和质量保证信息；又有需求信息，主要包括产品需求信息、物流质量需求信息和增值物流服务需求信息；此外，还有供应链及其成员企业的物流管理信息等。

2. 供应链物流管理中的信息交互

供应链物流管理中的信息交互是指在供应链物流管理环境下，供应链各节点企业之间关于物流管理运行的各种信息，例如客户订单信息、销售数据、库存信息等，能够从一个企业（部门）开放地、有效地、自动地流向另一个企业（部门），并由接收企业进行反馈信息的回传这样一个互动过程，即整个供应链上的企业（部门）分享信息资源和进行反馈的过程，期间强调供应链节点企业之间的互动来实现信息的交互，以提高供应链的运作效率。

从简单供应链（见图 1–1）来看，供应链物流管理中各节点企业之间的信息交互主要存在于以下几个方面。

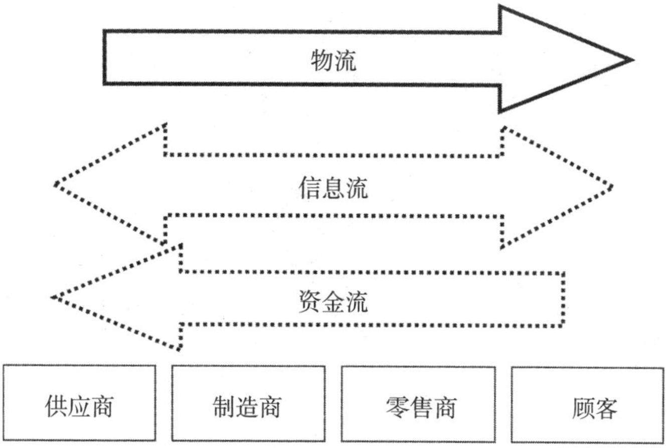

图 1–1　简单供应链

（1）零售商与顾客的信息交互。零售商与顾客近距离接触时，可以将商品的功能、特性等信息传递给顾客，同时采集顾客的需求、偏好的变化以及最新潮流等信息，并利用这些最新动态信息进行市场预测。

（2）零售商与制造商的信息交互。零售商将需求信息、预测信息和促销计划以及产品改进等信息传递给制造商，制造商就能及时了解顾客需求，快速响应市场需求。制造商将自己的供货提前期、生产能力、进度安排等信息与下游销售商分享，就能避免制造商供货短缺时上下游博弈而产生抽象需求信息，使制造商陷入超量存货，增加生产能力或赶工引起成本增加，而零售商只要保持合适的库存水平，就能在保持服务水平不变的前提下节约成本，增大利润空间。

（3）供应商与制造商的信息交互。供应商掌握了制造商的生产进度安排和库存控制，就可以合理安排自己的长短期生产计划和供货计划，根据制造商的库存水平变化及时准确地安排送货，既节约了制造商的订单发出成本，又使得供应商和制造商的原料库存保持最低。

3. 供应链物流管理中信息交互的实现

从供应链物流管理中信息交互的实现情况来看，信息交互的实现模式不外乎四种：点对点信息交互、文件级间接信息交互、公共数据库级信息交互、综合信息交互。

（1）点对点信息交互模式。最简单的模式就是两个企业之间直接进行信息的交互，信息直接从提供方传送给需求方，不需要经由其他数据转换或存储中心，信息的提供和获取是多对多的关系，即信息交互在多个信息系统间进行两两传递，如图 1–2 所示。也就是说，在交互的两个系统间（或功能模块间）通过确定相互间的数据结构和建立一对一的信息转换机制直接进行数据交互。

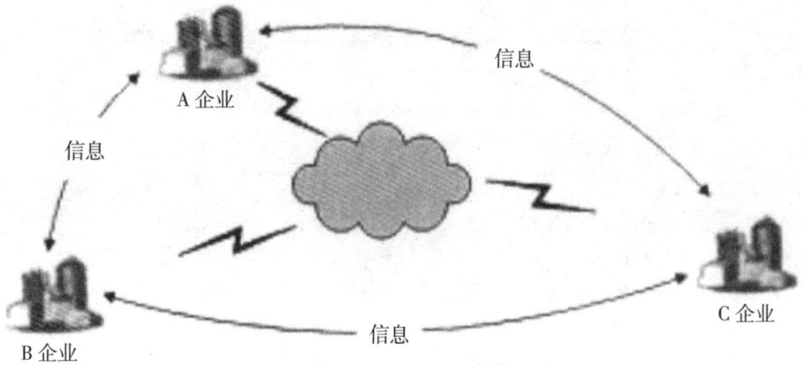

图 1–2 点对点信息交互模式

（2）文件级间接信息交互模式。文件级间的信息交互模式是指企业各自不同的物流应用系统具有的各自独立的数据库 / 文件系统之间进行信息交互的模式，系统间的信息通过数据标准的交互方式实现，如图 1–3 所示。

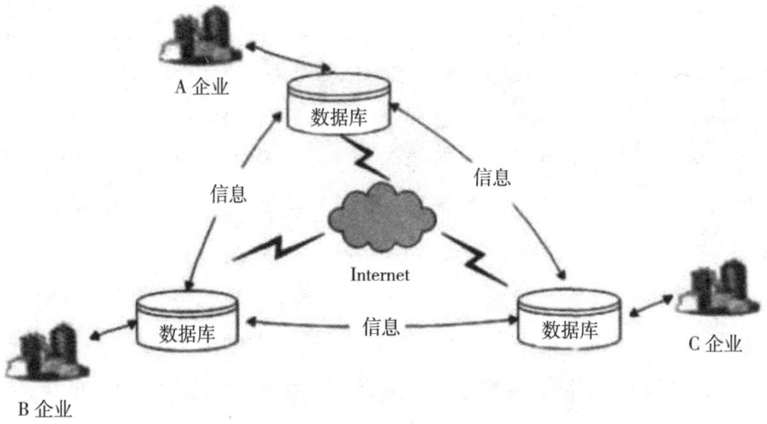

图 1–3 文件级间接信息交互模式

（3）公共数据库级信息交互模式。公共数据库级信息交互是将供应链物流中交互的信息集中在一个公共数据库中，各企业根据权限对其进行操作，完成与多个合作伙伴的信息交互（见图 1-4）。在这一模式中，信息平台服务商只对平台进行维护或根据用户的需要开发新功能模块，不提供具体的信息服务。

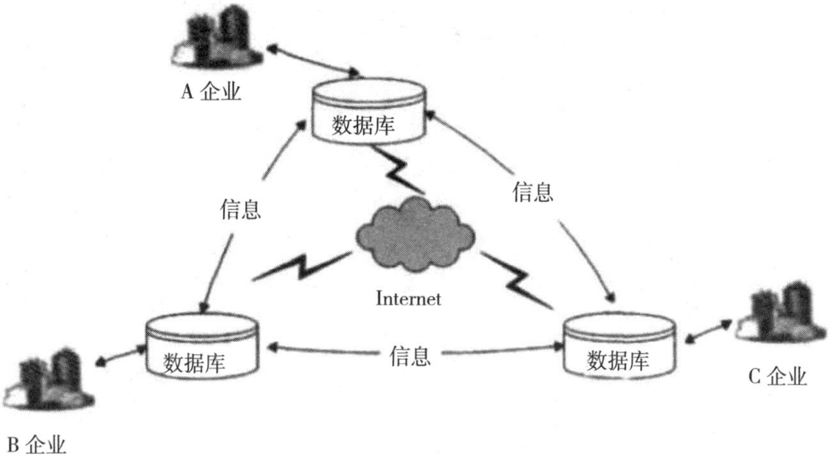

图 1-4 公共数据库级信息交互模式

（4）综合信息交互模式。随着并行工程的发展，对信息管理技术提出了更高的要求，不仅要求其技术能够支持多学科领域专家群体协同工作，而且要求把交互信息与过程有机结合起来，做到把正确的信息在恰当的时间以恰当的方式进行传递，这也是信息交互的最高要求。因此，在实际的供应链物流管理的信息交互实施过程中，上下游企业之间并不是单一地选择某一种模式进行信息交互，它们可以根据自己的需要以及交互信息的保密程度综合使用以上三种模式，如图 1-5 所示。

综合信息交互模式是在前三种交互模式的基础上，将交互的信息与交互过程集成起来，即实现了信息与过程的集成，从而提高了信息交互的效率。

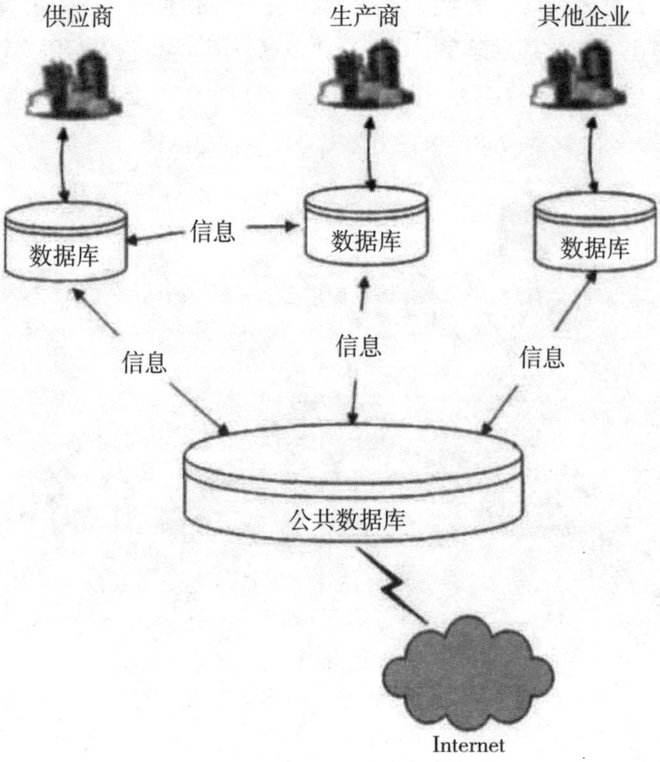

图 1–5　综合信息交互模式

第三节　供应链物流管理与现代物流管理的关系

现代物流管理是指在社会再生产过程中，根据物质资料实体流动的规律，应用管理的基本原理和科学方法，对物流活动进行计划、组织、指挥、协调、控制和监督，使各项物流活动实现最佳的协调与配合，以降低物流成本，提高物流效率和经济效益。现代物流管理是建立在系统论、信息论和控制论基础上的，有狭义和广义两个方面的含义。狭义的物流管理是指物资的采购、运输、配送、储备等活动，是企业之间的一种物资流通活动；广义的物流管理包括了生产过程中的物料转化过程，即现在人们通常所说的供应链物流管理。

一、供应链物流管理与现代物流管理的关系

（1）从管理目标的角度来看，现代物流管理是指为了满足顾客需要所发生的从生产地到销售地的产品、服务和信息的流动过程，以及为使保管能有效、低成本进行而从事的计划、实施和控制行为。而供应链物流管理则是在提供产品、服务和信息的过程中，对终点用户到原始供应商之间的关键商业流程进行集成，从而为客户和其他所有流程参与者增值。由此可见，物流管理与供应链物流管理在为顾客服务的目标上是一致的。

尽管二者的管理目标是一致的，但这并不能代表其工作性质也是相同的。供应链工作的性质突出了处理和协调供应商、制造商、分销商、零售商，直到最终用户间存在的各种关系，而物流工作的性质则重点表现的是具有一定物流生产技能的物流工作者，运用物流设施、物流机械等劳动手段，作用于物流对象的生产活动。

（2）从管理内容的角度来看，物流管理的内容包括物流活动以及与物流活动直接相关的其他活动，它包括了从原材料供应到产品销售的全部物流活动。而供应链物流管理所涉及的内容要庞大得多。供应链物流管理是通过前馈的信息流和反馈的物料流及信息流，将供应商、制造商、分销商、零售商直到最终用户连成一个整体的模式。供应链物流管理既包括商流、信息流、资金流、增值流的管理，也包括物流的管理。由此可见，物流管理属于供应链物流管理的一部分。

与此同时，物流管理与供应链物流管理二者之间还存在着大量的不同内容，比如物流中还包括城市物流、区域物流和国际物流等，而这些在供应链物流管理中显然是不作为研究对象的。当然，供应链研究中涉及的产品设计与制造管理、生产集成化计划的跟踪与控制以及企业之间的资金流管理等，物流管理也同样不作为研究对象。即使将管理的范围限定在企业管理上，物流管理和供应链物流管理的内容也存在着明显的不同。供应链物流管理是企业的生产和营销组织方式，而物流管理则为企业的生产和营销提供完成实物流的服务活动。物流服务所表现的第二性特征在任何时候、任何场合、任何状态下都是不会改变的。

（3）从管理手段的角度来看，供应链物流管理是基于因特网的供应链交互信息管理，这是以电子商务为基础的运作方式。商流、信息流、资金流在电子工具和网络通信技术的支持下，可以通过网上传输轻松实现。而物流即物质资料的空间位移，具体的运输、储存、装卸、配送等活动是不可能直接通过网上传输的方式来完成的。虽然现代物流离不开物流管理信息，也要使用因特网技术，但是因特网显然不构成物流管理的必需手段。也就是说，物流在非因特网技术条件下，也一样能够运行。

二、现代物流管理在供应链物流管理中的地位

供应链作为一个有机的网络化组织，旨在于统一的战略指导下提高效率和增强整体竞争力。物流管理将供应链物流管理下的物流进行科学的组织计划，使物流活动在供应链各环节之间快速形成物流关系和确定物流方向，通过网络技术将物流关系的相关信息同时传递给供应链各个环节，并在物流实施过程中对其进行适时协调与控制，为供应链各环节提供实时信息，实现物流运作的低成本、高效率的增值过程管理。其中，物流计划的科学性是物流成功的第一步，也是关键的一步；物流的实施过程管理是对物流运作的实时控制以及对物流计划的实时调整，是对物流活动进程的掌握，有利于供应链各环节了解物品物流动向，协调相应的各部门的计划；适时的协调与控制是对已进行的物流进行分析总结，总结成功的经验和寻求存在问题的原因，为改进物流的管理提供经验与借鉴，同时也是第三方物流企业进行经营核算管理的重要环节。

三、供应链物流管理体系下物流管理的特点

1. 快捷性

通过快捷的交通运输以及科学的物流事前管理和事中管理来实现快捷的物流。在供应链物流管理中，快捷的物流是供应链的基本要求，是保证高效的供应链的基础。

2. 信息共享

和传统的纵向一体化物流模型相比，供应链一体化的物流信息的流量大大增加。需求信息和反馈信息不是逐级传递，而是网络式的，企业通过因特网可以很快地掌握供应链上不同环节的供求信息和市场信息，达到信息共享和协调一致。共享信息的增加和先进技术的应用，使供应链上任何节点的企业都能及时地掌握到市场的需求信息和整个供应链的运行情况，每个环节的物流信息都能透明地与其他环节进行交流与共享，从而避免了需求信息的失真现象。同时，通过消除不增加价值的过程和时间，使供应链的物流系统进一步降低成本，为实现供应链的敏捷性、精细化运作提供了基础性保障。

3. 多样性

在供应链物流管理中，物流的多样性体现在物流形式的多样性和物流物品的多样性。物流形式的多样性主要是指物流运输方式、托盘等的多样性。

4. 人性化

物流是根据用户的要求，以多样化产品、可靠的质量来实现对客户的亲和式服务。在供应链物流管理中，物流既需要科学的方法进行管理，同时又要实时适应客户的需求变化，体现人性化需求的特点。

现代市场环境的变化，要求企业加速资金周转、快速传递与反馈市场信息、不断沟通生产与消费的联系、提供低成本的优质产品，生产出满足顾客需求的产品，提高用户满意度。因此，只有建立敏捷而高效的供应链物流系统才能达到提高企业竞争力的要求。供应链物流管理将成为21世纪企业的核心竞争力，而物流管理又将成为供应链物流管理的核心能力的主要构成部分。

【思考题】

1. 现代物流的特征有哪些？
2. 什么是供应链物流管理？
3. 供应链物流管理的实施方法有哪些？
4. 供应链物流管理与现代物流管理是什么关系？
5. 供应链物流管理体系下物流管理的特点有哪些？

【案例分析】

储运、物流到供应链——宝供物流发展的三级跳

提起中国的第三方物流企业，业内许多人士都会第一时间想到宝供物流，摩根士丹利给宝供物流所下的评语是——“中国最具价值的第三方物流企业”；同样，麦肯锡对宝供物流也有类似的评价。宝供物流缘何这样引人注目呢？主要原因是，其在遵循现代物流发展理念的前提下，经过成功运作，使自己在不到10年的时间内，就完成了从储运、物流到供应链服务的三级跳，一跃成为国内领先的现代化物流企业集团。在近年来中国物流发展热潮的推动下，宝供物流的发展历程和经验无疑成了国内传统物流企业发展转型的参照样板。

宝供物流的总裁刘武先生把宝供物流企业集团的发展大致分为三个阶段：1994年到1997年，宝供从一家传统储运企业转变为提供一体化物流服务的专业公司；1997年到2000年，宝供逐步发展成为一家较为成熟的第三方物流企业；2000年至今，则是宝供向提供供应链一体化物流服务转型的阶段。

宝洁对宝供的发展起到了非常重要的作用。正是在与宝洁这样一个国际性大公司的合作中，宝供学到了不少有用的东西，为其以后的发展打下了良好的基础。宝供与宝洁的合作始于 1994 年。当时，刘武在广州承包经营了一家铁路货物转运站，而刚刚进入中国市场的宝洁公司正在为产品不能及时、快速地运送到各地而犯难，经人介绍，宝洁找到了刘武。与宝洁合作的第一笔业务，是 4 个集装箱的货物运输，宝洁公司的要求非常苛刻，不仅要准时送达，而且还有许多附加要求。这些在现在看来再正常不过的事情在当时却被看作是天方夜谭，宝洁此前也曾与多家储运企业有过接触，但都没能谈成。为了完成这笔业务，刘武亲自对货物进行全程跟踪，在这单业务结束后，刘武主动给宝洁公司写了一份报告，对整个过程中各环节可能遇到的问题及解决办法都详细地做出了说明。虽然这笔业务刘武基本上没赚到钱，却赢得了宝洁的信任。此后，刘武注册成立了宝供储运公司，而宝洁也加大了与宝供的合作力度，到 1996 年，宝供成了宝洁铁路运输的总代理。

宝洁对于宝供发展的重要性是不言而喻的，在很长的一段时间里，来自宝洁的业务都占据了宝供的绝大部分。作为较早来到中国的跨国公司，宝洁是一家系统和理念都很先进的企业，事实上，宝洁公司把供应商和服务商的能力和水平看成是自己的一部分，虽然要求十分“苛刻”，但能逼着你不断进步。可以说，与宝洁公司的合作，让宝供储运公司获益匪浅，并直接推动了宝供向现代物流企业的发展。随着业务的不断规范和扩大，宝供逐步走出了过去“宝洁公司储运部”的影子，其服务的客户也开始越来越多，如飞利浦、TCL 等几十家国内外著名企业，甚至宝洁公司的竞争对手联合利华也将物流业务交给宝供打理。随着业务的不断扩大，为了打破当时分块经营、多头负责的模式，宝供开始在全国铺建业务网络，刘武将这一网络分为“天网”（信息网络）和“地网”（运作网络）。宝供不仅在全区域中心城市建立分公司，并以此为依托铺设全国网络，而且早在 1997 年，就在全国同类企业中率先实施了基于 Internet/Intranet 的物流信息管理系统，凭借这一系统，宝供实现了对全国范围内物流运作信息实时动态的跟踪管理。此后，宝供又累计投入 1000 多万元对这套系统进行了完善和升级，通过这个系统实现与客户的电子数据交换，并为客户提供诸如报表、运作咨询等个性化的物流信息服务，于是，宝供与客户之间的业务变得更为便捷和富有效率。

1999 年，在多方努力和争取下，宝供储运有限公司更名为宝供物流企业集团，成为国内第一家注册的物流企业。当时国内工商部门的“字典”里还没有“物流”这个词，而宝供物流已经基本上完成了向第三方物流企业的转变，并在内部建立起了相对比较完善的业务运作管理体系和质量保证体系。

在完成向第三方物流的转变后，宝供物流开始向提供增值化的供应链一体化物流服务方向努力，并将物流基地的建设作为提高供应链服务能力的重要突破点。宝供积极规划在全国15个经济发达城市投资建设大型现代化的物流基地。按照规划，这15个基地将主要分布在东南沿海地区，同时兼顾华中、西南和西北地区。苏州宝供物流基地一期工程已于2002年11月投入运营，广州宝供物流基地第一期工程也于2003年6月正式投入运营，合肥宝供基地于2003年8月投入运作，上海宝供物流基地已于2004年3月28日举行了奠基仪式，此外，在其他地方的基地建设也在启动。建成后的物流基地是现代化的储存、运输、分拨、配送、多种运输交叉作业的中心，也是加工增值服务中心、商品展示中心、贸易集散中心、金融结算中心、信息枢纽及发布中心，还是国内采购集团的采购中心、国内外著名品牌在不同区域的分销中心，同时它还提供一关三检、物流科研培训服务和全球供应链一体化的服务。

在将近10年的发展历程中，最让宝供胆战心惊的是2001年。这年8月，中远集团的全资子公司中国远洋物流有限公司正式挂牌后，一批国有超大型物流企业纷纷成立，中海物流、中邮物流、中铁现代物流、中国物流等一批国有物流企业相继宣告成立。这些国有物流企业因各有优势资源，不可小视。同年，国际知名物流企业也相继进入中国市场，EXEL公司在北京开发区启动星网物流项目，马士基物流设立更多分支机构，美集物流在汽车物流领域与内资企业开展合作，TNT也进入中国市场，等等。

如何应对激烈的市场竞争，宝供开始重新审视自身的处境。

当时，宝供仍以整合社会优势资源为经营理念，在全国拥有六大分公司、46个办事处。但这个网络主要是通过整合社会资源形成的，如果想渗透到企业供应链的环节中去，建立自己的超大型物流基地就显得越来越必要。

宝供集团中国区市场经理谢家涛称，第三方物流企业投资兴建大型现代化物流基地必须具备两个前提：首先是必须拥有充足的现金流，其次是必须拥有庞大的、业务互补的客户资源，以保证兴建物流基地的投资回报。

对于宝供来说，这么多年积累的庞大的客户资源自不必说，而据宝供提供的资料称，从2002年开始，宝供实现营业收入达到了3亿多元。不过宝供的基地建设绝非小工程。比广州基地早一步兴建的宝供苏州基地耗资超过4亿元，还有规模达70万平方米的广州基地、即将兴建的顺德基地以及准备中的大连、青岛、上海、武汉、成都、西安等其他基地，如何筹资？虽然谢家涛说宝供完全是依靠自有资金和银行贷款，但有的物流界同行说："作为民营企业，宝供的大胃口只有寻求足够强大的合资伙伴，或者上市融资才能满足。"

在考虑回报与投入平衡的同时，第三方物流企业还必须客观回答如下的问题：

“拥有一个现代化物流基地的所有权，能够为自己的企业带来什么样的价值？”对于供应链价值的追求，使宝供开始谋划由非资产型的企业向轻资产型企业转型。

向供应链方向转型，意味着宝供的主要业务变成了两个方面：一是与需要服务的企业一起制订合理的供应链解决方案，这不仅涉及产品的物流，还要将销售、生产、采购各个环节的物流业务做综合性规划；二是通过物流服务来确保这个方案的实施。宝供以前主要靠整合各种社会资源提供物流服务，今后则主要通过实施供应链解决方案、为客户提供增值服务来获得利润。

刘武认为，优化供应链，减少流通环节和作业过程，实现基于高度信息化基础上的物流管理，必须有很强的整合能力，没有自己的基地，而只是租用储存式仓库甚至“农民仓”，很难实现供应链一体化管理。所以宝供必须建设物流基地，集商流、物流、信息流、资金流于一体，提供最优的物流解决方案，让基地成为各种最先进的交换方式的中枢。

作为国内第一家注册成立的物流企业集团公司，宝供已经形成了覆盖全国的服务网络，为宝洁、飞利浦、美赞臣、科龙等 70 多家大型跨国企业或国有企业提供物流服务，仓库年进出货物近亿件，实现营业收入 3 亿多元，并向美国、澳大利亚、泰国和中国香港等地延伸，业务国际化初具规模，目前宝供实行全球性物流战略与架构区域物流基地网络的计划正在同时进行着。

第二章　供应链与物流管理组织体系

第一节　供应链与物流管理组织概念

一、供应链的概念

（一）供应链的定义

对于供应链目前尚未形成统一的定义，许多学者从不同的角度出发给出了许多不同的解释。

早期的观点认为供应链是制造企业中的一个内部过程，它是指把企业外部采购的原材料和零部件，通过生产转换和销售等活动，再传递到零售商和用户的一个过程。传统的供应链概念局限于企业的内部操作层面上，注重企业自身的资源利用。

有些学者把供应链的概念与采购、供应管理相联系，用来表示与供应商之间的关系，这种观点得到了研究合作关系、JIT 关系、精细供应、供应商行为评估和用户满意度等问题的学者的重视。但这样一种关系也仅仅局限在企业与供应商之间，而且供应链中的各企业独立运作，忽略了与外部供应链成员企业的联系，往往造成企业间的目标冲突。

后来供应链的概念注意了与其他企业的联系，注意了供应链的外部环境，认为它应是一个“通过链中不同企业的制造、组装、分销、零售等过程将原材料转换成产品，再到最终用户的转换过程”，这是更大范围、更为系统的概念。例如，美国的史蒂文斯认为：“通过增值过程和分销渠道控制从供应商的供应商到用户的用户的流就是供应链，它开始于供应的源点，结束于消费的终点。”伊文斯认为：“供应链管理是通过前馈的信息流和反馈的物料流及信息流，将供应商、制造商、分销商、零售商，直到最终用户连成一个整体的模式。”这些定义都注意了供应链的完整性，考虑了供应链中所有成员操作的一致性（链中成员的关系）。

而到了最近，供应链的概念更加注重围绕核心企业的网链关系，如核心企业与供应商、供应商与供应商乃至与一切前向的关系，与用户、用户的用户及一切后向的关系。此时对供应链的认识形成了一个网链的概念，像丰田、耐克、尼桑、麦当劳和苹果等公司的供应链管理都从网链的角度来实施。哈里森进而将供应链定义为："供应链是执行采购原材料，将它们转换为中间产品和成品，并且将成品销售到用户的功能网链。"这些概念同时强调供应链的战略伙伴关系问题。菲利普和温德尔认为供应链中的战略伙伴关系是很重要的，通过建立战略伙伴关系，可以与重要的供应商和用户更有效地开展工作。

在研究分析的基础上，我们给出一个供应链的定义：供应链是围绕核心企业，通过对信息流、物流、资金流的控制，从采购原材料开始，制成中间产品以及最终产品，最后由销售网络把产品送到消费者手中的将供应商、制造商、分销商、零售商直到最终用户连成一个整体的功能网链结构模式。它是一个范围更广的企业结构模式，它包含所有加盟的节点企业，从原材料的供应开始，经过链中不同企业的制造加工、组装、分销等过程直到最终用户。它不仅是一条联接供应商到用户的物料链、信息链、资金链，而且是一条增值链，物料在供应链上因加工、包装、运输等过程而增加其价值，给相关企业都带来收益。

（二）供应链的特征

从供应链的结构模型可以看出，供应链是一个网链结构，由围绕核心企业的供应商、供应商的供应商和用户、用户的用户组成，彼此存在供应与需求关系。供应链主要具有以下特征。

（1）复杂性。因为供应链节点上企业组成的跨度（层次）不同，供应链往往由多个、多类型甚至多国企业构成，所以供应链结构模式比一般单个企业的结构模式更复杂。

（2）动态性。为了实现企业战略，适应市场需求变化，供应链节点企业需要进行动态更新，这就使得供应链具有明显的动态性。

（3）面向用户需求的特性。供应链的形成、存在、重构，都是基于一定的市场需求而发生的，并且在供应链的运作过程中，用户的需求拉动是供应链中信息流、产品 / 服务流，资金流运作的驱动源。

（4）交叉性。供应链节点企业可以是这个供应链的成员，同时也可以是另一个供应链的成员，众多的供应链形成交叉结构，增加了协调管理的难度。

二、物流管理组织概念

(一)物流管理组织的定义

组织与现代管理存在着极为密切的联系，组织是管理的一个重要职能。组织设计论的代表人物布朗在他的《企业组织》一书中指出：“管理是为经营目的服务的，组织是为管理服务的。”已建立起来的组织是实现管理目的的手段，被视为进行有效管理的工具。

物流企业的组织是现代物流管理的重要组成部分，是指在企业或整个社会中为进行物流管理，把责任和权限体系化了的组织。物流管理组织的职能，是通过建立一定的物流管理机构，确定与其相应的职位、职责和职权，并合理传递等一系列活动，将物流各要素连接成一个有秩序的有机总体。物流要素的结合，最终体现在人的劳动的结合上，即把人们承担的物流任务组织成一个体系，以便于人们共同为实现企业（社会）的经营战略目标而工作。

(二)物流管理组织的分类

（1）根据物流组织所处的领域不同，可以划分为生产领域的物流组织和流通领域的物流组织。各生产企业的物流管理机构即是生产领域的物流组织，它的主要职责是组织生产所需的各种生产资料的进货物流、产品的出厂物流以及生产工序间的物流等；流通领域的物流组织是指那些专门从事产品空间位移的组织机构，因此也可称之为专业性的物流组织，其特点是，各项机构的设置完全是以实现物流各项活动为目的的。

（2）按物流组织在物流管理中的任务不同，可以划分为物流管理的行政机构和物流管理的业务机构。物流管理的行政机构是指那些负责制定物流管理的制度和办法，对物流的计划进行管理以及编制物流计划并组织实施的组织；物流管理的业务机构是指那些负责执行物流计划，具体进行各项物流活动的组织，如运输管理组织、仓储管理组织等。

（3）按物流管理组织的设置与职权划分，现代物流是一个极其广泛、极其复杂的系统，物流形式的多样性要求物流管理组织必须是多层次的。

一是中央一级的物流管理组织。中央一级的物流管理组织是国家直接设立和领导的物流管理组织，它享有物流管理的最高权限，负有制定物流政策、下达物流计划、指导国民经济物流任务完成的任务。

二是地方的物流管理组织。地方的物流管理组织是指在各省、自治区、直辖市以至各区、县的地方物流管理机构。这种物流管理组织的特点表现为管理权限主要集中在地方，同级地方与地方的物流管理组织互相之间的联系较少或不存在联系。地方的物流管理组织负责在其管理范围内的物流组织活动并有权制定地方物流活动的政策、方法，组织物流活动的完成。地方物流管理组织有承担中央一级物流管理组织下达物流任务的义务，并有权向中央提出物流合理化的建议。

三是企业的物流管理组织。生产企业的物流管理组织是生产企业的一个部门，它的主要职责是完成生产所需要的原材料供应和产品销售以及半成品的物流任务。流通企业的物流组织是围绕着流通活动的各种职能设置的，通常是流通企业生产活动的组织保证。

（三）企业物流管理组织设计应考虑的有关因素

1. 企业所属类型因素

不同类型的企业，物流管理的侧重点不同，物流管理组织的结构设计也相应各有特点。如原材料生产型的企业，它们是其他企业原材料的供应者，其产品种类虽一般较少，但通常是大批量装卸和运输，因此，一般要成立正式的物流管理部门与之适应。

2. 企业的战略因素

企业组织是帮助企业管理者实现管理目标的手段。因为目标产生于组织的总战略，因此组织的设计应该与企业的战略紧密配合，特别是组织结构应当服从于企业战略。如果一个企业的战略发生了重大调整，毫无疑问，组织的结构就需要做相应的变动以适应和支持新的战略。

3. 企业的规模因素

企业规模的大小对企业的组织结构有明显的影响作用。例如，对于规模大的企业，目前流行一种新形式的组织设计，把组织设计的侧重点放到顾客需要或工作过程方面，用跨职能的项目小组取代僵硬的部门设置，在提高效率方面发挥了作用。

4. 企业的技术因素

以追求利润为目标的企业（特别是生产制造企业），都需要采取一定的技术，将投入转换为产出。进行组织设计时不可忽视技术对组织结构提出的要求。越是常规的技术，结构就越应该标准化，即采用机械式的组织结构；越是非常规的技术，结构就越应该是有机式的。

5. 企业环境的因素

企业环境是组织结构设计的一个主要影响因素。从本质上说，较稳定的企业环境，采用机械式组织更为有效；而动态的、不确定的环境，则采用有机式组织更佳。由于现今企业面临的竞争压力增大，企业环境也不似从前稳定，故企业物流组织应该能够对环境的变化做出有益于企业运行的反应，设计要充分体现出“柔性”特征。

总之，企业物流管理组织设计一定要从企业的实际出发，综合考虑企业的规模、产权制度、生产经营特点、企业组织形态及实际管理水平等多种因素，以建立最适宜的组织。物流管理组织的调整，要适应企业经营方式变革和企业内部管理向集约化转换的需要。

（四）物流管理组织的设计

既然管理是对人们从事业务活动的计划、组织、协调和控制，那么，组织就成为管理过程中不可或缺的手段。明确组织目标之后，企业就必须考虑进行有效的组织设计以保证组织目标的实现。

1. 物流管理组织设计的任务与目的

组织设计的任务是为了有效地实现经营目的而对组织的结构和活动进行创构、变革和再设计，其任务要综合考虑企业所处的宏观和微观的经济环境、企业发展战略、技术水平、企业规模以及生命周期等各种因素，设计清晰的组织结构，规划和设计组织中各个部门的职能和职权，确定其在组织中的活动范围并编制职位说明书。

组织设计的目的就是要通过创构柔性灵活的组织，动态地反映外在环境变化的状况，并且能够在组织演化成长的过程中，有效地积聚新的组织资源要素，同时协调好组织中部门与部门之间、人员与任务之间的关系，使员工明确自己在组织中应有的权利和应承担的责任，有效地保证组织活动的开展，最终保证组织目标的实现。

2. 物流管理组织设计的基本原则

设计物流管理组织时，首先要有系统观念，即要立足于物流任务的整体，综合考虑要素、各部门的关系，体现统一指挥、分级管理的原则，体现部门之间合理分工、密切协作的原则，围绕共同的目的建立组织机构，使其成为一个有秩序、高效率的物流管理组织体系。具体来说，物流管理组织设计必须遵循下述基本原则。

（1）有效性原则。有效性原则是物流管理组织基本原则的核心，是衡量组织结构合理与否的基础因素。这里所讲的效率，包括管理的效率、工作的效率和信息传递的效率。物流管理组织的效率表现为组织内各部门均有明确的职责范围，充分发挥管理人员和业务人员的积极性，使物流企业能够以最少的费用支出实现目标。

有效性原则要贯穿在物流管理组织的动态过程中。在物流管理组织的运行中，组织机构要反映物流管理的目标和规划，要能适应企业内部条件和外部环境的变化。物流管理组织的结构形式、机构的设置及其改善，都要以是否有利于推进物流合理化这一目标的实现为衡量标准。

（2）统一指挥原则。统一指挥原则是建立物流管理指挥系统的原则，其实质在于建立物流管理组织的合理的纵向层次和设计合理的垂直机构。

为使物流活动协调一致，更好地完成物流管理任务，必须遵循统一指挥的原则，在统一指挥原则下，物流管理组织一般形成三级物流管理层次，即最高决策层、执行监督层和物流作业层。最高决策层的主要任务是根据企业或社会经济的总体发展战略，制订长期物流规划，决定物流组织机构的设置及变更，进行财务监督，决定物流管理人员的调配等；执行监督层的主要任务是组织和保证实现最高决策的目标，包括制订各项物流业务计划、预测物流需求、分析设计和改善物流体系、检查服务水平、编制物流预算、分析物流费用、实施活动管理等；作业层的主要任务是合理组织物流作业，对物流从业者进行鼓励和奖励，协调人员间的矛盾和因业务联系产生的矛盾。管理层次的划分，体现了纵向指挥系统的分工和分权原则。物流管理组织层次的合理划分，是形成强有力的物流管理指挥体系的前提。物流管理指挥体系的建立，对于实现物流管理组织化、改变人们轻视物流的传统观念具有重要意义。

（3）合理的管理幅度原则。管理幅度是指一名管理者能够直接而有效地管理其下属的可能人数及业务范围，它表现为管理组织的水平状态和组织体系内部各层次的横向分工。

决定管理幅度是一个十分复杂的问题。因为，管理幅度的大小涉及许多因素，诸如管理者及下属人员素质、管理活动的复杂程度、管理机构各部门在空间上的分散程度等。管理幅度过大，会造成管理者顾此失彼，同时，因为管理层次少而管理活动繁杂，对有些事鞭长莫及；反之，必然会增加管理层次，造成机构繁杂，增加管理上人力、财力的支出，并会导致部门之间的沟通及协调复杂化。因此，合理的管理幅度原则，一方面要求适当划分物流管理层次，精简机构；另一方面要求适当确定每一层次管理者的管辖范围，保证管理的直接有效性。

（4）权责对称原则。无论是管理组织的纵向环节还是横向环节，都必须贯彻职责与职权对等原则。职位是组织体内部纵向分工与横向分工的结合点。一个组织体没有明确的职责，这个组织体就不会牢固。职权是指职务范围内为完成其责任所应具有的权利。职责与职权是相对应的。职责与职权相适应的结果就是权限，即权利被限定在责任范围内，权利的授予要受职务和职责的限制。不能有职无权，无职也不能授权，这两种情况都不利于调动积极性，影响工作责任心，降低工作效率。

（5）以客户为中心原则。长期以来，企业不是以市场和客户为中心，因为不少物流企业仍然保留着计划经济和政企部分的痕迹，一些企业的组织形式仍保留着与政府机构相对应的部门和职能，企业领导和管理人员不是企业家而是行政官员。在这种情况下，企业不可能以客户为中心。物流企业要实现以客户为中心，就必须通过其合理的组织形态加以保证，即要有相应的组织机构和流程来保证以客户为中心。比如，目前流行的 CRM 以及呼叫中心技术都是实现以客户为中心的有效方法。

（6）与业务流程相结合原则。对于物流企业来说，单纯地以一个客户为中心的业务流程设计并不复杂，但是，企业全面业务流程的设计和再造可能会成为一个比较复杂的问题。业务流程将改变传统企业组织形态中的许多观念，影响企业的部门设置和职能的划分。因此，物流企业的组织形态必须紧密结合物流经营管理活动和业务流程来设计、选择和确定。

（五）物流管理组织的发展趋势

随着经济环境的变化，企业越来越关注使组织达到目标的过程更加简便化，在企业物流组织建设中也出现了新的发展趋势。

1. 结构压缩

管理者用减少规模、扁平、网络、集中、修正范围、重组和非层次性等理念，对组织进行重新构建。

2. 设立企业物流总部

20 世纪 90 年代企业组织的一个重要变化是改变原来单纯以事业部为中心的组织体系，实行某些职能管理活动的统一化和集中性管理，打破事业部的界限。现代物流不仅在横向上集中了各事业部的物流管理，还在纵向上统括了购买、生产、销售等伴随企业经营行为而发生的物流活动。所以在企业组织机构中，出现了这种全企业层次的物流组织，被人们称之为物流总部。

需要指出的是，物流总部的设立并不一定是将物流现场作业全部集中到总公司，一般物流现场作业仍然由各事业部独自开展，物流总部统一决策的是从流通整体来看的物流战略的设立和管理。其职能是建立基本的物流体系、决定物流发展战略、不断完善物流管理系统并推动其发展。

3. 成立单独的物流分公司

从最新企业组织的发展变化看，有不少先进企业不仅成立了企业物流总部，甚至将物流作业也从事业部中独立出来，成立单独的物流分公司。物流分公司的建立主要有两种方法：一是企业将属于本企业的物流中心从各事业部中独立出来，全面承担企业物流的所有活动；二是企业与运输业者的物流公司共同成立物流分公司。

与企业内的物流管理组织相比较，物流分公司具有几个方面的优点：首先，可以使物流费用明确化；其次，有利于促进物流水平的改善；再次，还有利于扩大物流活动的领域。

4. 任务小组结构

企业物流的组织结构多是基于功能而形成的。在功能结构下，物流活动的归类集合与直线领导的权力和责任相关，很难取得能满足独特客户要求的跨功能的灵活性。而任务小组就是被设计用来达成某种特定的明确规定的复杂任务。在物流组织中设置任务小组，能够使企业在保持有效的功能结构的同时，获得一种基于任务的灵活性，从而使组织更好地分享企业有限的资产和技术资源。

第二节　供应链与物流管理组织类型

一、供应链的类型

（一）按照产品特点，可分为精益型供应链和敏捷型供应链

由于供应链是由最终客户的需求驱动的，因此，客户对产品的偏好直接决定了供应链的性能。根据客户需求的特点，可将产品分为两大类，即功能性产品和创新性产品。功能性产品主要面向基本需求，具有生命周期长、需求稳定、产品改型变异程度小等特点。相反，创新性产品则主要面向创新性需求，具有生命周期短、需求不稳定、产品改型变异程度大等特点。两者之间的比较如表 2–1 所示。

表 2–1　功能性产品与创新性产品的比较

比较类别	功能性产品	创新型产品
产品生命周期	大于 2 年	3 ~ 12 个月
边际贡献率	5% ~ 20%	20% ~ 60%
产品改型变异程度	低	高

续表

比较类别	功能性产品	创新型产品
需求预测误差程度	10%	40% ~ 100%
平均缺货比率	1% ~ 2%	10% ~ 40%
季末降价幅度	0	10% ~ 25%
订单提前期	6 ~ 12 个月	1 ~ 14 天

不同的产品决定了不同类型的供应链。与功能性产品相匹配的类型是精益型供应链（Lean Supply Chain），其核心是消除一切形式的浪费，以尽可能节约产品成本，在市场上形成比竞争对手更有利的价格优势。与创新性产品相匹配的类型是敏捷型供应链（Agile Supply Chain），其核心是提高产品的柔性，以尽快满足复杂多变的需求，赢得更多的客户。

值得一提的是，随着大规模定制方法在制造企业的普遍应用，精益敏捷型供应链（Leagile Supply Chain）也相应出现。精益敏捷型供应链是指在整条供应链的下游环节遵循敏捷型供应链的基本原则，以对复杂多变的市场需求迅速做出反应，在上游环节遵循精益型供应链的基本原则，以尽可能降低生产最终产品的原材料和零部件的成本。

（二）按照供应链级数，可分为二级供应链、三级供应链和多级供应链

1. 二级供应链（Two-echelon Supply Chain）

二级供应链是最简单的供应链类型，也是最常见的供应链结构研究对象。通常为“制造商—顾客”或者“供应商—制造商”的结构。分析二级供应链的好处在于比较容易揭示供应链的上下游主体的协调关系，其缺点在于未能充分考虑到供应链多级结构中的其他决策主体对这两级供应链的影响。

2. 三级供应链（Three-echelon Supply Chain）

三级供应链是最基本、最典型的供应链类型。它包括供应商、制造商和顾客，能够反映出最典型和最有代表性的问题。通常根据供应链上下不同主体的不同地位，可将供应链分成三种类型。

第一种是以制造商为核心的三级供应链。此类供应链是广泛适应于加工行业和制造行业的供应链，例如，上海宝钢的供应链就是以制造企业（即宝钢）为核心的供应链。

第二种是以供应商为中心的三级供应链。此类供应链由唯一的供应商和多个企

业的客户—制造商组成，多存在于石油、矿产等垄断行业。

第三种是以顾客为中心的三级供应链。此类供应链多存在于企业竞争比较激烈的行业，如日用品、家用电器等行业。此处提到的顾客是指一个特定的顾客群。行业内的竞争有利于顾客的利益，但也易于造成企业之间的恶性竞争。例如，国美电器、苏宁电器的供应链就属于以顾客为核心的供应链。

3. 多级供应链（Multi-echelon Supply Chain）

多级供应链也称复杂性供应链，包含了多个原料供应商、制造商、分销商和顾客。多级供应链的情况非常复杂，变化也非常多，它包括以制造商为中心的多级供应链、以分销商为中心的多级供应链、以零销售为中心的多级供应链、以顾客为中心的多级供应链、以供应商为中心的多级供应链等类别。

（三）按照供应链所属行业，可分为制造供应链和服务供应链

制造供应链主要面向制造行业，而服务供应链主要面向服务行业。两者都属于供应链管理的范畴，由于服务供应链传递的服务产品具有顾客影响性、不可触摸性、不可分割性、异质性、易逝性、劳动密集性等特点，因此服务供应链在具体管理方法上有别于制造供应链。服务业的不断发展为服务供应链的兴起提供了机遇，服务供应链作为最近几年刚刚兴起的服务管理研究新领域，其研究尚处在起步和发展阶段。

二、企业中的供应链与物流组织

随着时间的推移和社会的发展，企业物流管理的理念不断改变。数十年来，企业物流活动的组织结构也在不断改变。一般来讲，物流组织结构的发展可以分为五个不同的阶段。

第一个阶段大致始于 20 世纪 70 年代，各类型的物流活动受到越来越多的关注，企业已经认识到实物分拨、实物供应相关的一系列活动及其相互协调的重要性。但是，当时的组织结构非常不完善，主要通过对一些功能性活动（如运输、搬运、仓储等）进行小范围的分组和集合来实施管理。例如，在生产运作部门中，与实物供应相关的采购与仓储活动被组合起来，形成了诸如物资供应部门这样的下属机构。在物流组织中，通过工作协调等一些非正式的手段来平衡各部门的各项活动间的利益关系。组织形式的变化不是一个突变的过程，而是一个渐进的过程。当时对物流组织方面的变革进行了尝试，主要表现在三大部门体系内部，并未对传统的组织结构做出根本性的改变。

物流管理的组织形式在第二个阶段出现了新的变化。企业常常指定一名高层管理人员负责相关物流活动的管理，他不是同时兼顾实物供应和销售实物分拨两个方面，而是专注于其中一个方面的物流组织活动。另外，在该管理人员之下，一般不配备强有力的职能部门，仅通过赋予他很高的管理职位来协调各部门间的活动。

组织结构发展的第三个阶段是物流活动全面一体化阶段，既包含采购的实物供应，又包括销售的实物分拨。这一阶段大致从 20 世纪 80 年代后期开始，普遍的做法是趋向于实现产销物一体化，并建立起协调各项物流活动的、有一定职权范围的组织机构。适时管理、快速反应、资源共享成为主要的管理理念。

20 世纪 90 年代，随着供应链管理思想的发展和应用，人们对物流的理解已经不仅仅局限于实物供应或实物分拨。物流组织结构的发展进入第四个阶段。此时，企业共同的认识是物流包括在原材料采购、生产过程以及到达最终用户整个过程中发生的所有活动。产销物一体化发展的理念逐渐成为企业物流管理过程中的核心思想。企业采购实物供应、生产制造、销售实物分拨过程中的所有活动被纳入一体化物流组织管理的范畴。

随着供应链管理思想的进一步深化，物流组织结构将会进入第五个发展阶段，这个阶段是对整个供应链渠道中的各独立法律实体之间的物流活动进行管理。此时的物流组织结构不仅会面临新的挑战，而且可能会实现旧的机构设置和组织体系所不能达到的效率。

三、物流管理组织的类型

由于受到成长背景、行业特征、信息化水平、企业规模等各种因素的影响，各公司的物流组织结构千变万化、不尽一致，物流活动的规模和水平也相差很大。下面是几种典型的物流组织结构类型。

（一）传统物流管理组织结构

这种组织结构是按职能专业部门分工的组织形式（见图 2–1）。这时的部门划分主要以专业分类，物流的职能隶属于不同的部门。虽然有上级主管部门进行协调，但是各部门总是从各自的利益出发，从部门主管开始就很难达成一致，更不用说部门的工作人员了。这种情况导致整个工作缺乏跨职能协调，从而出现重复和浪费的现象，信息被扭曲或延迟，权利界限和责任模糊。此时还没有出现独立的物流管理功能，也没有独立的职能部门，管理效率较为低下。

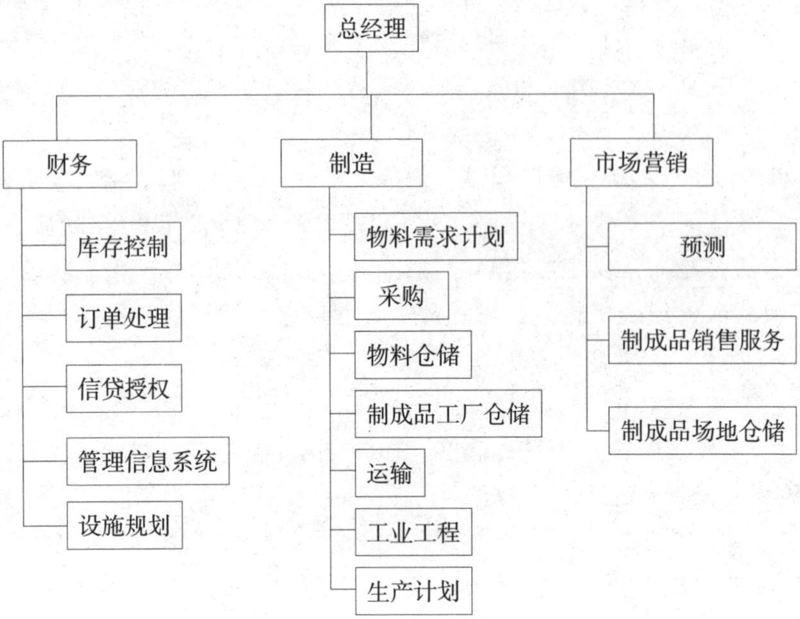

图 2–1　传统物流管理组织结构

（二）功能集合型组织结构

这种组织结构是在传统物流管理组织结构的基础上，将各专业部门内的物流功能进行合并，使物流活动在组织中凸显出来，以便于各部门进行计划、控制和协调，如图 2–2 所示。功能集合型组织结构是一种不增加管理幅度，只是在基本职能部门内进行职能划分，以适应管理需要的结构形态。它比较适合于外部环境较为稳定、采用常规技术、重视内部营运效率和员工专业素质的中小规模企业。但是，对于企业的整个物流系统来说，这种功能整合并未改变物流流程的分散性，容易造成物流业务的分割状态而影响整体的合理化与效益。如果企业能从物流效率的角度来考虑生产经营活动，建立一个有效的运输、库存配置等工作的体制，即使没有设立专门的物流部门，也可以确保物流的效率。但是，为解决企业物流管理的实际问题，设立一个专门的物流部门还是需要的。

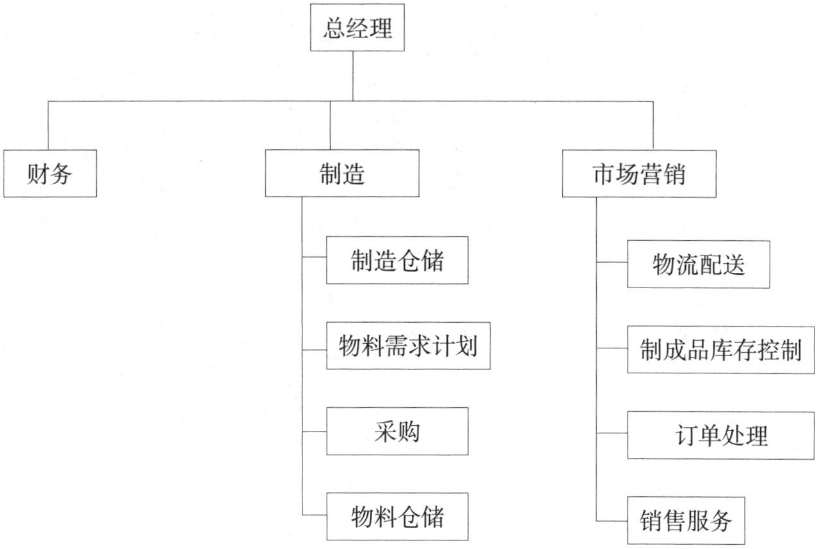

图 2–2 功能集合型组织结构

（三）功能独立型组织结构

如图 2–3 所示，在功能独立型组织结构中，企业将核心的物质配送和物料管理的功能独立出来，形成与财务、制造以及市场营销等相平等的专门部门。由此，物流的经营职能更加明确，能够更好地适应企业物流经营比重的扩大和整个企业的物流活动的增加，保证生产和营销的充分协调。但是，这种职能设计思想，其职能管理和物流现场作业还是不能完全统一，因为许多物流具体作业是分散在生产和营销活动之中的，物流在生产和营销的关系中有时是被动地执行职能，这就会产生对迅速变化的交易和生产的诸多不适应，而且会产生组织职能与组织之间的不协调问题。现实中的许多企业采用此类型的物流组织结构后，对物流管理体制改革的愿望和呼声越来越高，这说明企业物流管理部门的相对独立和地位提升，既是必然又面临着物流在更大范围整合的难题。

随着企业管理者对物流认识的不断提高，物流在企业经营中作为一项管理职能逐渐固定下来，企业物流在组织结构中的地位变得日益重要。

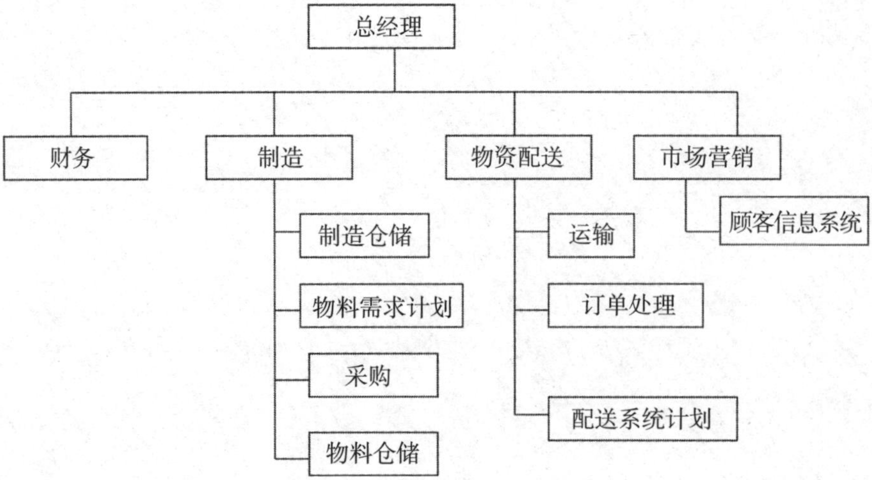

图 2–3　功能独立型物流组织

（四）一体化组织结构

20 世纪 80 年代初期，物流一体化组织的雏形出现了。这种组织结构设计的目的在于统一企业所有的物流功能和运作，企业组织结构层次十分清晰，将实际上可操作的许多物流计划和运作功能归类于一个部门，该部门对所有原材料和制成品的运输、存储等实行战略管理，为指导从原料采购到客户发送等财务和人力资源的有效应用提供了一个条理分明的体制结构。这一时期，计算机管理信息系统的发展，促进了物流一体化组织的形成。

一体化物流组织结构（见图 2–4）的含义主要从四个方面加以体现：第一，物流的每一个领域被组合构建成一个独立的直线运作单元。直线领导的权利和责任可使每一项支持服务在总的一体化物流框架内完成。由于运作责任的领域得到很好的界定，作为一个运作单位，对制造的支持和对采购及物资配送的支持是同等对待的，每个单元都能灵活适应其各自的运作领域所要求的关键服务。第二，制造支持被定位为运作服务，确定了其共同的服务方向，可在物资配送、包装和采购运作之间进行直接的沟通。第三，物流信息包括了计划和协调运作管理的全部信息。订单处理引发了物流系统进入销售运作，在产品 / 市场预测、订货程序、库存状况的战略能力基础上进行计划，然后按确认的要求而运作生产。第四，信息和督导处于组织的最高层次上。督导功能关注的是对物流系统质量的改进和重组；物流信息功能的注意力则集中在成本和客户服务绩效的测量上，并为管理决策的制定提供信息。

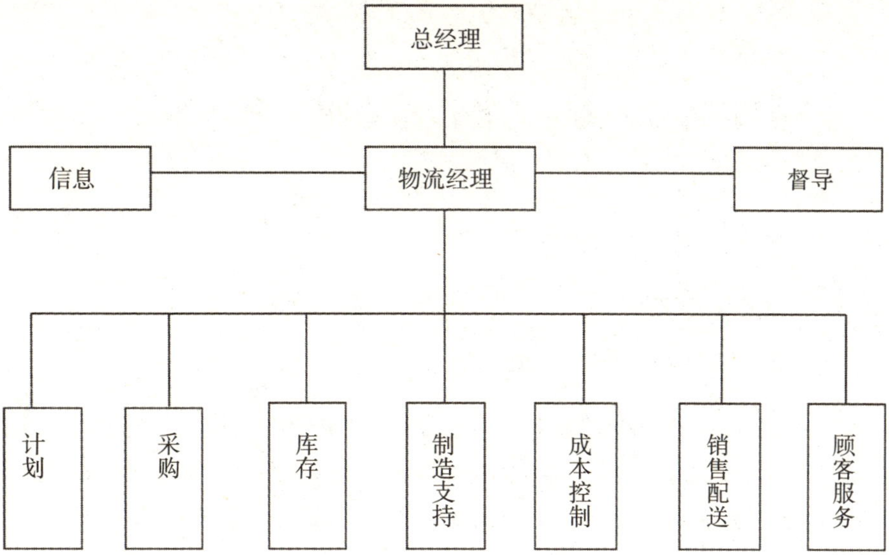

图 2-4　一体化物流组织

国外有关企业的情况表明，一体化物流管理可以取得卓越的财务成果。同时，企业由于改进客户服务质量而增加了销售，提高了投入物流资源的生产效率，改进了制造和市场营销的运作。但是，企业组织进行一体化改造不是一蹴而就的。从技术上看，一体化的进程受企业管理信息系统，尤其是物流控制信息系统开发的制约；从组织管理上看，一体化通常会受到组织内部的权利抵制，物流重新组织通常被视作是物流经理从其他经理处夺取权利的一种方法，并非总能得到其他部门的支持。

（五）基于动态流程再造的物流管理组织

自从业务流程再造的概念提出后，适应供应链管理的组织结构逐渐从过去注重功能的集合转向注重过程（或流程）的重构。传统组织的改变未对基本工作流程进行任何重大的改变。在新的环境下，功能一体化对企业获得优秀绩效的作用仍有不足，由于目前所处的经营环境和所依赖的信息技术与几十年前大不一样，不彻底改变原有流程就不能实现新的目标，因此，人们提出了将流程的整合作为新的工作重心。这项工作目前正在欧美国家的企业中如火如荼地开展着。

第三节　第三方物流与第四方物流组织

一、第三方物流组织

（一）第三方物流的基本概念

第三方物流，是指由物流业务的供方和需方之外的第三方去承担的物流。因为它常常以物流外包合同的形式进行操作，因此有时又被称作合同物流、物流外包。又因为第三方物流公司一般是专业化的物流公司，能够承担全部的物流服务，所以有时又被称之为全方位物流公司、物流联盟。

第三方物流是第三方物流服务提供者在特定的时间段内按照特定的价格向使用者提供的个性化的系列物流服务。这种物流服务是建立在现代电子信息技术基础上的，企业之间是联盟关系。第三方物流服务业这一称呼中的所谓“第三方”，是相对于“第一方”托运人和“第二方”收货人而言的。它是通过与第一方或第二方，或者与这两方合作，承包提供其专业化的物流服务。因此，第三方物流服务业可以理解为：本身不拥有货物，而是为其外部客户的物流作业提供管理、控制和专业化作业服务的公司和企业。第三方物流有别于传统的外包物流，传统的外包物流只限于一项或一系列分散的物流功能，如运输公司提供的运输服务、仓储公司提供的仓储服务；第三方物流服务则是根据合同条款规定而非根据临时需求，提供多功能甚至全方位的物流服务。

第三方物流有别于第一方物流与第二方物流，是物流专业化的重要形式。物流业发展到一定阶段必然会出现第三方物流，而且第三方物流的占有率与物流产业的水平之间有着规律性的关系。目前在欧美一些国家，第三方物流在物流市场上已经占据了相当可观的比例，表明第三方物流的发展程度反映和体现着一个国家物流发展的整体水平。

（二）第三方物流的类型

1. 按提供服务的种类分类

（1）以资产为基础的物流企业。以资产为基础的物流企业主要通过运用自己的资产来提供专业的物流服务。这些资产可以是运输工具（车队、船队、机群）或仓库、物流中心，如美国的联合包裹、联邦快递等。

（2）以管理为基础的物流企业。以管理为基础的物流企业主要通过信息系统和咨询服务提供物流管理。它们经常以一个运输部门的身份，负责部分或全部的客户相关业务。另外，它们也常常具有进出口和配送部门的功能。还有一类物流咨询公司，它们不负责物流操作上的任务，而是提供概念上和战略上的物流规划设计服务，为各类企业提供物流解决方案。

（3）综合物流企业。这类提供综合物流服务的企业都拥有自己的资产，一般是货车、仓库，或两者都有。但是它们所提供的服务并不以使用自己的资产为限，一旦需要，便可与其他企业签订子合同提供相关的服务。

（4）以行政管理为基础的物流企业。以行政管理为基础的物流企业主要提供行政性的管理服务，如运费的支付等。

2. 按所属的细分物流市场分类

（1）操作性的物流企业。操作性的细分市场中，物流企业通常以成本优势进行竞争，它们一般精于某项物流业务的操作。如快递公司中的联合包裹、联邦快递、DHL 等就是操作性公司的典型代表。

（2）行业倾向性的物流企业。行业倾向性物流公司常为满足某一种特定行业的需求而设计自己的作业能力。如荷兰的 Pakhoed 公司，为满足化工行业的需求而建立了作业能力和基础设施。

（3）多元化的物流企业。多元化物流企业开发出了一系列相关又不具相互竞争性的服务，如在班轮运输中的相关服务——集装箱、码头、汽运、仓储和水运。

（4）顾客化的物流企业。这类物流企业主要面向一些有很高专业需求的客户，它们之间的竞争主要在于服务而不是费用。物流企业不仅为原材料的运入和产成品的运出安排运输，还提供最终产品装配的操作和为顾客进行产品测试。这类企业也是典型意义上的第三方物流企业。

（三）第三方物流的特征与优势

1. 第三方物流的特征

（1）第三方物流提供的是以合同为导向的一系列服务。第三方物流中的合同都是长期合同，不同于一般的运输或仓储合同。一般合同针对一次交易，只包含一项或分散的几项物流服务；第三方物流则根据合同条款规定的要求，提供多功能甚至全方位的物流服务。它不是满足临时需求，而是一段时期的需求。第三方物流企业提供的服务也不严格限于物流方面，可以根据用户需要，包含一些商流、信息流方面的服务，只不过物流是其核心能力。

（2）第三方物流提供的是个性化物流服务。第三方物流服务的对象一般都比较少，只是一家或数家，服务时间却比较长，往往长达几年。因此，要求第三方物流服务应按客户的业务流程来定制，体现个性化的物流服务理念。传统的运输、仓储企业由于服务众多而只能提供单一的、标准化的服务，无法满足用户的个性化需求。

（3）第三方物流是建立在现代信息技术基础上的。现代信息技术的发展是第三方物流产生的必要条件。计算机、网络和现代通信技术，实现了数据处理的实时化、数据传递的高速化，使库存管理、运输、采购、订单处理、配送等物流过程的自动化、一体化水平不断提高，用户可以方便地通过信息平台与物流企业进行交流和协作，消除物流外包带来的管理上的不便，这就使用户企业有可能把原来在内部完成的物流作业交给物流公司运作。第三方物流企业只有运用现代信息技术及时地与客户交流和协作，才能够赢得客户、赢得市场，才能生存和发展。

（4）第三方物流企业与用户企业是联盟关系。第三方物流企业与用户企业不是一般的市场交易关系，而是介于市场交易与纵向一体化之间的联盟关系。这就要求物流企业与用户企业之间相互信任、充分共享信息、共担风险和共享收益，以取得比单独从事物流活动更好的效果。表现在物流服务提供者的收费政策上，就是不看重单项业务的盈利，而着眼于整个时期的利润。无论对哪一方来说，合作伙伴对自己都有战略价值，所以这种联盟关系一般时间都比较长。

2. 第三方物流的优势

（1）有利于企业各类资源向主业集中，提高核心竞争力。通过第三方物流的实施，把那些不属于核心能力的功能弱化或外包，而将企业有限的人力、物力和财力集中于企业核心业务，使资源得以优化配置，提高企业的核心竞争能力。

（2）有利于减少库存。企业不可能承担过多的生产资料和产品无限制增长的压力，尤其是高价值的部分要被及时送到各装配点，实现零库存，以保证库存的最小量。第三方物流提供者借助精心策划的物流计划和适时运送手段，能够最大限度地减少库存，改善企业的现金流量，实现成本优势。

（3）节省费用，减少资本积压。专业的第三方物流提供者利用规模生产的专业优势和成本优势，通过提高各环节利用能力来节省费用，使物流外包的企业能够从分离费用结构中获益。

（4）提升企业形象。第三方物流提供者与顾客不是竞争对手，而是战略伙伴。它们为顾客着想，通过全球性的信息网络使顾客的供应链管理完全透明化，顾客可随时通过因特网了解供应链的情况；第三方物流提供者是物流专家，它们利用完备的设施和训练有素的员工对整个供应链实现完全的控制，减少物流的复杂性；它们通过遍布全球的运送网络和服务，大大缩短了交货期，帮助顾客改进服务，树立自己的品牌形象。第三方物流提供者通过“量体裁衣”式的设计，制订出以顾客为导向，低成本、高效率的物流方案，使顾客在同行者中脱颖而出，为企业在竞争中取胜创造了有利条件。

（5）提高企业经营效率。第三方物流可以使企业专心致志地从事自己所熟悉的业务，将资源配置在核心事业上；第三方物流企业作为专门从事物流工作的行家里手，具有丰富的专业知识和经验，有利于提高货主企业的物流水平；第三方物流企业面向社会众多企业提供物流服务，可以站在比单一企业更高的角度，实现物流活动的合理化，例如建立企业间、跨行业的物流系统网络，构筑现代物流大系统等。

（四）第三方物流运作原理

1. 第三方物流运作的效益原理

第三方物流企业的业务原理模型可以用以下公式描述：$C_i=\sum_{j=1}^{N} w_{ij}c_{ij}$，$j\in J(i)$。

假设第三方物流企业承包了 M 个企业的物流业务，这 M 个企业就构成了第三方物流企业的客户集 I，其中第 i 个供方企业的客户集为 $J(i)$，其中有 Nj 个客户，需要将其货物运到每个用户手中，其运量分别为 w_{ij}，单位物资全程费用为 c_{ij}。从这个公式中可以得出第三方物流运作的效益原理。

（1）规模效益。

第三方物流企业最基本的特征是集多家企业的物流业务于一身，其物流业务规模的扩大，可以使企业的物流设施、人力、物力、财力等资源得到充分利用，发挥效益；有的还可以采取专用设备、设施，提高工作效率；有的甚至采用先进技术，与高科技接轨、与全国甚至全世界接轨，取得超级效益。因此，规模效益是第三方物流企业最重要的效益源泉。

（2）系统协调效益。

系统协调是指第三方物流企业在自己所占有的供应商群及其各自的客户群中进行的协调活动。这些协调活动包括：打破各个供应商、各个客户群之间的界限，在这些供应商、客户之间统一组织运输，这样不仅可以减少车辆消耗，还可以更充分地利用车辆；打破各个客户群之间的界限，统一组织配送，即进行联合配送，这样就比在原来的各个客户群内部组织配送更加节省；因为掌握了众多的供应商和它们各自的客户群，其相互之间可能会有互为供需的关系，通过自己的协调，促使它们之间形成新的更合理的供需关系，这种新的供需关系不但可以帮助供应商开拓市场，而且有利于第三方物流公司节约物流费用；统一批量化作业，如订货、质检、报关、报审等，从而可以节省时间，提高工作效率。

（3）专业化效益。

第三方物流企业可以通过专业化作业来提高企业的效益。在第三方物流企业中，由于业务量大，所以对于多个物流作业可以实行专业化，如运输、仓储、装卸、搬运、包装、信息处理等。专业化可以促进科技化和先进化，从而大幅度提高经济效益。专业化不仅是指作业专业化、设备专业化，而且也指人的专业化。

（4）群体效益。

第三方物流企业不但能够提高自身的效益，而且也可以提高自己的客户企业的效益。客户企业的物流业务交给第三方物流企业承包后，不但自己的物流任务可以完成得更好，而且还可以通过减少琐碎的物流事务活动，集中精力发展自己的核心竞争力，加强企业的优势，使企业取得更大的经济效益。

2. 物流一体化与第三方物流

（1）物流一体化。

所谓物流一体化，就是以物流系统为核心的由生产企业经由物流企业、销售企业直至消费者供应链的整体化和系统化。20 世纪 90 年代以后，物流一体化突破企业界限扩展到了供应链上，供应链成员企业之间建立合作伙伴关系，树立共赢的思想，共享物流信息，在物流运作上密切合作，共同努力提高物流效率，降低物流成本，为顾客提供全方位、高水平的优质服务，达到提高整个供应链的竞争力和增加共同利益的目的。这就是物流一体化管理发展的新阶段——外部一体化，即供应链物流。因此，物流一体化就是利用物流管理，使产品在有效的供应链上迅速移动，使参与各方的企业都能获益，使整个社会获得明显的经济效益。

物流一体化的发展可进一步分为三个层次：物流自身一体化、微观物流一体化和宏观物流一体化。物流自身一体化是指物流系统的观念逐渐确立，运输、仓储和其他物流要素趋向完备，子系统协调运作，系统化发展；微观物流一体化是指市场主体企业将物流提高到企业战略的地位，并且出现了以物流战略作为纽带的企业联盟；宏观物流一体化是指物流业务发展到占据国民生产总值的一定比例，处于社会经济生活的主导地位，使跨国公司从内部职能专业化和国际分工程度的提高中获得规模经济效益。

（2）第三方物流与物流一体化。

物流一体化是物流产业化的发展形式，必须以第三方物流充分发展和完善为基础。物流一体化的实质是一个物流管理的问题，即专业化物流管理人员和技术人员充分利用专业化物流设备、设施、物流运作的管理经验，以求取得整体最优的效果。同时，物流一体化的趋势，为第三方物流的发展提供了良好的发展环境和巨大的市场需求。

从物流业的发展来看，第三方物流是在物流一体化的第一个层次时出现萌芽的。但是，这时只是数量有限的功能性物流企业和物流代理企业。第三方物流在物流一体化的第二个层次得到迅速发展。专业化的功能性物流企业和综合性物流企业，以及相应的物流代理公司出现，物流一体化就进入了第三个层次。

西方发达国家在发展第三方物流，实现物流一体化方面积累了较为丰富的经验。德国、美国、日本等先进国家认为，实现物流一体化，发展第三方物流，关键是具备一支优秀的物流管理队伍。要求管理者必须具备较高的经济学和物流学专业知识和技能，精通物流供应链中的每一门学科，并具有较强的整体规划水平和现代管理能力。

第三方物流和物流一体化的理论，为中国的国有大型企业带来一次难得的发展机遇，即探索适合中国国情的第三方物流运作模式，降低生产成本，提高效益，加强竞争力。

3. 第三方物流的发展趋势。

第三方物流的发展趋势主要表现在两个方面。一方面，第三方物流将进一步发展壮大、成熟完善，所涉及的层面将更加广泛。第三方物流服务业将会优化整条物流供应链，大力发展信息技术和通信技术，建立战略联盟合作伙伴关系，组织高效率的物流作业网络，以及网罗高素质的物流专业人才。另一方面，随着第三方物流的逐步发展，其系统复杂性也将逐步增加，这将会导致第三方物流的某些领域的分化。

（五）第三方物流的运作模式与要求

1. 第三方物流的运作模式

（1）传统外包型物流运作模式。

传统外包型物流运作模式是指由第三方物流企业独立承包一家或多家生产商或经销商的部分或全部物流业务。这种模式以生产商或经销商为中心，第三方物流企业几乎不需专门添置设备和进行业务训练，管理过程简单。企业外包物流业务，降低了库存，甚至达到零库存，节约了物流成本。同时可精简部门，集中资金、设备于核心业务，提高企业竞争力。第三方物流企业各自以契约形式与客户形成长期合作关系，保证了自己稳定的业务量，避免了设备闲置。

实际上，这种模式并没有比传统的运输、仓储业走多远。由于以生产商或经销商为中心，第三方物流之间缺少协作，没有实现资源更大范围的优化。这种模式最大的缺陷是生产企业与销售企业以及与第三方物流之间缺少沟通的信息平台，会造成生产的盲目和运力的浪费或不足，以及库存结构的不合理。

（2）战略联盟型物流运作模式。

战略联盟型物流运作模式就是第三方物流包括运输、仓储、信息经营者等以契约形式结成战略联盟，共享内部信息，相互协作，形成第三方物流网络系统。联盟可包括多家同地和异地的各类运输企业、场站、仓储经营者。理论上，联盟规模越大，可获得的总体效益越大。信息处理方面，可以共同租用某信息经营商的信息平台，由信息经营商负责收集处理信息，也可连接联盟内部各成员的共享数据库，实现信息共享和信息沟通。目前我国的一些电子商务网站普遍采用这种模式。

这种模式实现了两个方面的改善。一是通过系统信息平台，实现了信息共享和信息交流。以信息为指导制订运营计划，有利于在联盟内部优化资源。同时信息平台可作为交易系统，完成产销双方的订单和对第三方物流服务的预订购买。二是联盟内部各实体实行协作，某些票据联盟内部通用，可减少中间手续，提高效率，使得供应链衔接更顺畅。例如，联盟内部经营各种方式的运输企业进行合作，实现多式联运、一票到底，可以大大节约运输成本。

（3）综合物流运作模式。

综合物流运作模式就是指组建综合物流公司或集团。综合物流公司集成物流的多种功能——仓储、运输、配送、信息处理和其他一些物流的辅助功能，如包装、装卸、流通加工等。综合物流运作模式大大扩展了物流服务范围，对上家生产商可提供产品代理、管理服务和原材料供应，对下家经销商可全权代理为其配货送货业务，可同时完成商流、信息流、资金流、物流的传递。

综合物流是第三方物流发展的趋势。物流活动是一个社会化的活动，涉及行业面广，涉及地域范围更广，所以它必须形成一个网络才可能更好地发挥其效用。综合物流项目必须进行整体网络设计，即确定每一种设施的数量、地理位置、各自承担的工作。其中信息中心的系统设计和功能设计以及配送中心的选址流程设计都是非常重要的问题。物流信息系统基本功能应包括信息采集、信息处理、调控和管理，物流系统的信息交换目前主要利用 EDI、无线电和因特网，因特网因为其成本较低（相对于 EDI 技术）、信息量大，已成为物流信息平台发展趋势。

综合物流公司或集团必须根据自己的实际情况选择网络组织结构。现在主要有两种网络结构，一种是大物流中心加小配送网点的模式，另一种是连锁经营的模式。前者适合商家、用户比较集中的小地域，选择一个合适地点建立综合物流中心，在各用户集中区建立若干小配送点或营业部，采取统一集货、逐层配送的方式。后者是在业务涉及的主要城市建立连锁公司，负责该城市和周围地区的物流业务，地区间各连锁店实行协作，该模式适于地域间或全国性物流，连锁模式还可以兼容前一种模式。

国际著名的专门从事第三方物流的企业有美国的联邦快递、日本的佐川急便。国内专业化的物流企业主要是一些原来的国家大型仓储运输企业和中外合资独资企业，如中国储运公司、中外运敦豪、大通、天地快运、EMS、宝隆洋行等。近年来，各公司的营业额均在亿元以上，营业范围涉及全国配送、国际物流服务、多式联运和邮件快递等。其实，上述公司都已经在不同程度上进行了综合物流代理运作模式的探索实践，尤其是一些与外方合资或合作的物流企业充分发挥国外公司在物流管理经验、人才、技术、观念和理论上的优势，率先进行了综合物流代理运作。

2. 第三方物流的运作要求

（1）以合同形式采购物流服务。

运输与仓储服务传统上是以交易为基础进行的。这些服务相当标准化，并能以最低价格购买。虽然公路运输行业的分散与竞争使行业中拥有众多小型承运人提供低价服务，但是以这种方法购买运输服务，要求有这种运输需求者必须在日常工作中接触大量独立的承运人，不仅增加交易成本，而且会使高质量送达服务遇到困难。当公司有特殊要求，需要一些定制的服务并对承运人的投资有部分参与时，双方就必须准备签订长期合同。未来物流服务采购中以合同形式采购的比例将会越来越大。

（2）降低交易成本。

在欧洲的一些国家，许多国内公路运输是通过作为货运市场中间人的代理公司进行的，这样就大大减少了托运人与运输公司的直接交易。近年来，在美国出现了公路运输服务的电子中间商，以电子交易中心形式在特定时间交易运输能力。它提供在线信用系统服务，以帮助物流公司了解潜在客户的最新财务状况，从而产生一个“虚拟市场”，使许多物流资产可以在不同时期进行交易。这些做法都在一定程度上降低了交易成本。

（3）标准服务。

以合同为基础的公司采购物流服务时，只需雇佣少数物流服务供应商。英国大约 39% 的公司只雇佣一个供应商，而另外 47% 公司则雇佣 1 ~ 5 个供应商，理由是虑及成本和服务。在欧洲，大多数外包物流是由国家划分给多个物流供应商的，对 68 个欧洲 500 强制造商的调查表明，59% 的公司采用了这种策略。

（4）更严格的合同方选择。

过去许多公司选择运输方式或承运人时并不全面考虑所有选择的可能性。现在，公司已把许多与物流相关的服务外部化。这些服务的外部支出在公司预算中尤其重要，再加上对服务质量的重视、减少承运人及采用合同关系，使得承运人的选择变成一项重要的决策。

（5）合同方更多地参与物流系统设计。

许多制造商正在使用开放式的规范采购零部件，以取代传统的根据设计规范采购。开放式的规范仅仅给出总的框架要求，这样就给了供应商以较大的创新空间，有利于经济而有效地开发符合客户要求的部件。在物流服务的采购上也有同样的趋势，这是因为外部合同方比内部的物流经理会更加客观地看待物流系统。

（6）采取零库存原则。

供应链物流、第三方物流和其他的新型物流系统，都把零库存服务作为对客户服务的一项重要形式。企业为了降低成本，在自己组织物流系统时，也把零库存作为降低成本、提高整体经营水平的一项工作。采取零库存系统的先决条件之一是快速和可靠的运送，在没有缓冲存货的情况下，生产和配送作业对送货时间的准确性较为敏感。实现零库存的方式主要有以下几种。

一是委托报关方式。即接受用户的委托，由受托方代存代管所有权属于用户的物资，从而使用户不再保有库存，甚至可以不再保有保险储备库存，从而实现零库存。

二是协作分包方式。即美国的“Sub-Con”方式和日本的“下请”方式，主要是制造企业所采用的一种产业结构形式，这种结构形式可以通过若干分包企业的柔性生产准时供应，使主企业的供应库存为零，同时主企业的集中销售库存使若干分包劳务及销售企业的销售库存为零。在许多发达国家，制造企业都是以一家规模很大的主企业和数以千百计的小型分包企业组成一个金字塔形结构，主企业主要负责装配和产品开拓市场的指导，分包企业各自分包劳务、零部件制造、供应和销售。

三是轮动方式。轮动方式也称为同步方式，是在对系统进行周密设计的前提下，使各个环节的速率完全协调，从而根本取消甚至是工位之间暂时停滞的一种零库存、零储备形式。

从总体上看，第三方物流是成功的，超过一半的第三方物流客户认为与第三方物流服务提供者的合作是“非常成功的”，合作将会引起成本的大大降低和客户服务水平的提高。从物流服务的供给方来看，运输、仓储、货运代理等企业，因为行业竞争的加剧，利润率降低，也纷纷改造成综合物流供应商。虽然在服务水平及物流专业技术方面存在一定的问题，但欧美发达国家在物流外部化、物流服务采购方式以及物流服务提供者与使用者的关系方面，都取得了一定的成绩，值得我国物流业借鉴。

（六）第三方物流的局限性

第三方物流作为专业化物流的一种形式，因其能提供良好的物流服务而在国内外得到了蓬勃发展，并且也得到了各行各业的广泛认同。但是，随着企业管理和服务能力的不断延伸，特别是企业经营面临的业务内容越来越复杂、活动越来越细，客观上要求企业在物流管理上不仅是针对某项活动或某几项活动进行有效的运作和管理，而是能有机地整合各种物流活动和相应的业务以及信息，从事全方位、系统化的管理，这种能力显然不是从事商品买卖的企业所能具备的，而作为专业物流服务提供商的第三方目前也不具备这种提供一站式全程服务的能力。例如，虽然很多第三方物流企业能为委托客户企业提供仓储、运输以及物流分销中心的管理等工作，但是很少有第三方物流企业能完成所有的物流服务和系统化管理，诸如物流信息技术的开发和管理、销售前后客户服务水准的确立以及订单执行等功能，正因为如此，虽然目前第三方物流最大程度地提供了一系列个性化的物流服务，但是，委托客户从发展的角度看，仍然有不尽满意的方面。例如，从 2004 年使用第三方物流服务对美国大型制造企业的影响情况看，在员工士气、物流成本、客户满意度、系统开发 / 支持、物流服务水平、供应链整合等 6 个方面，有积极或非常积极影响的分别占到 25%、70%、55%、45%、70% 和 50%，消极影响的分别占 35%、10%、10%、25%、10% 和 25%。

正因为上述原因的存在，目前第三方物流虽然为委托客户节约了大量的物流运作成本，使这些企业可以将精力集中在主要业务活动中，但是从整个供应链管理的角度来看，其成本节约的程度是有限的，还没有达到真正意义上的系统成本最优。主要原因在于没有几家第三方能够提供完全的一站式综合物流和管理服务，势必造成委托客户企业自己要组织和协调不同的第三方物流运作以及企业内部部分业务或物流的运作，这样无形中增加了委托客户企业的管理成本和协调成本；在整个供应链层次，仍然有很多无效率的环节，作为委托客户企业的管理者，仍然有大量的时间耗费在第三方物流体系的建立、关系的维持以及资源配置管理上。

第三方物流的另一个局限是，虽然大多数第三方与委托客户企业是一种长期的战略联盟关系，但是潜伏着目标不统一、合作绩效边际递减的可能。之所以会出现这种状况，仍然是因为大多数第三方不能承揽全部的物流和供应链管理服务，所以在业务管理的目标趋向上就有可能与企业的整体管理目标不尽一致，甚至发生冲突。在这种状况下，虽然物流业务外包的初期绩效比较明显，可是随着时间的不断推移，各种问题就开始慢慢显现，使得物流外包绩效逐渐下降，阻碍了供应链物流整体绩效的改善。

二、第四方物流组织

（一）第四方物流的基本概念

第四方物流是一种解决物流规划功能外包问题的物流方案，是由独立于现有物流系统各个环节、与原物流系统无直接利益关系的“第四方”提供，将其自身的资源、能力和技术同来自补充提供者的资源、能力和技术集合起来，并对之进行管理，从而提供一体化的物流解决方案。

第四方物流创造了一种协同的环境，从而使协同后的整体效果优于各个部分的简单相加，这种商业实践鼓励个体组织为了达到整体的优化而共享信息和资源。

（二）第四方物流的特征

1. 第四方物流提供了一整套完善的供应链解决方案

第四方物流集成了管理咨询和第三方物流服务商的能力，不仅能够降低实时操作的成本，还可以通过优秀的第三方物流、信息技术管理公司和管理咨询公司之间的联盟，为客户提供最佳的供应链解决方案，而这种方案仅仅通过上述联盟中的一方是难以解决的，必须通过上述联盟齐心协力才能实现。第四方物流的供应链解决方案共有 4 个层次，即执行、实施、变革和再造。

（1）执行。主要是指由第四方物流负责具体的多个供应链职能和流程的正常运作。第四方物流承接多个供应链职能和流程的运作，包括制造、采购、库存管理、供应链信息技术、需求预测、网络管理、客户服务管理和行政管理等职能。尽管一家公司可以把所有的供应链活动外包给第四方物流，但是通常第四方物流只是负责供应链功能和流程的一些关键部分。

（2）实施。第四方物流的实施包括流程的一体化、系统的继承和运作的衔接。第四方物流服务商可以帮助客户实施新的业务方案，包括业务流程的优化、客户公司和服务供应商的系统集成。在这种模式下，客户通常可以将具体业务的运作转交给第四方物流的项目运作小组。在项目实施过程中，要重视组织的变革，避免优秀方案实施时由于人的因素而失败。

（3）变革。即通过新技术实现各个供应链职能的加强。变革主要是改善供应链某一具体环节的职能，包括销售和运作计划、分销管理、采购策略和客户支持等。高明的供应链管理技术，加上先进的战略思维、流程再造和卓越的组织变革管理，共同组成第四方物流的最佳方案，对供应链进行整合和改善。

（4）再造。即供应链环节的协作和供应链过程的再设计，这也是第四方物流的最高境界。供应链流程的真正改善要通过供应链中各个参与企业的通力协作，将各个环节的计划和运作协调一致来实现。再造过程就是基于传统的供应链管理咨询技巧，使得公司的业务策略和供应链策略协调一致。同时，供应链管理技术在这一过程中又起到了催化剂的作用，整合和优化了供应链内部和与之交叉的供应链的运行。

2. 第四方物流通过其对整个供应链产生影响的能力来增加价值

第四方物流充分利用了一批服务供应商的功能，包括第三方物流、信息技术供应商、合同物流供应商、呼叫中心、电信增值服务商等，通过提供一个全方位的供应链解决方案来满足企业面临的广泛而复杂的需求。它既提供持续更新的优化的技术方案，又能满足客户的独特需求。

3. 第四方物流独立生存能力不强

第四方物流的思想必须依靠第三方物流的实际运作来实现并得到验证，第三方物流又迫切希望得到第四方物流在优化供应链流程和方案方面的指导，它们的价值在于“共生”。但是，在实际运作中，第三方物流缺乏对整个供应链进行运作的战略性专长和真正的整合整个供应链流程的相关技术，而第四方物流可以不受约束地将每一个领域的最佳物流提供商组合起来，为客户提供最佳的物流服务，以形成最优的物流方案或供应链管理方案，能真正地进行低成本运作，实现最大范围的资源整合。

4. 第四方物流更加依靠信息技术

供应链中各合作成员要通过信息公开、信息共享、计划共有、业务共同化等，积极地为合作方提供利益。建立用计算机连续地反映物流、信息流的综合系统，是第四方物流进行供应链管理必不可少的条件。

（三）第四方物流的运作方式

1. 正向协作方式

这种方式主要依赖于第四方物流和第三方物流之间的工作联系。第四方物流通过与第三方物流合作，对物流系统的解决方案进行规划与整合，所得到的新方案能够充分利用双方的能力和市场。第四方物流可以为第三方物流提供商提供广泛的服务，包括技术、供应链战略技巧、进入市场的能力和项目管理专家等。第四方物流将在第三方物流内部工作，它们之间的关系由合同确定或者以联盟的方式加以构建。

2. 解决方案整合工作方式

在这一方式中，第四方物流为一个客户管理和运作的综合的供应链解决方案。这一解决方案将会整合第四方物流和其他补充服务提供者的资源、能力和技术等，并且第四方物流需要对多个补充服务提供者的能力进行整合，从而形成一个综合的供应链解决方案，该方案将实现客户供应链各个组成部分的价值。

3. 行业革新工作方式

在这种方式中，第四方物流为同一行业中的多个客户发展和执行一套定位于同步化和合作的供应链解决方案。行业解决方案的形成将为供应链各方带来极大的利益，但是这种工作方式十分复杂，对任何一个组织包括第四方物流来说，都是一种挑战。

（四）第四方物流的价值

1. 降低成本

第四方物流既能使供应链上的企业专注于自身的核心专长，又能够使供应链上各个环节的计划和运作达到协调一致和集成，同时采用先进的物流设备和技术，可以极大地提高劳动生产率，降低物流可变成本，包括物流工作单执行（配送）的劳动力成本、库存保有成本、运输开销、配送网络的费用等。例如，在库存管理中，由于大量物流技术的应用，使得供应链的整体库存水平得到有效控制，并增强了商品的可获得性，从而减少了商品的周转时间，降低物流运营成本，从而降低了企业的经营和产品（服务）的成本。第四方物流企业一般会同时为一定数量的客户提供物流服务，在服务过程中对客户的物流业务进行整合，通过降低成本来创造价值，实现管理和运作的规模效益。

2. 提高营运效率

由公式“资本回报率 = 销售利润率 × 资产周转率”可以看出，仅降低企业的成本是不够的，企业营运效率也是影响企业经营业绩的重要方面。如果一个公司的销售业绩不错，但是成品库存增加很多，应收账款也很多时，那么它的经营业绩是有很大问题的。第四方物流对企业营运效率的影响主要表现在以下四个方面。

（1）提高库存周转率。商品卖得虽然好，但大量资金可能积压在周转过程之中，而物流服务水平和物流运作效率的高低，对库存周转率有非常致命的影响。库存周转率的提高，意味着流动资本占用减少。第四方物流通过采用现代信息技术、科学的管理流程和标准化管理，可以降低库存管理及仓储成本，实现供应链“零库存”的目标，为供应链上的所有企业降低仓储成本。同时，第四方物流大大提高了客户企业的库存管理水平，从而降低库存管理成本。

（2）通过提高物流设备（固定资产）的利用率，或通过资产重组，把本企业利用率很低的资产卖掉，相关业务采用专业化服务。实际上，这项举措就是在减少企业不必要的物流固定资产投入，加快固定资产的周转率。

（3）通过采用先进的物流管理系统，借助信息系统改进企业的物流管理水平，提高物流工作单执行的质量，增加客户的满意度，加速客户付款过程，从而加快应收账款的周转率，提高资金的利用效率。

（4）通过第四方物流，企业可以大大减少在物流设施方面的资本投入，降低资金占用，提高资金周转速度，使得更多的资金投资于研究设计、产品开发、销售与市场拓展等方面，从而扩大产品市场占有率，增加企业营业收入。

3. 增加服务价值

第四方物流可以提供专业化的供应链物流管理运作能力和专业化高素质的物流人才，制订出以顾客为导向、快捷、高质量、低成本的物流服务方案，改善物流服务质量，这种服务有利于参与市场竞争，有利于树立企业和品牌的形象，有利于和服务对象结成长期稳定的战略性合作伙伴，这对企业长远的战略性发展有着非常重要的意义。

4. 提升企业竞争力

第四方物流通过影响整个供应链向客户提供可评价的、持续不断的客户价值，使企业有可能从供应链中获得独特的竞争优势。

（1）第四方物流提供商通过与其他服务提供商紧密合作，可以在供应链内部创造一个关系融洽、和谐而又长久的利益共存体。利用第四方物流专业化的供应链物流管理运作能力和专业化高素质的物流人才，弥补企业的不足，这样就可以使企业专注于核心业务，将物流等非主业进行业务外包，在企业所擅长的领域构建企业核心竞争力。

（2）增加企业销售收入，提高企业产品在市场上的占有率。物流在供应商、分销商、零售商以及消费者这条供应链中起着重要的纽带作用，物流运营的水平直接影响到客户的满意度（包括客户服务）以及新产品从研制到上市的时间和效率。它能够增强产品竞争力，增加企业销售收入。事实上，所有成功的企业，其市场销售和物流运营的整合都是非常优秀的。

（3）通过信息系统管理物流，第四方物流可以有效地提高整个供应链的灵活性，使得企业可以适应多种内部及外部环境的变化，如企业重组或兼并，以及各种形式的客户需求变化。

（4）速度和可靠性。物流速度和可靠性实际上是会影响整个企业经营效果的。物流服务的高可靠性和高速度，可以获得比竞争企业更高的价值回报。

（五）第四方物流运作过程中存在的问题

在第四方物流为委托客户企业提供服务的过程中，有两个问题是需要高度关注的，一是由于第四方重新整合委托企业内外的管理资源和物流活动，因此涉及业务流程的再造或重组，这样就有可能在一段时间内造成委托客户企业物流运作的振荡或波动，而这种振荡波动的幅度越大，对第四方企业也就越不利，所以，在第四方为委托客户企业提供解决方案和管理的过程中，必须有非常细致、周到的转变计划或实施计划，同时建立起与委托客户企业持续、有效的沟通机制，只有这样，才能在充分发挥物流运作绩效的基础上，使委托企业真正认同第四方的作用。

第四方物流运作过程中应该关注的第二个方面的问题是组织的独立性问题，在第四方形成的过程中，虽然为了实现对特定客户内外资源的整合，而出现与委托企业合资的状况，但是这并不意味着第四方是从属于委托客户企业的，第四方是处于内部物流与外包的中间状态，这是为了充分发挥这两种形态的优点，同时克服相应的缺点，如果出现了组织地位的倾斜，就会使原有的优势不复存在。除此之外，作为第四方物流，它不仅仅是为一家企业服务，而是为少数几家企业共同服务，正因为如此，如果第四方难以保证自己企业的独立性，那么就很难吸引其他客户企业进入，第四方自身发展的空间就受到了极大限制。所以，这是第四方在合资组建和运作过程中最大的难题。

（六）第四方物流应用发展的主要行业

从第四方物流的发展前景和可能性来看，第四方物流可能孕育的行业主要是行业集中度低、边际利润较小、物流管理为企业非核心业务的行业。行业集中度较低，行业中分布的企业分散，只有这样通过第四方整合的意义才更大，发挥出来的绩效更为明显，规模效益表现得更强；边际利润较小，意味着企业的成本压力更大，竞争的紧迫性更明显，而在这种状况下靠单个企业的力量来实现成本降低是不太可能的，只有通过综合各种业务、实施全程的供应链管理，才有可能通过系统成本或交易成本的降低，最终实现企业的目标，而这些正是第四方物流才能发挥出来的作用；物流业务非主导性是第四方物流生存的前提，因为在这种情况下，委托客户才会把全部的物流供应链业务交给相对独立的第四方，否则只会存在完善的企业内物流，或部分非关键业务的第三方外包，而不可能有第四方存在。

（七）我国第四方物流发展战略

1. 积极引进和应用物流新技术，创造性学习物流组织和管理的制度性知识

物流组织和管理的制度性知识决定着物流产业的分工和专业化水平，发展第四方物流，需要学习先进国家的物流分工组织模式，并在“边干边学”中，注重将引进的外部制度性知识通过企业的协调机制和企业文化转化为企业的内部知识。作为分工深化的产物，第四方物流在一定意义上就是物流管理信息化的产物，因此在模

仿和吸收先进国家物流组织和管理的制度性知识的同时，也要重视学习和引进先进国家的先进技术性知识。要加速电子商务与现代物流产业的融合，通过国际因特网整合物流（包括第三方物流）资源，扩展物流管理的时间和空间范围，降低物流管理的成本，推进物流产业分工专业化水平的提高。

2. 行业服务的标准化和规范化

行业服务的规范和标准，无论对整个物流行业、物流企业还是消费者而言，起到的作用都是不容低估的。对物流行业来说，需要用标准化和规范化将供方、干线物流、配送和送达需方等物流环节有机连接起来；对物流企业来说，标准化和规范化是加强内部管理、降低成本、提高服务质量的有效措施；对消费者而言，享受标准化和规范化的物流服务是消费者权益的体现。因此，服务的标准化和规范化是第四方物流发展的首要前提。

3. 系统整合，由零走向共赢

我国物流业资源比较庞大，但物流各环节之间缺乏系统、有效的整合，导致物流资源利用率不高，电子商务配送能力及物流末端配送能力较弱，企业竞争的结果往往是两败俱伤。没有对物流资源进行有效管理而使其利用率低下，已成为我国物流业发展的一大问题。因此，通过对我国现有物流资源的系统整合，由竞争走向合作，由零走向共赢，是加速我国第四方物流发展进程的捷径。

4. 建立全国公共物流信息平台

以发展信息技术为主导战略，建立基于因特网的公共物流信息平台，真正实现物流企业之间、企业与客户之间物流信息和物流功能的共享，可以很好地改善我国大多数物流企业“小、少、弱、散”的经营状况。通过全国物流行业的物流信息平台，加强第四方物流企业与上下游企业之间的合作，重建并优化供应链，这样可以提高社会大量闲置物流资源的利用率，起到调整、调配社会物流资源，优化社会供应链，理顺经济链的重要作用。

5. 加快和加强物流人力资本投资

第四方物流属于知识密集型产业，产业进入壁垒较高，需要高技术、高素质的物流人才来支撑，而我国目前高水平物流人才匮乏，并且第四方物流企业缺少引进和吸收高水平物流人才的动力和财力。因此，加快和加强对第四方物流的人力资本投资，完善物流教育培训体系，可以有效缓解高级物流人才的短缺瓶颈，使稀缺的高级物流人才相对集中到第四方物流企业，其工作成果能够为众多的第三方物流企业共享，提高物流人才的利用率，同时大大降低第三方物流企业的人力资源成本。

第四节 供应链与物流管理组织绩效

供应链协会在2003年4月新版供应链运作参考模型（Supply-Chain Operations Reference-model，SCOR）中推荐的供应链绩效关键评价指标共有13个（见表2-2），从供应链的交货可靠性、响应性、柔性、成本和资产管理效率5个方面构建了供应链绩效关键评价指标体系。

表2-2 SCOR供应链绩效关键评价指标体系

性能特征	特征定义	指标
交货可靠性	正确的产品、正确的地点、正确的时间、正确的数量、完好的质量	交货能力
		订货满足率
		订单完全执行率
响应性	商品送达客户的速度	订货提前期
柔性	灵活性	供应链响应时间
		生产柔性
成本	消耗的成本	供应链管理总成本
		产品销售成本
		增值生产率
		担保成本或退货处理成本
资产管理效率	资金利用的有效性	可供应存货天数
		现金周转期
		资产周转率

表中各指标的具体含义如下。

（1）交货能力，即按照客户要求的天数（或在客户要求的天数之前，或在原计划的交货天数之前）执行订单的百分比。

（2）订货满足率，即在收到订单的24小时内用库存发货的订单百分比。

（3）订单完全执行率，即满足全部交货要求的订单完成百分比，同时达到按时、按质、按量，具有完整和准确的单证且没有出现货损的要求。

（4）订货提前期，即从客户放单到收到订货实际所需的平均时间。

（5）供应链响应时间，即供应链系统对需求的非正常或显著变化的响应时间。

（6）生产柔性，即上游企业达到所能承受的非计划的20%增产能力所需要的天数；在没有存货或成本损失的情况下，下游企业在交货期30天前达到所能承受的订货减少百分比。

（7）供应链管理总成本，即供应链相关成本总和，包括管理信息系统、财务、计划、存货、物料采购和订单管理成本等。

（8）产品销售成本，即购买原材料和加工制造成本，包括直接成本和间接成本。

（9）增值生产率，即产品销售总额减去物料采购总成本，再除以用工总人数。

（10）担保成本或退货处理成本，即物料、劳动力和产品缺陷的问题诊断成本或退货处理成本。

（11）可供应存货天数，即以计提超储和过期损失之前的标准成本计算的存货总值。

（12）现金周转期，即存货供应天数加上销售未付款天数，再减去采购原料的平均付款天数。

（13）资产周转率，即产品销售总额除以净资产总额的比值。

供应链管理的概念产生于20世纪80年代初，其目的是对所有原材料和产成品的物流活动进行战略管理，以使其对企业产生最大的利益。供应链管理的出现是物流组织最重要的变化之一。

从最近企业物流组织的进一步发展变化来看，不少先进企业不仅调整了内部的物流组织结构，甚至将物流作业也从企业中独立出来，成立单独的物流分公司。其主要作用表现在以下两个方面。

1. 降低物流成本

如今在企业管理活动中，物流成本衡量的计算体系尚未确立，能明确本企业物流成本在销售额中所占比例的企业并不多。目前的企业财务管理中，尽管在损益计算表的销售费用等一般费用科目中将搬运费、保管费等对外支付的费用分开表示，但企业内物流设备的折旧、固定资产税、保险等费用和物流部门的人力费用等都与其他部门的费用一起表示，因而在企业财务中无法真正了解物流部门整体的费用，在这种状况下，实现成本削减的目标将变得十分困难。成立物流分公司后，一方面由于物流分公司是一个近似自负盈亏的独立经营实体，因而在内部费用管理上会更为有效，可消除设备的重复投资、人力费用过大等现象，遏制物流成本上升的一些主要因素；另一方面，对各事业部或事业分公司来讲，由于成立物流分公司，形成了企业内市场，因而各自的物流费用支出都要在其事业单位的财务指标中显示出来，这有利于促进各事业单位物流管理效率，改变原来管理重商不重物的状况。

2. 推进企业的发展

物流分公司的建立由于改变了以往企业商品中转中心的地位，实现自主经营，因此，为了避免分公司陷入经营危机，出现赤字，而且在总公司不断降低成本的要求下，促使物流分公司努力实现物流合理化、现代化和高水平发展，以力求既能满足总公司和各产品事业部的要求，又能在与其他物流企业的竞争中实现服务和成本上的优势，长此以往，形成了物流分公司独特的经营诀窍和技能，在此基础上，不仅满足本企业的业务需要，而且还扩大兼营其他企业的物流业务，拓展经营领域，从而成为企业未来发展的主要方向之一。

除了上述两个作用外，商品企业与独立物流企业合资成立物流分公司的独特宗旨，在于使企业有效利用物流业者所拥有的设备和诀窍的同时，将物流质量管理置于商品企业控制之中，这样既能保障物流分公司有效地开展业务，迅速缩短物流分公司在技术管理创新上花费的时间，又能保障物流管理与整个企业战略的协调性。

【思考题】

1. 物流管理组织设计的基本原则有哪些？
2. 简述物流组织的类型。
3. 什么是第三方物流？第三方物流的类型有哪些？
4. 第三方物流有何特征？
5. 第三方物流的优势有哪些？
6. 第三方物流的运作模式有哪些？
7. 联系实际，谈谈第三方物流的运作要求。
8. 第四方物流的内涵与特征是什么？其主要有哪几种运作方式？
9. 试述我国第四方物流的发展战略。

【案例分析】

中国第三方物流行业发展状况

2005 年中国社会物流总额达 48 万亿元，同比增长 25.2%，增幅虽比上年有所回落，但仍在快速增长区间。从结构来看，工业品物流增长最快，在社会物流总额中占有比例最大；农产品物流增长最慢，所占比重较小。

随着中国经济的持续增长以及全球化程度的提高，2005 年第三方物流市场规模超过 1000 亿元，比上年增长 30% 左右。一方面，由于石油价格的上涨和在设施、设备和技术上投入的增加，物流企业的运营成本大幅度提高；另一方面，行业竞争加剧又导致物流服务收费普遍降低，因此 2005 年第三方物流市场的利润率普遍下降。为提高盈利水平和竞争能力，物流企业的服务日趋专业化，第三方物流市场按照行业、地域、产品不断细分。

2006 年大约有 12% 的物流与储运公司的仓储面积在 1 万平方米以下，有 40% 的物流与储运公司的仓储面积在 1 万～5 万平方米，有 22% 的物流与储运公司的仓储面积在 5 万～10 万平方米，有 26% 的物流与储运公司的仓储面积在 10 万平方米以上。

中国大约有 1.6 万家物流服务行业公司，行业产值超过 390 亿元。预测 2010 年中国物流行业的产值将达到 12000 亿元。中国巨大的物流市场已经吸引了国际上各个货运巨头的目光，外国物流企业纷纷进军中国市场。预测未来几年中国物流企业将保持快速增长态势，中国物流市场发展前景广阔，给了投资者一个发挥的空间。

（资料来源：2006—2007 年中国第三方物流行业分析及投资咨询报告，中国投资咨询网）

第三章　供应链采购物流管理

第一节　采购物流概述

一、采购物流的含义

采购是指以各种不同的途径，包括购买、租赁、借贷、交换等方式，取得物品及劳务的使用权或所有权，以满足使用的需求，而供应是指供应商或卖方向买方提供产品和服务的全过程，供应也意味着采购部门采购企业需要的商品以满足自己企业内部的需求，因此采购与供应是两个相辅相成的过程。作为物流活动的起点，采购涵盖了从供应商到需求方之间的货物、技术、信息或服务流动的全过程。企业通过实施有效的计划、组织与控制等采购管理活动，合理选择采购方式、采购品种、采购批量、采购频率和采购地点，以有限的资金保证经营活动的有效开展，在降低企业成本、加速资金周转和提高企业经营质量等方面发挥着积极作用。

采购物流是指包括原材料等一切生产物资的采购、进货运输、仓储、库存管理、用料管理和供应管理，也称为原材料采购物流。它是生产物流系统中独立性相对较强的子系统，并且和生产系统、财务系统等生产企业各部门以及企业外部的资源市场、运输部门有密切的联系。采购物流是企业为保证生产节奏，不断组织原材料、零部件、燃料、辅助材料供应的物流活动，这种活动对企业生产的正常、高效率进行发挥着保障作用。企业采购物流不仅要实现保证供应的目标，而且要在低成本、少消耗、高可靠性的限制条件下来组织采购物流活动，因此难度很大。

二、采购物流的作用

随着经济全球化和信息网络技术的高速发展，全球经济运行方式和流通方式产生了巨大变化，企业采购模式也随之不断发展，供应链中各制造商开始通过外购、外包等采购方式从众多供应商处获取生产原料和生产信息，采购已经从单个企业的采购发展到了供应链上的采购。在供应链中，采购使供应链各节点间的联系和依赖性进一步增强，对于降低供应链运作成本、提高供应链竞争力起着越来越重要的作用。合理采购对提高企业竞争能力、降低经营风险也具有极其重要的作用。一方面，科学的采购不仅能降低产品生产成本，而且也是产品质量的保证；另一方面，合理采购能保证经营资金的合理使用和控制，从而以有限的资金有效开展企业的经营活动。

采购物流的作用主要体现在利润杠杆作用、资产收益率作用、信息源作用、营运效率作用、对企业竞争优势的作用等 5 个方面。

利润杠杆作用是指当采购成本降低一个百分点时，企业的利润率将会上升更高的比例。这是因为采购成本在企业的总成本中占据着比较大的比重，一般在 50% 以上，而这个比例要远远高于税前利润率。例如，某公司的销售收入为 5000 万元，假设其税前利润率为 4%，采购成本为销售收入的 50%，那么采购成本减少 1%，就将带来 25 万元的成本节约，也就是利润上升到了 225 万元，利润率提高了 12.5%。可见，利润杠杆效应十分显著。

资产收益率作用是指采购成本的节减对于企业提高资产收益率所带来的巨大作用。资产收益率指的是企业的净利润和企业总资产的比率，用公式表示出来就是：资产收益率 = 净利润 / 总资产，该公式可以转换为：资产收益率 =（净利润 / 销售收入）×（销售收入 / 总资产）。公式右边第一个括号里的内容我们称之为利润率，第二个括号里面的内容叫作资产周转率（投资周转率），这样，资产收益率就可以表示为企业的利润率和资产周转率的乘积的形式。一方面，当采购成本下降一定比例时，通过利润杠杆效应可以使利润率提高更大的比例。另一方面，采购费用减少，则库存同样数量物资占用的资金就少，这就提高了资产周转率，两者的乘积就是一个更大的比例，大的收益率有利于企业在资本市场的融资。

至于信息源作用、营运效率作用和对企业竞争优势的作用，比较容易理解，这里就不再一一加以分析了。总之，随着市场竞争的不断加剧以及经营管理理念和方法的变化发展，采购在企业中占据着越来越重要的作用，采购物流也必将在未来发挥更深远的影响力。

三、采购物流的内容与过程

（一）采购物流的内容

在不同的企业里，采购物流的内容重点都有所不同。在加工制造型企业中，采购基本上是采购原材料、零部件、毛坯料，甚至有时候还是半成品；在零售企业中，采购的则一般是商品，而不会去采购原材料和零部件，而且商品也有销售包装，以及配套的说明书。

（二）采购物流的过程

采购物流过程因不同企业、不同供应环节和不同的供应链而有所区别，这个区别就使企业的采购物流出现了许多不同种类的模式。尽管不同的模式在某些环节具有非常复杂的特点，但是采购物流的基本流程是相同的，主要包括以下几个环节。

1. 取得资源

取得资源是完成以后所有供应活动的前提条件。取得什么样的资源，这是核心生产过程提出来的，同时也要按照采购物流可以承受的技术条件和成本条件辅助这一决策。

2. 组织到厂物流

所取得的资源必须经过物流才能达到企业。这个物流过程是企业外部的物流过程，在物流过程中，往往要反复经过装卸、搬运、储存、运输等物流活动才能使取得的资源到达企业。

3. 组织厂内物流

如果企业外物流到达企业的“门”，便以“门”作为企业内外的划分界限，或者以企业的仓库为外部物流终点，便以仓库作为划分企业内、外物流的界限。这种从“门”和仓库开始继续到达车间或生产线的物流过程，称作采购物流的企业内物流。

传统的企业采购物流，都是以企业仓库为调节企业内外物流的一个节点。因此，企业的供应仓库在工业化时代是一个非常重要的设施。

四、采购物流的目标

采购物流的目标是在准确的时间和地点以合适的价格和服务获取合乎要求的商品，这个目标可以具体表述如下。

（1）提供不间断的物料、供应和服务；

（2）使库存投资和损失保持最低限度；

（3）保持并提高质量；

（4）发现或发展有竞争力的供应商；

（5）当条件允许的时候，将所购物资标准化；

（6）以最低的总成本获得所需的物资和服务；

（7）在企业内部和其他职能部门之间建立和谐而富有效率的工作关系；

（8）以可能的最低水平的管理费用来实现采购目标；

（9）提高公司的竞争地位。

五、采购物流的模式

企业的采购物流有三种组织方式：第一种是委托社会销售企业代理采购物流方式；第二种是委托第三方物流企业代理采购物流方式；第三种是企业自供物流方式。

1. 委托社会销售企业代理采购物流方式

即企业作为用户，在买方市场条件下，利用买方的主导权力，向销售方提出对本企业进行供应服务的要求，作为向销售方采购订货的前提条件。实际上，销售方在实现了自己生产和经营的产品销售同时，也实现了对用户的供应服务，以此占领市场。这种供应服务是销售方企业发展的一个战略手段。

这种方式的主要优点是，企业可以充分利用市场经济造就的买方市场优势，对销售方即物流的执行方进行选择和提出要求，有利于实现企业理想的采购物流设计。

这种方式存在的主要问题是，销售方的物流水平可能有所欠缺，因为销售方毕竟不是专业的物流企业，有时候很难满足企业采购物流高水平化、现代化的要求，例如企业打算建立自己的广域供应链，这就超出了销售方面的能力而很难实现。

2. 委托第三方物流企业代理采购物流方式

即企业完成采购程序之后，由销售方和本企业之外的第三方去从事物流活动。当然，第三方从事的物流活动应当是专业的，而且有非常好的服务水平。第三方的采购物流活动，不仅向买方提供服务，同时也向销售方提供服务，在客观上协助销售方扩大了市场。

由第三方去做采购物流的最大好处是，能够承接这一项业务的物流企业，必定是专业物流企业，有高水平、低成本、高服务从事专业物流的条件、组织和传统。不同的专业物流公司，所瞄准的物流对象不同，有自己特有的形成核心竞争能力的机器装备、设施和人才，这就使企业有了广泛选择的余地，进行采购物流的优化。

在网络经济时代，很多企业要构筑广域的或者全球的供应链，这就要求物流企业有更强的能力和更高的水平，这是一般生产企业不可能做到的，从这个意义上来讲，必须要依靠从事专业物流的第三方来做这项工作。

3. 企业自供物流方式

即由企业自己组织所采购的物品的本身供应的物流活动，这是在卖方市场的市场环境状况下经常采用的一种采购物流方式。

本企业在组织供应的某些种类物品方面，可能有一些例如设备、装备、设施和人才方面的优势，这样，由本企业组织自己的采购物流也未尝不可，在新经济时代这种方式也不能完全否定。关键还在于技术经济效果的综合评价。但是，在网络经济时代，如果不考虑本企业的核心竞争能力，不致力于发展这一竞争能力，而仍然抱着“肥水不流外人田”的旧观念，虽然可能会取得一些眼前利益，但是这必将以损失战略的发展为代价，是不可取的。

六、采购物流的发展

采购物流电子信息化并与其他系统整合为企业物流信息系统，成为发展的必然。当然，不仅是采购物流，整个物流系统的电子信息化是企业现代物流在网络时代发展的基础。采购物流对采购、仓储、供应等各环节中的物料信息及流通中产生的信息进行收集、整理，将信息加以数据库化、代码化、电子化、标准化、实时化。同时通过采购物流与销售、生产等其他物流系统中各点和线的信息化、网络化，使整个系统整合为企业物流信息系统。这时采购物料的信息是由生产计划和调度信息来指导的，库存管理是按生产信息和采购信息来实时监控和调整的，物流信息系统将使企业实现自动化、无纸化办公，它的建立已成为信息时代企业提高运营效率、获取最大利益、实现组织目标的重要战略。

企业物流一体化是企业发展的必然，采购物流将是物流一体化的重要组成部分。物流一体化针对的是企业内部各个职能的运作与协调，因此当然包括采购资源的计划、分配和控制过程，实物配送和生产支持系统的管理，它将企业的各个功能和物流进行统一管理、系统优化，实现企业内部的一体化，形成企业内部供应链。人们越来越清楚地意识到在生产经济性和市场需求之间存在着一定的交替损益，只有一体化从物流系统的总体效益出发，把所有相关的物流成本放到同一场所，用“总成本”这一统一尺度来衡量，从综合经济效益上衡量比较总的损益、得失、优劣，进一步发挥各功能的协调作用。如果运费上升的部分低于储存费用降低的部分，物流总成本降低，说明这一决策是正确、合理的。反之，若运费增加的部分高于储存费用降低的部分，这样减少商品的存储数量不但是无意义的，而且是不合理的。内部供应链的形成可以降低系统的库存水平，信息通信更有效地提高了整个系统的运作效率。但是内部一体化只能实现企业内的最优化，由于没有与供应商和分销商形成一体化管理，仍然存在大量原料和成品的库存，或将库存转嫁给供应商和分销商。这些成本最终也将转嫁到用户身上。

供应链管理的发展促使采购物流进入新的发展阶段。供应链强调原材料的采购、生产、销售、服务、回收等整个流通管理、采购、生产、销售部门与供应商、分销商、零售商的整合。供应链是将产品或服务提供给最终消费者的所有环节中的企业所构成的上、下游产业一体化体系，供应链管理强调核心企业与相关企业的协作关系，通过信息共享、技术扩散（交流与合作）、资源优化配置和有效的价值链激励机制等方法体现经营一体化。

在供应链条件下，采购物流将融入其发展之中，供应链中的所有成员紧密整合，采购、库存将不再是单个企业的行为，市场竞争也成为供应链间的竞争。生产厂商和供应商将结成战略伙伴关系。销售商通过信息共享，将需求动态、库存利用网络向生产商发出商品信息，生产商根据生产情况和销售进货情况，制订生产计划，并将原材料品种、数量定单通过网络发送给供应商。由于信息畅通及时，因此能够对客户的需求做出快速反应，从而降低库存，提高整体的服务水平。由于供应链管理的目标是将整个供应链上所有环节的市场、分销网络、制造过程和采购活动联系起来，以实现顾客服务的高水平与低成本，赢得竞争优势，因此采购物流最终将与其他部分整合在一起，成为供应链中不可分割的重要组成部分。

以上三个阶段是采购物流发展的一般阶段，不同的企业有不同的发展基础，因此应根据本企业的特点制定发展采购物流的战略。

由于采购物流在企业中发挥着越来越重要的作用，人们对它的关注也越来越多，这又促进了采购工作的发展。从某种意义上说，采购理念的发展与企业的发展是紧密联系在一起的，只有把握并顺应潮流，才能更好地做好现在和未来的采购工作。

从世界范围来看，采购理念主要呈现出全球化采购、网上采购、JIT 采购、供应商伙伴关系（双赢采购）等趋势，而且在发达国家，这些采购理念已经落地实施，取得了很好的效果。而在我国由于企业经营理念、管理水平和采购环境等的局限性，这些新的采购理念还没有得到大规模的实施，但我们仍要注意对其加以研究吸收，这是大势所趋。这些趋势也是一个交相呼应的工程，彼此之间互相影响，共同决定着企业采购的水平和绩效，因此要重点研究如何综合实施这些先进采购理念的问题。

第二节 基于供应链的企业采购物流管理

一、传统采购存在的问题

我国企业采购已基本实现市场化运作，现行的采购模式主要有三种：传统的粗放式采购模式、公开招标采购模式、电子商务采购模式。其中，传统的粗放式采购模式仍然是企业采用的主要采购模式。在这种模式下，大部分企业的采购职能被忽视，采购部门只是一个普通的职能部门，承担事务性的采购工作。其存在的问题主要表现在以下几个方面。

首先，采购成本数据库没有形成，无法对采购品种进行分类管理。在采购管理领域，通常企业 80% 的采购成本集中在 20% 的采购品类上，因此应当对采购品种进行分类管理。

其次，供需双方信息不对称，采购活动盲目性强。采购商和供应商之间不能进行有效沟通，互相封锁供应商信息、生产情况和市场行情。

再次，采购部门与其他部门相互独立、分离，影响作业流程的协调性。传统的采购部门与其他部门相互独立，保持着明显的界限，但在业务流程中，各部门都是重要的组成部分，部门之间的分离导致业务流程的协调性较差。

最后，对供应商关系没有进行科学管理。当供应商流失或变更时不能主动应变，影响企业的生产运作；与关键供应商之间的沟通与合作尚停留在交易层面，未注重深层次合作关系的培养；供应商评估体系、供应商激励机制和淘汰机制还未形成。

二、供应链采购模式的优化

企业的采购应该着眼于供应链的整体框架，考虑供应的速度、柔性、风险，优化采购模式，从单一的竞争性采购模式变为集中采购、全球采购、JIT 采购等多种模式及其优化组合以增强供应链竞争力。

（一）采购优化模式

1. 集中采购模式

集中采购是相对于分散采购而言的，即采购组织同时为多个企业实施采购，通过全面掌握多个企业的需求情况，与供应商签订统一合同，实现大批量订购，利用规模优势，提高议价能力，从而大大降低采购成本。例如，2004 年我国武钢、唐钢等大型钢铁企业联手和全球最大的多种资源矿业公司达成合作意向，成立合营企业，并通过该公司在 25 年内每年向这几家钢铁企业提供约 1200 万吨铁矿砂。据估计协议采购价格约 25 美元 / 吨，到岸价约为 59 美元 / 吨，这与当时 120 美元 / 吨的澳矿到岸价相比，采购成本降低逾五成以上，极大地降低了企业的生产成本。

2. 全球采购模式

即利用全球的资源，基于电子商务交易平台，整合互联网技术与传统工业资源，在全世界范围内寻找供应商和质量最好、价格合理的产品。全球采购在地理位置上更加拓展了采购的范围，也是大型企业全球化战略的必然要求。例如，戴尔公司全球采购的实施是通过建立全球采购中心、设立众多国际采购网点以提高采购效率，在全球范围内采购 5000 多种零部件。这种全球化采购模式充分发挥了现代物流、信息流的功用，使戴尔的采购成本降到了最低。

3.JIT 采购模式

JIT 的基本思想是只在需要的时候，按需要的量生产所需的产品，是在多品种、小批量混合生产条件下高质量、低消耗的生产方式，其核心是追求无库存的生产系统或使库存最小化。所以，JIT 采购模式是建立在供需双方互利合作的战略伙伴关系的基础之上，当需求方对原材料或半成品的需求产生时，有能力适时地从供应方处得到质量可靠的所需物料。JIT 采购模式在降低原材料和外购件的采购价格、大幅度减少原材料和外购件的库存、提高生产率等方面作用明显。例如，生产复印机的美国施乐公司通过实施 JIT 采购，使该公司采购物资的价格下降了 40% ~50%，库存降低了 40%，劳动生产率提高了 2%。

（二）采购模式优化过程中应注意的问题及相关优化案例

通过采购模式的优化，可以提高采购效率、降低采购成本，使采购的过程公开化，促进采购管理定量化、科学化，实现生产企业从为库存而采购到为订单而采购的转变，实现采购管理从内部资源管理向外部资源管理的转变。在采购模式的优化过程中，应注意与企业内外部的协同、与供应商合作关系的管理、合理的采购流程管理以及健全采购绩效评估体系等问题。

1. 注重与企业内外部的协同

企业的采购要实现高效就需要企业各业务部门的协同配合，包括设计开发部门、生产部门、财务部门等。采购模式的优化过程中要注重采购部门与其他相关部门(尤其是生产部门)的流程重组，逐渐从注重功能集合向注重流程重组上转移，加强采购流程在企业内部的沟通和协调，充分发挥采购职能。

采购作业不仅需要与企业内部协同，而且更重要的是与外部供应商企业协同。这种协同不仅包括与供应商在库存、需求等方面通过信息的共享及时调整采购计划及执行过程，更为重要的是与供应商的全程协同，即在产品研发过程当中和供应商进行同步开发。此外，还要注重对采购价格的协同以保持最佳的价格竞争优势。

2. 加强与供应商合作关系的管理

集中采购、全球采购等现代采购模式，一方面促使供应商向专业化的方向发展，另一方面使生产商在更广的范围内挑选更为合适的供应商成为可能和必需。在全球供应链的环境下，采购方和供应方协同合作的难度不断增加，任何一方的失误都会造成供应链效率和利润的低下。可见，切实加强与供应商合作关系的管理在采购模式的优化过程中尤为重要。要加强对供应商的选择与评估，建立并协调与供应商的战略合作关系，拟订产品共同开发计划，将采购作业与供应商的工作流程相互衔接，直接处理跨越双方的综合业务等。

3. 实行合理的采购流程管理

在流程管理方面，应注重企业采购流程管理，加强生产计划、物料需求计划和采购之间的协调运作。加强核心采购流程的设计，降低采购工作的随意性。以年度采购计划预算编制流程为例，如果没有明确的采购计划，缺乏对采购需求的分析和对供应商的培养，就会导致大量的常规采购变成突发性的临时采购，使生产成本大幅上升。

4. 健全采购绩效评估体系

企业通过健全采购绩效评估体系并持续进行评估，可以及时有效地发现采购作业中的问题，制订改善措施和解决方案，确保采购目标的实现和绩效的提升。对于绩效评估体系的健全，可建立包括采购（计划完成及时率）、物料质量（来料合格率）、采购成本（价格差额比率）、采购周期、供应（供应准确率）、库存（库存周转率）、服务满意度等指标体系来评估。

5. 采购模式优化的成功实例

联想集团基于供应链的采购管理优化是企业采购模式优化的一个成功案例。该集团每年的采购金额大约在 110 亿美元左右，其在采购流程中面临的主要问题是原材料价格波动性较大、客户需求个性化日益强烈、供应商寡头垄断等。

针对这些主要问题，联想在供应链和采购方面采取了一体化的运作体系以加强企业内部的协同。首先，在协同作业上，将采购、生产、分销以及物流整合成统一的系统，整个集团形成统一的采购策略。其次，科学地推进与供应商的协同管理。集团有约 300 家供应商，物料的采购面向国际和国内，拥有非常复杂的供应链体系，联想采取了全程紧跟的策略，在供应商端设立了相应的采购平台，加强日常管理。

在与供应商合作关系管理上，确定供应商的总体策略，例如价格成本以及采购比例的控制等；引入淘汰机制，签署框架协议；对于重要零部件的上游供应商进行管控，定期对供应商工厂生产线进行审核；对供应商财务状况进行分析等。

在采购绩效评价方面，坚持对采购管理和绩效进行定期评估。评估主要是从质量、服务、成本等方面来进行，然后根据评估的结果对日常采购进行管理。

通过采购模式的优化，联想逐渐由传统的采购管理转变为供应链采购管理，降低了供应链运作成本。

供应链环境下，企业间由单一的竞争关系转变为共同利益下的协同合作关系，这意味着企业的采购模式也必须从供应链整体利益的角度对传统的单一竞争模式进行优化，才能降低企业采购成本、降低库存，从而协调整个供应链的流程运作，取得供应链整体效益的最大化。

三、JIT 采购

在传统的采购模式中，采购的目的是补充库存，即为库存采购。随着全球经济的形成，市场竞争更加激烈，竞争方式已由原来企业与企业之间的竞争转变为供应链与供应链之间的竞争。JIT 采购就是一种基于供应链管理环境下的采购方式。

（一）JIT 采购的概念及基本思想

JIT 采购是由 JIT 生产管理思想演变而来的。JIT 采购是一种理想的物资采购方式，它的极限目标是原材料和外购件的库存为零、缺陷为零。它的基本思想是：把合适数量和质量的物品、在合适的时间供应到合适的地点，最好地满足用户需要。JIT 采购和 JIT 生产一样，它不但能够最好地满足用户需要，而且可以极大地消除库存、最大限度地消除浪费，从而极大地降低企业的采购成本和经营成本。

（二）供应链管理下 JIT 采购的主要优点

1. 有利于暴露生产过程隐藏的问题，从深层次上提高生产效益

过高的库存不仅增加了库存的成本，而且还将许多生产和管理上的矛盾掩盖起来。JIT 是一种理想的物资采购方式，它设置了一个最高标准，一种极限目标，即原材料和外购件的库存为零、质量缺陷为零。同时，为了尽可能地实现这样的目标，JIT 采购提供了一个不断改进的有效途径，即降低原材料和外购件库存—暴露物资采购问题—采取措施解决问题—降低原材料和外购件库存。

2. 消除了生产过程的不增值过程

在企业采购中，存在大量不增加产品价值的活动，JIT 采购由于大大地精简了采购作业流程，因此消除了这些浪费，极大地提高了工作效率。

3. 进一步减少库存成本

降低企业原材料库存不仅取决于企业内部，而且取决于供应商的管理水平。JIT 采购不仅是一种采购方式，也是一种科学的管理模式，JIT 采购模式的运作，将大大提高用户企业和供应商企业的科学管理水平，有利于企业减少流动资金的占用，加速流动资金的周转，同时也有利于节省原材料和外购件库存占用空间，从而减少库

存成本。

4. 使企业真正实现柔性生产

JIT 采购使企业实现了需要什么物资就能供给什么样的物资，什么时间要就能什么时间供应，需要多少就能供给多少，从而使原材料和外购件库存降到最低水平。从这个意义上来讲，JIT 采购最能适应市场需求变化，使企业生产具有真正的柔性。

5. 有利于提高采购物资的质量

一般来说，实施 JIT 采购，可以使购买的原材料和外购件的质量提高 2 ~ 3 倍。

6. 有利于降低原材料和外购件的采购价格

由于供应商和制造商的密切合作，以及内部规模效益与长期订货，再加上消除了采购过程中的一些浪费，使得购买的原材料和外购件的价格大大降低。

（三）供应链管理下 JIT 采购的策略

1. 减少供货商的数量

最理想的情况是，对某种原材料只从一个供应商处采购，这种做法称为单源供应。单源供应的好处是，企业与供货商之间增加了依赖性，有利于建立长期互利合作的伙伴关系。

2. 小批量采购

由于 JIT 采购旨在消除原材料的库存，采购必然是小批量的。采购批量小将使送货频率增加，从而引起运输物流费的上升，必须相应改善供应物流系统。

3. 合理选择供应商

JIT 采购采取单源供应，可以说，选择到合格的供应商是 JIT 采购能否成功实施的关键。在选择供应商时，需要对供应商按照一定标准进行综合评价，这些标准应包括产品质量、交货期、价格、技术能力、应变能力、批量柔性、交货期与价格的均衡、价格与批量的均衡、地理位置等。

4. 对交货的准时性要求更加严格

JIT 采购的一个重要特点是要求交货准时，这是实施 JIT 生产的前提条件。交货准时取决于供应商的生产与运输条件。

5. 从根源上保障采购质量

实施 JIT 采购后，企业的原材料和外购件的库存将会很少以至为零。因此，为了保障企业生产经营的顺利进行，采购物资的质量必须从根源上抓起，也就是说，质量问题应由供应商负责，而不是企业的物资采购部门。这就从根源上保证了采购质量。

6. 对信息交流的需求加强

JIT 采购要求供应与需求双方信息高度共享，保证供应与需求信息的准确性和实时性。只有供需双方进行可靠而快速的双向信息交流，才能保证所需原材料和外购件的准时按量供应。

7. 可靠的送货和特定的包装要求

由于 JIT 采购消除了原材料和外购件的缓冲库存，供应商的交货失误和送货延迟必将导致企业生产线停工待料。因此，可靠送货是实施 JIT 采购的前提条件。而送货的可靠性，常取决于供应商的生产能力、运输条件和应变能力。

（四）供应链管理下 JIT 采购方式和传统采购方式的区别

（1）传统采购常会选择较多的供应商，合作关系松散、物料质量不易稳定；JIT 采购则选择较少的供应商，合作关系稳固、物料质量较稳定。

（2）在供应商评价上，传统采购只评价合同履行能力；JIT 采购则是对合同履行能力、生产设计能力、物料配送能力、产品研发能力等进行综合评价。

（3）在交货方式上，传统采购由采购商安排、按合同交货；JIT 采购则由供应商安排，确保交货准时性。

（4）在到货检查与信息交流上，传统采购每次到货检查信息不对称，易导致暗箱操作；JIT 采购质量有保障，无需检查，采供双方高度共享准时实时信息，易建立信任。

（5）在采购批量与运输上，传统采购是大批量采购，配送频率低；JIT 采购则是小批量采购，配送频率高。

（五）供应链管理下 JIT 采购的实施方法

1. 创建 JIT 采购班组

专业化的高素质采购队伍对实施 JIT 采购至关重要。为此，首先应成立两个班组，一个是专门处理供应商事务的班组，另外一个则是专门消除采购过程中的浪费的班组。

2. 制订计划，确保 JIT 采购策略有计划、有步骤地实施

要制定采购策略，改进当前的采购方式，例如减少供应商的数量、正确评价供应商、向供应商发放签证等。在这个过程中，要与供应商一起商定 JIT 采购的目标和有关措施，保持经常性的信息沟通。

3. 精选少数供应商，建立伙伴关系

选择供应商应从以下几个方面来考虑：产品质量、供货情况、应变能力、地理

位置、企业规模、财务状况、技术能力、价格、与其他供应商的可替代性等。

4. 进行试点工作

先从某种产品或某条生产线试点开始，进行零部件或原材料的 JIT 供应试点。通过试点，总结经验，为正式实施 JIT 采购打下基础。

5. 搞好供应商的培训，确定共同目标

JIT 采购是供需双方共同的业务活动，单靠采购部门的努力是不够的，需要供应商的配合。

6. 向供应商颁发产品免检合格证书

JIT 采购和传统采购方式的不同之处在于买方不需要办理比较多的采购产品检验手续。

7. 实现配合 JIT 生产的交货方式

JIT 采购的最终目标是实现企业的生产准时化，为此，要实现从预测的交货方式向准时化适时交货方式转变。

8. 继续改进，扩大成果

JIT 采购是一个不断完善和改进的过程，需要在实施过程中不断总结经验教训，从降低运输成本、提高交货准确性和产品质量、降低供应商库存等各个方面进行改进，不断提高 JIT 采购的运作绩效。

能否成功实施 JIT 采购不但取决于企业内部，而且取决于供货商的管理水平，取决于全社会的管理水平。因此，它对企业的采购管理提出了新的挑战，企业需要改变传统的为库存采购的管理模式，提高柔性和市场响应能力，增加和供应商的信息联系和相互之间的合作，建立新的合作模式。

第三节　采购物流中的供应商管理

一、供应商及供应商关系分类

按照不同的分类标准，可以将供应商分为不同的类型。

（1）按供应商的重要性分类，可以分为伙伴型供应商、优先型供应商、重点型供应商和商业型供应商四类，如图 3–1 所示。

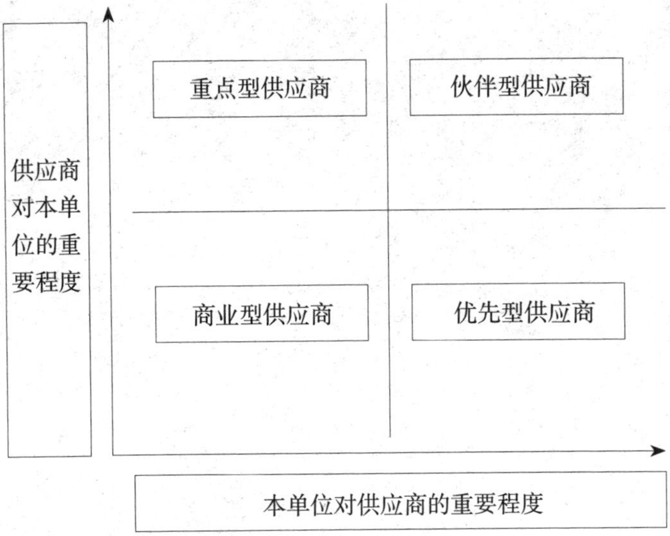

图 3-1　按供应商的重要性分类

（2）按 80/20 原则分类，可以分为重点供应商和普通供应商两类，如图 3-2 所示。

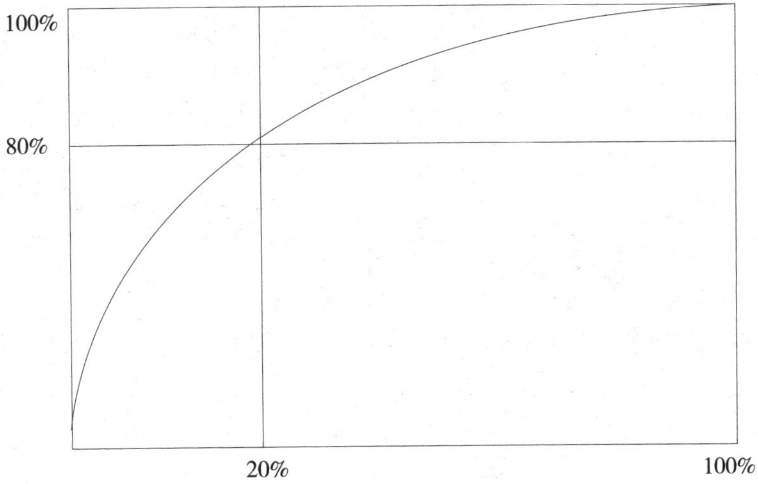

图 3-2　按 80/20 原则分类

（3）按供应商的规模和经营品种分类，可以分为专家级供应商、低产小规模供应商、行业领袖供应商和量小品种多的供应商四类，如图 3-3 所示。

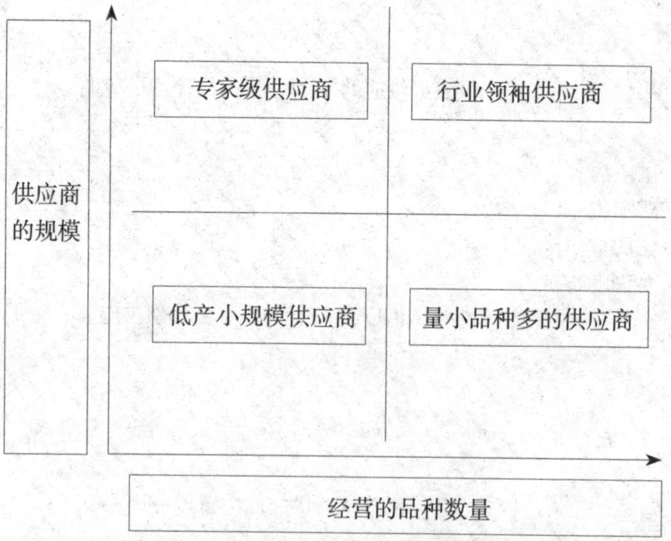

图 3–3　按供应商的规模和经营品种分类

企业与供应商之间的关系可以大致分为五种，即短期目标型、长期目标型、渗透型、联盟型、纵向集成型。

1. 短期目标型

该类型最主要的特征是双方之间的关系是交易关系，即买卖关系，双方所做的努力只停留在短期的交易合同上，各自关注的是如何谈判，如何提高自己的谈判技巧，不使自己吃亏，而不是如何改善自己的工作，使双方都获利。供应一方最多提供标准化的产品或服务，以保证每一笔交易的信誉，当买卖完成时，关系也终止了，双方只有供销人员有联系，其他部门人员一般不参与双方之间的业务活动，也很少有什么业务活动。

2. 长期目标型

与供应商保持长期的关系，双方有可能为了共同利益而改进各自的工作，建立起超越买卖关系的合作。长期目标型的特征是建立一种合作伙伴关系，双方的工作重点是从长远利益出发，相互配合，不断改进产品质量与服务质量，共同降低成本，提高供应链的竞争力。双方合作的范围遍及各公司内的多个部门。由于是长期合作，如果对供应商提出新的技术要求，而供应商目前还没有能力，在这种情况下，企业可以对供应商提供技术资金等方面的支持。供应商的技术创新和发展也会促进企业产品改进，所以对供应商进行技术支持与鼓励是有利于企业长远利益的。

3. 渗透型

这种形式是在长期目标型的基础上发展起来的。其管理思想是把对方公司看成自己公司的延伸，是自己的一部分，因此，对对方的关心程度又大大提高了。为了能够参与对方的业务活动，有时会在产权关系上采取适当的措施，如互相投资、参股等，以保证双方利益的共享与一致性。同时在组织上也会采取相应措施，保证双方派员加入对方的有关业务活动。这样做的优点是可以更好地了解对方的情况，供方可以了解自己的产品在对方是怎样起作用的，容易发现改进的方向，而购方则可以知道供方是如何制造的，也可以提出改进的要求。

4. 联盟型

这种形式是从供应链的角度提出的。它的特点是从更长的纵向链条上管理成员之间的关系，难度提高了，要求也更高。由于成员增加，往往需要一个处于供应链核心地位的企业出面协调成员之间的关系，通常被称为盟主。

5. 纵向集成型

这种形式被认为是最复杂的关系类型，即把供应链上的成员整合起来，像一个企业一样，但各成员是完全独立的企业，决策权属于自己。在这种关系中，要求每个企业在充分了解供应链的目标、要求以及充分掌握信息的条件下，能自觉做出有利于供应链整体利益的决策。有关这方面的知识，更多的是停留在学术上的讨论，实践中的案例很少。

二、供应商关系管理

（一）供应商关系管理的基本概念

著名的咨询公司 Gartner 是这样定义供应商关系管理的：供应商关系管理是用于建立商业规则的行为，以及企业为实现盈利而对于和不同重要性的产品 / 服务供应商进行沟通的必要性的理解。它是一种旨在改善企业与供应商之间关系的新型管理机制，实施于与企业采购业务相关的领域，目标是通过与供应商建立长期、紧密的业务关系，并通过对双方资源和竞争优势的整合来共同开拓市场，扩大市场需求和市场份额，降低产品前期的高额成本，实现双赢。同时，它又是一套以多种信息技术为支持和手段的先进管理软件和技术，它将先进的电子商务、数据挖掘、协同技术等信息技术紧密集合在一起，为企业产品的策略性设计、资源的策略性获取、合同的有效洽谈、产品内容的统一管理等过程提供了一个优化的解决方案。

（二）供应商关系管理的基本内容

1. 需求分析

准确、及时的需求分析是企业制定决策的一个先决条件，在采购方面也是如此。随着供应商队伍专业化的发展，准确及时的采购可以进一步节省开支，取得市场上的采购优势。采购既要面对生产又要同时满足市场和客户的要求。通过供应商关系管理，能够整合内部和外部资源，建立起高效能的组织采购，对自身业务关键性材料或者服务的需求进行战略部署，以减少日常生产运作中意想不到的问题。

2. 供应商的分类与选择

供应商关系管理，首先应该确定符合公司战略的供应商特征，对所有供应商进行评估，可以将供应商分成交易型、战略型和大额型几类。一般来讲，交易型供应商是指为数众多但交易金额较小的供应商；战略型供应商是指公司战略发展所必需的少数几家供应商；大额型供应商指交易数额巨大但战略意义一般的供应商。供应商分类的目的是针对不同类型的供应商，制定不同的管理方法，实现有效管理。这种管理方式的转变，应该首先与各利益相关方进行充分沟通，获得支持。

对于供应商的评估与选择应该考察多个方面的因素，主要包括：实力（技术、容量、竞争力等）；响应速度（销售服务、质量反应速度、对防范问题的反应以及对改进工作的兴趣等）；质量管理（效率、产品设计以及质量保证程序等）；时间控制（交货期的长短以及交货是否准时等）；成本控制（设计费用、制造费用、维护费用、运输费用和保管费用等）。供应商关系管理可以综合考察供应商各个方面的因素，帮助企业做出准确的分类与选择。

3. 与供应商建立合作关系

确定对各类供应商采用何种关系和发展策略，可通过以下几个步骤来进行：首先，与战略型供应商和大额型供应商在总体目标、采购类别目标、阶段性评估、信息共享和重要举措等各方面达成共识，并记录在案；其次，与各相关部门开展共同流程改进培训会议，发现有潜力改进的领域；再次，将每位供应商进行职责定位，明确其地位与作用；最后，双方达成建立供应商关系框架协议，明确关系目标。这一阶段的工作主要是建立供应商的管理制度，包括供应商绩效管理、供应商的合同关系管理、采购流程的设计与实施等。供应商关系管理能够使采购流程透明化，并能提高效率和反应能力，降低周转时间，提高买卖双方的满意度。

4. 与供应商进行谈判和采购

通过前面各个步骤的工作，接下来就可以与供应商通过谈判达成协议。供应商关系管理能够帮助企业跟踪重要的供应商表现数据，如供应商资金的变化等，以备谈判之用，此外在采购过程中还可以实现公司内部与外部的一些功能。公司内部的功能包括采购信息管理、采购人员的培训管理和绩效管理、供应商资料实时查询、内部申请及在线审批等；公司外部的功能包括（与供应商之间的）在线订购、电子付款、在线招标等。

5. 供应商绩效评估

供应商绩效评估是整个供应商关系管理过程中的重要环节。它既是对某一阶段双方合作实施效果的衡量，又是下一次供应商关系调整的基础。供应商关系管理能够帮助企业制定供应商评估流程，定期向供应商提供反馈。供应商的绩效评估流程可以从技术、质量、响应、交货、成本和合同条款履行这几个关键方面进行评估，同时该流程还可以包括相关专家团队特定的绩效评估。评估流程的目的在于给双方提供开放沟通的渠道，以提升彼此的关系。同时，供应商也可以向企业做出反馈，站在客户的角度给出他们对企业的看法。这些评估信息有助于改善彼此的业务关系，从而改善企业自身的业务运作。

三、供应商的选择与评估

（一）供应商选择与评估的目标

对供应商的选择与评估主要是为了达到以下目标。

（1）获得符合企业总体质量和数量要求的产品和服务。

（2）确保供应商能够提供最优质的服务、产品及最及时的供应。

（3）力争以最低的成本获得最优的产品和服务。

（4）淘汰不合格的供应商，开发有潜质的供应商，不断推陈出新。

（5）维护和发展良好的、长期稳定的供应商合作关系。

（二）选择与评估供应商的步骤和指标

选择供应商的一般步骤如下。

（1）成立供应商选择与评估小组。供应商的选择涉及企业的生产、技术、计划、财务、物流、市场等部门，对于技术要求高、比较重要的采购项目来说，特别需要设立跨职能部门的供应商选择与评估小组。该小组应由各部门的有关人员组成，包括研究与开发、技术支持、采购、物流管理、市场、计划等人员。

（2）确定全部的供应商名单。供应商开发一般遵循的是质量、成本、交付与服务并重的原则。首先要确认供应商是否建立有一套稳定有效的质量保证体系，然后确认供应商是否具有生产所需特定产品的设备和工艺能力；其次是成本与价格，要运用价值工程的方法对所涉及的产品进行成本分析，并通过双赢的价格谈判实现成本节约；在交付方面，要确定供应商是否拥有足够的生产能力、人力资源是否充足、有没有扩大产能的潜力；最后一点，也是非常重要的，即了解供应商售前、售后服务的记录。经过对市场的仔细分析，接下来就可以通过供应商信息数据库，以及采购人员、销售人员或行业杂志、网站等媒介渠道，了解并确定市场上能够提供所需物品的全部供应商。

（3）列出评估指标并确定权重。确定代表供应商服务水平的有关因素，据此提出评估指标。评估指标和权重对于不同行业和产品的供应商都不尽相同。

（4）逐项评估每个供应商的履行能力。在对供应商进行调查时，一方面要听取供应商提供的情况，另一方面应尽量对供应商进行实地考察。技术部门进行技术考察，对企业的设备、技术人员情况进行分析，考虑将来是否能够保证质量，以及是否能够跟上企业所需技术的发展，满足企业变动的要求；生产部门考察生产制造系统，主要了解人员素质、设备配置水平、生产能力、生产稳定性等情况；财务部门进行财务考核，主要了解供应商的历史背景和发展前景，审计供应商并购或被收购的可能性，了解供应商的经营状况、信用状况，分析价格是否合理，以及能否获得优先权。

（5）综合评分并确定供应商。综合多方面的重要因素，给每个供应商打出综合评分，最后选择合格的供应商。

评估供应商的基本指标如下。

（1）技术水平。即供应商提供商品的技术参数是否能达到要求，例如供应商是否具有一定的技术队伍和技术能力去制造或供应所需的产品，供应商是否有产品开发和改进项目，供应商是否能够帮助改进产品，等等。

（2）产品质量。供应商的产品必须能够持续稳定地达到产品说明书的要求，供应商必须具有一个良好的质量控制体系。对供应商提供的产品除了在工厂内进行质量检验以外，还要考察实际使用效果，即检查在实际环境中使用的质量情况。

（3）供应能力。即供应商的生产能力。企业一般都需要供应商具备相当的生产规模与发展潜力，这意味着供应商的制造设备必须能够在数量上达到一定的规模，能够保证供应所需数量的产品。

（4）价格。价格是指供货的价格水平。考核供应商的价格水平，可以和市场同档次产品的平均价和最低价进行比较，同时要考虑所需时间、数量、质量和服务等因素。供应商还应有能力向购买方提供改进产品成本的方案。

（5）地理位置。购买方往往会期望供应商距离自己近一些，或至少要求供应商在当地建立库存，以保证紧急缺货时可以快速送到。

（6）可靠性（信誉）。可靠性主要是考核供应商履行自己承诺的程度，企业都愿意选择一家有较高声誉、经营稳定、财务状况良好的供应商，双方相互信任，并能把这种关系保持下去。

（7）售后服务。对该指标的考核主要表现在，供应商是否能够主动征询本公司意见、主动访问本公司、主动解决或预防问题等。例如，当企业需要对方提供可替代元器件，或者需要提供某些技术支持时，好的供应商应该能够提供这些服务。

四、供应商绩效管理与激励机制

（一）供应商绩效管理

供应商绩效管理是在一定范围的经营活动中对供应商的行为进行评估和监督的过程，其资料来自所有主要的职能交叉部门考核的结果。其目的是了解供应商的表现，促进供应商提升供应水平，并为供应商的奖惩提出依据，确保供应商供应的质量，同时在供应商之间进行比较，继续同优秀的供应商合作，淘汰绩效差的供应商。通过供应商绩效管理，可以了解供应商存在的不足之处并加以反馈，促进其改善业绩，为日后更好地完成供应活动打下良好的基础。

1. 供应商绩效管理的基础原则

（1）供应商绩效管理必须持续进行，要定期检查目标达成的程度，以督促供应商致力于改善自身的绩效，从而提高供应质量。

（2）要从供应商和企业自身各自的整体运作方面来进行评估，确定整体的目标。

（3）供应商的绩效总会受到各种外来因素的影响，因此，对其进行评估时要考虑到外在因素带来的影响，不能仅仅衡量绩效。

2. 供应商绩效评估指标体系

为了科学、客观地反映供应商供应活动的运作情况，应该建立与之相适应的供应商绩效评估指标体系。一般来说，评估供应商的因素主要有质量、交货期、价格、服务等，因此，对其的考核标准一般有以下四大类。

（1）质量指标。质量指标是供应商考评的最基本指标，包括来料批次合格率、来料抽检缺陷率、来料在线报废率、来料免检率等。

（2）供应指标。供应指标是与供应商的交货表现以及供应商企业管理水平相关的考核因素，其中最主要的是准时交货率、交货周期、订单变化接受率等。

（3）经济指标。供应商考核的经济指标总是与采购价格和成本相联系。与质量及供应指标不同的是，对这两者的考核通常每月进行一次，而经济指标则相对稳定，多数企业是每季度考核一次。经济指标往往都是定性的，难以量化，具体考核点有价格水平、报价过程、成本的降低情况、付款时间等。

（4）支持、配合与服务指标。该指标用于考核供应商在支持、配合与服务方面的表现，通常也是定性的考核，每季度一次，相关的指标包括反应表现、沟通手段、合作态度、共同改进、售后服务、参与开发、其他支持等。

3. 供应商绩效管理方案的实施

供应商绩效管理工作是采购绩效管理的核心，必须制度完备，程序严格透明，实施过程公开公正。如果过程中存在不公正，就会引发供应商不满，难以达到供应商绩效管理的目标，甚至会适得其反。供应商绩效管理的基础条件包括：设立绩效管理的原则；设定明确合理、与企业长远目标一致的绩效考核目标；确定绩效考核管理的具体步骤并文件化；将绩效管理中的考核办法、标准要求同相应的供应商进行充分沟通；成立品管员、企划员、仓管员在内的供应商考核小组；成立供应商绩效管理实施、监督小组。总之，要实施有效的供应商绩效管理方案，必须做到以下几点。

（1）严格供应商选择标准和程序。采购最怕找错供应商，不管价格如何便宜，如果供应商选择不当，都会使采购绩效大打折扣，且可能带来后患。供应商的开发是为今后采购工作顺利进行打基础的，因此，选择供应商时必须成立评选小组，确定科学、合理和系统的评审方案，对包括经营状况、企业资信、制造能力、技术水平、品质性能、管理绩效等指标进行评审，选出合格的供应商，记录在册，淘汰不合格的供应商。

（2）加强供应商绩效考核的组织建设。成立供应商考核小组，建立供应商绩效管理制度，并制定相关的文件。

（3）定期考核评估供应商绩效。比如对所有的供应商每月考核一次，每半年复核一次，按 A、B、C、D、E 等评定等级，建立档案。根据供应商评估相关制度，按品质、成本、价格、服务水平、交货周期、履行合约的承诺与能力等得分高低重新划分调整，进行动态管理，把供应商开发与管理有机结合起来，实现最佳的采购环境。

（4）强化供应商激励机制。通过不同的激励模式促进供应商提升绩效，保持良好的合作关系。同时，根据供应商绩效，实行奖惩。对供应商赏罚分明，有利于供应商的绩效管理，使优秀的供应商能够继续努力提供优质产品，并督促不良的供应商积极改进。

（二）供应商激励机制

要保持长期的供需双赢的合作伙伴关系，必须建立有效的供应商激励机制，保证供应工作的正常进行，促进供需关系的良性循环。一般而言，供应链企业可以采用以下激励模式。

1. 价格激励

价格对企业的激励作用是很明显的，高的价格能增强企业的积极性，不合理的低价会挫伤企业的积极性。供应链利润的合理分配有利于供应链企业间的稳定和运行的顺畅。

2. 订单激励

供应商获得更多的订单是一个极大的激励，在供应链内的企业也需要更多的订单激励。多个供应商的竞争即来自制造商的订单，更多的订单对供应商来说是一种激励。

3. 商誉激励

商誉是一个企业的无形资产，对于企业极其重要。商誉来自供应链内其他企业的评价和在公众中的声誉，能够在一定程度上反映企业的社会地位（包括经济地位、政治地位和文化地位）。

4. 信息激励

在信息时代里，信息对企业而言意味着生存。企业获得更多的信息，意味着企业拥有更多的机会、更多的资源，从而获得激励。信息对供应链的激励实质上是属于一种间接的激励模式，但是其激励作用不可低估。

5. 淘汰激励

淘汰也是一种激励。淘汰弱者是市场规律之一，对于优秀的供应商来说，淘汰弱者能够使其获得更优秀的业绩，对于业绩较差者，为避免淘汰的危险则会更加要求上进。

6. 新产品 / 新技术的共同开发

新产品 / 新技术的共同开发和共同投资也是一种激励机制，可以让供应商全面掌握新产品的开发信息，也有利于新技术在供应链企业中推广和开拓供应商的市场。

7. 组织激励

在一个较好的供应链环境下，企业之间的合作愉快，供应链的运作通常也会通畅，少有争执，也就是说，一个良好的供应链环境对供应链与供应链内部的企业都是一种激励。

五、供应商关系管理实例

1. 精益生产方式下的供应商关系管理

精益生产方式主张大部分的零部件交给独立的零件商生产，整车厂的主要任务是整车装配和代表汽车技术的部件制造，这样可以大大节省制造企业的成本开支。就如丰田公司一辆轿车的总成本中，本公司的费用只占到了 27%。

（1）整车厂与协作厂的关系。

在整车厂与协作厂之间，建立起一种相互依存、互相信任、同舟共济的关系十分重要。首先，整车厂采取互助协作会的形式把协作厂组织起来。为了贯彻整车厂的意图，可以采取一系列具体的措施，如定期开会交流信息，帮助培训干部，指导管理工作，帮助提高产品质量降低成本，甚至提供低息贷款。为了便于掌握情况，双方都派人员到对方工厂工作以了解对方的需求，协调双方的配合。其次，整车厂对主要的协作厂还可以采取参股、控股方式，使双方的利益结合得更加紧密。在组织方式上整车厂采取分级管理的办法，即整车厂只和第一层的协作厂联系，只向第一层的协作厂要货，再下层次的协作关系都是协作厂的事情。组成了一个金字塔形的协作群。

日本的几家主要整车厂直接联系的协作厂不到 300 家，而美国的同行却要联系 1000 ~ 2500 家。所以前者的采购工作量很小，如丰田公司只有 337 位采购人员，而通用汽车公司采购部则有 6000 名人员。

（2）协作厂的选择。

精益生产方式从长远考虑，注重协作厂的实际能力和一贯表现，选择的都是有产品开发能力、质量可靠、有一定生产规模的厂家。同时要求满足就近原则，运输时间一般在两小时以内，以便及时组织直达生产现场的供货活动。在确定同一零部件的供应商数量时，复杂零部件通常只选一家，而一般零部件会选择几家，当某个供应商表现不佳时，就把部分订单在一段时期内转走，以示惩罚，待其改进后再考虑增加订单。这种方法比较简单，但效果不错，既在协作厂之间形成一种竞争压力，又能够保持一种稳定的关系，有利于提高产品质量和降低成本。

（3）与协作厂的利益分配方式。

从长远来看，整车厂与协作厂的利益是一致的，双方都以对方的存在而存在。因此在精益生产模式下，整车厂往往会放弃以往那种以大压小、讨价还价的做法，建立起一种合理分配利益的体系。

一是在产品开发时大家确定一个有竞争力的价格作为目标价格，再进一步把目标价格分解到零部件，大家一起考虑如何达到目标成本，使大家都有利润。整个过程都是公开的。

二是当产品投产后，还要不断地采取措施降低成本，整车厂派出人员到协作厂协助工作努力降低成本。由于整车厂尊重协作厂的利益，承认其获取合理利润的权利，所以协作厂向整车厂是完全开放的。同时双方规定了谁出力谁得利的分配原则，如果是双方共同努力降低了成本，则利益双方分享。

（4）协作厂的供货方式。

精益生产方式在整车厂与协作厂之间的生产指令也采用看板管理，生产顺序计划提前一至二天通知主要部件厂，协作厂距离近，双方的利益又紧紧地捆绑在一起，为定时定量的直达供货直送工位的供应体制创造了条件。在 20 世纪 80 年代，日本 16% 的小零件协作厂可以做到按周供货，52% 的协作厂可以做到按日供货，而 31% 的复杂部件配套厂则是按小时供货。由于取消了中间在制品仓库，只在生产现场保持少量周转库存，因此一般在整车厂平均只有 0.2 天的存量，协作厂只有 1.5 天，总共才 1.7 天。

2. 邯郸钢铁公司的供应商关系管理

邯郸钢铁公司（简称邯钢）在推行"推墙入海，市场模拟"管理模式中，在采购管理上也探索出一套植根于中国国情的供应商关系管理的思想与方法。邯钢从实际情况出发，根据货物在市场上的供求关系，分成供大于求、供不应求和供需平衡三种类型，并据此研究出不同的管理方法。

（1）供大于求类型。

在供大于求的市场中，采购方处于有利地位，供应商提供的产品质量和价格有较大的选择余地，是企业降低成本的主攻方向。但其做法并不是以大压小，而是按市场规律办事。首先是花力气找到尽可能多的供应商，不忽视小企业、乡镇企业。其次是采用竞争订货法和择优订货法实施采购。竞争订货法主要用于同种原料多家供货的场合，具体做法是把供应商召集起来，公开宣布采购要求，包括质量、价格、采购数量以及售后服务等，谁能更好地满足要求，就买谁的。择优订货法主要用于大宗原料燃料的采购。由于市场供大于求，价格变动必然频繁，所以采取定期公布订货价格的方法，调查所有申请供货的厂商以后，根据厂商产品的质量、价格、售后服务的水平，评分排队，顺次采购。

（2）供不应求类型。

在供不应求的市场中，资源紧缺，卖方占据主导地位，企业需要在市场上自主采购，而不是计划调配。邯钢的做法是遵循市场规律，处理好与供应商的关系，选择一些条件好的厂矿，给以一定的资金和技术支持，帮助供应商扩大生产能力，提高产品质量，以各种契约形式建立特殊的供求关系，稳定供应渠道，平抑价格上涨。此时，企业的管理重点是保证供给，稳定价格，通过多方面的支持，与供应商建立一种长期关系，来达到自己的目的。

（3）供需平衡类型。

在供需平衡的市场中，价格比较稳定，降价与挑选的余地不大。在这种环境下，企业不宜投入过大的力量，也可以帮助提高生产能力，提高质量。

企业与供应商之间的关系是随社会的发展而变化的。可以预计，随着电子商务的普及，供应链成员之间的联系方式将发生重大变化，供应商关系管理也会发展到一个新的水平。

【思考题】

1. 采购物流的模式有哪些？
2. 传统采购存在哪些问题？
3. 在供应链管理环境下如何对采购模式进行优化？
4. 什么是准时采购？准时采购的实施原则有哪些？
5. 什么是供应商关系管理？
6. 供应商的激励机制有哪些？

【案例分析】

联想基于供应链的采购预测

1. 案例背景

IT 行业预测有以下几个特点：首先是价格的波动非常大，影响因素也非常复杂，较难准确地预测，所以当市场发生变化的时候就需要快速调整，这样才能够满足客户的需要，避免库存带来的风险；其次是部件更新换代非常快且频繁，按照联想的统计，基本上没两天就有一个机型发生或大或小的改动，产品的降价速度也非常快，那么就必须要准确地预测市场的需求，才能既满足客户的订单，又不会有过多的库存；最后是满足客户差异化的需求日益强烈，既要保证标准化，又要很好地满足客户差异化的需求。

IT 行业采购供应链的特点是：很多物料的价格是来自上一个供应商，而上一个供应商的利益驱动情况非常明显，并且很多供应商都是寡头垄断或者是少数寡头，所以供应商对整个行业的影响实际上是非常大的。

2. 联想的供应链模式

首先，在供应链和采购方面，联想采用了一体化的运作体系。联想集团把采购、生产、分销以及物流整合成一个统一的系统，集团负责生产管控，从战略层到执行层都由集团制定统一的策略并统一协调。

其次，从联想的供应链来看，它有300多家供应商，客户渠道有5万多家。在联想内部，有北京、上海和惠阳三个生产厂。生产的主要产品除了台式电脑、笔记本、服务器之外，还有MP3等其他数码产品，应该说是一个非常复杂的供应链体系。

再次，联想的物料分为国际性采购的物料和国内采购的物料。国际性的物料基本上都是通过香港，然后分别转到国内的惠阳、上海和北京；国内的物料则是直接发到各个工厂，然后由各个工厂制作成成品，最后发给代理商和最终的用户。这是联想的双链供应链模型，通过接收和交互链之间的良好协同，使之更好地适应供应需求的变化，来满足客户的要求。

联想在运作模式上并不是一个完全按订单生产的企业，这也与它面对的客户群有关。联想的主要客户有60% ~70%来自个人和中小型企业。所以，联想的运作模式是采取一种安全库存与按订单生产相结合的方式，一般会有1~2天成品的安全库存，更多的是根据用户的订单来快速生产，以满足客户和市场的需求。

3. 联想的采购预测

在这样的供应链管理模式下，联想在进行采购预测时，主要需解决以下几个方面的问题。

第一，如何能够比较准确地预测。

预测要基于历史数据，联想从市场和代理商当中积累了大量的历史数据，通过对销售的历史数据分析发现产品的销量与很多实践因子相关，比如市场的自然增长、季节的因素、自己做的一些优惠活动、新产品的推出等，都会影响市场的销量。针对每一个实践因子，都会牵动一个数字的算法、一个数学的模式，联想通过准线的分析和线性的回归对这些因子进行线性评估，从而确定了一个运算模型。通过这种预测模式，加上代理商和区域市场对客户的预测，同时得出联想在短期和长期以及产品的整个市场多维度（包括不同区域、不同时期、不同渠道等）的预测。

第二，如何在预测出现偏差时进行快速调整。

预测偏差的调整涉及两个方面：一是采购计划如何快速调整，二是生产计划如何快速调整。

首先是采购计划的调整。除了需要根据预测调整之外，还要根据采购的提前量、安全库存策略、采购批量以及联想在国内多个工厂、多个库存地的实时计划，从而确定采购计划应该如何进行调整和改变。目前，当销售发生调整或者供应商的状况发生变化时，联想可以做到在几个小时之内，把几十种产品、几千种物料、面对几百家供应商的计划调整完毕，这样就大大提高了对市场变化的应对能力。

其次是生产计划的调整。目前联想通过电子商务和主要的代理伙伴、代理商和分销商进行合作，基本上每年都会有 2000 多份订单进入联想，联想就是通过这种生产计划系统来快速完成生产计划的制订，并且可以很快地根据生产计划提供给供应商比较准确的送料计划，来达到和供应商的协同。

第三，如何满足客户的差异化需求和定制需求。

通过销售预测以及采购计划和生产计划的调整，联想一方面可以快速实现内部对市场供应的变化调整，另一方面通过需求协同，使客户更快地了解整个分销渠道的库存和协调的状况。通过供应商系统可以更好地与供应商实现交货计划、采购订单和预测等方面的信息协同，从而保证从客户端一直到联想内部系统与供应商端实现整体的信息同步。在客户定制方面，客户可以根据自己的选择，自动地进行配置，系统可以自动提供报价，这样客户就可以在网上选择产品，并且可以得到实时的价格以及供货时间。

第四章　供应链库存管理与控制

第一节　库存管理概述

一、基本概念

库存管理是对库存的管理与控制，它只考虑库存的合理性、经济性与最优性，而不是从技术上去考虑存货的保管与储藏以及如何运输。

库存一词表示某段时间内持有的存货（可看见、可称量或可计算的有形资产）。库存里的物资叫存货，存货是指储存作为今后按预定的目的使用而暂时处于闲置状态的物资。

在库存管理中一般会涉及以下概念。

1. 库存订货点水平

也称订货点。企业为了保证生产和经营的连续性，当库存量降到某一点时，就必须立即进行订货或采购。在所订物资尚未到达验收之前，该点存储量应能按既定的服务水平满足备运期间的需求。

2. 订货提前期

当库存量降到订货点水平时必须安排订货，等待所订货物到达补充库存的这段时间，称为订货提前期或订货前置时间，也就是从发出订单开始至货物到达为止的一段时间。

3. 订购成本

也称订货成本，是指订购货物所需要的费用。一般包括：订货手续成本（如订购所花费的人工费用、事务用品费用、主管及有关部门的抽查费用等）、采购成本（包括估价、询价、比价、采购、通信联络、事务用品等花费的费用）、进货验收成本（如检验人员的验收手续所花费的人工费用、交通费用、检查仪器仪表费用等）、进货成本（主要指物料搬运费用）、其他成本（如会计入账支付款项等所花费的费用等）。

4. 维持成本

也称库存保管费用或持有成本，是指货物在库存期间所需要的费用。一般包括：资金成本（存货的品质维持需要资金的投入，而这种投入就意味着其他需要使用资金的地方丧失了使用这笔资金的机会）、搬运成本（库存货物的搬运及装卸所花费的人工费用及仪器设备费用等）、仓储成本（仓库的租金及仓库管理、盘点、维护设施、安全消防等的费用）、折旧及陈腐成本（存货易出现品质变异、破损、报废、价值下跌、呆滞料等，因而造成这些费用的丧失）、其他成本（如存货的保险费用及其他管理费用等）。

5. 缺货成本

也称亏空成本，是由于外部或内部中断供应所导致的库存成本。当企业的用户得不到它的全部订货时叫外部短缺；当企业内部某一部门得不到它的全部订货时叫内部短缺。外部短缺将造成延期交货和中断交货，从而导致当前利润损失（潜在销售量的损失）和未来利润损失（商誉受损）；当出现内部短缺时，可能会导致生产损失（人员和机器的闲置）和完工日期的延误。假若某项货物或物料缺货时出现需求，则经济损失要根据这种短缺是延期付货还是用其他替代物品来补偿或取消订货而定。在第一种情况下，不会失销，但导致加速费用、手续费和专门的装运和包装等费用的产生。而在后一种情况下，缺货成本包括销售利润的损失直至难以估量的商誉损失。

6. 服务水平

库存存货满足用户需求的能力叫服务水平。对每个企业而言，仓库绝对不缺货从理论上讲是不可能的，而在实际上也是不经济的，因为这样就势必要保持过大的安全储备，其关键在于恰当地规定缺货的程度，使用户的需求满足到一定程度。关于服务水平的定义有多种，最常见的有：按照订货周期定义，服务水平表示为在定常时段对应的订货周期总数中不发生缺货的周期的百分比；按需求量定义，服务水平表示为能满足的需求量占总需求量的百分比；按概率论定义，服务水平表示为提前期内需求量不超过供给或现有库存水平的概率。

7. 安全库存

安全库存表示当不确定因素已导致更高的预期需求或导致完成周期更长时的缓冲存货。它是库存的一部分，主要是为了应对需求和订货点发生短期的随机变动而设置的，通过建立适当的安全库存，减少缺货的可能性，从而在一定程度上降低库存短缺成本。但安全库存的加大会使库存持有成本增加，因此必须在缺货成本和库存持有成本之间进行权衡。

二、库存的功能和分类

库存的科学管理可以使企业降低成本，产生更多的流动资金，提高投资收益率并使企业的用户满意。库存管理与控制是供应链管理中的一个重要组成部分。一般情况下，不适当的库存会造成供应链成本的增加，通过库存的合理化、最优化设置与管理，不但能够使企业维持正常的生产和经营，还能有效地降低成本和提高经营效率。

（一）库存的功能

商业组织或企业之所以需要库存，是由于货物的供应和需求往往是不同步的，因此必须要有库存，否则商业组织或企业就无法连续其生产和经营活动。库存主要有以下几个方面的功能。

1. 时间性

在一般情况下，生产者和消费者之间存在产品供应和产品需求时间差，库存的主要功能就是在供应和需求之间进行时间调整。产品在到达最终客户之前要经过一个漫长的生产和分配过程，即使最短的周期也要包括制订生产计划、原材料采购、生产和销售等时间。因此，备有适当存货可以缩短前置时间，并及时满足用户需求。

2. 经济性

生产或收获的产品，产出多少就销售多少，不进行库存管理，价格必然暴跌，为预防这种情况发生，需要把产品保管在仓库里，从而达到调整产品价格的目的。此外，一定的库存量也可以防范需求的波动和季节性产品的销售风险。

3. 分离性

有了存货，就没有必要把生产者直接地和消费者连接在一起，通过库存的设置可以使相互依存的业务（零售、分配、生产和采购）独立开来，也使递次紧连的供应、生产、销售过程中的每一环节分离开来，使每一环节都能以更经济、有效的方式去独立经营。

4. 不确定性

库存的所谓不确定性是指使企业改变计划的不测事件，包括需求量的估计误差、产量的变化、设备的故障、天灾、发运延误、天气异常等。如果拥有适当的库存，就可以对不可预测的或计划外的突发状况有所防范。

随着全球经济的发展，曾经历过经济高速增长的大批量生产、大批量销售的时代，进入稳定增长时期以后，由于需求方式出现了个性化、多样化、特色化的改变，生产方式也变为多品种、小批量的柔性生产方式。物流也由少品种、大批量物流进入多品种、少批量或多批次、小批量时代，库存管理功能从重视保管效率逐渐变为重视如何才能更顺利地进行发货和配送作业。周转仓库作为物流服务的据点，它将不再以保管为其主要目的，库存管理还包括拣选、配送、检验、分类等作业，并具有多品种小批量、多批次小批量等收货配送功能以及附加标签、重新包装等物流加工功能。

（二）库存的分类

库存可以从库存物品的经济用途、存放地点、来源、所处状态和生产或经营角度等几个方面来进行分类。

1. 按经济用途分类

（1）商品库存：指企业购进后供转售的货物，其特征是在转售之前保持其原有实物形态。

（2）制造业库存：指购进后直接用于生产制造的货物。其特点是在出售前需要经过生产加工过程，改变其原有的实物形态或使用功能。具体分为材料、在制品、半成品、制成品等几类。

（3）其他库存：指除了以上库存外，供企业一般耗用的用品和生产经营服务的辅助性物品。其主要特点是满足企业的各种消费性需要，而不是为了将其直接转售或加工制成产品后再出售。为生产经营服务的辅助性物品，是指企业进行生产经营必不可少的、服务于企业生产经营的物品，如包装物和低值易耗品等。

2. 按存放地点分类

（1）存货库存：指已经运到企业并已验收入库的各种材料和商品，以及已验收入库的各种物料。

（2）在途库存：包括运入在途库存和运出在途库存。运入在途库存是指货款已经支付或虽未付款但已取得所有权，并且正在运输途中的各种外购库存；运出在途库存是指按照合同规定已经发出或送出，但尚未转化所有权，也未确认销售收入的库存。从需求和供应的角度分析，运入在途库存是针对需求方而言的，而运出在途库存是针对供应方来说的。

（3）委托加工库存：指企业已经委托外单位加工，但尚未加工完成的各种库存。

（4）委托代销库存：指企业已经委托外单位代销，但按合同规定尚未办理代销货款结算的库存。

3. 按库存来源分类

（1）外购库存：指企业从外部购入的库存，如外购材料等。

（2）自制库存：指企业内部制造的库存，如自制材料、在制品和制成品等。

4. 从物品所处状态分类

（1）静态库存：指长期或暂时处于储存状态的库存，即一般意义上的库存。

（2）动态库存：指处于制造加工状态或运输状态的库存。

5. 从生产角度分类

从生产角度，可分为原材料库存、零部件库存及半成品库存、产品库存四类。

（1）原材料、零部件及半成品库存是针对制造业而言的，购入和持有原材料的目的是将其生产加工为产品，而设立库存的目的是保证生产的连续性。

（2）产品库存是针对商品流通业（批发、零售）而言的，持有的目的是出售。

6. 从经营角度分类

（1）经常库存：指企业在正常的经营环境下为满足日常需要而建立的库存。这种库存随着每日的需要不断减少，当库存降到某一水平时就要进行订货来补充库存。这种库存补充是按一定的规则反复进行的。

（2）安全库存：指为了防止由于不确定因素（如大量突发性订货、交货期突然延期等）而准备的缓冲库存。

（3）生产加工库存：指处于加工状态以及为了生产的需要暂时处于储存状态的零部件、半成品或制成品。

（4）运输过程库存：指处于运输状态或为了运输的目的而暂时处于储存状态的物品。

（5）季节性库存：指为了满足特定季节中出现的特定需要（如夏天对空调机的需要）而建立的库存，或季节性出产的原材料（如大米、棉花、水果等农产品）在出产的季节对其大量收购所建立的库存。

（6）促销库存：指为了企业促销活动产生的预期销售增加而建立的库存。

（7）投机库存：指为了避免因货物价格上涨造成损失或为了从商品价格上涨中获利而建立的库存。

（8）沉淀库存（积压库存）：指物品品种变坏不再有效用的库存或因没有市场销路而处于积压状态的商品库存。

三、库存管理的过程及要素分析

（一）库存管理过程

一个完整的库存管理过程可以分为订货、进货、保管及供货等四个活动阶段。

1. 订货活动阶段

订货活动阶段是指从外出订货或发出订货单开始，直到订货成交为止的整个过程，其作用是使物资的所有权从供应方转移到需求方，属于商流过程。

2. 进货活动阶段

进货活动阶段是指把货物从供应方运进需求方仓库的过程，它导致需求方库存量的直接增加，属于物流活动。

3. 保管活动阶段

保管活动阶段是指从物资验收入库开始，直到物资供应或销售出去（出库）为止的全过程。该过程是在仓库内对物资实行一系列保管养护的活动，属于物流性质的活动。

4. 供货活动阶段

供货活动阶段是指供应或出售物资，把出库物资送到用户或消费者手中的过程。其结果是使供应方库存量逐渐减少，属于物流活动。

（二）库存管理要素分析

库存管理是受许多环境条件制约的，如企业的经营和生产、订货批量、订货批次、运输、库存信息、管理水平、资金的投入以及需求的不确定性、订货周期的变化等。而且库存控制系统各要素之间也存在“效益悖反”（或“交替损益”）现象。一般的库存控制系统中，起决定作用或较大作用的要素有如下几个。

1. 企业的经营与生产

这是库存控制系统中决定库存控制结果的最初的要素。在规划一个企业时，企业的选址对未来控制库存水平的关系极大，如果这个企业远离原材料产地而运输条件又差，则库存水平便很难控制到低水平，库存的稳定性也很难控制。同样，企业产品的决策本身便已是库存控制的一个影响因素，有的产品决策脱离了该地库存控制的可能，导致产品失败的先例并不少见。企业选址和选产在一定意义上决定了库存物料的供应条件的选择，即该供应条件是能否实现库存水平控制的先决条件。

2. 订货

订货批次和订货数量是决定库存水平的非常重要的因素。对于一个企业而言，库存控制是建立在一定要求的物料输入和输出前提上的，因此，调整物料的输入和输出是库存控制的关键，而输入的调整就依赖于订货，所以，订货与库存控制关系十分密切，乃至不少企业的库存控制转化为订货控制，以此来解决库存问题。

3. 运输

订货只是商流问题，是否能按订货意图的批量和批次以实现控制，这取决于运输的保障。运输是库存控制的一个外部影响要素，有时候库存控制不能达到预期目标并不是控制本身或订货问题，而是运输的提前或延误造成的。如果运输提前，则额外增大了库存水平；如果运输延误，则会使库存水平下降甚至出现停产或失控状态。

4. 库存信息

在库存控制中信息要素起着决定性作用。在库存控制系统中，信息的采集、传递、反馈是库存控制的一个关键因素，也可以说，企业库存信息处理能力的高低直接影响到库存控制的好坏。

5. 其他要素

例如，库存管理水平会直接影响库存控制水平；需求的不确定性会增加安全库存，从而直接提高库存持有成本；等等。

四、库存控制原理与方法

（一）库存控制原理

库存管理过程包括订货、进货、保管及供货四个活动阶段。从库存控制的角度来看，订货、进货和供货活动过程对库存策略起着关键作用。订货、进货过程使库存量增加，销售供应过程使库存量减少。进行库存控制，既可以控制订货、进货过程，也可以控制销售出库过程，两者均可达到库存控制的目的。前者是在保证用户需求的情况下，通过控制订货、进货的批量和频次达到控制库存的目的，由于它是以满足用户需求为出发点，因而它是可行的、主动的；后者则意味着要对用户需求进行限制性的供应，这样自然会影响到客户需求的满足度，即影响对客户的服务水平，这种情况一般适用于紧缺物资的营销库存系统。

通过控制订货、进货过程来控制库存的基本思想，是要制定一个合适的采购订货策略，即对采购订货时间、数量和操作方法等进行优化控制，从而达到对整个库存水平进行优化控制的目的。制定采购订货策略时，主要要考虑需求类型、经营者的经营方式和选择合适的库存控制方法等三个方面的问题。

1. 需求类型

对库存控制系统而言，可以针对不同性质的需求采用不同的订货策略。

（1）根据需求的特征分为确定型和随机型两种。确定型需求是指单位时间内的需求量均匀稳定，是确定的需求。随机需求是指在单位时间内的需求量会发生变化，需求的变化是随机的，但是可以知道它大概的取值范围和取值的可能性，取值情况可以用概率分布表来描述。

（2）根据物料需求的重复程度分为单周期和多周期需求两种。单周期需求也叫一次性订货需求，这种需求的特征是具有偶发性和物品生命周期短，因而很少重复订货，如报纸、月饼等生命周期短和特定时间内的物品。多周期需求是指在长时间内需求反复发生，库存需要不断地补充，在实际生活中这种现象较为多见。

（3）根据需求物料的依存程度分为独立需求和相关需求两种。独立需求是企业无法控制而是由市场决定的需求，它与企业对其他库存物料所产生的生产决策没有关系，如用户对企业产成品、维修备件等的需求。相关需求是与其他需求有内在相关性的需求，其需求数量和需求时间与其他的变量存在一定的关系，可以通过一定的数学关系推算得出，如生产过程中的在制品以及需要的原材料等，可以通过产品结构关系和一定的生产比例来确定。

2. 经营者的经营方式

在库存控制理论中，把经营者的经营方式分为不允许缺货、允许缺货以及实行补货三种。

（1）不允许缺货：用户的所有需求都能由仓库实行现货供应，不能缺货，意味着整个物资供应期间，仓库里总是有现货供应用户。

（2）允许缺货：用户的供应可以缺货，意味着整个物资供应期间，库存量可以等于零，但不能小于零。

（3）实行补货：对于用户的订货没有现货供应，为了不失去销售机会，实行欠账供应，待进货后马上予以补货，意味着整个物资供应期间，库存量能够等于零，也能够小于零。

3. 选择合适的库存控制方法

库存通常是为了达到一定的目的而采取的手段，为了达到不同的目的，存货的类型也各有不同，因而要求采用不同的方法对库存进行管理。库存控制的方法有很多，但无论哪一种方法，都要以何时订货和订货多少这两个问题为中心进行分析。根据经营者的经营方式和市场需求的变化特征选择合适的库存控制方法，是影响库存控制水平最直接的因素，也是最关键的因素。

（二）基本库存控制方法

库存控制的目的是实现对企业整体运营的有效监控和管理，以维护客户服务水平和库存投资的最佳平衡。要以较小的库存投资保持较高的客户服务水平，就需要采取科学的库存控制方法。库存控制要解决两个问题：一是对需求进行预测，二是计算订货批量。常用的库存控制方法主要有 ABC 分类法、经济订货批量法、订货点法等，其中应用最广泛的是订货点法。订货点法是指现有库存量降至预定的水平即订货点就开始订货的方法，它是将现有库存量与订货点进行比较，只要库存水平达到订货点水平即立刻按批量方式进行批量订货。订货点法通过控制订货点和订货批量来对订货、进货进行有效控制，以达到既满足用户需求又使库存量最小的目的。就订货点库存控制方法而言，最基本的策略有以下四种。

1. 连续性检查的固定订货量、固定订货点策略

也称为（Q，R）策略，其基本思想是对库存进行连续性检查，当库存降到订货点水平 R 时，即发出一个订货，每次的订货量保持不变，都为固定值 Q。

2. 连续性检查的固定最大库存量策略

也称为（R，S）策略，其基本思想是对库存状态进行连续检查，当库存量降到库存订货点 R 时，开始订货，订货后使最大库存保持不变，即为常量 S。该策略和（Q，R）策略的不同之处在于它是按实际的库存而定，因而订货量是可变的。

3. 定期检查的固定最大库存量策略

也称为（t，S）策略，其基本思想是每隔一定时期检查一次库存，并发出一次订货，把现有库存补充到最大库存水平 S，经过固定的检查期 t，发出订货，每次发出的订货量取决于现有库存量。该库存策略不设订货点，只设固定检查周期和最大库存量。

4. 定期检查的固定订货点及最大库存量策略

也称为（t，R，S）策略，其基本思想是有一个固定的检查周期 t、最大库存量 S、固定订货点水平 R，当经过一定的检查周期 t 后，若库存低于订货点，则发出订货，否则不订货。订货量的大小等于最大库存量减去检查时的库存量。

第二节　供应链库存管理与控制

一、供应链管理环境下的库存问题

供应链模式下，库存不仅影响单一企业的综合成本，而且制约着供应链整体的性能。库存在供应链管理中扮演着重要的角色，它直接关系到供应链成本的高低和服务质量的好坏。供应链环境下库存问题的研究更多地集中在企业外部供应链的库存控制方面，也就是通过企业与企业之间的库存协调来实现局部或整体供应链的利益最大化。

（一）供应链中库存不当问题的产生

供应链中的库存存在有两种原因：一种是由于合理的生产运作需要造成的，另一种是由于供应链的不确定性因素造成的。库存存在的客观原因是为了应付各种各样的不确定性，保持供应链系统的正常运行和稳定性，但是另一方面也同时产生和掩盖了供应链管理中的库存不当问题。目前供应链管理环境下库存不当的主要原因有以下几种。

1. 缺乏整体协调与合作

供应链上各节点企业没有整体的供应链观念，都是独立的市场主体，都有独立的目标和运作行为，有些目标与供应链整体目标是不相干的，甚至是相冲突的。这种各自为政的供应链库存策略必然导致供应链整体库存负担的增加和供应链效率的低下。供应链是一个整体，需要协调各方活动，才能取得最佳的运作效果。协调的目的是使供应链上各节点企业根据用户要求步调一致，形成更为合理的供需关系，以适应复杂多变的市场环境。供应链上各个节点企业为了应付不确定性，都设置有一定的安全库存，这是企业采取的一种应急措施。问题在于多厂商特别是全球化的供应链中，组织的协调涉及更多的利益群体，相互之间信息透明度不高，而且缺乏合理的协调机制，使企业不得不维持一个较高的安全库存来应付供应链的各种不确定性。这种情况也导致供应链企业之间的种种障碍，而企业间存在的障碍有可能使库存控制变得更为困难，因为各自都有不同的目标、绩效评估尺度，拥有各自的仓库，也不愿去帮助其他部门或其他企业共享资源，在这种分布式的组织体系中，企业之间的障碍对库存集中控制的阻力更大。相互之间缺乏有效的监督和激励机制、缺乏供应链的整体协调与合作是库存难以控制的主要原因之一。

2. 信息传递效率低下

在供应链中，各节点企业之间的需求预测、库存状态、生产计划等都是供应链管理的重要数据，这些数据分布在不同的供应链组织之间，要做到有效地快速响应用户需求，必须实时快速地传递。低效率的信息传递系统及其信息提取和传输的延迟影响了库存的精度，延迟时间越长，预测误差越大，对于库存控制的有效反应能力也就越小，从而导致企业库存状态的夸大或生产 / 销售机会的损失。例如企业为了制订一个生产计划，需要获得关于需求预测、当前库存状态、订货的运输能力和生产能力等信息，这些信息需要从供应链的不同节点企业数据库里获得，数据的调用和整理的工作量很大。数据整理完后制订生产计划，然后运用相关管理软件制订物料需求计划，这需要很长时间，时间越长，数据误差就会越大，而不准确的交货信息，将会直接导致不良库存状态。

3. 结构设计与策略不合理

供应链结构设计与库存控制策略对库存的影响也非常大。现代产品设计与先进制造技术的出现，使产品的生产效率大幅度提高，而且具有较高的成本利益，随之增加了供应链库存因素的复杂性。在供应链的实际运作中，供应链的设计和运行往往是相互独立的，供应链结构设计一般考虑固定成本和相关物流成本，而库存投资、订单的反应等往往被忽略，从而失去库存控制的有效性，增加了库存成本。库存控制的目的是保证供应链运行的连续性和应付不确定性需求，并且使库存成本处于合理或优化状态。根据需求的特征和状态制定相应的库存控制策略，是库存管理的中心问题，控制策略的合理与否直接关系到库存的不当与否。

（二）供应链的不确定性对库存的影响

从供应链库存产生的原因分析，供应链库存与供应链的不确定性有直接的关系。从供应链整体的角度看，供应链上的库存无非有两种，一种是生产制造过程中的库存，一种是物流过程中的库存，而库存存在的客观原因是为了应付各种各样的不确定性，保持供应链系统的正常性和稳定性。

1. 不确定因素的来源

供应链中不确定因素的来源主要有三个方面：供应商的不确定性、生产者的不确定性、顾客的不确定性。

（1）供应商的不确定性，主要表现在提前期的不确定性和订货批量的不确定性等方面。供应商不确定性的原因是多方面的，如供应商的生产、经营系统发生故障导致延迟供应，供应商的供应商供货延迟，由于交通导致运输延迟，等等。

（2）生产者的不确定性，主要与制造商本身的生产系统的不确定性相关，这种不确定性的原因包括机器故障、计划执行偏差等。造成生产者生产过程中在制品存在库存的原因也表现在其对需求的处理方式上。生产计划是根据当前的生产系统状态和未来情况做出对生产过程的模拟，用计划的形式表达模拟的结果、用计划来驱动生产的一种管理方法。但是生产过程的复杂性使计划并不能精确地反映企业的实际生产条件和预测生产环境的改变，因此不可避免地造成了计划与实际执行的偏差。生产控制的有效措施能够对生产的偏差给予一定的修补，但是生产控制必须建立在对生产信息的实时采集与处理上，使信息及时、准确、快速地转化为生产控制的有效信息。

（3）顾客的不确定性，其主要原因有需求预测的偏差、购买力的波动、从众心理和个性特征等。通常的需求预测方法都有一定的模式或假设条件，假设需求按照一定的规律运行或表现出一定的规律特征，但是任何预测方法都存在某些缺陷而无法确切地预测需求的波动和顾客心理反应。在供应链中，不同节点企业相互间的需求预测偏差进一步加剧了供应链的放大效应，从而加剧了供应链的信息扭曲。

2. 不确定性的表现形式

供应链中不确定性的表现形式主要有两种，即衔接不确定性和运行不确定性。

（1）衔接不确定性。企业与企业之间（或部门之间）的不确定性，可以说是供应链的衔接不确定性，这种不确定性主要表现在供应链企业或部门之间的合作上。要消除供应链的衔接不确定性，需要增加企业之间或部门之间的合作性。

（2）运行不确定性。系统运行不稳定通常是组织内部缺乏有效的控制机制所致，控制失效是组织管理不稳定和不确定性的根源。为了消除运行中的不确定性，需要增加组织的控制，提高系统的可靠性。

3. 不确定性对库存的影响

一旦由于某种原因使原材料延迟送达，机器就不得不停止运行，订货被迫取消，这些不确定的因素均会使管理者增加库存。尽管建立库存需要占用资金，但库存是对抗不确定性的一种最好的保险措施，而且很容易实现。只要进行简单的统计后，就可以决定需要多大的库存量才能保证客户在绝大部分时间段内随时得到最终产品。

（1）衔接不确定性对库存的影响。

在传统的供应链中，企业之间的衔接不确定性普遍存在，集中表现在企业之间的独立信息体系（信息孤岛）现象。为了竞争，企业总是基于各自的利益而进行资源的自我封闭（包括物质资源和信息资源），企业之间的合作仅仅是贸易上的短期性合作，人为地增加了企业之间的信息壁垒和沟通障碍，企业不得不为应付不测而建立库存，库存的存在实际上就是信息堵塞与封闭的结果。虽然企业各个部门和企业之间都有信息的交流与沟通，但这远远不够，企业的信息交流更多的是在企业内部而非企业之间进行。信息共享程度差，是传统供应链不确定性增加的主要原因。

传统供应链中的信息是逐级传递的，即上游供应链企业依据下游供应链企业的需求信息做出生产或供应的决策。在集成的供应链系统中，每个供应链企业都能够共享顾客的需求信息，信息不再是线性的传递过程而是网络的传递和多信息源的反馈过程。通过建立合作伙伴关系的新型企业合作模式，并且通过建立跨组织的信息系统为供应链的各个合作企业提供需求信息，有利于推动企业之间的信息交流与沟通。企业有了确定的需求信息，就可以在制订生产计划时，减少为了满足需求波动而设立的库存，使生产计划更加精确可行。对于下游企业而言，合作性伙伴关系的供应链可为企业提供综合、稳定的供应信息，无论上游企业能否按期交货，下游企业都能预先得到相关信息而采取相应的措施，这样企业就无需过多地设立库存了。

（2）运行不确定性对库存的影响。

供应链企业之间的衔接不确定性可以通过建立战略伙伴关系的供应链联盟或供应链协作体得以消减，同样，这种合作关系可以消除运行不确定性对库存的影响。当企业之间的合作关系得以改善时，企业的内部生产管理运行也会大大得以改善。因为当企业之间的衔接不确定性因素减少时，企业的生产控制系统就能摆脱这种不确定性因素的影响，使生产系统的控制达到实时、准确，也只有在供应链的条件下，企业才能获得对生产系统有效控制的有利条件，消除生产过程中不必要的库存现象。在传统的企业生产决策过程中，供应商或分销商的信息是生产决策的外生量，因而生产企业无法预见到外在需求或供应的变化信息，至少是延迟的信息。同时，库存管理的策略也是考虑独立的库存点而不是采用共享信息，因而库存成了维系生产正常运行的必要条件。当生产系统形成网络时，不确定性就像瘟疫一样在生产网络中传播，几乎所有的生产者都希望拥有库存来应付生产系统内外的变化，因而无法预测不确定性的大小和影响程度，管理者只好按照保守的方法设立库存来对付不确定性。在不确定性较大的情况下，为了维护一定的用户服务水平，企业常常维持一定库存，以提高服务水平。在不确定性存在的情况下，高服务水平必然带来高库存水平。

（三）牛鞭效应

1.“牛鞭效应”的内涵

一般情况下，供应链中的成员有消费者、零售商、批发商、分销商、制造商及供应商。消费者向零售商（百货公司、大卖场、便利店等）购买各种商品，零售商根据商品销售情况定期从批发商处补货，这样一级一级上去，最后是生产商根据下游企业的订单安排生产，从而形成了现行的供应链体系，如图 4–1 所示。

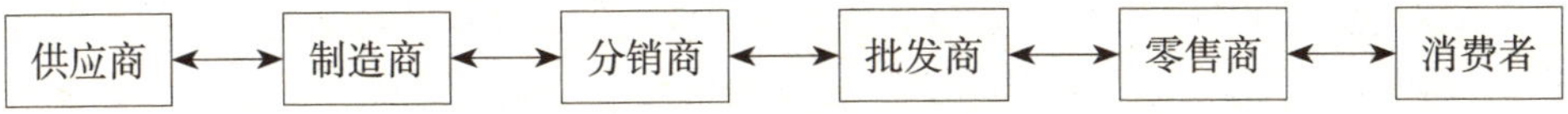

图 4–1　一般的简单供应链环节

供应链强调以市场变化为中心，并根据最终的消费需求变化进行产品的开发和生产，但是由于供应链中的需求信息一般以订单的形式传递，订购量是买方对各种信息预测处理后的结果，因此订单数据经常会扭曲真实的市场动态。在这条供应链中便会经常出现一种奇怪的现象，即一般情况下产品的实际销售数量相当稳定，波动性并不大，可是制造商在考虑其营销网络的订货情况时，往往会吃惊地发现产品销售的波动性明显增大。因为零售商是在参考历史销售及预测现实销售的情况下来确定订货量的，为了保证这个订货量的及时可得，并能适应顾客需求增量的变化，他们通常会将预测订货量做一定放大后再向上一级批发商订货，而分销商出于同样的考虑，也会在汇总的基础上再进行一定的放大后向制造商订货。这样，尽管顾客的实际需求量并没有太大的波动，但经过各级代理商后，订货量就被逐级放大了。例如，惠普公司在一个主要零售商那里检查打印机的销售情况时，发现该零售商的销售随着时间波动，当他们检查该零售商的订单时发现订单的波动幅度比其销售的波动幅度还要大。更让他们吃惊的是，公司打印机生产部向物料供应部提供的订单的波动比前两者的波动都大。这种只要供应链末端消费者需求量发生微小变化，便会引起一系列上游企业的供给发生剧烈波动，随着往供应链上游前进需求变异放大的现象，显示在图形上很像一条甩起来的牛鞭，只要执鞭的手微微用力摆动，鞭梢就会发生大幅度摆动，所以被形象地称为“牛鞭效应”，如图 4–2 所示。

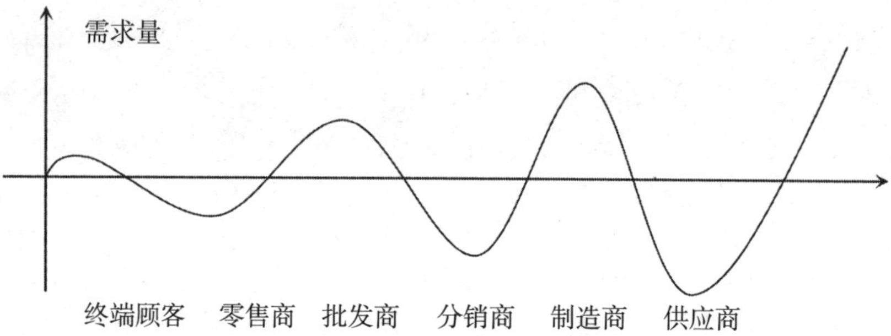

图 4–2 “牛鞭效应”示意图

2.“牛鞭效应”的形成机理

“牛鞭效应”主要是由需求信息的扭曲造成的，而需求信息扭曲的原因是缺乏信息交流，那么又是什么原因造成信息交流不畅呢？笔者认为“牛鞭效应”的形成离不开其主要的生长环境——供应链。接下来，就从供应链的组织结构、信息结构和决策机制三个方面来分析“牛鞭效应”的形成机理。

（1）组织结构对“牛鞭效应”的影响。

供应链组织结构是产生“牛鞭效应”的根源。不同的产品具有不同形式的供应链，同一个企业也可以是多个不同供应链的实体。在传统的供应链结构下，随着供应链水平层次和垂直规模的增多，委托代理关系的梯次也就增加，利益目标和博弈决策之间的二次选择也就被多次重复，而每一次重复都意味着次优选择的进一步优化，这是“牛鞭效应”随供应链长度、宽度增加而逐渐放大的原因。预测驱动型和需求驱动型是由于核心企业在供应链中的不同位置所产生的两种不同生产方式的供应链。预测驱动型安排生产是依据预测，即对过去需求数据的加工和对下游需求的预测，因此与实际的需求相比具有较大的波动性。而多重的预测是导致“牛鞭效应”的关键因素，每一个成员都依赖于下游成员发来的需求信号来预测生产量，“牛鞭效应”由此呈现出放大的趋势。因此，对“牛鞭效应”放大程度的影响，预测驱动型供应链结构比需求驱动型供应链结构明显要大。

（2）信息结构对“牛鞭效应”的影响。

供应链节点企业之间的相互作用与影响关系一般有三种——完全合作、部分合作和独立决策，相应地也就形成了三种不同的信息结构类型——完全信息共享、部分信息共享和信息不共享。不同的信息结构对牛鞭效应的影响也不尽相同。完全合作属于战略层次上的合作，在组织结构上通过合并、兼并、控股等控制方式实现组织结构纵向一体化，实行中心集中控制，达到信息完全共享，对生产的安排、计划的执行、库存的分配、市场的预测等均实行统一集中控制，便于识别加工过的信息，不会对供应商产生太大的订货波动，“牛鞭效应”影响较小。部分合作是指跨越企业之间的某些流程而进行的操作层次上的协作，在协作的过程中共享部分信息，例如企业之间的订货流程、采购流程、信息管理流程上的合作就只共享部分信息，这种形式是供应链信息结构的主要存在类型。由于部分合作没有组织结构上的合作，只有信息结构上部分信息的共享，如果合作领域包括的主要流程与订货流程息息相关，那么就会对减少供应商订单波动产生一定影响，否则“牛鞭效应”会依旧存在。另外，在经过多次的重复合作与博弈之后，相互间产生的信任也有助于“牛鞭效应”的缓解。独立决策是指各实体之间无合作意向，各自根据预测，以达到自身利益最大化为目的，安排生产和订货，实体之间不存在信息共享。独立决策时由于无信息共享，其结果很容易增强“牛鞭效应”，尤其在产品短缺、交货时间长、市场波动比较大的情况下，供应商将会面临巨大的需求波动。显然，要减弱“牛鞭效应”，实现企业间的信息共享是供应链发展的大势所趋。目前在供应链管理中，信息共享的实现方式层出不穷：有些企业已经开始通过局域网、内部信息系统或ERP实现企业内部的信息集成，以便对企业外部的信息做出快速反应；有些企业通过建立企业间的信息系统来实现信息共享；还有一些企业通过互联网技术，将企业、用户、供应商及其他商业和贸易所需环节联结到互联网上，在网上达到信息共享。可见，构建信息共享系统的管理平台，是供应链合作伙伴在商业模式和它所支持的系统结构中实现信息共享的通用方式。

（3）决策机制对“牛鞭效应”的影响。

一是需求预测。在供应链管理中，上游管理者总是将来自下游的需求信息作为自己需求预测的依据，并据此安排生产计划或供应计划。笔者认为，这一需求信息的产生过程是导致“牛鞭效应”的直接原因。譬如，决定订单数量的管理者一般使用一种简单的方法如指数平滑法来进行需求预测，当每日的新数据出现时，未来需求将呈现连续变化，送给供应者的订单反映了需要重新满足来自需求的库存数量，也反映了必要的库存安全量，未来需求与相关的安全库存通过平滑技术得以实现。在交货期内，保持数周的安全库存是习以为常的，但结果往往是预期的订单数量比需求数量变化更大。放在供应链中来说，作为供应商的管理者，来自其原有状态的每日订单就构成了其需求。如果也使用指数平滑法来计算需求预测值及安全库存，那么供应商提供的订单将会产生巨大波动。从经营者到制造商的订单数量要比实际销售量大得多，大量的安全库存就会导致“牛鞭效应”，供应交货时间越长，波动越激烈。

二是批量订货。在供应链中，每一个企业通常都会使用某种方法来控制库存。当库存将要耗尽时，下游企业会立刻向上游供应商发出订单，提出订货。在供应链中，一个共同的问题就是频繁订单下的运输经济性问题，在满负荷运输与低于最低起运量运输之间的经济差距是巨大的。因此，当从供应商处订购材料时，其强烈的愿望就是要满负荷运输，因此供应商会对大量或批量订货给出最优惠的定价。订货批量有周期和即刻两种形式。从订单的频率看，理论上需求方可以按月、旬、周、日甚至时制定，然而由于供应和需求往往存在空间距离和时间的矛盾，连续订单的实现几乎是不可能的，对大多数公司来说，批量订货通常是一个月的供应量或者更多。在即刻订单中，一般会表现出需求的规则波动。如果供应商得到需方按季、按年的需求量，那么这将产生在季末或年末的订单波动。所以，需方可以按季、按年的需求量有规则地分配于一定的间隔期，而供应商也可以据此签订订单。这样，当一个公司面临周期性订货时，“牛鞭效应”现象就发生了。如果所有消费者订货均匀分布在各周期，那么“牛鞭效应”将达到最小。但一些消费者的周期需求变化不明显，当订单周期出现重叠时，大多数的消费者在同一时期均在做同样的事，其结果就会使订单需求波动产生，那么“牛鞭效应”将达到最大。

三是价格波动。据估计，零售业中制造商与代理商之间交易的80%是在需求预测的前提下预先成交的，这通常是因为制造商给出了一个极具吸引力的价格，使得零售业中的预先购买导致较多的存货。在目标市场中，预先购买由价格波动产生，制造商和分销商周期性地使用特殊促销方式，如价格折扣、数量折扣和特殊奖励等，此外制造商还向分销商、批发商提供一些交易特权，如特别折扣、价格条款与分期付款等，这些均为价格折扣的间接形式，在供应链中，这些特殊促销方式的运用在促进消费者大量购买的同时也促使了未来库存的产生。这种促销与供应链密切相关，如果预先购买成为一种惯例，那么可以预见，当商品价格较低时，消费者所购买的比实际需要的要多；当价格处于中等或偏高时，消费者将停止购买行为直到耗尽存货。结果，消费者的购买模式将无法反映实际的消费模式，并且购买数量的变化要大于消费数量的变化。尽管许多公司认为高低价格交叉策略有利于刺激购买，增加销售，但其负面效应也是显而易见的。实际上，由于“牛鞭效应”现象的存在，在供应链中，从消费者反馈到制造商订单的差别是巨大的。当面临这一大幅度变化时，制造商一方面不得不在某一特定时间超负荷、超时生产和运输，而在其他时间则闲置无事，另一方面，制造商还不得不设置高额库存以满足需求的巨大波动。另外，在供应链中，除制造商外，这种营销手段也加大了供应链中的各级库存。

四是分配与短缺博弈。将有限的生产按照零售商所要求的订货量比例进行分配的方式，也会导致“牛鞭效应”的扩大。在供应链中经常会出现这种高需求的产品供应短缺情形，在高科技的产品市场上尤其如此。譬如，某制造商所接到的各分销商的订货总量为 Q，而该制造商的供应能力仅为 Q/2，在该分配方案下，每个分销商或零售商都将得到其要求的订货量的一半。也正是由于在现实中许多制造商奉行这种分配方案，因此各分销商或零售商都会放大自己的订货量。此时，制造商若根据其所接到的订单信息进行需求预测，便会严重地放大这种需求，并极有可能会采取两种招致失败的举措：向供应链发出严重超出需求的订单，或为该产品配置严重过量的生产能力资源。一旦需求恢复到正常水平（有时仅仅需要市场上有一点需求回落的迹象），制造商就将承担高昂的库存成本和资源配置失误成本（损失成本）。例如，在 20 世纪 80 年代中期，我国许多商品短缺，其中钢材供应也十分紧张，各生产经营企业订单骤增，国家也花大量的外汇从国外进口了大量钢材以缓解市场供应状况。但事后发现，这些进口钢材的绝大部分并没有真正被消耗掉，而是进了供应链的各级仓库。这就说明这种订单激增的现象并非由于消费实际增长，而是一种预测，消费者可以拥有来自不同供应商的重复订单，并且从第一供应商处购买，然后取消所有的其他重复订单。当这种现象成为一种社会行为时，可以想象，订货模式和消费模式的差距将是巨大的，“牛鞭效应”也就产生了。在订单波动的情况下，许多制造商无法辨别是否产生了真正的需求或仅仅是一种来自分销商所期望的产品分配的抽象需求，常常是制造商为这些抽象需求信息而付出超量存货、增加生产能力或由加班引起成本增加的代价。

五是时间延迟。供应链中存在的时间延迟问题，包括信息延迟和物流延迟。一般顾客的订货信息不能立即送达制造商，而需经过零售商、批发商处理后才传递给制造商，这就造成了信息延迟。信息延迟一般有三种：订单业务处理延迟，如零售商收到订单后进行处理所需的时间；订货延迟，如零售商根据订货量制作新订单并发送给批发商所需的时间；邮寄延迟，即订单在邮寄途中花费的时间。另外，由于制造商生产的产品需要经过批发商和零售商等中间环节才能交付到顾客手中，这就导致了物流延迟。物流延迟一般有两种：交货延迟，即某个成员收到订单后到最终实现货物交付所需的时间；运输延迟，货物在运输途中花费的时间。这两个方面的时间延迟都使得供应链上各成员企业无法同步响应市场需求变化，也在一定程度上增加了供应链的“牛鞭效应”产生的风险。随着供应链的增长，参与供应链运作的企业越多，供应链上各成员的需求相对于市场需求的波动放大和时间延迟程度就越明显。

六是缺乏协调。由于供应链上各成员之间存在一定的利益冲突，彼此之间不愿共享那些涉及商业秘密的信息，这种“内耗”大大影响了供应链的整体运作水平和竞争力。此外，供应链中各成员之间缺乏良好的协调，致使有关顾客需求的实时信息无法及时反馈到供应链，造成对顾客需求响应的大大滞后，也是产生“牛鞭效应”的重要原因之一。在全球经济一体化的市场环境中，市场竞争趋势已由原来的敌对性竞争发展为合作性竞争，供应链成员之间应该加强相互之间的信任与合作，以实现共同的期望和目标。

（四）供应链库存与“牛鞭效应”

由上面的分析可知，供应链的不确定性和“牛鞭效应”现象都与库存有着密切的关系，“牛鞭效应”的直接后果就是库存积压，并且供应链“牛鞭效应”的成因及风险也均与供应链上的库存有着千丝万缕的联系。

1. 库存责任失衡的后果

在传统营销中，通常的做法一般是供应商先铺货，待销售商销售完成后再结算。这种体制导致的后果是供应商需要在销售商（批发商、零售商）结算之前按照其订货量负责将货物运至销售商指定的地方，而销售商并不承担货物搬运费用；在发生货物毁损或者供给过剩时，供应商还要承担调换、退货及其他相关损失，这样，库存责任自然就转移给了供应商，从而使销售商处于有利地位。同时，在销售商资金周转不畅时，由于有大量存货可做资产使用，所以销售商会利用这些存货与其他供应商易货，或者不顾供应商的价格指定，低价出货，加速资金回笼，从而缓解资金周转的困境。另外，销售商掌握大量的库存，也可以将其作为与供应商博弈的筹码。因此，销售商普遍倾向于加大订货量来掌握库存控制权，这样就必然会导致“牛鞭效应”。

2. 环境变化对库存的影响

应付环境变异所产生的不确定性也是促使订货需求放大加剧的现实原因。自然环境、人文环境、政策环境和社会环境的变化都会增加市场的不确定性。销售商减少这些不确定因素影响的主要手段之一就是保持库存，而随着这些不确定性的增强，库存量也会随之变化。当不确定性的预测被人为渲染，或者形成一种比较普遍的认识时，为了保持应付这些不确定性的安全库存，销售商就会加大订货量，将不确定性风险转移给供应商，这样也会导致“牛鞭效应”。

二、供应链库存管理策略

（一）供应商管理库存

长期以来，流通中的库存是各自为政的。流通环节中的每一个部门都是各自管理自己的库存，零售商、批发商、供应商都有各自的库存，各个供应链环节都有自己的库存控制策略。由于各自的库存控制策略不同，因此不可避免地产生了需求的扭曲现象，即所谓需求放大现象，无法使供应商快速地响应用户的需求。在供应链管理环境下，供应链各个环节的活动都应该是同步进行的，而传统的库存控制方法则无法满足这一要求。近年来，在国外出现了一种新的供应链库存管理方法——供应商管理库存（Vendor Managed Inventory，VMI），这种库存管理策略打破了传统的各自为政的库存管理模式，体现了供应链的集成化管理思想，适应了市场变化的要求，是一种新的有代表性的库存管理思想。

1. 供应商管理库存的基本思想

传统来说，库存是由库存拥有者管理的。因为无法确切知道用户需求与供应的匹配状态，所以需要库存，库存设置与管理是由同一组织完成的。这种库存管理模式并不总是最优的。例如，一个供应商用库存来应付不可预测的或某一用户不稳定的需求（这里的用户不是指最终用户，而是分销商或批发商），用户也设立库存来应付不稳定的内部需求或供应链的不确定性。虽然供应链中的每一个组织独立地寻求保护其各自在供应链的利益不受意外干扰是可以理解的，但不可取，因为这样做的结果影响了供应链的优化运行。供应链的各个不同组织根据各自的需要独立运作，导致重复建立库存，因而无法达到供应链全局的最低成本，整个供应链系统的库存会随着供应链长度的增加而发生需求扭曲。供应商管理库存系统就能够突破传统的条块分割的库存管理模式，以系统、集成的管理思想进行库存管理，使供应链系统获得同步化运作。

供应商管理库存是一种很好的供应链库存管理策略。关于它的定义，国外有学者认为：“供应商管理库存是一种在用户和供应商之间的合作性策略，以对双方来说都是最低的成本优化产品的可获性，在一个相互同意的目标框架下由供应商管理库存，这样的目标框架被经常性地监督和修正，以产生一种连续改进的环境。”

关于供应商管理库存也有其他的不同定义，但归纳起来，该策略的关键措施主要体现在如下几个原则中。

（1）合作精神（合作性原则）。在实施该策略时，相互信任与信息透明是很重要的，供应商和用户（零售商）都要有较好的合作精神，才能够相互保持较好的合作。

（2）使双方成本最小（互惠原则）。供应商管理库存不是关于成本如何分配或谁来支付的问题，而是关于减少成本的问题，通过该策略使双方的成本都获得减少。

（3）框架协议（目标一致性原则）。双方都明白各自的责任，观念上达成一致的目标，如库存放在哪里、什么时候支付、是否要管理费以及要花费多少等问题都要回答，并且体现在框架协议中。

（4）连续改进原则。使供需双方能共享利益和消除浪费。供应商管理库存的主要思想是供应商在用户的允许下设立库存，确定库存水平和补给策略，拥有库存控制权。

精心设计与开发的供应商管理库存系统，不仅可以降低供应链的库存水平，降低成本。而且还可让用户获得高水平的服务，改善资金流，与供应商共享需求变化的透明性和获得更高的用户信任度。

2. 供应商管理库存的实施方法

实施供应商管理库存策略，首先要改变订单的处理方式，建立基于标准的托付订单处理模式。首先，供应商和批发商一起确定供应商订单业务处理过程所需要的信息和库存控制参数，然后建立一种订单的处理标准模式，如 EDI 标准报文，最后把订货、交货和票据处理各个业务功能集成在供应商一边。

库存状态透明性（对供应商）是实施供应商管理库存的关键。供应商能够随时跟踪和检查到销售商的库存状态，从而快速地响应市场的需求变化，对企业的生产（供应）状态做出相应的调整。为此需要建立一种能够使供应商和用户（分销、批发商）的库存信息系统透明连接的方法。

供应商管理库存的策略可以分如下几个步骤实施。

第一，建立顾客情报信息系统。要有效地管理销售库存，供应商必须能够获得顾客的有关信息。通过建立顾客的信息库，供应商能够掌握需求变化的有关情况，把由批发商（分销商）进行的需求预测与分析功能集成到供应商的系统中来。

第二，建立销售网络管理系统。供应商要很好地管理库存，必须建立起完善的销售网络管理系统，保证自己的产品需求信息和物流畅通。为此必须要保证自己产品条码的可读性和唯一性，解决产品分类、编码的标准化问题，以及解决商品存储运输过程中的识别问题。目前已有许多企业开始采用 MRP Ⅱ（Manufacturing Resources Planning，即制造资源计划，简称 MRP Ⅱ）或 ERP 系统，这些软件系统都集成了销售管理的功能。通过对这些功能的扩展，可以建立完善的销售网络管理系统。

第三，建立供应商与分销商（批发商）的合作框架协议。供应商和销售商（批发商）一起通过协商，确定处理订单的业务流程以及控制库存的有关参数（如再订货点、最低库存水平等）、库存信息的传递方式（如 EDI 或 Internet）等。

第四，组织机构的变革。这一点也很重要，因为供应商管理库存策略改变了供应商的组织模式，过去一般由会计经理处理与用户有关的事情，引入供应商管理库存策略后，在订货部门产生了一个新的职能负责用户库存的控制、库存补给和服务水平。

一般来说，在以下的情况下适合实施供应商管理库存策略：零售商或批发商没有 IT 系统或基础设施来有效管理他们的库存；制造商实力雄厚并且比零售商市场信息量大；有较高的直接存储交货水平，因而制造商能够有效规划运输。

3. 供应商管理库存的支持技术

供应商管理库存的支持技术主要包括：EDI/Internet、ID 代码、条码、连续补给程序等。

（1）EDI/Internet。

EDI 是一种在处理商业或行政事务时，按照一个公认的标准，形成结构化的事务处理或信息数据格式，完成计算机到计算机的数据传输。

供应商要有效地对用户（分销商、批发商）的库存进行管理，采用 EDI 进行供应链的商品数据交换，是一种安全可靠的方法。为了实现供应商对用户的库存进行实时测量，供应商必须每天都能了解用户的库存补给状态。因此采用基于 EDIFACT（Electronic Data Interchange For Administration，Commerce and Transport，是由联合国主导开发制定的国际通用 EDI 标准）标准的库存报告清单能够提高供应链的运作效率，每天的库存水平（或定期的库存检查报告）、最低的库存补给量都能自动地生成，从而大大提高供应商对库存的监控效率。

分销商（批发商）的库存状态也可以通过 EDI 报文的方式通知供应商。

在供应商管理库存系统中，供应商一方有关装运与发票等工作都不需要特殊的安排，主要的数据是顾客需求的物料信息记录、订货点水平和最小交货量等，需求一方（分销商、批发商）唯一需要做的是接受 EDI 订单确认和 / 或配送建议，以及利用该系统发放采购订单。

（2）ID 代码。

供应商要有效地管理用户的库存，必须对用户的商品进行正确识别，为此需要对供应链商品进行编码，通过获得商品的标识（ID）代码并与供应商的产品数据库相连，以实现对用户商品的正确识别。目前国外企业已建立了应用于供应链的ID代码的类标准系统，如EAN-13（UPC-12）、EAN-14（SCC-14）、SSCC-18以及位置码等，我国也建有关于物资分类编码的国家标准，届时可参考使用。

供应商应尽量使自己的产品按国际标准进行编码，以便在用户库存中对本企业的产品进行快速跟踪和分拣。因为用户（批发商、分销商）的商品多种多样，有来自不同供应商的同类产品，也有来自同一供应商的不同产品。实现ID代码标准化有利于采用EDI系统进行数据交换与传送，提高了供应商对库存管理的效率。目前国际上通行的商品代码标准是国际物品编码协会（EAN）和美国统一代码委员会（UCC）共同编制的全球通用的ID代码标准。

（3）条码。

条码是ID代码的一种符号，是对ID代码进行自动识别且将数据自动输入计算机的方法和手段，条码技术的应用解决了数据录入与数据采集的“瓶颈”，为供应商管理用户库存提供了有力支持。

条码是目前国际上供应链管理中普遍采用的一种技术手段。为有效实施供应商管理库存系统，应该尽可能地使供应商的产品条码化。条码技术对提高库存管理的效率是非常显著的，是实现库存管理电子化的重要工具和手段，它使供应商对产品的库存控制一直可以延伸到与销售商的POS系统进行连接，实现用户库存的供应链网络化控制。

（4）连续补给程序。

连续补给程序策略将零售商向供应商发出订单的传统订货方法，变为供应商根据用户库存和销售信息决定商品的补给数量。这是一种实现供应商管理库存策略的有力工具和手段。为了快速响应用户降低库存的要求，供应商通过和用户（分销商、批发商或零售商）建立合作伙伴关系，主动提高向用户交货的频率，使供应商从过去单纯地执行用户的采购订单变为主动为用户分担补充库存的责任，在加快供应商响应用户需求速度的同时，也使用户一方减少了库存水平。

（二）联合库存管理

1. 联合库存管理的基本思想

库存作为供需双方的信息交流和协调的纽带，可以暴露出供应链管理中的缺陷，为改进供应链管理水平提供依据。作为一种特殊的库存管理方式，联合库存管理策略一方面通过提高供应链的同步化运作程度来提高链上各节点企业之间的运作效率和响应速度，另一方面联合库存管理的风险分担思想使链上各节点企业间的责权利得到了很好的平衡，从而加大了节点企业之间的合作深度与宽度，为供应链上信息共享的实现提供了一个很好的平台。

联合库存管理的思想起源于分销中心的联合库存功能。在传统的分销模式下，每个分销商都是直接向工厂订货，各自设有库存。在采用分销中心后的销售模式下，各个分销商只需少量的库存，大量的库存由地区分销中心储备，即各个分销商把其库存的一部分交给地区分销中心负责，从而减轻了各个分销商的库存压力。在这里分销中心既是一个商品的联合库存中心，也是需求信息的交流与传递枢纽。马士华教授从分销中心的功能得到启发，对现有的供应链库存管理模式进行新的拓展和重构，提出了联合库存管理新模式——基于协调中心的联合库存管理系统。该系统把供应链管理进一步集成为上游和下游两个协调管理中心，从而部分消除了由于供应链环节之间的不确定性和需求信息扭曲现象导致的供应链库存波动。通过协调管理中心，供需双方共享需求信息，提高了供应链的运作稳定性。联合库存管理系统进一步体现了供应链管理的资源共享和风险分担原则。

（1）联合库存管理的同步化运作思想。

联合库存管理的实现原则之一就是同步化运作。在联合库存管理的实际应用中，根据货物存放的不同位置一般有四种不同的实现形式：货存供方、货存需方、货存第三方和客户铺底。不管是哪一种联合库存管理形式，它们运行实施的一个共同特点就是追求同步化运作。

货存供方的联合库存管理形式主要是指需求方通过向供应方支付订金、预付货款或者提供保证金等形式，获得预定的某个时间的一定数量的货物所有权，但该批货物在当前并没有实际交付需求方，而是存放于供应方，由供应方负责管理。它主要是通过转移货物的所有权来提高节点企业间的响应速度，实现供应链的同步化运作，强化供应链中的信息流，达到信息共享的目的。

货存需方的联合库存管理形式是指根据契约供应方将货物存放于需求方，由双方或供应方负责货物的日常管理，按照需求方的需求计划进行连续补给，在约定时间进行结算。它主要是通过一定的契约来分配供需双方的责权利，展开同步化分工协作，从而实现终端客户需求信息的共享。

货存第三方的联合库存管理形式是指供应方和需求方通过选择双方都认可的第三方作为纽带和协调者来管理双方供需关系的一种机制。它主要是通过选择合格的第三方管理货物整合供应链作业，实现供应链运作的一体化，提高供应链的柔性，实现供应链的高效运作和快速响应。

客户铺底的联合库存管理形式主要是通过售前铺货给代理客户，及时了解实际销售点数据，进而实施有效的同步化生产运作。通过这种形式，能够较好地提高供应链的有效响应，有效地减弱供应链上的需求信息扭曲现象。

总的来看，尽管不同的联合库存管理形式针对的是不同的实际情况，但是每一种形式都是在供应链同步化运作思想的指导下开展的，而且这种思想可以通过提高供应链的运作效率和响应速度有效强化供应链中信息流的传递和响应速度，提高供应链中信息共享的程度。

（2）联合库存管理的风险分担思想。

联合库存管理的一个核心思想就是风险分担，而供应链上各节点企业间库存管理联合的主要目的也是规避供应链上由诸多的不确定性所造成的风险。采用联合库存管理方法能使供应链上的责权利在链上不同节点企业间进行合理的分配，让大家“有福同享，有难同当”，特别是在面临供应链存在强大不确定性风险的情况下，这种库存管理模式的作用尤其明显，而且在分担风险的实现过程中，各节点企业间的合作会进一步加强，相互间协作的深度和广度都能得到一定的提高和拓展。而合作和协作的加强是建立在一定的信息共享程度基础上的，信息共享程度的提高是合作与协作程度加深的主要标志之一。因此，联合库存管理的风险分担思想背后隐藏着供应链信息共享的高标准要求，而较高的信息共享程度可以有效降低供应链中的需求信息扭曲问题，从而弱化“牛鞭效应”现象。

2. 联合库存管理的实施策略

联合库存管理策略能够使得零售商减轻管理库存、采购订货的负担，使供应商降低安全库存水平，缩短提前期，节约物流成本，可以说它的实施对供应商和零售商来说是双赢的。在实际应用中，联合库存管理的顺利实施需要处理好以下两方面的问题。

（1）建立良好的信任机制。

联合库存管理策略的实施需要各方建立一定的信任关系，否则很容易失败。零售商要信任供应商，不干预供应商对发货的监控，供应商也要多做工作，使零售商相信他们不仅能管理好自己的库存，还能够管理好零售商的库存。只有相互信任，通过顺畅的交流和合作才能解决问题。这种信任，一般建立在合作伙伴关系的基础上。在供应链中，一个零售商总是向多家供应商订购货物，这就要求零售商建立一个合理的供应商评估机制，在充分了解供应商有关信息的基础上展开合作关系。

（2）搭建良好的信息即时互动交流平台。

由供应商来监控零售商的库存并及时进行补充，这对信息的实时传递性要求是很高的。只有采用先进的信息技术，才能保证数据传递的及时性和准确性，例如，可以采用 EDI 技术将销售点和配送信息分别传输给供应商和零售商，利用条码技术和扫描技术来确保数据的准确性，等等。此外，供应商和零售商之间还应该进行定期的会谈或其他形式的交流，这样才能够有效改善信息不对称和加强供应商与零售商的互动，并增加零售商对供应商的了解，进行联合决策，及时对突发状况采取恰当的应对措施，降低潜在风险。在该策略的实施中，双方共享的信息有了深度的发展，如零售商的需求和库存信息可能会全部暴露在供应商面前，因此，为确保联合库存管理策略的顺利实施，双方均应做好共享信息的保密工作，以保证对方的利益。

（三）CPFR

1. CPFR 的产生

1995 年，国际著名的商业零售连锁店沃尔玛及其供应商 Warner-Lambert、世界最大的企业管理软件商 SAP、国际著名的供应链软件商 Manugistics、美国著名的咨询公司 Benchmarking Partners 等 5 家公司联合成立了零售供应和需求链工作组，进行 CPFR 研究和探索，其目的是开发一组业务过程，使供应链中的成员利用它能够实现从零售商到制造企业之间的功能合作，显著改善预测准确度，降低成本、库存总量和现货百分比，发挥出供应链的全部效率。在实施 CPFR 后，Warner-Lambert 公司零售商品满足率从 87% 增加到 98%，新增销售收入 800 万美元。在 CPFR 取得初步成功后，组成了由 30 多个单位参加的 CPFR 理事会，与 VICS（Voluntary Interindustry Commarce Standards，即自愿行业间商业标准）理事会一起致力于 CPFR 的研究、标准制定、软件开发和推广应用工作。由于 CPFR 巨大的潜在效益和市场前景，一些著名的企业软件商如 SAP、Maugistics、Logility 等公司也都在开发 CPFR 软件系统和从事相关的服务。

2.CPFR 的概念

国外虽有 CPFR 的实践，但对其至今尚无统一的定义。笔者综合 CPFR 有关文献后认为：CPFR 是一种哲理，它应用一系列的处理和技术模型，提供覆盖整个供应链的合作过程，通过共同管理业务过程和共享信息来改善零售商和供应商的伙伴关系、提高预测的准确度，最终达到提高供应链效率、减少库存和提高消费者满意度的目的。它有三个指导性原则：贸易伙伴框架结构和运作过程以消费者为中心，并且面向价值链的成功运作；贸易伙伴共同负责开发单一、共享的消费者需求预测系统，以该系统驱动整个价值链计划；贸易伙伴均承诺共享预测并在消除供应过程约束上共担风险。

3.CPFR 的实施步骤

CPFR 的业务活动可分为计划、预测和补给三个阶段，包括九个主要流程活动。第一个阶段为计划，包括第一和第二步；第二个阶段为预测，包括第三至第八步；第三个阶段为补给，包括第九步。

第一步，供应链伙伴达成协议。供应链合作伙伴包括零售商、分销商和制造商等为合作关系建立指南和规则，共同达成一个通用业务协议，包括合作的全面认识、合作目标、机密协议、资源授权、合作伙伴的任务和成绩的检测等。

第二步，创建联合业务计划。供应链合作伙伴相互交换战略和业务计划信息，以发展联合业务计划。合作伙伴首先建立合作伙伴关系战略，然后定义分类任务、目标和策略，并建立合作项目的项目管理简况（如订单最小批量、交货期、订单间隔等）。

第三步，创建销售预测。利用零售商 POS 数据、因果关系信息、已计划事件信息创建一个支持共同业务计划的销售预测。

第四步，识别销售预测的例外情况。识别分布在销售预测约束之外的项目，每个项目的例外准则需在第一步中得到认同。

第五步，销售预测例外项目的解决 / 合作。通过查询共享数据、E-mail、电话、交谈、会议等解决销售预测例外情况，并将产生的变化提交给销售预测（第三步）。

第六步，创建订单预测。合并 POS 数据、因果关系信息和库存策略，产生一个支持共享销售预测和共同业务计划的订单预测，提出分时间段的实际需求数量，并通过产品及接收地点反映库存目标。订单预测周期内的短期部分用于产生订单，在冻结预测周期外的长期部分用于计划。

第七步，识别订单预测的例外情况。识别分布在订单预测约束之外的项目，例外准则在第一步已建立。

第八步，订单预测例外项目的解决 / 合作。通过查询共享数据、E-mail、电话、交谈、会议等调查研究究订单预测例外情况，并将产生的变化提交给订单预测（第六步）。

第九步，订单产生。将订单预测转换为已承诺的订单，订单产生可由制造厂或分销商根据自己的能力、系统和资源来完成。

以上建立了一个贸易伙伴框架结构，可用于创建一个消费者需求的单一预测，协同制造厂和零售商的订单周期，最终建立一个企业间的价值链环境，在获得最大赢利和消费者满意度的同时减少浪费和成本。

4.CPFR 实施中的关键因素

实施 CPFR 获得成功的关键因素主要有以下几个。

（1）以“赢利 / 赢利”的态度看待合作伙伴和供应链的相互作用。企业必须了解整个供应链过程以发现自己的信息和能力在何处有助于供应链，进而有益于最终消费者和供应链合作伙伴。换句话说就是，基于 CPFR 的供应链成功的关键之一是从“赢利 / 损失”的传统企业关系到“赢利 / 赢利”合作关系的转变。

（2）为供应链成功运作提供持续保证和共同承担责任。这是基于 CPFR 的供应链成功运作所必需的企业价值观。每个合作伙伴对供应链的保证、权限和能力不同，合作伙伴应能够调整其业务活动以适应这些不同。无论在哪个职责层，合作伙伴坚持其保证和责任都将是供应链成功运作的关键。

（3）抵御转向机会。由于产品转向会较大地抑制合作伙伴协调需求和供应计划的能力，因此它不能与 CPFR 共存。抵御转向机会的一个关键是了解其短期效益和建立一个良好计划、低库存供应链的长期效益的差别。这也是对 CPFR 必要的信心和承诺的检验。

（4）实现跨企业、面向团队的供应链。建立跨企业的团队会造成一个新问题：团队成员可能参与其他团队，并与他们合作伙伴的竞争对手合作。这些竞争对手互相有“赢利 / 损失”关系，团队联合的深度和交换信息的类型可能会造成多个 CPFR 团队中人员的冲突。在这种情况下，必须有效地构建支持完整团队和个体关系的公司价值系统。

（5）制定和维护行业标准。公司价值系统的另一个重要组成部分是对行业标准的支持。每个公司都有一个单独开发的过程，这会影响公司与合作伙伴的联合。行业标准的制定必须既便于实行的一致性，又允许公司间的不同，这样才能被有效应用。开发和评估这些标准，有利于合作伙伴的信息共享和合作。

第三节 供应链安全库存管理

一、供应链安全库存

（一）供应链安全库存的作用

安全库存是库存的一部分，主要是为了应对需求和订货点发生短期的随机变动而设置的缓冲库存。它的持有是由于需求预测的不确定性和因实际需求超过预期需求而产生物品短缺。一方面，提高安全库存水平能满足顾客对产品的满意度，增加来自顾客的边际效益，缩短顾客的响应时间，但另一方面，在提高安全库存水平的同时，也增加了供应链中的库存持有成本，这一点对于产品寿命周期短、需求不确定的高科技产品尤为重要。较高的安全库存可抵消需求不确定性的影响，但也会产生副作用，随着新产品的上市，对老产品的需求下降，现有库存可能会成为过时产品。供应链成功运作的关键是要采取必要的措施降低安全库存水平而又不妨碍顾客对产品的需求，因此必须在缺货成本和库存成本两者之间进行权衡，解决以下两个问题：何为适当的安全库存水平？应采取何种措施保证在降低安全库存水平的前提下提高顾客的满意度？

（二）影响安全库存水平的因素

随着生产规模的扩大和产品需求的多样化，越来越多的企业意识到通过加大库存来保障客户服务水平的做法给企业带来了沉重的成本负担，必须建立科学合理的安全库存量，在保证企业服务水平的同时，尽量降低企业的库存成本和资金占压。为了更准确地确定安全库存水平，我们首先需要了解决定安全库存水平的重要因素，并对这些重要因素对于安全库存水平的影响程度进行分析和评估。

恰当的安全库存水平应由以下两个因素来确定。

1. 需求和供给的不确定性。

供求不确定性的增加，会导致安全库存水平的增加。例如，某电脑制造商刚推出某款新电脑时，由于市场需求不确定而保持较高的安全库存，当产品被市场接受时，需求趋于稳定，不确定性降低，安全库存就应随之降低。

2. 顾客服务水平

如果厂商的目标是保证新产品对市场的满足率，就应该保持有较高的库存水平；反之，可适当降低。

二、供应链安全库存水平的确定

安全库存是基于需求和提前期的不确定性、服务水平以及减少加急运输成本和流程的不确定性而产生的，持有安全库存是要防止这种不确定性的发生。内部流程比如生产提前期、未知的客户需求、不确定的供应商提前期都可能导致不确定性。安全库存的好处是提高客户服务水平，减少加急运输费用，避免脱销、失去信誉。此外，原材料安全库存还可以保证生产过程的流畅，避免因原材料短缺而导致生产停顿。在下列情况下要保持较高的安全库存量，以尽力避免缺货：缺货成本高或服务水平要求较高；储存成本较低；需求量的波动较大；前置时间的波动较大。

这里将介绍两种安全库存量的确定方法，即概率法和服务水平法。

1. 概率法

利用概率标准来确定安全库存比较简单。假设在一定时期内需求是服从正态分布的，且只考虑需求量超过库存量的概率，为了求解一定时期内库存缺货的概率，可以简单地画一条需求量的正态分布曲线，并在曲线上标明所拥有的库存量的位置。

当需求量为连续的时候，常用正态分布来描述需求函数。

2. 服务水平法

在库存管理中，只需关注平均水平之上的需求，也就是说，只有在需求量大于平均水平时，才需要设立安全库存。在平均值以下的需求很容易满足，这就需要设定一个界限以确定应满足多高的需求，比如计划满足 95% 的需求，只有 5% 的需求得不到满足。例如，假设预计从下月开始平均每月需求量为 100 单位，标准差为 20 单位，如果某一月份需求量刚好为 100 单位（等于均值，而在正态分布中，均值所覆盖的面积为 50%），则缺货概率为 50%。我们知道有一半月份的需求量将超过 100 单位，另一半月份的需求量将少于 100 单位，如果每月一次订购 100 单位，货物在月初收到，那么从长期来看，这一年中将有 6 个月发生缺货。如果觉得频繁的缺货难以接受，则应增加额外的库存以降低缺货风险。假设增加 20 单位的安全库存，在这种情况下，仍然是一次订购一个月的库存，且当库存量下降为 20 单位时，所订的货物就该入库。这样就建立了一个较小的安全库存，以缓冲缺货的风险。如果需求量的标准差为 20 单位，则拥有了相当于标准差大小的安全库存，求得概率为 0.8413，所以大约有 84% 的时间将不会发生缺货的情况，而 16% 的时间会发生缺货情况。现在如果每个月都订购，则大约有两个月会发生缺货（$0.16\times12=1.92$）。

实践中，常用这种方法来建立不发生缺货的概率为 95% 的安全库存，其对应的标准正态偏差为 1.64 个标准差。这意味着应当建立 1.64 个标准差的安全库存，在这个例子中，安全库存约为 33 个单位（$1.64\times20=32.8$）。

二、供应链安全库存的管理策略

对于供应链系统中的管理者来说，其目标之一就是在不影响顾客服务水平的前提下降低安全库存，因此我们可以采取以下几种有效的管理杠杆来达到这一目标。

1. 缩短供应商提前期

如果提前期 L 以因数 K 降低，所需的安全库存一般就会以 K 的速度下降，比 L 的下降速度慢。当然，这需要供应商付出相当大的努力，而降低安全库存水平会对零售商有利，使供应商的利益部分转移至零售商。由于供方缺乏生产计划不能及时入库，也会导致提前期的延长，这就要求供方加强计划性，按订单要求安排生产，同时，订货方应在订货周期内分层次订货，以防止送货拥挤，无谓地延长提前期，这都有利于降低安全库存。

2. 减少潜在的需求不确定性

在大多数供应链中，减少预期不确定性的方法是根据整个供应链中的顾客需求数据来进行预测，由于供应链节点企业各自独立计划和预测，从而造成了需求的不确定性。这可以通过获取及时的市场信息，增加库存决策信息的透明性、可靠性、实时性，以及采用先进的预测方法或加强上下游节点企业间的合作来达到。

3. 风险分担

通过风险分担也可以降低安全库存。特别是把各地的需求集合起来处理，可降低需求的变动性，即一个顾客的高需求会被另一个顾客的低需求所抵消，从而降低需求的变动性，进而降低安全库存。

综上所述，在供应链管理中，影响安全库存的不确定性因素很多，既有来自供方的，也有来自需方的，我们应根据实际情况，具体问题具体分析，采取合理的方式减少不确定性。通过加强企业合作，提高信息共享程度，减少信息传递的“牛鞭效应”，协调库存管理，采用先进的库存管理方法，努力达到供应链库存管理的最高理想，实现供应链的无缝衔接，消除供应链企业之间的高库存现象。

【思考题】

1. 库存的功能有哪些？
2. 库存控制的原理是什么？
3. 什么是供应商管理库存？请简述其实施方法。
4. 联合库存管理的实施策略有哪些？
5. 如何确定供应链安全库存水平？

【案例分析】

联合库存管理策略在武汉中百物流的应用

1. 公司现状

武汉中百物流配送有限公司（简称中百物流）是武汉中百集团股份有限公司下属子公司，它拥有自己的大型商品配送中心和农产品加工配送基地，有自己大型的仓储基地以及现代化的机械设备，运用先进的管理信息系统和智能化仓库技术，从而优化了企业的供应链，形成了较为完善的物流配送体系。作为中百集团的另外两个子公司，中百仓储的生鲜品种卖场成功实现了“清洁环保绿色散场”的经营理念，向顾客保证“天天新鲜”的产品质量；中百便民超市则每天向各个社区的居民提供多品种的优质生鲜食品，已成为大多数武汉居民的“生活之友”。这一切，都离不开中百物流强大的后勤保障。

中百物流下属东西湖吴家山常温配送中心、汉口生鲜配送中心、汉阳低温冷藏配送中心三大部门。在中百物流的生鲜物流运营中，订单处理和货品配送都有严格的时间限制，不同的货品具体送货时间各有差异，但供应商在规定时间之外送达的货品，配送中心是拒收的。为了进一步缩短货品在冷藏中心的停留时间，冷藏中心在选择供应商时更加注重其专业性，更加强调货品的质量，以简化检验程序，加快货品流动的速度。

物流公司内部建有自己的内部网，各门店及供应商的资料全部由该系统处理。物流公司与集团门店之间有一套订货管理系统，各门店通过内部网向公司请货。公司使用管理软件将接到的订单进行整合，形成采购单，然后向供应商下订单，订单内容包括采购部门、订货日期时间、指定收货地点、数量、供应商等。业务尚未联网的供应商，公司则将订单传真过去。供应商接单后，会及时向配送中心回馈商品信息，并按指定时间将货品送到配送中心。中心验货后，将到货信息输入电脑，形成配送单，经审核后打印出配送单，交给作业部门配货、送货。

中百物流运用微波通信技术，对三大百货商场的销售系统进行实时联网和统一管理，建立公司与中百仓储连锁经营信息系统；采用缆带和专线相结合的方式，广泛搭建各门店与便民总部快速有效的通信平台。

在中百集团内部，薪酬与考核委员会独立于各子公司。各子公司的收入都上交到总部，由总部结算收入并统一分配薪酬。其中，物流公司在运营中向第三方提供物流服务时，按5%收取服务费；而接收物流公司订单的供应商则是直接到中百总部结账，与物流公司无直接结算业务。

2. 公司运营中存在的问题

配送中心使用的主要包装容器是托盘和塑料筐。托盘的使用范围一般限制在配送中心的库房，作业人员将已拣选好并单元化包装的货品堆放到托盘上，再将托盘拖拽到指定的货位待装。因为长期与地面摩擦，托盘的磨损情况非常普遍和严重，冷藏中心每年都要更换一次托盘，而生配中心托盘的使用寿命更短。

塑料筐不仅会磨损，还要面临遗失的问题。部分供应商送货时，会借用配送中心的塑料筐，而容器一旦借出，部分遗失就在所难免。这个现象在生配中心尤为普遍，因为它的供应商有相当一部分是当地农户的代表，供货规模并不大，更不用提使用统一的容器了。而配送中心在向门店送货时，为方便门店存放货品，会把塑料筐暂时留在门店内，等到车队次日送货时，再把前一次留下的塑料筐随车带回。如果门店疏于管理，部分塑料筐也会遗失。为此，冷藏中心专门聘请人员负责包装容器的管理，情况虽有改善，但又多出一笔管理人员的薪酬，仔细算算费用，效果还是不容乐观。

车队的使用效率低是一笔隐形开支，很容易被企业忽视，而敏锐的中百经营者仍然注意到了这一大利润流失点。中百物流的顾客群集中于武汉三镇，配送中心把武汉所有的销售网点在地图上标出来，将大武汉划分成几个区，每次配送单下达后，就按需配送货品的种类和数量进行最佳路线选择，再配货装车将商品送到各网点。配送路线绝大部分是单行线，车辆返空率高，多数车返回时只装载了部分空容器。同时，由于生鲜食品的需求有一定的季节性，导致车队在销售旺季作业任务较重，以致没有时间检修，而在销售淡季又经常出现部分车辆闲置的现象。如何将车队的使用效率提至最大，以降低固定成本，依然是中百物流运营中一个亟待解决的问题。

3. 应用第三方物流策略实施联合库存

物流公司只是作为市场交易主体中百集团的一个环节，它本身并不是一个独立的市场主体，没有直接面对市场，因此市场机制优胜劣汰的竞争压力没有直接迫使公司运营者及集团投资者提高内部管理水平，降低成本，开展多方面业务，同时也造成了物流公司内部运营效率不高、管理不严的现象。

对其贡献成果的间接激励不能对物流公司形成有效激励，而分配程序决定了一线门店的销售业绩与物流公司的利益息息相关，只有一线获利丰厚，物流公司才能获得较满意的收入。中百物流存在上述问题的根源在于中百物流和集团内部企业之间不是通过市场机制来进行交易，而是一个企业内部的交易关系，即中百物流并没有成为一个独立的市场第三方，和其客户之间来根据市场交易规则进行交易。

解决中百物流问题的总体思路是：通过股权改革、并购等，开发新的市场，使中百物流作为第三方物流公司，并从供应链管理的角度在更大范围内实施联合库存。

（1）使物流公司成为第三方，并通过自我完善，成为合格的业务外包商。中百物流可采取股权多元化或兼并重组的形式，例如与其他同类型企业合并、引进其他社会资本入股等，改变利润分配方式。中百物流的利润分配要从原有中百集团的核算模式中独立出来，自我经营、自负盈亏，无论服务对象是中百集团还是集团外的企业一律按市场规则进行交易，从而分摊固定资产成本。同时开发更大的市场及新的客户，利用武汉作为湖北省会城市及九省通衢的区位优势，辐射湖北省乃至中南六省。对于新的供应链，进行流程再造和组织结构重组，引进新的信息技术完成对新供应链的固化。

（2）协调中心的组成及功能。人员应该由供需双方派出高层管理人员和相关专业人员组成，可采取委员会的形式，由核心企业派出人员担任主席。委员会成员平时可采用传真、电子邮件、电话等形式加强联系。有条件的，可以每半月进行一次视频会议或委员会成员聚在一起讨论存在的问题并提出解决方案。委员会主席负责召集委员会成员定期对供应链的绩效进行评价，提出会议讨论的主题，形成会议决议，并要监督控制决议的执行。

协调中心的职能是：负责供应链协调管理机制及供应链共同愿景的建立；会同第三方物流公司确定联合库存的协调控制方法，包括如何在多个需求商之间调解与分配库存、确定库存的最大量和最低库存水平、确定安全库存、预测需求等；对参与协调库存管理中心的各个企业、各级供应部门进行有效的激励，防止机会主义行为，增强协作性和协调性，倡导并监督供应链信息技术的实施，将条码技术、扫描技术、POS 系统和 EDI 集成起来，并且充分利用互联网的优势，在供应链中建立畅通的信息沟通桥梁和联系纽带；负责供需双方的信息反馈；依据供应链绩效平衡记分卡评价整个供应链的业绩，并提出改进措施，监督执行；负责同第三方物流公司确定交易规则及对第三方物流企业联合库存管理的业务进行考核，并要求其持续改进。

（3）第三方物流企业的职能。负责从供方到需方的物流管理，尤其是联合仓库的管理；与供需双方进行交流，互通信息；就交易规则同协调中心进行谈判，并定期和协调中心之间进行行为的协调一致。

（4）交易规则的建立。交易规则的内容由协调中心负责拟定，内容应包括第三方物流公司提供物流管理及仓库管理的资格审查，对第三方物流公司的业绩考核体系、费用的支付方式、支付时间以及第三方物流公司履行随供应链的发展持续改进承诺的评估等。

（5）供需双方的职能。互相配合，进行拉式供应；取消或只保留少量库存；不断利用信息技术固化供应链新的流程。

把供应链中联合库存的工作交给第三方物流公司，能够极大地提高整个供应链的效率和服务水平。以第三方物流公司作为联合库存思想实施载体的观念，将被越来越多的本土企业所采用，从而达到供应链优化，实现整个价值网络快速增值的目标。

第五章　供应链中的生产物流管理

第一节　生产物流系统概述

供应链中的生产物流与企业生产密切相关，是企业物流的关键环节，认识并研究生产物流的基本原理，建立比较完善的生产物流计划和控制标准体系，将有利于企业物流优化，推动提升企业竞争力。

一、生产物流的含义

《物流术语国家标准》中对生产物流的定义是：生产过程中，原材料、在制品、半成品、产成品等企业内部的实体流动，是生产工艺中的物流活动。

生产物流是在预定计划的基础上，进行一个或一系列的有规律的“流”的过程，这种过程将必定导致特定结果的出现。为满足社会需要并获得盈利，从事生产经营活动首先要制订生产计划，按照生产计划组织原材料、燃料、外购件采购并有序投入生产中，经过下料、领料，按照规定的工艺过程生产出合格产品，然后运输到下一加工点进行再生产或储备。生产物料始终在不断地离开上一工序，进入下一工序，不断发生搬上搬下、向前运动、暂时停滞等活动，而不会出现向后运动等阻碍“流”的过程。这种过程是与整个生产工艺过程相伴生的，是生产工艺过程中的一部分，这就是“工艺是龙头，物流是支柱”的管理思想。

生产物流活动的实体是物。当原材料、燃料、外购件进入生产线，再进行下一步生产加工及借助一定的运输装置流动过程中，本身被进行了一定的加工，并随着时间进程会不断改变自己的实物形态和场所位置，只到生产加工结束，进入产品仓库。

生产物流过程需要物流信息的支持。生产物流存在加工、装备、存储、搬运、等待等多个生产环节，如果某个环节流通不畅，就会影响生产顺利进行。只有通过对信息的收集、传递、储存、加工和使用，才能实现各环节的协调一致，保证生产顺利进行。

二、生产物流的类型

（一）按生产类型的不同划分

企业的生产类型决定了与之匹配的生产物流类型。通常情况下，企业生产的产品产量越大，产品的品种数则越少，生产专业化程度也越高，而物流过程的稳定性和重复性也就越大。反之，企业生产的产品产量越小，产品的品种数则越多，生产专业化程度也越低，而物流过程的稳定性和重复性也就越小。可见，物流类型与决定生产类型的产品产量、产品品种和专业化程度有着密切的内在联系，并对其产生不同的影响和要求。

依据产品产量、产品品种和专业化程度的不同，可以把生产物流类型划分为单件生产、大量生产和成批生产。

（1）单件生产，即生产品种繁多，但每次订货的数量很少，交货期长短不一，工作计划复杂，实施难度大，作业不易控制，生产重复度低。其生产物流特征表现在：物料需求与具体产品制造存在一一对应的相关需求；物料的消耗定额不容易或不适宜准确制定；制造过程中采购物料所需的供应商多变，外部物流较难控制。

（2）大量生产，即在较长的时间内重复进行单一品种的生产，但每次订货数量很大，生产效率高，工作计划简单，生产的成本较低，生产重复度高。其生产物流特征表现在：物料需求的外部独立性和内部相关性易于计划和控制；物料的消耗定额容易并适宜准确制定；制造过程中物料采购的供应商固定，外部物流相对而言比较容易控制；为达到物流自动化和效率化，强调在采购、生产和销售物流各功能的系统化方面，引入运输、保管、配送、装卸和包装等物流作业中各种先进技术的有机配合。

（3）成批生产介于单件生产与大量生产之间，批量的大小取决于设备调整必要的时间长短，同时影响在制品的库存量，生产品种不单一，每个品种都有一定的产量，生产有一定的重复性。其生产物流特征表现在：物料被加工成基型产品的重复度高，而对装配流水线有更高的柔性要求；对物料的性质与选购、生产技术手段的柔性与敏捷性有一定要求；库存不再是生产物流的终结点，基于快速响应客户需求为目标的物流配送与合理化库存将真正体现出基于时间竞争的物流速度效益；生产品种的多样性和规模化制造，要求物料供应商、零部件制造商以及成品销售商之间的选择将是全球化、电子化和网络化。

（二）按物料流经的区域划分

根据物料流经的区域，可以把生产物流划分为工厂间物流和工序间物流两种类型。

（1）工厂间物流，即大型企业各专业厂间的运输物流或独立工厂与材料、配件供应商之间的物流，包括各工厂内的原材料、零部件存储，加工件集中存储，产成品集中存储等。

（2）工序间物流，也称工位间物流、车间物流，即生产过程中车间内部和车间、仓库之间各工序、工位上的物流，包括接收原材料、零部件进行存储，加工过程中的在产品存储，成品出厂前存储，各种物料在车间、工序之间的搬运。

工序间物流实际上主要与两种物流状态——存储和移动有关，所以对于存储与搬运这两个物流环节而言，先要讲究合理原则，然后才是具体形式的选择。

合理性原则体现在仓储环节的要求是：首先，要以工艺流程和生产作业顺序的要求确定仓库的形式、规模和位置，要符合物流移动中道路通畅、安全的要求，以及有利于厂内外物流作业，尽可能在方便作业的前提下缩短作业距离；其次，要有利于作业时间的有效利用，避免重复作业，减少窝工，防止物流阻塞；最后，在符合安全规范的前提下充分利用空间和面积。

合理性原则在物料搬运环节的要求是：首先，搬运路线要按直线设置，避免交叉、往复、混杂、多余路线，提高运输效率；其次，搬运设备应力求机械化、省力化、标准化，提高搬运效率；再次，物料要集中堆放以便于减少搬运次数，搬运采用集装、托盘、托运方式以提高作业效率；最后，要减少等待和空载，提高作业者和搬运设备利用率。

（三）按工艺过程的特点划分

根据物料在生产工艺过程中的特点，可以把生产物流划分为项目、连续和离散三种类型。

（1）项目型生产物流（固定式生产）——物流运行凝固。是指当生产系统需要的物料进入生产场地后，几乎处于停止的凝固状态，或者说在生产过程中物料的流动性不强。物流凝固分两种状态：一种是物料进入生产场地后就被凝固在场地中和生产场地一起形成最终产品，如住宅、厂房、公路、铁路、机场和大坝等；另一种是在物料流入生产场地后，“滞留”时间很长，形成最终产品后再流出，如大型的水电设备、冶金设备、轮船和飞机等。管理的重点是按照项目的生命周期对每阶段所需的物料在质量、费用以及时间进度等方面进行严格的计划和控制。

（2）连续型生产物流（流程式生产）——物流运行均匀。是指物料均匀、连续地进行，不能中断，生产出的产品和使用的设备、工艺流程都是固定且标准化的，工序之间几乎没有在制品存储。管理的重点是保证连续供应物料和确保每一生产环节的正常运行，由于工艺相对稳定，有条件者可以采用自动化装置实现对生产过程的实时监控。

（3）离散型生产物流（加工装配式生产）——物流运行波动。是指产品由许多零部件构成，各个零部件的加工过程彼此独立，制成的零件通过部件装配和总装配最后成为产品，整个产品的生产工艺是离散的，各个生产环节之间要求有一定的在制品储备。管理的重点是在保证及时供料和零部件加工质量基础上，准确控制零部件的生产进度，既要减少在制品积压，又要保证生产的成套性。

三、生产物流的组织类型

企业生产过程组织被划分为一些基本的生产单位，如传统的车间、工段和班组作业组织。企业的组织工作是以最大限度提高企业综合生产效率为目标，对企业的人力、设备、物料等在空间和时间上进行科学组织和安排，保证企业按质、按量、及时地向社会提供物优价廉的产品，促进企业效益和社会效益两者的最大化。

生产物流的组织类型一般包括空间组织和时间组织两种。

（一）生产物流的空间组织

生产物流的空间组织是相对于企业生产区域而言的，是指企业依据经营目标和经营方针，确定生产系统的选址、构成、专业化形式、生产过程组织形式以及决定生产系统各组成部分在空间上的相对位置等一系列工作，是对企业生产系统的规划和设计。

1. 按工艺专业化形式组织生产物流

工艺专业化形式也叫工艺原则，其特点是把同类的生产设备集中在一起，对企业欲生产的各种产品进行相同工艺的加工。在企业生产规模不大、生产专业化程度较低、产品品种不稳定的单件小批量生产条件下，适宜按工艺专业化形式组织生产物流。

其优点在于：第一，产品的制造路线有一定的弹性，比较灵活，能较好地适应产品品种变化的要求；第三，有利于提高设备利用率，个别设备故障对整体生产进程影响较小；第三，工人工作岗位固定，长期操作某一设备将有助于提高专业技能。

其缺点在于：第一，产品在加工过程中的运输路线较长，运输原材料、半成品的工作量较大；第二，产品在加工过程中停放、等待的时间增多，延长了生产周期，增加了在制品，占用更多资金；第三，各生产单位之间的协作、往来频繁，生产作业和计划管理、物流管理、在制品管理以及产品的成套性工作比较复杂。

2. 按对象专业化形式组织生产物流

对象专业化形式也称为对象原则，其特点是以产品（零件）为对象来设置生产单位，通过固定制造某种部件或某种产品的封闭车间，其设备、人员按加工或装备的工艺过程顺序布置，形成一定的生产线。该种生产线过程是封闭的，所以也叫封闭式生产单位，有两种主要形式：一种是以产品或部件为对象，将大部分加工、装备等工艺过程封闭在一个生产单位里，如汽车制造厂的发动机车间；一种是以同类零件为对象，将下料、加工、检验等工艺过程封闭在一个生产单位里，如机床厂的齿轮车间。

其优点在于：第一，可以缩短产品在加工过程中的运输距离，节省运力，减少仓库和生产面积的占用；第二，可以减少产品在加工过程中的停放、等候时间，缩短生产周期，减少加工过程中的在制品库存，节省资金；第三，有利于按期、按量、成套生产出完工产品；第四，便于采用先进的生产组织形式；第五，减少生产单位之间的协助关系，从而可以简化生产作业计划工作、生产控制工作、物流计划工作；第六，有利于强化质量责任和成本责任。

其缺点在于：第一，生产单位的工艺或功能相对封闭，产品设计变化将引起布置的重大调整；第二，设备发生故障时可能会引起整个生产线中断。

3. 按成组工艺形式组织生产物流

成组工艺形式是结合上述两种形式的特点，按成组技术原理，把完成一组相似零件的所有加工工序集合成组，作为一个生产单元，并根据其加工路线组织设备。

其优点在于：第一，大大简化零件的加工流程，减少物流迂回路径；第二，在满足品种变化的基础上有一定的批量生产，具有柔性和适应性。

其缺点在于：第一，管理水平要求较高，才能平衡各单元流程的不平衡，否则就需中间储存，增加物料搬运；第二，班组成员需掌握所有作业技能，同时减少了使用专用设备的机会。

（二）生产物流的时间组织

生产物流的时间组织是指物料进入生产过程中的各生产单位、各道工序之间，按照生产过程有续性、平行性、比例性、节奏性和适应性等要求，确定生产对象在各生产单位的投产时间、加工顺序等，以保障生产对象在各生产单位之间的运动互相配合和衔接。合理组织生产物料，不但要缩短物料移动的距离，而且还要加快物流流程的速度，减少等待物料时间，实现物料有节奏、连续生产的一系列工作。

1. 顺序移动方式

顺序移动方式是指当一批加工对象在上道工序完成全部加工后，才整批地转移到下道工序继续加工，如图 5-1 所示。

其优点在于：一批物料连续加工，设备不停顿，物料整批转换工序，便于组织生产。

其缺点在于：不同物料之间等待加工、运输的时间较长，因而延长生产周期，降低生产效率。

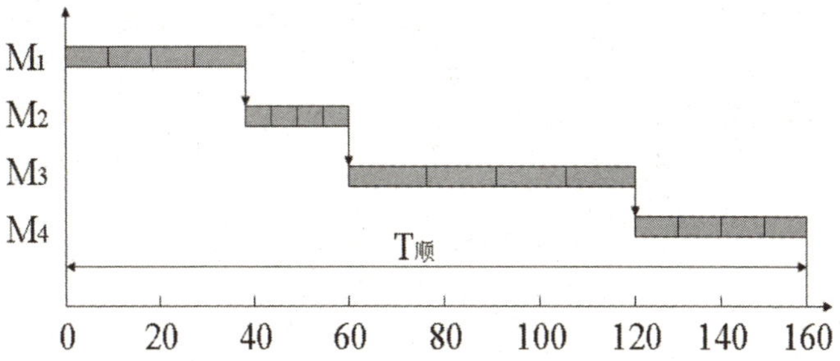

图 5-1　顺序移动方式（$T_{顺}$为加工周期，M_1、M_2、M_3、M_4 为工序数）

2. 平行移动方式

平行移动方式是指一批零件中的每个零件在前一道工序完工后，立即传送到下一道工序继续加工，如图 5-2 所示。

其优点在于：第一，可减少运输次数，缩短运输路线；第二，协作关系简单，从而简化生产管理；第三，在制品减少，生产周期缩短。

其缺点在于：第一，品种变化的适应性较差；第二，生产系统的可靠性较低；第三，工艺与设备管理较为复杂。

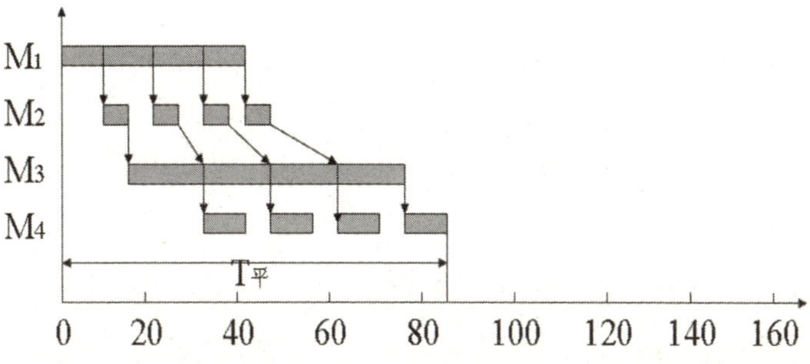

图 5-2　平行移动方式（$T_{平}$为加工周期，M_1、M_2、M_3、M_4 为工序数）

3. 顺序平行移动方式

平行顺序移动方式是顺序移动和平行移动两种方式的结合，是指一批零件在前一道工序尚未全部加工完毕时，将已加工好的一部分零件转送到下一道工序加工，并使下道工序能连续地加工完该批零件，如图 5-3 所示。其具体做法是：当后道工序单件加工时间比前道工序单件加工时间长时，则前道工序往后道工序按件运送；当后道工序单件加工时间比前道工序单件加工时间短时，后道工序的最后一个零件只能等到前道工序所有零件加工完毕后，才能开始加工，则后道工序的第一个零件加工时间，可从最后一个零件的加工时间依次向前倒推确定。虽然这种方式的生产周期要比平行移动方式长，但可以保证设备充分负荷。

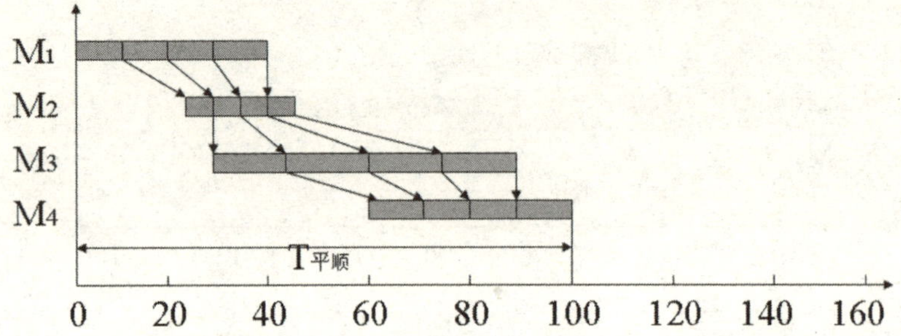

图 5-3　平行顺序移动方式（$T_{平顺}$为加工周期，M_1、M_2、M_3、M_4 为工序数）

如表 5-1 所示，在这三种移动方式中，顺序移动方式的生产周期最长，平行顺序移动方式的生产周期较短，平行移动方式的生产周期最短；在设备利用方面，当前道工序的单件时间大于后道工序的单件时间时，平行移动方式会产生机床停歇时间；在组织管理方面，顺序移动方式最简单，平行顺序移动方式最复杂。因此，在具体选择零件的移动方式时，应根据各自特点，结合生产的各种条件确定。当批量小、工序单件时间短时，可采用顺序移动方式；当批量大、工序单件时间长时，宜采用平行顺序移动或平行移动方式。对于工艺专业化的车间、工段、小组，宜采用顺序移动方式；对于对象专业化的车间、工段、小组，宜采用平行移动或平行顺序移动方式。

表 5-1 三种移动方式的比较

	比较因素	顺序移动	平行移动	平行顺序移动
特点	生产周期	长	短	中
	运输次数	少	多	中
	设备利用	好	差	好
	组织管理	简单	中	复杂
适用条件	零件价值	小	大	大
	零件尺寸与重量	小	大	大
	加工时间	短	长，呈整数倍	长
	批量大小	小	大	大
	专业化形式	工艺	对象	对象

对于不同类型的企业，生产物流的时间组织形式是灵活多变的。

（1）对于固定式生产企业（项目型生产物流），由于加工对象（物料）固定，因而生产物流的加工工序在时间上的组织方式主要表现在工人的顺序移动上。

（2）对于流程式生产企业（连续型生产物流），通常是把整批的物料投入加工后，整批地按加工顺序进行工序间的移动，同一批物料不可能同时在多道工序上加工，因而生产物流是按顺序移动方式组织进行。

（3）对于加工装配型企业（离散型生产物流），一批要加工的物料（零件或部件）在各工序之间加工的过程难免会有等待现象，所以，生产物流的时间组织目标在于保证设备充分负荷的前提下，加速物料在各工序之间的流通速度。通常采用平行顺序移动方式。

四、生产物流的特点

生产物流起于原材料、外购件的购入，止于产品入库。这种过程实质上是每一个生产加工过程连续而成的生产物流活动。在整个生产物流活动中体现出如下特点。

1. 连续性、顺畅性

即物料总是处于不停的流动之中，包括空间上的连续性和时间上的流畅性。空间上的连续性要求生产过程的各个环节在空间布置上合理紧凑，使物料的流程尽可能短，没有迂回往返现象；时间上的流畅性要求物料在生产过程的各个环节自始至终处于连续运动状态，没有或很少有不必要的停顿与等待现象。

2. 平行交叉性

即物料在生产过程中应保持平行交叉流动。平行指相同的在制品同时在数道相同的工作地（机床、加工单元）上加工滚动；交叉指一批在制品在上道工序还未加工完时，将已经完成的部分在制品转到了下道工序加工。平行交叉流动可以大大减少产品的生产周期。

3. 比例性

即生产过程的各个工艺阶段之间、各工序之间在生产能力上保持一定的比例以适应产品制造的要求。比例关系表现在各生产环节的工人数、设备数、生产面积、生产速率和开动班次等因素之间的相互协调和适应，所以该比例是相对的、动态的。

4. 均衡性

即产品从投料到最后完工都能按预定的计划或一定的节拍、批次均衡地进行，能够在相等的时间间隔内（如月、旬、周、日）完成大体相等的工作量或稳定递增的生产工作量，很少有时松时紧、突击加班现象。

5. 准时性

即生产的各阶段、各工序都按后续阶段和工序的需要进行生产，也就是说，在需要的时候按需要的数量生产所需要的零部件。只有保证准时性，才有可能推动上述的连续性、平行性、比例性和均衡性。

6. 柔性、适应性

即加工制造的灵活性、可变性和可调节性，也就是在短时间内以最少的资源从一种产品的生产转换为另一种产品的生产，从而适应市场的多样化、个性化要求。

第二节　MRP 与 ERP

ERP 是当今国际上先进的企业管理模式。它的形成大致经历了 5 个阶段：订货点法、基本 MRP 阶段、闭环 MRP 阶段、MRP Ⅱ阶段及 ERP 的形成阶段。

一、订货点法

20 世纪 30 年代，企业控制物料的需求通常采用控制库存物品数量的方法，为需求的每种物料设置一个最大的库存量和安全库存量。最大库存量是为库存容量、库存占用资金的限制而设置的。由于物料的供应需要一定时间补充库存，因而需要一定的时间提前量，即在保证安全库存量的基础上增加一定数量的库存。安全库存量也叫最小库存量，就是说物料的消耗不能小于安全库存量。

订货点法（见图 5-4）是依靠对库存补充周期内的需求量进行预测，并且保持一定的安全库存储备，来确定订货点：订货点 = 单位时段的需求量 × 订货提前期 + 安全库存量。

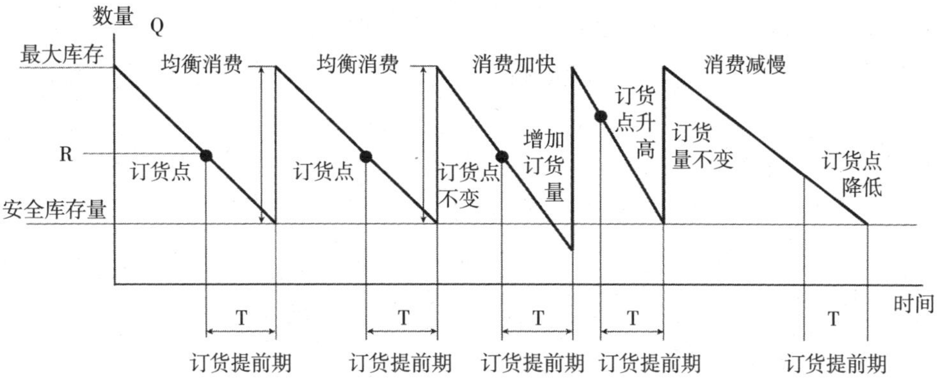

图 5-4　订货点法

订货点法重点要考虑安全库存和提前期，通过库存量与订货点的判断，当库存数量达到订货点的数量时，就发生订货要求，以保证库存物料满足生产需求。这种方式适于成品或维修件等相对独立的物料的库存管理。订货点法应用的有效性基于物料的消耗相对稳定及物料的供应比较稳定。订货点法本身具有一定的局限性，例如，某种物料库存量虽然降低到了订货点，但是可能在近一段时间企业没有收到新的订单，所以近期内没有新需求产生，暂时可以不用考虑补货，故此也会造成较多的库存积压和资金占用。

订货点法要考虑的问题主要有：一是如何优化库存成本；二是如何平衡生产与销售计划，来满足一定的交货要求；三是如何避免浪费，避免不必要的库存量；四是如何避免缺货损失和利润损失。

二、MRP

1.MRP 的定义

MRP 是一个基于计算机和网络通信技术的信息管理系统，主要是一种生产运作的管理方法，用于确定产品生产中构成最终产品的各种物料的需求量和需求时间。

需求的类型分为独立性需求和从属性需求两种。独立性需求是指某种与其他需求无关的需求，这类需求的库存问题往往建立在对外需求预测的基础上，通过一些库存模型的分析，制定相应的库存政策来对库存进行管理；从属性需求是指某种与其他需求存在依赖关系的需求，主要是企业内部由于对一种产品或零部件的需求而产生的对下一个零部件或原材料的需求，这类需求不需要预测，只要通过相互之间的关系来进行计算即可。

总的来说，MRP 就是利用计算机信息系统作为辅助，根据最终的主生产计划（Master Production Schedule，MPS）的产品产量，自动地计算出构成从属性需求物料的需求量和需求时间，然后根据物料的需求时间和生产（订货）周期来确定其开始生产（订货）的时间。

2.MRP 系统

MRP 系统的正常运行，需要有一个相对稳定、现实可行的 MPS。但是，各种客观情况总是在不断变化的，企业必须能够及时调整计划去适应客观变化，计划的可执行性必须符合客观实际，信息必须及时上下沟通。因而，一个完整的、可执行的 MRP 系统通常应当包括闭环 MRP 的所有功能，其实，闭环 MRP 才是人们真正“默认”的完整 MRP 系统，如图 5-5 所示。

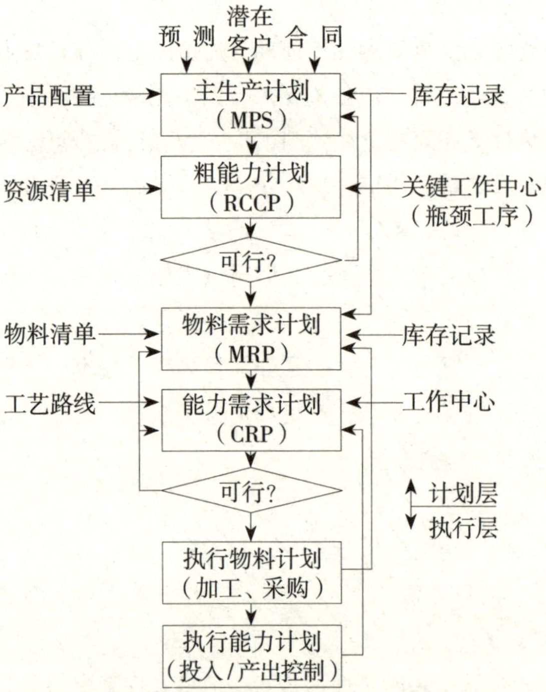

图 5-5　MRP 系统（闭环 MRP）

完整的 MRP 系统包括了 MPS 和 MRP 两个计划层次和一个由两项作业并列组成的层次（生产作业控制和采购作业），还包括运行 MRP 的数据源头——处理销售合同和预测的销售管理、提供物料和库存信息的库存管理以及处理基础数据的制造数据子系统。

3.MPS

MPS 是对生产计划的详细说明，包括要生产什么产品以及何时生产等。MPS 通常所用的时格为周或日，涵盖的时间往往是 3～12 个月，以个别产品为对象，即 MPS 中规定的产品必须由具体、个别的物料清单来描述。原则上，它是将生产计划的内容做进一步的细分而得到的。

MPS 着重于要被制造的产品，并且通过详细的计划系统识别所需资源（物料、劳力、工厂设备与资金）及其需要的时间，如图 5–6 所示。

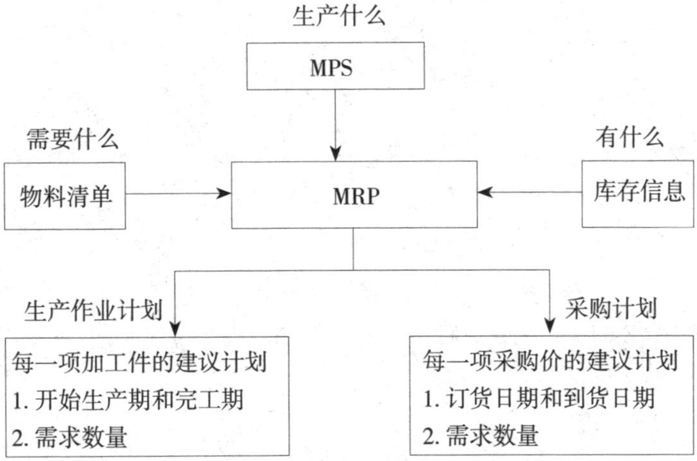

图 5–6　MPS（主生产计划）

MPS 要回答的问题是：要制造什么具体产品，生产多少，何时生产；需要什么其他物料，需要多少，何时需要；存在什么能力制约及物料约束。

第一个问题指的是满足市场（或客户）需求所需出厂的完成品，是独立需求件。产品的出厂计划是根据销售合同或市场预测由 MPS 确定的。

第二个问题指的是产品结构或某些在制造过程中必要的资源（如能源、工具等），由产品信息或物料清单来回答。物料清单是计算机可识别的产品结构数据文件，是 MRP 的主导文件。

第三个问题指的是库存信息可以参与计算物料的可用量的程度，物料的可用量不同于手工管理的库存台账，它是一种动态信息。

4. 物料清单

物料清单用于描述某一成品由哪些原物料或半成品组成，且说明其彼此间的组合过程，是接收客户订单、选择装配、计算累计提前期，编制生产和采购计划、配套领料、跟踪物流，追溯任务、计算成本、改变成本设计不可缺少的重要文件。根据对完整的最终产品的描述，表明了产品结构的有关信息，包括一个最终产品由哪些零部件、原材料等构成，还反映了这些零部件的时间、数量上的相互关系，以及在产品项目的结构层次，如图 5-7 所示。

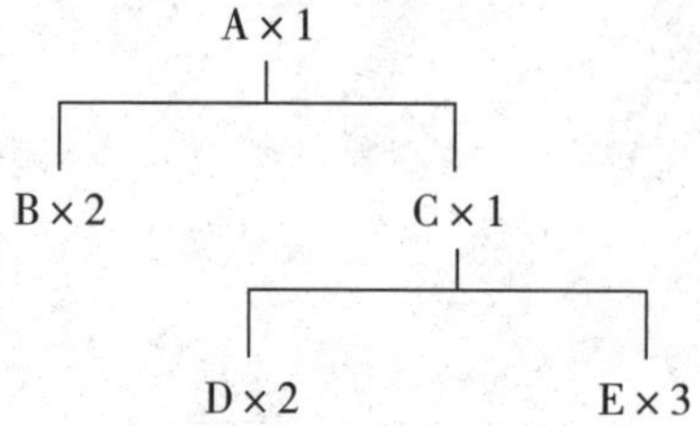

图 5-7　某产品 A 结构层次

如上图所示，成品 A 是由 2 个原料 B 及 1 个半成品 C 组成，而半成品 C 则是由 2 个原料 D 及 3 个原料 E 组成。依其组成关系，A 为 B、C 的母件，B、C 为 A 的子件；C 为 D、E 的母件，D、E 为 C 的子件。如果 A 之上再无母件，则 A 可称为成品，C 为自制或委外的半成品，B、D、E 为采购件，采购件不可能是母件。A 对 B、C 或者 C 对 D、E 的上下关系，称为单阶；如果对整个结构而言，那么上中下各阶称为多阶或全阶。

5.MRP 编制步骤

企业生产的 MRP 应不断地考虑企业对原材料的使用频率、数量、成本、价格等因素进行编制，如表 5-2 所示。

首先，编制 MRP 时应根据生产计划的安排，进行有效的原材料统计与分析，包括生产用料的名称、数量、品种、产地、规格、现生产用量、库存拥有量、生产采购在途库存量、使用时间等信息。

其次，根据生产用料表进行生产用料分析，确定有哪些物料为常用物料，哪些物料为特殊用料。常用物料一般指企业生产运营过程中，经常使用、长期使用或生产制造过程中通用或共用的原材料；特殊原材料一般指企业不经常使用的原材料，或购买价值较大、库存量较少的原材料。企业需要针对不同的原材料编制生产用料采购计划。

表 5-2　MRP 表

物料计划单编号：　　　　　　　　　　生产计划单编号：

序号	物料编号	物料名称	规格型号	单位	计划数量	利用率	实发数量	备注

审批：　　　　复核：　　　　制单人：　　　　日期：

企业生产计划与物料控制更多地依赖于企业生产管理的制度与方法。例如，企业必须推行标准化作业，才能实现生产计划的可控性，使企业物料控制得以满足生产的需求，否则企业员工生产操作随意性强，没有节拍意识，生产计划无法按时实施进行，企业物料供应势必会造成生产现场的呆料、断料，使企业生产无法顺利进行。

6. MRP 集成信息

（1）产品物料结构层次。任何制造业的产品，都可以按照从原料到成品的实际加工装配过程划分层次，建立上下层物料的从属关系和数量关系，确定产品结构。通常，上层物料被称为母件，下层物料被称为子件。以一个简单的方桌为例来解释产品结构，如图 5-8 所示。方桌这类产品的产品结构是一个上小下宽的正锥形树状结构，其顶层“方桌”是出厂产品，是属于企业营销部门的业务（也是生产部门的最后一道装配或包装工序）；各分支最底层物料均为采购的原材料或配套件，是企业供应部门的业务；介于其间的是加工制造件或装配组件，是生产部门的业务。

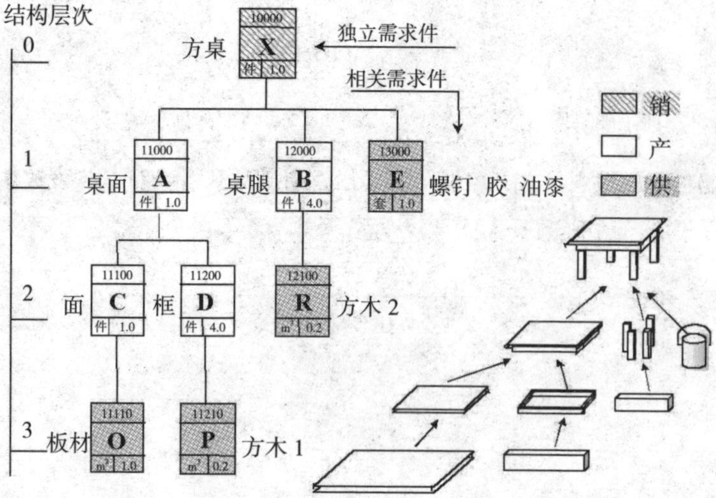

图 5-8 方桌产品结构层次

（2）产品时间结构层次。将结构层次的坐标换成时间坐标，产品结构各个方框之间的连线代表生产周期和采购周期，得到的就是时间坐标上的产品结构，如图 5-9 所示。它是根据需求的优先顺序（完工日期或需用日期的先后），按照加工或采购周期的长短，以需求日期为基准倒排计划。时间坐标上的产品结构图相当于关键路线法中的网络计划图，累计提前期最长的一条线相当于产品生产周期中的关键路线，它把企业的“销产供”物料的数量和所需时间的信息集成起来，是物料需求计划基本原理的核心。

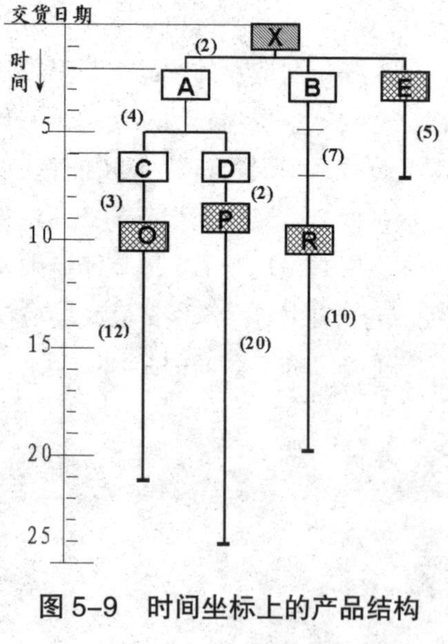

图 5-9 时间坐标上的产品结构

MRP 是一个规范化的管理系统，所依据的管理理念主要是：供应必须与需求平衡，即供需平衡原则；生产与供应计划根据交货期（各种订单）、需要时间先后（各组装件）和提前期的长短（加工或采购周期）确定优先顺序，即优先级设计原则。

7.MRP 的处理

MRP 的处理不是指处理的方法，而是指方法所依据的推理逻辑。在库存状态下有 5 种形式：净需求量、毛需求量、预计入库量、现有库存量、安全库存量。MRP 是一种分时段的计划，物料可用量也是按时段来显示的：净需求量 = 毛需求量 + 安全库存量 – 预计入库量 – 现有库存量。其中，毛需求量指初步的需求数量，由最终产品的 MPS 决定；安全库存量指留在库里的适当库存；预计入库量指订单已发出，但货物尚未收到的量；现有库存量指一定时间内被满足之后仍有的库存量。如果该计算结果净需求量为负数，则取此值为零。一般情况下计划发出订货量等于净需求量，但考虑发出订货时间要提前一段时间，因此计划发出订货量是大于或等于净需求量。

三、MRP Ⅱ

1. MRP Ⅱ系统

MRP Ⅱ按企业的经营规划，将企业中与生产有关的人、财、物、方法、设备、信息等资源整合在一个系统中。可见，它是一个围绕企业的基本经营目标，以生产计划为主线，对企业的各种资源进行统一的计划和控制，使企业的物流、信息流、资金流流动畅通的动态反馈系统。MRP Ⅱ的逻辑流程如图 5–10 所示。

如上图所示，右侧是计划与控制的流程，包括宏观决策层、计划层和控制层，从战略到战术逐层优化，这些功能系统构成了企业的经营计划管理流程。图中间部分是基础数据，除了物料清单、库存信息、工艺路线、工作中心等数据之外，还包括会计科目和成本中心的数据。这些数据以数据库的形式储存在计算机数据管理系统中，以便各部门沟通和共享，达到信息的集成。

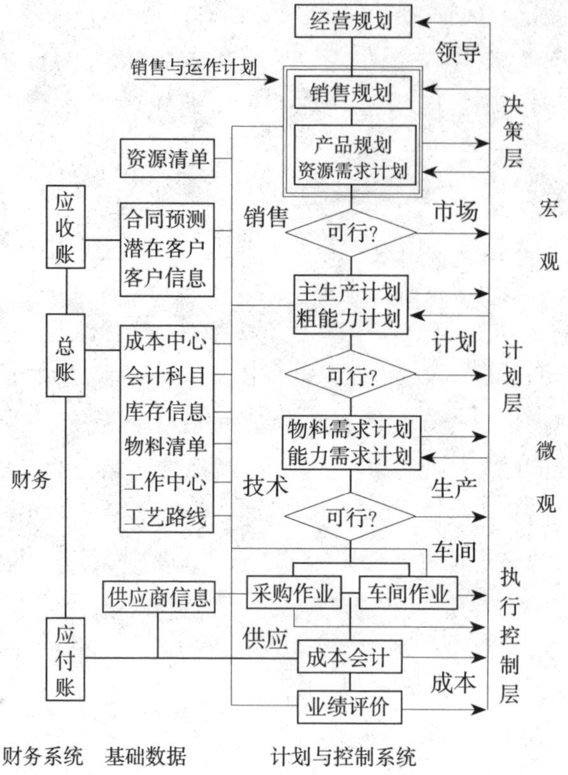

图 5–10　MRP Ⅱ的逻辑流程

2.MRP Ⅱ信息集成

（1）静态集成。静态数据（或称固定信息），一般指生产活动开始之前要准备的数据，如物料清单、工作中心的能力和成本参数、工艺路线、仓库和货位代码、会计科目的设定等。在产品结构和工艺路线标准时间的基础上，采取自底向上累加成本的计算方法，同时建立物料分类，使物料价值通过物料分类与会计科目相对应。因此，静态也是相对的，就是说，即使是静态数据，也要定期维护，保持其准确性。系统运行时，访问静态数据一般不做处理，如图 5–11 所示。

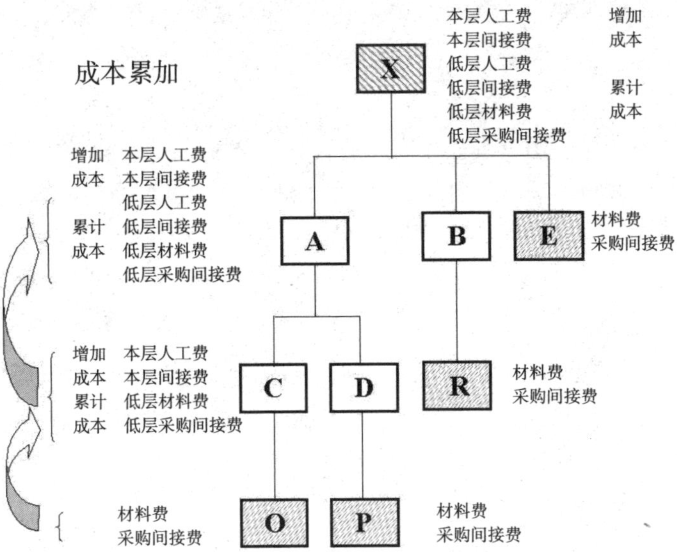

图 5-11 计算产品的物料成本

（2）动态集成。动态数据或称流动信息，一般是指生产活动中发生的数据，不断发生、经常变动。如客户合同、库存记录、完工报告等，一旦建立，就需要随时维护。

3. MRP Ⅱ的主要特征

（1）计划的一贯性与可行性。MRP Ⅱ是一种以计划为主导的信息化管理系统，通过计划把企业的资源充分调动起来，实现企业的总体战略目标。计划层次从宏观到微观、从战略到战术、由粗到细逐层细化，但始终与企业总体战略目标保持一致。“一个计划”是 MRP Ⅱ的原则精神，为了做到这一点，企业全体员工都必须以实现企业的总体战略目标为准则，绝不允许各行其是。

（2）管理系统性。MRP Ⅱ把企业所有与生产经营活动直接相关的部门的工作通过信息集成连成一个整体，每个部门的工作都是整个系统的有机组成部分。因此，要求每一个员工都能从整体出发，十分清楚自己的工作同其他职能的关系。

（3）数据共享性。MRP Ⅱ作为一种管理信息高度集成的系统，企业各部门都依照同一数据库提供的信息，按照规范化的处理程序进行管理和决策，数据高度共享。为了做到这一点，要求企业员工用严肃的态度对待数据，专人负责维护，提高信息透明度，保证数据的及时、准确和完整。

（4）动态应变性。MRP Ⅱ是一种闭环的信息系统，它要求不断跟踪、反馈和控制瞬息万变的实际情况，使管理人员可随时根据企业内外环境条件的变化迅速做出响应，满足市场不断变化的需求，并保证生产计划正常进行。为此，必须树立全体员工的信息意识，建立必要的工作规范和准则，保证各个岗位上的业务人员能够及时准确地把变动的情况输入系统。

（5）模拟预见性。MRP Ⅱ是生产经营管理规律的反映，按照规律建立的信息逻辑很容易实现模拟功能，可以模拟比较长远的时间内可能发生的问题，以便事先采取措施消除隐患。为此，管理人员必须熟练运用系统的查询功能，熟悉系统提供的各种信息，致力于实质性的分析研究工作，熟练掌握模拟功能，进行多方案比较，做出合理决策。

（6）物流和资金流的集成性。MRP Ⅱ包括了财务收支和管理会计的功能，可以由生产活动直接生成财务数据，把实物形态的物料流动直接转换成价值形态的资金流动，保证生产和财务数据的一致性。决策人员应会同财务人员及时运用从系统中得到的资金和成本信息，控制成本，随时分析企业的效益。

四、ERP

1.ERP 的概念

20 世纪 90 年代以来，随着信息技术尤其是计算机网络技术的迅猛发展，统一的世界市场正在形成，MRP Ⅱ管理系统经过扩充与进一步完善而发展为 ERP。ERP 系统是由美国加纳特咨询公司于 1990 年提出来的。与 MRP Ⅱ相比，ERP 更加面向全球市场，功能更为强大，所管理的企业资源更多，支持混合式生产方式，管理覆盖面更宽。ERP 是站在全球市场环境下，从企业全局角度对经营与生产进行计划的方式，是制造企业的综合的集成经营系统。

ERP 系统是指建立在资讯技术基础上，以系统化的管理思想，为企业决策层及员工提供决策运行手段的管理平台。具体是利用计算机网络技术解决数据库数量众多，企业内各个系统各自为政、互相割裂、互不兼容的问题。开发 ERP 系统的目的就是为企业提供一个基数的、共享的管理框架和数据库平台，不仅能够将企业内部各个不同职能部门的管理信息集成到统一的共享数据库中，而且还能为各个职能部门提供各自特殊的需求信息服务。

2.ERP 系统的核心思想

ERP 系统的核心思想就是实现对整个供应链的有效管理，主要体现在以下三个方面。

（1）体现对整个供应链资源进行管理的思想。现代企业的竞争已经不是单一企业与另一企业间的竞争，而是一个企业供应链与另一个企业供应链之间的竞争；企业不但要依靠自己的资源，还必须把经营过程中的有关各方如供应商、制造工厂、分销网络、客户等纳入一个紧密的体系中，才能在市场上获得竞争优势。ERP 系统正是适应这一市场竞争的需要，实现了对整个企业供应链的管理。

（2）体现精益生产、同步工程和敏捷制造的思想。ERP 系统支持混合型生产方式的管理，其管理思想表现在两个方面：其一是精益生产思想，即企业把客户、销售代理商、供应商、协作单位纳入生产体系，同他们建立起利益共享的合作伙伴关系，组成一个企业的供应链，消除一切不增值的作业活动，提高快速响应的能力。其二是敏捷制造思想。当市场上出现新的机会，而企业的基本合作伙伴不能满足新产品开发生产的要求时，企业就组织一个由特定的供应商和销售渠道组成的短期或一次性供应链，形成“虚拟工厂”，把供应和协作单位看成是企业的一个组成部分，运用同步工程组织生产，用最短的时间将新产品打入市场，时刻保持产品的高质量、多样化和灵活性，这即是敏捷制造的核心思想。

（3）体现事先计划与事中控制的思想。ERP 系统中的计划体系主要包括主生产计划、物流需求计划、能力计划、采购计划、销售执行计划、利润计划、财务预算和人力资源计划等，而且这些计划功能与价值控制功能已完全集成到整个供应链的管理系统中。另一方面，ERP 系统通过定义与事务处理相关的会计核算科目和核算方式，在事务处理发生的同时自动生成会计核算分录，保证了资金流与物流的同步记录和数据的一致性，从而可以根据财务资金现状追溯资金的来龙去脉并进一步追溯所发生的相关业务活动，便于实现事中控制和实时做出决策。

3.ERP 同 MRP Ⅱ的主要区别

（1）在资源管理范围方面的差别。MRP Ⅱ主要侧重对企业内部人、财、物等资源的管理，ERP 系统则在 MRP Ⅱ的基础上扩展了管理范围，它把客户需求和企业内部的制造活动以及供应商的制造资源整合在一起，形成一个完整的供应链并对供应链上所有环节如订单、采购、库存、计划、生产制造、质量控制、运输、分销、服务与维护、财务管理、人事管理、实验室管理、项目管理、配方管理等进行有效管理。

（2）在生产方式管理方面的差别。MRP Ⅱ系统把企业归类为几种典型的生产方式进行管理，如重复制造、批量生产、按订单生产、按订单装配、按库存生产等，对每一种类型都有一套管理标准。而在 20 世纪 80 年代末 90 年代初期，为了紧跟市场的变化，多品种、小批量生产以及看板式生产等成为企业经常采用的生产方式，由单一的生产方式向混合型生产发展。ERP 能很好地支持和管理混合型制造环境，满足了企业的这种多角化经营需求。

（3）在管理功能方面的差别。ERP 除了 MRP Ⅱ系统的制造、分销、财务管理功能外，还增加了支持整个供应链物料流通体系中产、供、销各个环节之间的运输管理和仓库管理；支持生产保障体系的质量管理、实验室管理、设备维修和备品备件管理；支持对工作流（业务流程）的管理。

（4）在事务处理控制方面的差别。MRP Ⅱ是通过计划的及时滚动来控制整个生产过程，它的实时性较差，一般只能实现事中控制。而 ERP 系统支持在线分析处理，强调企业的事前控制能力，它可以将设计、制造、销售、运输等通过集成并行地进行各种相关的作业，为企业提供了对质量、适应变化、客户满意、绩效等关键问题的实时分析能力。此外，在 MRP Ⅱ中，财务系统只是一个信息的归结者，它的功能是将产、供、销中的数量信息转变为价值信息，是物流的价值反映，而 ERP 系统则是将财务计划和价值控制功能集成到整个供应链管理上。

（5）在跨国（或地区）经营事务处理方面的差别。现在企业的发展，使得其内部各个组织单元之间、企业与外部的业务单元之间的协调变得越来越多、越来越重要，ERP 系统应用完整的组织架构，从而可以支持跨国经营的多国家地区、多工厂、多语种、多币制应用需求。

（6）在计算机信息处理技术方面的差别。随着 IT 技术的飞速发展和网络通信技术的应用，使 ERP 系统得以实现对整个供应链信息进行集成管理。ERP 系统采用客户 / 服务器体系结构和分布式数据处理技术，支持 Internet/Intranet/Extranet、电子商务、EDI 等。此外，还能实现在不同平台上的互操作。

（7）MRP Ⅱ /ERP 的计划层次的差别。MRP Ⅱ /ERP 有 5 个计划层次，即经营规划、销售与运作规划（生产规划）、主生产计划、物料需求计划、车间作业控制（生产作业控制），如表 5-3 所示。采购作业也属于第 5 个层次，但它不涉及企业本身的能力资源。在上面的 5 个计划层次中，经营规划是后面 4 个计划层次的基础和依据，它不在 MRP Ⅱ /ERP 软件的功能范围里；后面 4 个计划层次要依据经营规划层层展开、细化，这 4 个计划层次在 MRP Ⅱ /ERP 软件的功能范围内。

信息技术、管理理论与软硬件技术的发展，推动了整个 ERP 功能的扩展，如图 5-12 所示。

表 5–3　MRP Ⅱ的计划与控制层次

阶段性质	计划层次		计划期	计划时段	复核间隔期	主要计划内容	主要计量单位	资金计划	主要编制依据	能力计划	编制主持人	软件功能
	名称	对应习惯										
宏观计划	经营规模	五年计划	3 ~ 7 年	年	6 ~ 12 月	经营战略，产品发展，市场占有率，销售收入，利润，基建技改措施	元	预算成本 销售收入 利润	市场分析 市场预测 技术发展	企业资源计划（资金人才、关键材料、能源、面积）	企业最高管理层（会同市场、研发生产、物料、财务）	
宏观计划	销售与运作规划	年度大纲	1 ~ 3 年	月	1 ~ 3 月	产品系列（品种、数量成本、售价、利润）/ 控制库存 / 拖欠量	元 / 台、吨	销售收入 资金周转	经营规划 销售预测	物料需求计划	同上	
宏观计划 / 微观计划	主生产计划	无对应近似销售计划	3 ~ 18 周	滚动	周 – 季	最终产品	台 / 件	销售收入	销售与运作规划合同、预测其他需求	瓶颈（关键工序）能力计划	主生产计划	软件功能范围
微观计划	物料需求计划	无对应加工 / 采购计划	3 ~ 18 周	时 – 周	日 – 周	组成产品的全部零部件	件 / 吨 / 米	预算 成本	主生产计划 产品信息 库存信息	能力需求计划	主生产计划员或分管产品的计划员	
执行	生产作业控制	车间作业计划	日 – 周	时 – 日	时 – 日	执行计划 确定工序优先级 派工 结算	同上	成本				

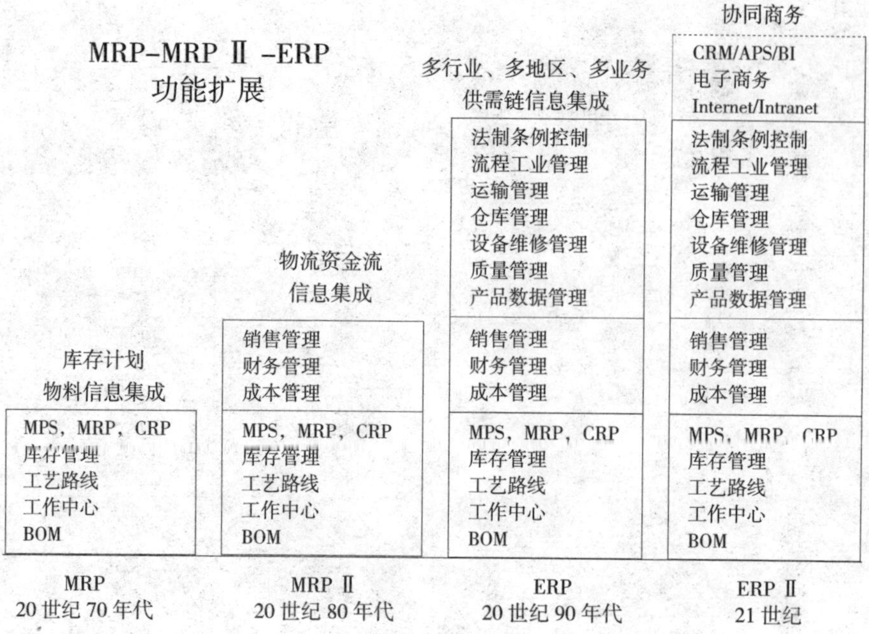

图 5-12　MRP—MRP Ⅱ—ERP 的功能扩展

第三节　供应链环境下生产物流的协调机制

20 世纪 90 年代以后，随着科技进步和生产力的发展，客户消费水平不断提高，行业、企业之间的竞争日益加剧，加上政治、经济、社会环境的巨大变化，使得市场的不确定性大大增加，并且用户的需求呈现多样化、变化频繁的趋势，原有的“纵向一体化”模式已不适合市场发展的需要，企业要想生存与发展，必须制定以尽可能快的速度、尽可能低的成本、尽可能多的产品品种为特征的战略，将主要精力用于发展其核心竞争力，同时尽可能多地利用外部资源。在这种情况下，导致了供应链管理思想的诞生。供应链围绕核心企业，通过对信息流、物流、资金流的控制，从采购原材料开始，制成中间产品以及最终产品，最后由销售网络把产品送到消费者手中，这样连成一个整体的功能网链。供应链间企业相互对整个采购运作过程进行组织、控制、协调。

企业加入供应链的目的是获取至少不小于其未加入供应链时的利润，否则就会增加其脱离供应链的离心力。因此，为避免供应链断裂，并使供应链维持足够的柔性，供应链中的盟主型企业就应制定出相应的利益分配制度，使链上各企业所得收益与其对供应链整体收益的贡献成正比。

生产物流运营在供应链环境下的协调机制包括以下几个方面。

1. 合作机制

供应链合作机制体现了战略伙伴关系和企业内外资源的集成与优化利用。基于这种企业环境的产品制造过程，从产品的研究开发到投放市场，周期大大地缩短，而且顾客导向化程度更高，模块化、简单化产品和标准化组件使企业在多变的市场中的柔性和敏捷性显著增强，虚拟制造与动态联盟提高了业务外包策略的利用程度。企业集成的范围扩展了，从原来的中低层次的内部业务流程重组上升到企业间的协作，这是一种更高级别的企业集成模式。在这种企业关系中，市场竞争策略最明显的变化就是基于时间的竞争和价值链及价值让渡系统管理或基于价值的供应链管理。

2. 决策机制

由于供应链企业决策信息的来源不再仅限于一个企业内部，而是在开放的信息网络环境下不断进行信息交换和共享，达到供应链企业同步化、集成化计划与控制的目的，而且随着 Internet/Intranet 发展成为新的企业决策支持系统，企业的决策模式将会产生很大的变化，因此处于供应链中的任何企业决策模式都应该是基于 Internet/Intranet 的开放性信息环境下的群体决策模式。

3. 激励机制

归根到底，供应链管理和任何其他的管理思想一样，都是要使企业在 21 世纪的竞争中在“TQCSF”（T 为时间，指反应快，如提前期短，交货迅速等；Q 指质量，控制产品、工作及服务质量高；C 为成本，企业要以更少的成本获取更大的收益；S 为服务，企业要不断提高用户服务水平，提高用户满意度；F 为柔性，企业要有较好的应变能力）上有上佳表现。缺乏均衡一致的供应链管理业绩评价指标和评价方法，是目前供应链管理研究的弱点和导致供应链管理实践效率不高的一个主要问题。为了掌握供应链管理的技术，必须建立、健全业绩评价和激励机制，使我们知道供应链管理思想在哪些方面、多大程度上给予企业改进和提高，以推动企业管理工作不断完善和提高，也使供应链管理能够沿着正确的轨道与方向发展，真正成为能为企业管理者乐于接受和实践的新的管理模式。

4. 自律机制

自律机制要求供应链企业向行业的领头企业或最具竞争力的竞争对手看齐，不断对产品、服务和供应链业绩进行评价，并不断地改进，以使企业能保持自己的竞争力和持续发展。自律机制主要包括企业内部的自律、对比竞争对手的自律、对比同行企业的自律和对比领头企业的自律。企业通过推行自律机制，可以降低成本，增加利润和销售量，更好地了解竞争对手，提高客户满意度，增加信誉，缩小企业内部部门之间的业绩差距，提高企业的整体竞争力。

5. 供应链成员动态机制

供应链构成是动态的，其成员一直在不断更替。供应链成员的变动机制即成员的进入与退出机制，其实质即为对参与供应链的企业表现进行不间断的追踪考核，按考核结果对不适应供应链整体运行的企业进行淘汰并重新吸收新的合作伙伴的一系列规则、指标和程序的总和。

【思考题】

1. 生产企业类型及生产流程包括哪些内容？
2. 丰田生产方式的经营理念及特点是什么？
3. 什么是浪费？请分析和复述浪费的形式。
4. 什么是准时化生产？准时化生产的前提及方法有哪些？
5. 看板管理的原则有哪些？
6. 什么是准时化物流？准时化物流的特点有哪些？
7. 准时化物流的控制方法有哪些？
8. 什么是全面质量管理？

【案例分析】

大宝的ERP应用实践

北京大宝化妆品有限公司（以下简称大宝）是专业生产化妆品的大型企业。公司拥有1个新产品开发研究所、7个生产车间、18条生产流水线，1个美容保健品公司、1个美容学校、1个广告公司、1个商业批发公司，是一个集科研、生产、贸易于一体的现代化企业。

1. 大宝上线ERP的起因

现在，ERP已越来越多地影响着企业的各个环节，包括企业人事、财务、物资管理、生产、供应链、销售环节等。知识经济时代的来临，对企业来说意味着变革和创新，而ERP正好迎合了这一要求。

大宝业务的高速增长，也迫使其加快管理系统改造的步伐。在企业内部，由于业务发展迅猛，企业出现产、供、销脱节现象，特别是流动资金占用越来越大，其原因主要是库存大、在制品储备高、生产周期长、不能及时交货，尤其是对异地销售分公司的产品库存及资金不能有效控制。在企业外部，由于市场变化很快，企业所需的部分原材料也出现了供应不足或不稳定的情况。为保持和扩大大宝在国内化妆品市场的领先地位，公司果断决定实施ERP。

2. 实施ERP的三个阶段

大宝的ERP实施按照“突破重点、逐步展开、先易后难、分步实施”原则，把系统建设划分为三个阶段。

第一阶段，以强化企业的市场竞争力为重点，实现以集团财务、销售、物资供应为核心的ERP系统基本框架，并通过远程网络系统对大宝在全国各地的销售网络进行有效管理。通过对公司内部物流、资金流、信息流统一综合控制，进一步强化企业内部的管理，合理配置企业内部资源，降低经营成本。

第二阶段，以降低生产成本为重点，在公司内部的主要生产专业厂全面实施ERP的生产管理系统和成本控制系统。通过对生产过程严密控制，降低物料消耗和制造成本，挖掘生产潜力，提高生产效率，使整个企业的管理水平跃上一个新台阶。

第三阶段，以全面提高企业管理素质为目标，实现客户关系管理、供应链管理与ERP系统的集成，形成企业面向网络环境的管理信息化应用平台。

3. 实施效果

（1）实现信息共享，提高整体运作效率。大宝ERP一期工程实施一年来，公司经营能力和管理水平显著提高。虽然ERP的效能在短期内不能够全面表现出来，但大多数子系统的应用在降低管理费用、提高劳动生产效率、提高资金利用效率和利润率等方面取得了一定的成效，产品产量稳中有升。

（2）加速资金周转，提升企业效益。库存数据的共享与存货的严格控制，使企业不必要库存降为最低，大大减少了存货资金的占压；同时，资金管理的加强，缩短了产品交付周期，加速了资金周转，每年可为企业节省大量开支。

（3）提升了企业核心竞争力。通过ERP强大的信息系统，大宝实现了企业经营业务、财务数据的全面收集和统计分析，及时为管理者提供决策支持，对市场信息做好迅速反应，提升了企业对市场的应变能力，企业的市场竞争力得到大大提升。

（4）实现企业内部一体化管理，提升企业管理水平。大宝总部利用远程通信联网数据库远程复制系统，清除了企业中存在的“信息孤岛”，实现业务数据实时传递和监督管理，能够动态地掌握各分部、库区的财务、业务状况，促进内部物流、资金流、信息流的有效应用，使管理上了一新台阶。

第六章　供应链营销物流管理

第一节　物流与市场营销的关系

一、物流与市场营销的相互影响作用

（一）物流对市场营销的影响

所谓物流指的是通过安排商品的存储、管理与转移，让商品在需要时间内到达所需地点的一种经营活动。其主要任务涉及对原料和最终产品由起始点至最终消费点或使用点的实体移动的具体规划和实行，并且能够在获取一定利润的前提之下，使顾客需求得到满足。

对于市场营销，著名的市场营销学家科特勒是这样定义的：个人或者群体通过创造产品并且同别人进行产品交换从而满足欲望和需求的社会和管理过程。

物流对市场营销具有直接性、决定性的影响，没有高效的物流就不能实现时间和空间效用，即使市场营销方式不断创新，也难以赢得顾客满意。首先，物流的有效性、通畅性和及时性直接决定产品的生产与创新，物流各个环节的成本直接影响产品的价格构成，影响到产品的最终价格。一般来说，产品的制造成本都不足总成本的10%，但是仓存、运输、包装、销售等活动耗费的时间和成本比较多，物流的成本大约能占到产品成本的30% ~40%。其次，物流的网络结构和通达性对产品的分销渠道有直接的影响，由此也影响到消费者接收该产品的方便性。最后，物流进行信息化处理的能力会直接影响到企业与下游客户之间的沟通。

物流对市场营销的具体影响可以从“4P”（Place，分销；Price，定价；Product，产品；Promotion，促销）的角度入手进行分析。

1. 分销策略

在市场营销的过程中，对产品的实物配送在促进产品销售和提高市场份额方面

发挥着重要的作用。提高产品配送的速度，准时送货，可以方便客户随时购买到所需产品，这有助于与顾客之间建立起长期的合作关系，推动企业产品销售。

2. 定价策略

物流除了对分销策略有重要影响之外，对产品的定价策略也有着重要的影响。市场营销部门应该估计出为顾客提供不同水平服务所需的物流费用间的增减和变化，并以此为依据来制定最佳的定价策略。

3. 产品策略

在设计产品的外观及包装产品时，都应该考虑到物流费用和物流的可行性。要使产品的包装规格和标准等既可以保护产品、提高促销功能，又能够方便运输、降低物流成本。

4. 促销策略

一种新的产品是否能够成功地走向市场，除本身因素之外，还取决于其是否有成本合理且充足的原材料。一个有生命力且符合实际的产品开发策略，应该与物流和促销人员进行有效协作。

（二）市场营销对物流的影响

市场营销是对物流进行设计和管理的起始点，物流管理必须要满足顾客在产品多样化以及反应时间迅速等方面的需求。比如企业在经营多种产品的时候，与之相对应的生产、订货、库存、运输等物流问题就会显得非常复杂，这时，采取什么样的市场促销形式，以及对于质量、时间、数量方面的保障，对物流系统的物流服务起着决定性的作用。此外，营销组织对于市场进行的预测是否和实际需求相符，也会直接关系到物流活动的合理性。

1. 营销组合影响物流

根据不同的目标市场确定出与之对应的市场营销组合，以及与之相应的产品运输、装卸、保管、包装等，也会因为营销策略的不同而有所不同。根据市场营销策略进行物流管理，必须从全局高度进行综合思考和统筹安排。

（1）产品策略给物流带来的影响。就产品策略而言，物流活动的采购、顾客控制和库存控制等与之关系较为密切，比如，企业购买的原材料和零配件等会因为产品的衰退期到来而产生库存积压，这时的产品策略就应该和生产计划、库存控制等进行有效协调，从而不断调整物流活动，使之与新产品和产品系列变化相适应。

（2）价格策略给物流带来的影响。产品的价格策略会影响到整个物流活动的深度、广度及其顺畅性。价格策略中给顾客的折扣会影响到产品的订货规模，一次适宜的折扣优惠能吸引顾客们加大订货数量，这时仓库的作业也就趋向于处理大宗货物，运输和搬运作业变得更加高效。要制定一个可以满足市场营销与物流综合需求的定价策略，必须从物流和营销两个方面进行综合考虑。

（3）分销策略给物流带来的影响。销售渠道的畅通、合理对产品至关重要，一定要保持生产至顾客这一项物流活动的快捷畅通。流通渠道各个阶段的整合与管理，都会影响到物流的经济性和格局。销售渠道的策略跟物流活动中的需求量预测、包装运输等有着密切的关系，只有将它们紧密结合，严格在各层次执行，不断提高服务质量，才能使分销策略得以有效实施。

（4）促销策略给物流带来的影响。对公共宣传、广告等促销活动进行大量的投资是对提高销售量的支持，若物流系统不能够及时地把产品送到顾客的手中，那么销售量就得不到扩大。这就需要在营销部门与物流部门间建立起一个便于信息迅速传递的系统，不断地沟通协调促销活动的库存与规模、运输以及顾客服务等的物流环节。整个物流链应该在地点、时间、质量以及产品的多样性等方面由营销部门积极进行促销活动。

2. 营销需求对物流的影响

一个产品的生命周期主要包括引入期、成长期、成熟期和衰退期，顾客需求的服务会随着产品生命的周期变化而不断发生变化，物流活动就应该在不同的阶段为市场营销活动提供支持。

（1）引入期。在引入期，市场营销的主要目的是使潜在顾客认识产品属性，说服顾客购买产品，从而创造出产品的知名度，让新的产品在市场中得以立足。主要策略是提供产品，使用成本加成法来确定价格，进行大量广告宣传与促销，提高产品的知名度。这一时期，物流系统应该在对产品市场前景进行充分预测的基础上，对系统的供给力进行思考，确定的物流策略应有灵活性和产品可得性。

（2）成长期。在成长期，市场营销的核心工作是要尽可能地实现销售量的收支平衡，以扩大市场的占有份额，从而实现盈利目标。主要策略是不断扩大服务保证，依靠广告在大众市场中建立起知名度。这一时期，物流系统应该侧重于物流各个环节中怎么样实现规模经济，平衡服务和成本绩效，从而实现对顾客的服务承诺。

（3）成熟期。在成熟期，市场营销的目标是保护好已有的市场份额，在主要的客户中建设好忠诚度，获得最大的利润。主要策略是重视产品型号多样化和品牌的差异化。这一时期，物流的灵活性和复杂性大大增加，目的就在于满足来自不同渠道的服务需求，核心工作是保证提供给关键客户特殊的服务。

（4）衰退期。在衰退期，市场营销的目标是压缩开支，榨取产品的品牌价值。主要策略是降低产品的价格，撤出衰退的产品，降低广告投入。这一时期，物流活动应维持原有的递送服务，减少物流活动成本，这样万一有产品被剔除，也不至于会冒过多风险。

总之，物流和市场营销之间具有相互影响的作用。所以，在制定营销决策、进行市场营销管理时，应该充分地考虑到物流在市场营销中的作用；在进行物流管理时，也要考虑到市场营销对物流的影响。只有充分地认识到市场营销和物流之间的不可分割关系，找到协调发展、相互促进的途径，企业才能在竞争中不断地推出特色服务，立于不败之地。

二、物流与市场营销的联系

物流与市场营销之间的联系具体表现在实现产品价值、顾客服务、实现顾客满意度、维系顾客忠诚度等几个方面。

1. 实现产品价值方面

市场营销与物流在这方面的目的是一致的。市场营销是从企业生产到流通的全过程来研究产品的实现问题，产品向货币转化，一方面实现了物质资料的使用价值和价值，保证社会再生产继续进行，使社会需求得到满足，保证以货币形式补偿物质资料生产中的必要的耗费，另一方面实现了物质资料实物形态的转移，保证以最短的时间、最少的消耗使该产品从生产地转移到消耗地。市场营销的根本目的就是在产品的交换过程中实现产品的快速转化，被消费者全部买走，尽量减少产品滞销、积压，促进产品价值的实现；物流是社会再生产四大环节——生产、分配、交换与消费中连接生产与消费的桥梁，同样担负着产品价值实现的任务。市场营销依靠物流的强有力支持，通过加快产品在流通环节中的快速转移，减少资金的占压，降低流通费用，节省流通环节的时间，以为顾客提供良好的服务而赢得客户，牢牢地站稳市场。

2. 顾客服务方面

市场营销的三个基本思想是：顾客需求比产品或服务更重要，产品或服务只有在已定位并可获得时才对顾客有意义，数量相对利润来说是次要的。顾客服务最基本的三个方面是：可得性、作业绩效、可靠性。实现可得性就是按顾客订货进行存货准备，于是仓库的数目、位置和储存政策就成了物流系统设计的基本问题；作业绩效可用速度、一致性、灵活性等指标来考核，速度指从订货到货物抵达顾客手中的时间，反映物流作业效率，一致性指随时按照递送承诺加以履行的处理能力，灵活性指处理异常的顾客服务需求的能力；可靠性是指供应商能否及时迅速地提供有关物流作业和顾客订货状况的精确信息，顾客通常不希望发生意外事件，如果他们事先收到信息的话，就能够对缺货或服务递送等意外情况做出调整。如在策划开发研制新产品时，必须要大量收集市场信息，了解顾客的需求，开发最具市场潜力的新产品，由于从事销售和顾客服务的人员处在市场前沿，对市场信息最为敏感，这就要求从事物流活动的人员要有意识地收集该产品及相关产品的需求意见，并及时将信息反馈给市场营销策划部门，为制定产品策略提供可靠的依据。

3. 实现顾客满意度方面

物流活动和市场营销的出发点一致，都是为了满足顾客的需求。满足顾客的需求被看作是隐藏在所有活动背后的动机，市场营销观念主张识别顾客的具体要求，把可利用的资源集中起来去满足顾客的需求，以期对那些需求做出反应。对于物流活动来说，无论产品递送出于何种动机或目的，接受服务的顾客始终是形成物流需求的核心与动力，物流活动表现出的差异化和细分化，正是为了满足顾客的具体要求，其最终目标是使顾客满意。营销的成功依赖于顾客的满意程度，而物流活动正是通过提供高质量的产品和服务让顾客满意。通常市场营销为了让顾客迅速有效地满足需求，促进产品附加值实现，要求物流活动具备三种能力：快速地向顾客提供服务；以平均速度提供服务的稳定性和依赖性；拥有即时交易保有量（即产品销售的库存量）。

4. 维系顾客忠诚度方面

“获得和保持住客户”是市场营销的一个经典定义，而在现实中营销力量集中在“获得”客户上，而不是“保持住”老客户，营销偏重于市场份额的提高，而不是客户忠诚度，但有效的物流系统在保持老顾客的同时，还可以诱发新需求，包括一部分顾客从竞争者处转移过来，以及一部分原先没有该需求的顾客产生需求。

三、物流与市场营销的区别

1. 物流与市场营销各职能绩效评价标准不同

物流与营销二者之间存在交替损益关系，而且各职能都有不同的绩效评价标准，因而有着各自的利益目标追求，而这些目标往往相互冲突。比如，营销部门为了满足消费者的个性化需求，扩大销售量，往往希望小批量频繁生产，但这样就不会获得大批量运输的较低费率而导致较高的运输成本；营销部门希望采用快速的订单处理系统提高顾客满意度，而这样会增加物流信息系统的投资成本；营销部门希望实行较宽松的退货政策，而这意味着逆向物流成本的增加；等等。

2. 物流与市场营销工作在企业中所处位置不同

市场营销是企业前沿的工作，企业的产品能否卖出去，销售额如何，市场营销是关键；物流是企业后勤的工作，在让合适的产品在合适的时间送达合适的地点的同时，成本能否得到控制，物流是关键。营销人员以与外界客户接洽为主，了解客户的市场需求，制订有效的销售方案；物流管理人员则更多地接触供应商和企业内部组织。营销管理更多地考虑如何通过广告、宣传活动和特价、折扣、赠送等方式多卖产品，提升市场占有率；物流管理则更多地考虑在满足市场供应的前提下，如何压缩成本，保障供应。

第二节　物流与营销的一体化发展

物流与市场营销相互作用，能够提高企业的竞争力，增强企业的综合实力，为企业的长远发展提供条件。然而物流管理和市场营销往往因为独立运行而相互脱节，使企业得不到有效的投资回报率，因此企业要成功，必须加强物流管理部门和市场营销部门的合作和沟通，实行一体化管理，保证物流与市场营销的无缝合作，消除物流与市场营销之间的利益冲突，使企业在保证既定顾客服务水平的前提下真正实现总成本最小化。

一、物流与营销一体化的内涵

所谓物流与营销一体化，是指在企业内部物流与营销职能均以满足顾客需求为出发点，彼此信任、相互协调、信息共享、共同决策和共同承担后果。它们不单纯考虑部门利益，而是着眼于企业的整体利益，通过无缝合作，达到提高顾客满意度和忠诚度、获得长期竞争优势的目的。这是在市场竞争日趋激烈的环境下生产企业的一个重要发展趋势。

例如，一家钢铁经销商从事切割标准钢板然后供应给客户进行再加工的增值业务。由于这种业务和其他竞争公司的业务没什么大的差异，所以竞争优势主要建立在价格上。客户往往期望很短的订货期，一般不会就其需求预先发出通知，而是等到需要时才去订货。这给经销商造成了很大的不确定性，原料采购和生产计划的制订往往也受到影响。为降低不确定性、降低成本，采购（物流）、生产和营销部门相互合作，即由销售部门实行一个价格激励计划，促进客户购买并鼓励其做出购买承诺。这样会带来销售收入的增加，而且交货期的预先确定可为采购和生产部门计划的制订和实施提高准确性，降低安全库存水平。一体化管理使该企业的整体经济效益获得了提高。

二、物流与营销一体化的必要性

1. 物流与营销相互作用、密不可分

一方面，物流对营销具有直接性、决定性的影响。物流的有效性、通畅性和及时性直接决定产品的生产与创新；物流成本直接影响产品的最终价格；物流的网络结构直接影响产品分销渠道的通达；物流的效率直接影响促销战略的实施；物流的信息化处理能力直接影响企业与下游客户的沟通。所以，没有高效的物流，就不能实现时间和空间效用，即使营销方式不断创新，也难以赢得顾客满意。另一方面，营销对物流也具有反作用。目前许多企业在产品、价格方面存在很大的雷同性，导致竞争日趋激烈，而消费者的需求越来越个性化，那么顾客服务就成了使生产企业获得差异化优势的重要因素。所以，营销就对物流提出了更高的要求，物流应以营销为导向，符合企业整体营销策略。

2. 物流与营销一体化将提高企业的分销服务绩效

现在有越来越多的企业认识到，以更有效的方式将产品交到顾客手中是赢得差异化优势的重要途径，因此，很多企业开始关注分销服务绩效的测度问题。例如，持之以恒地满足顾客的交货日期和数量要求的能力、对主要顾客的需求做出反应的能力、交货延迟或产品短缺时预先通知顾客的能力等都是测度指标。许多成功企业都非常重视分销能力，通过提供量身定做的差异化服务与主要顾客建立起良好关系，快速反应系统、高效顾客反应系统和即时供应等方法的扩大应用，都说明了分销服务是如何提供顾客附加价值的。这些做法往往把分销服务看成企业的核心竞争力，通过控制库存、及时交货、低缺陷率和较低的销售额损失或较少的退货等赢得顾客满意。

成功的分销服务依赖于营销与物流之间的协调程度。如果营销与物流间的工作关系较差，就会缺乏对提供优质顾客服务至关重要的协调和沟通。缺乏协调可能带来的结果是：企业销售人员做出的承诺并没有跟物流部门预先沟通过；促销并不与交货计划同步；不能按要求的方式交付货物，因为物流部门认为那样做并不是最有效的方式。因此，提供优质顾客服务的总目标可能因缺乏跨职能的协调而无法实现。有关研究表明，通过共同明确责任，共享观点、信息和资源，并组成一个团队为解决经营问题一起工作，这种协调性的营销和物流跨部门关系有助于企业提供优质的顾客服务。

3. 物流与营销一体化将有效权衡二者的交替损益关系

由于物流与营销之间存在交替损益关系，且各职能具有不同的绩效评价标准，

因此导致了各自不同甚至相互冲突的利益追求目标。所以，企业必须实现物流与营销的一体化发展，没有一体化管理，企业就不能从整个企业利益的角度协调物流与营销，不能保证物流与营销的无缝合作，就更谈不上降低产品的交付成本和提高顾客服务水平。只有实现一体化管理，才能使一个职能领域活动变化所产生的影响与其他职能领域相平衡，消除物流与营销之间的利益冲突，使整个企业在保证顾客服务水平的前提下真正实现总成本最小化。

综上所述，只有将营销策略和物流实行一体化的战略，才能使企业保持持续性的竞争优势，获得良好的绩效。

三、我国企业物流与营销一体化现状

一体化是在市场竞争日趋激烈的环境下企业谋求生存和发展的重要战略，也是企业发展的大势所趋。企业一体化大体上分为内部物流一体化、内部跨职能一体化和外部一体化三个阶段，在企业寻求实现外部一体化之前，首先应实现内部物流一体化和内部跨职能一体化。在发达国家的企业中，20 世纪 70 年代就实现了物流职能的一体化，即将分散在各个不同部门的物流活动进行统一运作与管理，消除了部门间的利益冲突，不仅降低了物流总成本，也提高了顾客服务水平。20 世纪 80 年代，企业又设法将物流与其他职能紧密协作，提升了整个企业的获利能力。随着经济全球化的飞速发展、竞争的日益加剧，为强化核心竞争力，在 20 世纪 90 年代，企业开始转向外部一体化，将物流或其他业务外包，交由第三方经营，或与外部企业寻求战略联盟，以整个供应链的整体优势参与国际竞争。

与此相反，我国目前大多数企业尚未实现物流职能一体化，更谈不上包含营销与物流一体化在内的跨职能一体化和跨企业的外部一体化了。大多数企业都是将运输、仓储、装卸搬运、包装等物流活动分散在不同职能部门，没有纳入一个部门对物流活动进行系统规划和统一运作管理，企业的物流运作效率低下、成本高昂、订货周期长、顾客满意度低，长期竞争优势丧失。仅以物流成本为例，目前美国的物流总成本约占 GDP 的 8%，日本占 GDP 的 11%，而我国则占 GDP 的 20% 左右。少数企业实现了物流内部一体化，但营销与物流部门之间往往并不相互协商和沟通，事实上，二者之间的关系仍以冲突和缺乏沟通为主要特点。

四、推动企业实现物流与营销一体化应解决的主要问题

鉴于我国企业物流与营销一体化水平低下的现状，为了提高中国生产企业的市

场竞争力，应对入世后国外企业的挑战，振兴民族工业，从总体上看，我们应注意解决以下问题。

1. 加强有关企业一体化的研究和宣传，转变企业观念

我国企业一体化管理的理论和实践都处于起步阶段。与日本、美国相比，我国学者在企业一体化的研究方面起步较晚，虽然至今已取得了一些有益的成果，但实际进展仍然很慢。据作者检索到的文献资料来看，包含物流与营销一体化在内的有关跨职能一体化的研究极少，而现有研究也比较零散、粗浅，缺乏可操作性。不少企业对有关一体化的思想并不了解，严重影响了它的实施。因此，理论学术界应重视加强相关研究，尤其要注意和企业的实际情况相结合；大学应该设立相关课程，为培养人才服务；企业应积极组织并参加有关研讨会；等等。通过加强一体化管理的启蒙教育，使企业真正认识到一体化管理的重要价值，转变传统经营管理理念，以谋取更大的生存和发展空间。

2. 改变企业绩效测度和激励机制

组织的绩效评价和奖励体系是企业可以用来激励跨职能合作的机制，充分合理的激励能抑制职能的自我利益追求以实现总体经营战略目标。如果职能之间在工作中彼此相关，就不能将评价与奖励机制建立在考核单项职能绩效的基础上。为了推动部门之间的一体化，营销与物流人员必须被鼓励优先考虑流程的需要而不是某个具体的工作职能。因此，企业若能建立肯定合作和团队工作的绩效评价与奖励机制，就往往会实现较高水平的营销与物流跨职能一体化。

（1）绩效评价和奖励机制应建立在顾客服务绩效的基础上。通过对营销与物流跨部门的协调给予肯定和奖励，就有可能提高跨职能领域的合作和共同解决问题的程度，这也会鼓励信息共享和建立起支持合作的企业文化。

（2）将跨职能协调明确视为对营销和物流所有人员进行绩效评价的重要因素。应当明确，利己行为将被惩罚，合作行为将得到奖励。

（3）使用能反映出两个职能贡献的绩效指标。比如，顾客服务调查和高层管理者拜访主要客户的反馈结果，都可以用作确定额外奖励的基础，而不是用对某一职能进行绩效测度的专门指标，如新增销售量或物流成本的削减量。

3. 改变企业传统组织结构

对于目前的多数中国企业来说，因受制于第三方物流市场发育不够健全、经营的安全性考虑等各种因素，把物流业务完全外包还不大可能，因此必须由企业自己进行一定程度的物流活动的自营与管理。为了降低成本，提高运作绩效，企业要从改造组织结构入手。首先把分散在各职能部门下的物流活动分离出来，成立一个专门的物流管理部门，设立物流经理一职，其地位和其他职能部门经理一样，直接向

总经理负责。物流部门可下设采购、配送、运输等分部门，将物流资源整合重组后，使得各物流活动从管理上实现一体化。为了避免专为本企业服务而可能造成的资源浪费、人员懒散等现象，可以进一步将物流部门分离出来，成立物流子公司。子公司实行独立核算、自主经营，不仅在企业集团中起到服务、支持作用，还可和集团外的其他企业建立紧密或松散的业务关系，接受其他企业的物流委托，进行物流经营服务活动。其他职能部门如生产、研发、营销等要与物流部门或物流子公司彼此协调、相互沟通，从降低总经营成本、提高顾客服务水平的总体大局出发，搞好业务环节的衔接。不过，从长期来看，为了应对日益激烈的全球性市场竞争，企业还要适应供应链管理的要求，有计划、有步骤地进行组织结构的进一步改革，建立以流程为中心的组织。

4. 采用先进信息技术，实现信息共享

物流与营销一体化离不开信息技术的强力支撑。近年来很多企业借助于计算机提高了管理工作效率，但是，企业在开发单个部门的应用程序时，往往没有一个统一的总体设计，没有建立一套规范的管理基础，各个单项业务之间即使联上网也很难形成一个有机的整体，难以进行信息共享和整体优化。因此，企业必须实现信息集成，即任何一个数据，由一个部门一个员工负责录入系统中后，都立即存储在指定的数据库中，并自动显示在所有相关的记录和报表上，所有管理人员都可以方便地使用数据并按照同一、实时信息做出决策，从而迅速响应环境变化，争取主动。具体而言，企业可以建立 MRP 或 ERP 系统，也应重视采用 EDI 或互联网技术，使物流与营销部门能够分享业务计划、顾客信息、库存情况等信息，使多余的交接工作、不确定性和延误程度降到最低，大大加快对顾客需求的反应速度。

第三节 供应链营销物流管理

全球经济一体化的大趋势给企业带来了难得的机遇和严峻的挑战，企业面临着不断急剧变化的市场需求及缩短交货期、提高质量、降低成本和改进服务的压力。企业只有建立高效的供应链，才能形成持久的竞争优势，在激烈的市场竞争中永立潮头。英国著名供应链管理专家马丁·克里斯托弗曾经指出：“世界的竞争不再是企业与企业之间的竞争，而是供应链与供应链之间的竞争。”引入供应链管理理念及方法，在企业界已形成共识。在供应链管理时代，企业营销将不再是简单的多种营销模式的加总，而是建立在客户关系管理的基础上，通过快速响应顾客需求以提高顾客价值的活动。供应链管理的实施对供应链成员的营销活动提出了更高要求。物流能力不仅直接影响着企业的销售业绩，而且全面提升企业营销力、最大限度降低营销成本、持续地吸引和满足顾客在很大程度上受企业物流管理能力和决策的制约。只有把营销和物流结合起来考虑，才能实现营销和物流相辅相成的促进作用，为实现企业目标、提升企业竞争优势提供强劲的支持。

一、供应链营销物流管理的内涵

（一）营销物流的概念

跨国企业将生产外包出去，将物流委托给第三方，以便更贴近最终用户、聚焦客户需求，粗看起来这些环节似乎被打散了，缺乏相关性，实际上，在这些环节背后有一条暗线贯穿始终——营销物流。营销物流与生产、采购物流在很长时间内都被笼统地混称为“物流配送”或“储运”，它很少被当作一个单独的概念。1958 年，西方经济萧条、企业利润缩减，导致新经济环境产生，在这种情况下，营销物流才逐步以独立的面目登上销售营运舞台。

营销物流是指为最大限度地满足消费者需求，并达到企业营销的目标，通过产品需求调研、预测、计划、订单管理、运输、库存管理、物流信息系统管理、客户关系管理等环节的运作一体化，组织、实施与控制所有营销物品的高效率移动和储存，不断降低营销成本，提升与优化营销服务。

营销物流是一个全新的概念，也是市场需求链和企业供应链的交集中最具活力的环节。美国经济学家鲍尔·康柏斯提出：物流是“市场营销的另一半”。营销物流的使命是围绕市场需求去计划最可能的供应，在最有效和最经济的成本前提下，为顾客提供满意的产品和服务。作为一种复合型的物流状态，营销物流系统要面对诸如营销供应、采购、成本控制、生产外包、供应商联盟、第三方物流、渠道库存、客户服务等环节，进行全方位的组织、统筹、控制、跟踪以及评估管理计划和控制范畴。因此营销物流活动牵涉到许多部门的运作，其主线是及时、有效地围绕客户需求进行整合服务，满足客户对产品的现实及潜在需求。在整个物流供应链过程中，营销物流是最贴近顾客需求的物流环节，与营销相伴相生，互相影响和促进。营销物流在产品流转过程中传递物的信息、提供输送服务并将顾客信息反馈给生产销售环节，从而使生产销售与市场的联系更加紧密，营销计划的制订更为准确有效，最终使供应链企业成本下降、利润上升。

因此，营销物流的管理者必须具备多方面的专业知识和经验，更重要的是，要具备开阔的视野、相当强的协调和沟通能力，并以客户需求为准绳。营销物流是价值链系统新的表现形式，它整合了企业内外部后勤，协调控制生产与输出，执行和优化营销活动的产品服务，最终使企业以客户需求为“第一动力”，持续而健康地推动企业良性发展，不断降低成本、扩大利润。

（二）供应链营销物流管理的内涵与特点

供应链营销物流是指在商品从加工原材料开始直到最终到达消费者手里的整个过程中，参与该商品价值形成活动的上下游企业所进行的营销管理及其物流活动而相互连接形成的网络。

在全球供应链一体化的大趋势下，营销物流供应链也具有了新的时代特征，其特点主要表现在以下几个方面：系统性与协同性；系统稳定性与弹性的平衡；建立在现代电子信息技术基础上；不可控性和变异性较高。

（1）系统性和协同性。整个供应链就是一个系统，系统的效率和效益取决于供应链上下游企业协同的效果。要想对市场需求做出快速反应，就必须要求供应链上的节点企业同步采取行动，加强彼此间的协调与合作。具体来说，就是要求供应链上的上下游企业根据最终需求市场的信息，制订采购、生产和分销配送计划，使供应链上的存货在一个顺畅的渠道中有秩序地流动。仅仅靠单个企业内部营销物流系统的整合，是无法做到快速、高效地响应市场需求的。

（2）系统稳定性与弹性的平衡。客户的要求千差万别，面对不同的顾客，营销物流系统必须具有足够的弹性和张力，以尽快响应不同的需求和应对客户需求的不断变化。面对难以预计的变数，要能够与供应链上下游企业尽快取得步调的一致，同时还要维持相对稳定的运营系统，以较低成本保证较高的产品质量和优质的服务。

（3）建立在电子信息技术基础上。信息技术实现了数据的快速、准确传递，提高了采购、生产计划和控制、仓库管理、装卸运输、订货、配送发运、订单处理的自动化水平，使订货、生产、运输、仓储、流通加工等实现了一体化。营销物流强调企业内部各部门之间以及与其他企业间业务的协调与合作，这需要运用信息技术，通过企业间的信息共享和实时沟通来实现；营销物流还强调高效率、低成本，这也需要借助于现代先进的信息管理系统，如 MRP Ⅱ、ERP 等企业供应链管理系统，提高管理和运作的效率。总之，营销物流所追求的高效率、低成本以及对客户需求的快速响应等目标的实现，都离不开现代信息系统的支持。

（4）不可控性和变异性较高。由于营销物流经常直接面对终端客户，而客户具有分布不均匀性、时间随意性等特点，所以存在着多种不确定的客观差异，可控性较差，再加上顾客的需求日益呈现多样化、个性化趋势，导致变异性较高，从而给营销物流标准化、可靠性监控和评估、持续追踪等方面造成一定难度。此外，顾客重视的服务要求的不一致，也造成营销物流服务标准的制定和绩效考核尺度难以确定。

二、供应链营销物流管理系统的构成

供应链营销物流管理系统是一个集信息、计划、产品储运、客户服务系统于一体的整合体系，它是由相互作用、相互联系、相互依赖的若干子系统结合起来的具有特定功能的有机整体。其主要由需求管理系统、配送系统、客户关系管理系统和信息系统组成。

1. 需求管理系统

供应链环境下的需求管理系统是企业基于互联网，通过扩展的供应链技术来了解、预测和管理客户需求的多特征、多维度的解决方案。需求管理系统综合考虑客户生产信息、需求信息、历史订货情况、市场综合信息及公司战略目标，利用网络技术、数据库技术、数据挖掘技术、统计预测技术和管理方法等，按不同要求对需求信息和历史订货数据进行加工处理，并根据职能和权限共享各种信息，对市场和生产条件的变化快速做出反应。需求管理系统一般包括市场信息收集和预处理、需求预测、计划制订、综合评价和战略用户协同等模块。通过需求管理系统可以提高销售收入和收益率、扩大市场占有率、提高客户服务水平、提高企业资源利用率、降低库存水平和缩短计划周期时间，同时也可以降低客户的库存量和资金的占用。一个好的供应链系统的需求管理系统，需求计划精度可以提高 5%，企业收入可以提高 1%。

2. 配送系统

配送是供应链营销物流系统中增值空间最大的一个环节，也是营销的重要手段。准确而稳定的配送活动可以在保证供应的同时，降低营销总成本；集中而高效的配送活动可以在简化营销程序、缩短营销渠道的同时，提高营销物流系统本身的效率及服务水平，赢得更多的消费者；合理而顺畅的配送活动，可以降低营销物流系统的单位成本。配送系统是连接企业商流、物流、信息流的交汇点，承担着各企业所需商品的进货、库存、分拣、加工、运输、送货和信息处理等任务。配送系统通过集中零散库存，减少了流通环节，起到了降低流通费用、增强库存调节功能、加快存货流转、减少流动资金占用、降低物流成本和采购成本、增加商品附加价值、提高配送业务及时性和准确性、提高顾客满意度以及提高综合竞争力的作用。配送系统是一个复杂多变的系统，而且几乎涉及了货物筹集、存储、分拣、配送加工、配装、配送运输等物流的全部要素，可以说是一个小型的物流系统。供应链环境下的营销物流配送系统要更加关注配送加工，市场需求的多样化决定了配送加工对增加服务内容、提高客户服务水平具有重要的推动作用。配送加工是顾客化的重要手段，通过配送加工，可以提高营销物流的运作效率。对供应链环境下营销物流配送系统的要求，从本质上讲就是准确、快速、效率及个性化。其中准确与快速是营销物流的生存之本，只有在满足快速、准确的前提下，才能发展个性化服务，提高企业运作效率。总体来说，为提高企业的持久竞争优势，企业必须建立一个对环境反应敏捷、迅速、高效的营销物流配送系统。

3. 客户关系管理系统

从供应链视角来看，客户关系管理系统是基于供应链一体化，通过供应商合作伙伴关系和客户关系，实现信息共享、资源互补、多方互动和客户价值最大化，并以此提升企业竞争力的管理系统。营销物流客户关系管理系统作为企业信息系统的一部分，主要管理客户关系，但是作为供应链客户需求信息的源头，它引领着整个供应链的动向。它并不是单纯的管理软件和技术，而是融入企业经营理念、生产管理和市场营销、客户服务等内容，以客户为中心的管理系统，它使销售不再只是一个部门的事情，而是整个企业的事情。客户关系管理系统将原有各部门的工作流程进行整合，体现了“以客户为中心”的理念。系统分为两部分，一是与客户直接接触的前台系统；二是后台业务操作支持系统。前台各部门将在业务处理过程中收集到的客户资料经过汇总、加工，然后存储在客户资料数据仓库中，所有信息经过动态加工处理系统处理后，就可以智能化提供各类决策支持。

4. 信息系统

物流是物流信息驱动的业务过程，供应链营销物流信息系统是企业营销物流系统的灵魂。信息化作为企业实现差异化营销的有力武器，其重要性不仅体现在可以解决企业物流系统中存在的问题，企业还可以根据营销目标的要求，重新设计并实施新的物流解决方案，全面构建企业的核心竞争力。

（1）优化业务流程，支持科学决策。营销物流信息系统管理的范围广泛，包括采购、销售计划、供应商的选择、顾客分析等。可以利用营销物流信息系统的强大功能汇总和分析大量物流数据，挖掘潜在的信息价值，寻找存在的问题和新的机会，优化企业业务流程，充分利用资源，做出更加合理的决策。

（2）提高响应速度，缩短物流周期。营销物流信息系统可以将各种信息聚集在物流中心，经过加工、处理再传播出去。网络化的营销物流信息系统有利于企业间实现数据共享，使物流信息更加准确、全面和流畅；信息管理的敏捷化、实时化，提高了企业对顾客需求的响应速度；通过优化和整合流程，可以缩短物流周期。

（3）改善物流功能，提高物流效率。营销物流信息系统通过在供应链伙伴间建立信息化的沟通手段，使各物流环节之间协调运作，实现物流信息的实时互动，对资源进行高度化整合，极大地改善了物流功能，提高了物流的运作效率。物流是大范围的活动，物流信息源点多、分布广、信息量大、动态性强、信息价值衰减速度快，要求能够迅速进行物流信息的收集、加工、处理。因此，供应链环境下营销物流信息系统的构建必须满足以下要求：分布性，异构性，可重构、可重用和可扩展，以及系统之间的合作性。营销物流信息系统的规模必须能够随着企业和企业动态联盟规模的变化而变化，规模的可扩展性保证了信息系统能够通过系统重构和软件重用来实现系统的规模可变。供应链是一个动态的合作竞争的系统，不断地通过增加具有核心竞争优势的企业、淘汰失去竞争力的企业来提高整个供应链的竞争力。随着供应链的竞争优势不断提高，其规模也不断扩大，所以营销物流的信息系统必须具有良好的可拓展能力，使脱离供应链的企业能够顺利离开，使愿意参加进来或有资格参加进来的企业能够顺利加入。只有动态的不断更新的供应链才能维持持久的竞争优势。在供应链管理时代，要做到及时、准确地了解顾客需求，迅速给以响应，客户关系管理系统起着重要作用；提高预测的准确性及计划的可执行性，使生产顺利进行，是需求管理系统的责任；需求管理系统与客户关系管理系统可以通过信息系统进行实时有效连接，及时掌握需求信息和客户资料，在此基础上准确预测并对计划进行及时修订；降低成本、提高配送速度、提供增值服务以及延迟策略的实行，配送系统起到主要的支持作用；实时策略和敏捷策略等的实施，需要依靠信息系统的支持，信息系统就像神经系统一样贯穿在企业的各个部门，可以使企业敏锐地把握消费者需求，及时地加以满足，低成本、平滑、高效地运行，不断构筑自己的核心竞争优势。

三、供应链营销物流管理的影响因素与流程再造

（一）供应链营销物流管理的影响因素

1. 物流系统设计

物流系统设计也称通道设计，是供应链系统设计中最主要的工作之一。在供应链的设计（建设）中，创新性的管理思维和观念极为重要，要把供应链的整体思维观融入供应链的构思和建设中，企业之间要有并行的设计才能实现并行的运作模式。

2. 运行环境

构建和设计一个供应链，一方面要考虑供应链的运行环境（地区、政治、文化、

经济等因素），另一方面还应考虑未来环境的变化对实施供应链的影响。因此，我们要用发展的、变化的眼光来设计供应链，无论是信息系统的构建还是营销物流供应链系统设计都应具有较高的柔性，以提高供应链对环境的适应能力。

3. 企业因素

从企业的角度来看，供应链的设计是一个企业的改造问题，供应链设计所涉及的内容任何企业或多或少都有在做。因此，在进行营销物流供应链的设计与重建时，需要新的观念、新的思维和新的手段，这是我们实施供应链所要明确的。

4. 营销模式

供应链设计既是从管理新思维的角度去设计营销渠道，也是先进营销模式的客观需要和推动的结果。如果没有复合营销、网络营销这些先进营销模式的出现，集成化供应链的管理思想是很难实现的。供应链管理适应了这种趋势，因此，供应链的设计应把握这种内在的联系，使营销物流供应链管理成为适应先进营销模式发展的先进管理思想。

（二）供应链营销物流流程再造

优化供应链营销物流的一个关键是再造供应链的流程，以满足客户要求。再造的目的是迅捷地做出重大改变。即彻底地对业务流程进行再思考、再设计，并以成本、质量和速度等关键绩效指标衡量，实现供应链的重大改进。一般而言，需经历以下几个阶段。

（1）分析营销物流供应链市场竞争环境；

（2）分析营销物流供应链渠道成员现状；

（3）提出供应链设计项目；

（4）提出营销物流供应链设计的目标；

（5）提出组成营销物流供应链的基本框架；

（6）分析和评价供应链设计的技术可能性；

（7）设计营销物流供应链；

（8）检验营销物流供应链；

（9）实施营销物流供应链。

上述这些活动必须得到整个供应链成员的协调支持，纳入供应链渠道成员的整体管理计划，在整个营销物流供应链系统中实施。

四、供应链营销物流管理技术

（一）计算机决策技术

现代计算机技术、统计学和运筹学管理方法为营销物流提供了许多应用技术，同时企业面临着越来越复杂的市场局面，也迫切需要量化的分析工具和方法来进行科学有效的决策。例如未来服务容量及维修中零配件需求的预测问题、交货时间控制及服务进度管理问题、建立顾客服务标准和评价体系问题、顾客满意度测量问题等，企业面临的这些问题，采用传统定性方法和经验估计决策是无法提高营销效率和服务水平的。国际上很多知名的跨国企业采用了大量的量化分析方法和工具帮助制定决策，既降低了成本，同时又满足了顾客的需要，这也是这些企业拥有较高质量的服务水平和较高顾客满意度的原因。

1. 预测与数据分析方法

当过去的数据包含了预测数据的全部或部分信息，当营销物流项目的发展变化同时受多个因素的影响时，可以采用时间序列法和因果回归法。

2. 数学规划方法

资源利用、成本控制、供求平衡、运输、任务分配等问题是企业竞争的关键问题。这些问题涉及资源各种匹配方案的比较，同时也涉及每一种方案成本和效益的衡量，必须应用数学和计算机技术进行量化分析。

3. 运筹学方法

营销物流中常常会出现顾客因为交货时间、等待时间过长或者服务周期达不到要求而不满意的现象，这些不满意因素大部分需要通过改进服务流程和调整或压缩服务项目，以及对时间、费用、人力进行重新规划来加以改进。在这方面，可以采用运筹学中的关键路径法和计划协调技术及计算机技术来进行管理。

4. 德尔菲法 / 层次分析法

营销物流中的许多项目受主观因素和人为因素的影响较大，使用数学模型和计算机工具所得出的结果难以准确反映事实，因此，可以应用德尔菲法 / 层次分析法进行风险量化评估和方案选择分析。

（二）营销物流管理技术工具与操作步骤

1. 零配件需求预测、销售预测、服务容量预测

主要的技术工具有 Excel 表和 CB Predict 软件，采用的技术方法包括时间序列

法、因果分析法等。其操作步骤是：首先，列出市场调查数据，通过观察对异常数据、缺失数据进行处理，观察数据是否具有周期性，如果有周期性则首先找出周期性特征，去除数据中的周期性特征；其次，建立不同的预测模型进行分析，对预测模型进行评价。

2. 资源利用、成本控制、供求平衡、运输及任务分配

主要采用数学规划方法，通过 Excel 表对营销物流活动进行成本控制或计算最大收益。其操作步骤是：首先，分析问题，确定决策变量与目标方程，列出所有的约束条件；其次，在 Excel 表中建立模型；再次，测试模型的准确性；最后，对实际问题进行求解分析，再考虑综合因素制定决策。

3. 营销活动及售后服务环节：管理服务周期、控制交货时间、规划进度安排

主要的技术工具是关键路径法和计划协调技术，国际上通常采用的技术工具包括 MS Project 软件、Excel 表和 Rational Rose 软件。其操作步骤是：首先，列出服务项目、各项目服务时间以及项目的先后顺序；其次，利用 MS Project 软件计算项目完成周期，找到关键路径；再次，调整关键路径，使之达到顾客满意标准；最后，优化方案。

4. 顾客服务标准以及顾客满意度测量

对软指标进行量化分析可采用德尔菲法和层次分析法，如服务态度、顾客满意度等。国际上通用的技术工具有 Excel 表和 AHP 软件。在运用量化分析工具时，也要按照标准步骤进行分析，即建立评价体系（目标 / 准则 / 方案）—综合比对结果—构造比对矩阵—逐一计算归一化矩阵—逐一进行一致性检验—对总体的一致性进行检验—计算最终比对结果。

五、供应链营销物流的实现方式

供应链营销物流的实现主要有三种模式：生产企业自己组织营销物流，第三方物流企业组织营销物流，用户自己提货。

1. 生产企业自己组织营销物流

这是在买方市场环境下的主要营销物流模式之一，也是我国当前绝大部分企业采用的物流形式。生产企业自己组织销售物流，实际上是把销售物流作为企业生产的一个延伸或者看作是生产的继续。生产企业销售物流成了生产者企业经营的一个环节，而且，这个经营环节是和用户直接联系、直接面向用户提供服务。在企业从“以生产为中心”转向“以市场为中心”的情况下，这个环节逐渐变成了企业的核心竞争环节，已经逐渐不再是生产过程的继续，而是企业经营的中心，生产过程变成了这个环节的支撑力量。

生产企业自己组织销售物流的好处在于，可以将自己的生产经营和用户直接联系起来，信息反馈速度快、准确程度高，信息对于生产经营的指导作用和目的性强。企业往往把销售物流环节看成是开拓市场、进行市场竞争的一个环节，尤其是在买方市场的前提下，会格外看重这个环节。

生产企业自己组织销售物流，可以对销售物流的成本进行大幅度的调节，充分发挥其“成本中心”的作用，同时能够从整个生产企业的经营系统角度，合理安排和分配销售物流环节的力量。

在生产企业规模达到销售物流规模效益的前提下，采取生产企业自己组织销售物流的办法是可行的，但不一定是最好的选择。主要原因是：一是生产企业核心竞争力的培育和发展问题，如果生产企业的核心竞争能力在于产品的开发，那么销售物流可能会占用过多的资源和管理力量，对核心竞争能力造成影响；二是生产企业销售物流专业化程度有限，自己组织销售物流缺乏优势；三是一个生产企业的规模终归有限，即便是分销物流的规模达到经济规模，延伸到配送物流之后，就很难再达到经济规模，因此可能反过来影响市场更广泛、更深入的开拓。

2. 第三方物流企业组织营销物流

由专门的物流服务企业组织企业的营销物流，实际上就是生产企业将营销物流外包，将营销物流社会化。

由第三方物流企业承担生产企业的销售物流，其最大优势在于：第三方物流企业是社会化的物流企业，它向很多生产企业提供物流服务，因此可以将企业的销售物流和供应物流一体化，将很多企业的物流需求一体化，采取统一解决的方案。这样就能够做到专业化和规模化，从而从技术和组织两方面强化成本的降低和服务水平的提高。在网络经济时代，这种模式是一个发展趋势。

3. 用户自己提货

这种形式实际上是将生产企业的营销物流转嫁给用户，变成了用户自己组织供应物流的形式。对销售方来讲，已经没有了营销物流的职能。这是在计划经济时期广泛采用的模式，将来除非在十分特殊的情况下，这种模式将不再具有生命力。

第四节　供应链营销物流管理策略与发展

一、供应链营销物流管理策略

供应链一体化改变了企业的营销环境，使企业营销具有了新的特点，对营销物流也提出了新的要求，企业要实现预期的营销目标，形成供应链企业的核心竞争优势，必须有针对性地选择营销物流供应链策略。总体说来，环境不同、产品特性不同，所选择的策略也不同。当提高顾客需求响应速度成为竞争的主要因素时，典型的策略选择是实时物流策略；当产品个性化成为竞争的主要因素时，典型的策略选择是延迟物流策略；当质量和成本成为竞争的主要因素时，典型的策略选择是精益物流策略；当交货期或上市时间成为竞争的主要因素时，出现了“基于时间的竞争”，典型的策略选择是敏捷化策略。营销物流管理策略的选择应根据供应链成员的总体战略和策略，有针对性地进行。

1. 实时物流策略

实时物流策略是通过使用最新信息技术和现代物流技术来积极地消除物流业务流程中管理与执行的延迟，从而提高供应链各成员整个物流系统的反应速度与竞争力，提升物流服务水平的一种物流管理策略。该策略的实施除了要求具备先进的信息技术和现代物流技术，还要求供应链各成员通过业务流程再造，使物流系统达到标准化、自动化、信息化、无缝化和协同化的要求。实时物流策略关注整个营销物流系统的反应速度与低成本；不仅追求生产、采购、销售系统中物流活动的协同、一体化运作，更强调营销物流系统与整个供应链系统的融合，形成以供应链主导企业为核心的大系统中的物流反应与执行速度，使商流、信息流、物流、资金流“四流合一”，真正实现企业追求“实时”的理想目标。

2. 延迟物流策略

延迟物流策略是一种基于时间的物流管理策略，是一种能减小预测风险的策略。由于延迟策略将产品的最后制造和一些物流作业延迟至收到客户订单后再进行，虽然减少了物流预测的风险、满足了客户的个性化需求和批量规划，提高了系统的反应速度，但由于时间的限制，也增加了物流成本上升和违约的风险，因此需要实时策略的配合。实时策略通过各个运作环节的信息共享，实现了各个环节的无缝对接和实时运作，提高了物流系统的反应速度，既降低了违约的风险，也降低了物流成本。可见，实时策略和延迟策略是一对很好的营销物流供应链组合策略。

3. 精益物流策略

精益思想起源于日本丰田的精益生产方式。精益生产是指以最小化资源（包括时间）来完成企业的生产活动，在整个生产过程中，找出并且尽力消除生产中的一切不增值活动。消灭浪费是精益思想的核心。在精益物流策略中，我们将精益思想引申、延展到营销物流供应链管理的全过程，即追求供应链成员营销物流系统的低成本、高效率运行，以及供应链和顾客的价值最大化。营销物流强调低成本、高效率的物流服务，以及对消费者需求的快速反应，精益物流策略通过对企业整个营销物流系统流程的精益管理和控制，实现成本的节约和效率的提高，通过强化系统流程的增值环节、消除浪费，来保证企业和顾客价值的最大化，缩短产品的开发周期，提高对顾客需求的响应速度，从而提高企业营销物流系统服务水平。

4. 敏捷化策略

1991 年美国通用汽车公司和里海大学共同提出了敏捷制造的概念。营销物流敏捷化策略是指在快速多变的市场环境下，通过企业内外各种资源的优化整合，寻求在速度、柔性、质量、获利能力、创新主动性等方面取得竞争优势，从而使企业及其供应链的业务活动与顾客需求无缝对接，达到低成本、高质量及快速响应的目标。

通过上述策略，借助于供应链的集成思想，以现代信息技术为支撑，对顾客需求快速响应，迅速组织各种资源，以最低成本生产出最适合顾客需要的产品，实现营销者与消费者价值的最大化，是营销物流供应链系统优化的主要途径。

二、供应链营销物流管理发展趋势

1. 决策系统化——追求企业物流活动的整体优化

物流管理绝不等同于企业的运输管理、储存管理、搬运管理等单项职能管理，也不是它们的简单相加。从市场营销战略的意义上来讲，物流管理就是把分散的产品实体活动转变为系统的物流活动，协调生产、财务、销售及机构的决策，使适销对路的产品以适当的批量、在需要的时间到达用户指定的地点。为此，在企业内部必须贯彻标准化作业和目标管理的原则，在更新改造物流设施的同时，对各物流要素进行重新组合，使之适应于市场营销战略。在这种观念指导下，当今许多企业纷纷成立了专业化的物流公司或物流中心。

2. 符合市场营销观念

必须从企业营销战略和目标市场需要出发来规划、评价企业物流系统，脱离市场营销战略，孤立地评价一个物流系统的效能是毫无意义的。企业物流决策必须纳入企业的营销战略进行综合管理，即围绕目标市场需要，与企业的产品开发、订价、促销特别是渠道选择等基本策略结合起来。

3. 强调经营效益

应把物流视为市场经营行为，而不是工程作业。企业物流要求降低成本、加大促销、吸引客户、获取利润，其中降低成本是物流管理决策的重点。西方营销专家估算，物流成本降低潜力比任何市场营销环节都要大得多，物流成本约占全部营销成本的 50%，因此有些专家也将降低物流成本称为“第三利润源泉”。传统的物流管理实际上是“作业控制”，现代物流管理的概念则更广泛，层次也更高，包括了计划、执行、控制、评价、反馈的循环。现代物流管理的效益评价系统比较复杂，既有数量指标，又有难以量化的主观评价指标，以经营为导向，应考虑企业战略的执行情况、物流体制的合理性、物流系统的综合经济效益以及提高物流效率对企业整体的贡献程序等多种因素。

4. 物流管理向信息化方向发展

许多市场营销专家认为，当代物流管理的显著特点是走向系统化、计算机化的信息管理。物流活动之间的信息控制，订货、储存、搬运、进出库、发货、运输、结算等各物流环节之间的信息控制，自动化机械设备的联网控制，计算机辅助设计和模拟，物流数据的生成系统，网上营销与电子商务条件下的物流管理等，是当代营销物流发展的主要趋势。

三、供应链网络营销物流的发展

电子商务是指利用互联网进行的各种商务活动，是一个较广泛的概念，而网络营销则是电子商务的一部分。网络营销伴随电子商务在西方发达国家出现以来，发展异常迅猛。据市场情报公司爱迪西统计表明，1996 年全球网上交易额仅 28 亿美元，1999 年提高到 312 亿美元，比上年提高 1014%。网络营销在我国的发展时间虽然还比较短，在整个国民经济中所占比重目前仍然很小，但发展势头不可阻挡。从 1998 年开始在我国出现商务交易网站，到 2000 年网站数量已达到 1100 余家，网络营销将成为我国重要的经济增长点。然而网络营销的发展也必将遇到一些障碍和问题，其中最大的就是物流问题。

（一）物流在网络营销中的地位与作用

网络营销方便、快捷，突破时域、地域限制，具有传统营销不可比拟的优势，但这些优势的体现必须首先达到信息流、商流、资金流和物流的高度统一，其中物流在互联网之外进行，它对于网络营销的成败起着决定性的作用。

1. 集中体现网络营销的交易功能与优势

网络营销是基于网络技术支持的新的交易形式，但它与传统交易的功能相同，即卖方出售商品，让渡商品所有权，实现商品价值，买方支付价金，获得商品使用价值。网络营销这一功能的实现，一般要依赖其实物形式的有效转移。网络营销最大的优势是高效率与低成本运行，高效率是指客户利用网上电子商务购物，足不出户，便可到世界各地去采购，交易可瞬间完成；低成本是指无中间商及传统商店，实现产销双向沟通的定制营销及零库存生产，必然大大降低营销费用。然而，脱离了物流配送的高效率与高效益，便无法体现这一优势。

2. 物流是网络营销的核心竞争力

早在20世纪初，日本早稻田大学教授西泽修就提出了物流是“第三利润源”之说。在生产过程中依靠技术进步降低原材料消耗而增加的利润被称为“第一利润源”；因提高劳动生产率、降低活劳动消耗而增加的利润被称为“第二利润源”；而在物流领域内采取各种措施加快物流速度与降低物流成本以增加的利润被称为“第三利润源”。由于科技进步的迅速扩散性，当某一企业开始利用一项先进技术，提高劳动生产率，降低原材料与活劳动消耗，获得超额利润时，其他企业便会纷纷仿效，使超额利润迅速失落，这说明依靠“第一利润源”和“第二利润源”增强企业市场竞争力的空间越来越小，而在人们长期忽视的物流领域却大有可为。目前我国普遍存在物流配送时间长、效率低、成本高等问题。据有关统计表明，我国工业企业物流配送所占用的时间几乎占整个生产经营过程的90%，如汽车零配件行业，大约只有4%的时间用于生产或加工，96%的时间用于原材料的购运、成品包装、储存和装卸；物流成本已占商品流通成本的50%～60%，商品库存量高，库存时间长，无效运输、破损现象极为普遍，如陶瓷、玻璃的破损率甚至达到了20%。因此，缩短物流配送时间、提高物流效率、降低物流成本的潜力很大，它将成为网络营销的核心竞争力。

（二）网络营销对物流提出的新要求

1. 网络营销要求树立物流新观念

我国传统物流只涉及产品从生产者到消费者的空间转移，反映到人们头脑中的是一种狭义的封闭式的物流观念。现代物流涉及实物流程、所有权流程、付款流程、信息流程、促销流程及售后服务的辩证统一，其精髓在于把合适的产品在合适的地点以适当的数量和价格在所需要的时间提供给顾客，使顾客满意，反映到人们头脑中的是一种广义的开放式的物流观念。网络营销要求人们摒弃传统的物流观念，树立新型的开放式的整体物流观念。

2. 网络营销要求物流配送全球化

我国传统物流地域范围狭小，除极少数大企业进入国际市场外，绝大多数企业的物流带有明显的地方色彩，不能适应网络营销发展的客观需要。由于网络的开放性与无国界性，网上交易必然要求打破传统营销的空间限制，实现跨国营销，这就要求物流配送拓展空间范围，实现全球化。物流配送全球化也是世界经济一体化与我国加入 WTO 的客观要求，它可以充分利用世界物流资源和信息，形成规模效益，降低物流成本，充分体现网络营销的目的与优势。同时，物流配送全球化也必然要求按国际惯例来组织物流运作，从而可以促使我国物流业与国际水平接轨，更进一步适应网络营销面向全球的客观要求。

3. 网络营销要求物流运作现代化

我国传统物流观念滞后、体制僵化、手段陈旧、信息化程度低，难以适应网络营销发展的客观需要。网络营销是现代化市场营销方式，它必然要求物流技术与物流管理现代化。物流技术现代化主要是指物流设施、设备及其他运作手段的机械化、自动化。“工欲善其事，必先利其器”，先进的物流器械可以大大提高物流运作效率。物流管理现代化是在观念先进、体制科学的基础上，实现物流管理信息化。物流信息化是网络营销的基本要求，是物流高效运作的根本保障。它能更好地协调生产与销售、运输与储存等各环节的关系，有利于优化供货程序，缩短物流时间，实现供应链管理与零库存生产。

4. 网络营销要求物流服务社会化和专业化

我国传统物流采取生产企业自营物流的方式，在实际操作中，由于产品面向消费者需求不断升级的服务需要和产品物流基础设施的需要，也会向运输企业购买产品运输服务，或者向仓储企业购买产品仓储服务，但这些服务都只是一次或一系列分散的物流功能，而且是临时性纯市场交易的服务。这种传统的服务方式已不能适应网络营销发展的客观需要。网络营销物流具有多品种、小批量、多批次、短周期及物流管理系统化与整体化等特点，这些特点必然要求物流运作社会化。物流社会化的主要途径是物流专业化，即企业在特定的时间内将自己的物流业务以合同形式委托给专业物流公司去完成。物流专业化具有高效率、低成本、高质量等优点，可以满足网络营销对物流个性化、系统化与方便快捷等方面的要求，进一步减轻企业负担，更好地满足网上客户的需要。

（三）供应链网络营销物流的发展策略

1. 狭义的物流观念向广义的物流观念转变

传统物流观念具有很大的片面性，在某种程度上将物流与“储运”等同了起来。

诚然，储存和运输是物流的两大功能，在物流中占有举足轻重的地位，但物流的功能要素还包括配送、装卸、流通加工等物资流通活动和有关物流的信息活动，只有将各种功能要素进行整合，成为一个有机系统，才是现代完整的“物流”。随着电子商务与网络营销的发展，现代物流已从功能要素的整合发展到企业与客户关系的调整或整合阶段，必然迫使人们由狭义的物流观念向广义的物流观念转变，包括物流配送全球化、系统化、信息化、市场化与专业化的整体物流观念，物流高效运行及为客户服务的观念等。

2. 物流管理体制由封闭式转向开放式

由于传统的储运管理观念的影响，物流管理体制的改革滞后于整个经济体制改革，造成物流管理体制仍然呈现出一定程度的封闭状态，少渠道、多环节，机构多元重叠、条块分割严重。这种分散封闭的多元物流格局导致社会化大生产、专业化流通的集约经营优势难以发挥，难以形成规模经营，利益冲突与信息不畅，导致物流总体水平较低，难以适应网络营销对物流发展的要求。因此，必须深化物流管理体制改革，使物流管理的组织体系、运行机制与手段从国内到国外形成一个全方位的开放系统，彻底改变条块分割的封闭状态，面向网络营销市场，强化客户关系管理，全面规划、合理布局，优化物流资源配置，实现物流配送的全球化。

3. 发挥第三方物流的作用

第三方物流是企业在特定时间内将自己的物流业务以合同的形式委托给专业物流公司去完成的物流方式。它与传统的自营物流运作方式相比，具有以下优势：能使委托企业集中主要精力从事其主营业务，减少在物流方面的投资；可以充分凭借物流公司的专业优势，优化物流路线与物流工具，提高配送效率，降低物流成本，为客户提供个性化、多样化且令人满意的服务。根据美国田纳西大学研究，第三方物流可使作业成本降低 62%，服务水平提高 62%，雇员减少 50%。正是因为这些优势，第三方物流日益受到西方发达国家的重视，逐渐成为西方企业进行网络营销物流配送的通行做法。

【思考题】

1. 简述什么是供应链营销物流管理。
2. 简述物流与市场营销的关系。
3. 简述物流与营销一体化发展的必要性。
4. 供应链营销物流管理系统由什么构成？
5. 供应链营销物流的实现方式有哪些？

【案例分析】

物流缔造运动商品王国——耐克公司

耐克公司于20世纪70年代初期成立后，在短短的10年内便一跃成为美国最大的鞋业公司，并开始生产除运动鞋外，包括童鞋、非运动休闲用鞋、旅游鞋、工作鞋和运动服装等一系列产品，建立起拥有自己品牌的运动商品王国，成为运动商品国际性大公司。耐克的成功，除了品牌经营、广告宣传因素外，其先进、高效的物流系统，也是必不可少的因素之一。

耐克经营的运动鞋及服装是季节性很强的产品，如果没有良好的物流服务，就不能保持其竞争优势，因此耐克公司非常注重物流系统的建设，紧密跟踪国际先进的物流技术发展，及时对其系统进行改进，使其物流系统成为一个国际领先的、高效的货物配送系统。

公司在美国有三个配送中心，其中在孟菲斯有两个。田纳西州孟菲斯市的耐克配送中心运行于1983年，是当地最大的自有配送中心。作为扩张的一部分，耐克建立了三层货架的仓库，并安装了新的自动补货系统，使得耐克能够保证在用户发出订单后48小时内发出货物。耐克公司在亚太地区生产出的产品，通过海运经西海岸送达美国本土，再利用火车经其铁路专用线运到孟菲斯，最后运抵耐克的配送中心。所有的帽子、衬衫等产品都从孟菲斯发送到美国各地，每天都要发送35万到50万单位的衣物。当销量进一步增大时，耐克便迅速对其物流管理进行改变，采用了实时的仓库管理系统，并使用手持式和车载式无线数据交换器，使得无纸化分拣作业成为可能，增加了吞吐能力和库存控制能力，同时还尽力从自动化中获取效益而不会产生废弃物。设备升级后配送中心吞吐能力提高了一倍多，从每8小时10万件提高到了25万件，设计最高日工作量为75万件。而且，这套系统能非常容易地处理任何尺寸和形状的货物。随着效率的提高，全部生产力从40～45装运单位提高到了每工作小时73装运单位，订单精确率也提高到了99.8%。

除了美国外，耐克在欧洲也加强物流系统建设。耐克在欧洲原有20多个仓库，分别位于20多个国家。这些仓库之间是相互独立的，这使得耐克的客户服务无法做到非常细致。另外，各国家的仓库只为本国的消费进行准备，也使得其供货灵活性大打折扣。经过分析，耐克决定关闭其所有的仓库，只在比利时的梅尔豪特建造了一个配送中心，负责整个欧洲和中东的配送供给。因为这是一个港口城市，交通比较便利，并且在地理上也位于欧洲中心。梅尔豪特配送中心于1994年开始运营，配送中心有着一流的物流设施、物流软件以及RF数据通信技术，从而使其能够将产品迅速地运往欧洲各地。

在亚洲，耐克巩固在日本的配送基础，设计了世界上最先进的高密度配送中心，这种设施可以满足未来7年销售量增长的需要。耐克在中国的运输方式主要是公路运输，在中国境内生产的产品委托第三方物流公司以公路货运的方式运往设在中国主要城市的耐克公司办事处的仓库。各个代理公司自备车辆，到耐克公司当地的办事处仓库提货，运往自己的仓库，再运往代理公司的各个店铺。

此外，耐克公司还使用电子商务物流方案，将部分物流业务外包。耐克在选择物流合作伙伴时总是选择有经验的、国际专业性的、可以信任的服务商。2000年初，耐克开始在其电子商务网站上进行直接到消费者的产品销售，并且扩展了提供产品详细信息和店铺位置的功能，这部分销售的物流业务由UPS环球物流给予实现。UPS环球物流除及时送货外，还附加进行存货管理、回程管理和一个客户呼叫中心的管理。消费者在呼叫耐克客户服务中心的时候，实际上是在同UPS电话中心的职员通话，这些职员将订单以电子数据方式转移到UPS的配送中心，配送中心存储了大量的耐克鞋及其他体育用品，每隔一个小时完成一批订货，并将这些体育用品装上卡车运到航空枢纽。这样，耐克公司不仅省下了人力开支，而且加速了资金周转。

耐克在美国的另一个物流合作伙伴是MENLO公司。该公司是一家从事全方位合同物流服务的大型公司，其业务范围包括货物运输、仓储、分拨及综合物流的策划与管理。该公司年运输批次达到200万，运量相当于110亿磅，并拥有800万平方英尺的仓储设施，业务活动遍及美国50个州及加拿大、拉丁美洲、欧洲和太平洋周边地区，耐克在日本的合作伙伴岩井是一个综合性的贸易公司，是全球500强之一，公司每年的贸易额高达715亿美元。它主要负责日本地区耐克商品的生产、销售和物流业务。这些大型的物流公司帮助耐克完成了迅捷的客户服务。

无论从工作效率还是服务水平上说，耐克的物流系统都是非常先进高效的。其战略出发点就是一个消费地域由一个大型配送中心来服务，尽量取得规模化效益。耐克还非常注意物流技术的进步，积极采用新的高效的科技、新的科学的管理方法，来降低成本和提高工作效率。根据耐克的1999年财政年度报告，耐克公司1999年总收入为87.8亿美元，净收入为45140万美元，比1998年增长了13%，毛利润占总收入的比例由1998年的36.5%上升到1999年的37.4%。公司1999年的货物存货在所有地区均有所降低，最明显的是亚太地区，下降了31%，欧洲减少26%，美国则减少了4%。由于高效的物流管理，降低了经营成本和库存管理费用，耐克打算在今后几年里每年将继续削减约3600万美元的费用，这些费用包括裁减员工、降低包装费用、减少租赁费及清理没有用处的设备等。

第七章　供应链物流成本管理

第一节　供应链成本概述

一、供应链成本及其管理理论

供应链成本包括企业在采购、生产、销售过程中为支撑供应链运转所发生的一切物料成本、劳动成本、运输成本、设备成本等。供应链成本管理是以成本为手段的供应链管理方法，也是有效管理供应链的一种新思路。供应链成本管理是一种跨企业的成本管理，其视野超越了企业内部，将成本的含义延伸到了整个供应链企业的作业成本和企业之间的交易成本，其目标是优化、降低整个供应链上的总成本。

供应链成本管理虽然是 20 世纪 90 年代提出的一种新的成本管理模式，但追求其理论渊源，与前人关于成本的各种研究理论是分不开的。供应链成本管理理论基础主要包括价值链理论、委托代理理论、交易成本理论和组织间成本管理理论等。

1. 价值链理论

价值链概念由迈克尔·波特于 1985 年在《竞争优势》一书中首先提出，倡导运用价值链进行战略规划和管理，以帮助企业获取并维持价格优势。价值链分析思想认为，每一个企业所从事的在经济上和技术上有明确界限的各项活动都是价值活动，这些相互联系的价值活动共同作用为企业创造价值，从而形成企业的价值链。比如，每一种产品从最初的原材料投入至到达最终客户手中，要经历无数个相互联系的作业环节——作业链。这种作业链既是一种产品的生产过程，也是价值创造和增值的过程，从而形成竞争战略上的价值链。

价值链分为三种：企业内部价值链、行业价值链和竞争对手价值链。企业内部在运作过程中可以分解为多个单元价值链，每个单元价值链既会产生价值，也会消耗成本。某一个价值链单元是否创造价值，关键是看它是否提供了后续价值链单元的所需，是否降低了后续价值链单元的成本。同时，任何一个企业均处于某行业价值链的某一段，价值链的上游是它的原材料或产品的供应商，下游是其分销商或最终客户。这种价值链的相互联系成为降低价值链单元成本及最终成本的重要因素，而价值链中各个环节的成本降低则是企业竞争优势的来源。价值链分析对于成本管理理论的最大贡献就在于它拓展了成本管理的视角，将成本管理的重心延伸到了组织边界，不只是局限于企业内部，而是包括了价值链伙伴。

2. 委托代理理论

委托代理理论的核心是解决在利益相冲突和信息不对称情况下委托人对代理人的激励问题，即代理问题，包括提高代理效果和降低代理成本。从广义上说，存在合作的地方就存在委托代理关系，而供应链成本管理强调的就是关系管理，也就是合作与协调，因此委托代理理论为其提供了分析的理论基础和方法框架。

根据委托代理理论来分析处于供应链中的企业，处于上游的企业所扮演的是代理方的角色，而下游企业是委托方角色。存在委托代理关系就必然要发生代理成本，包括激励成本、协调成本和代理人问题成本等。供应链成本管理中就需要对这些成本进行分析，以期降低代理成本，优化代理效果，使链条间企业的关系成本最低的同时达到良好的合作效果。

3. 交易成本理论

交易成本又称交易费用，最早由罗纳德·科斯在研究企业性质时提出，是指交易过程中产生的成本。交易成本包括“发现相对价格的工作”、谈判、签约、激励、监督履约等的费用。毫无疑问，利用外部资源将带来大量的交易成本。这就需要一种“围绕核心企业，通过信息流、物流、资金流的控制，从采购原材料开始，制成中间产品以及最终产品，最后由销售网络把产品送到消费者手中的，将供应商、分销商、零售商直到最终客户连成一个整体的功能性网链结构模式”，这就是供应链。

根据交易成本理论对供应链成本进行分析，可以发现供应链企业之间的交易成本大致包括：寻找价格的费用、识别产品部件的信息费用、考核费用、贡献测度费用。

另外，供应链企业之间的长期合作建立在利益共享的基础上，利益共享的一个重要依据是各企业在供应链整体运作中的贡献。由于分解和考核各个企业的贡献是比较困难的，这时会存在索取价格超过应得价格的情况，以至于代理人的仲裁必不可少，企业之间应该建立紧密的合作伙伴关系，彼此信任，通过信息网络技术实现信息共享。

4. 组织间成本管理理论

组织间成本管理是对供应链中有合作关系的相关企业采用的一种成本管理方法，目标是通过共同的努力来降低成本。为了完成这个目标，所有参与的企业都应该认同这个观点：“我们同坐一条船”，并且鼓励他们增加整个供应链的效率而不是他们自身的效率。如果整个供应链变得更有效率，那么他们分得的利润也就更多。因此，组织间成本管理是一种增加整个供应链利润的方法。由于它在很大程度上依赖于协调，所以它只适用于精细型供应链，因为在精细型供应链中，买卖双方互相影响，信息共享程度也很高。为了使组织间成本管理行之有效，任何改进措施取得的超额利润都应该让所有参与的企业共享，这种共享可以刺激所有企业更好地共同合作。

在供应链中，企业可以有三种途径来应用组织间成本管理来协调降低成本的活动。第一，帮助企业、客户和供应商寻求到新的方法来设计产品，以使得企业在较低的成本下生产产品。第二，帮助企业及其供应商寻求方法，在生产的过程中更进一步降低产品成本。第三，帮助企业寻求方法，使得企业间的交接更有效率。

二、供应链成本核算内容

（一）供应链成本核算的层次结构

大多数成本管理方法都着眼于公司的内部成本、直接成本和间接成本，并根据引起这些成本的决策分别进行管理。但许多供应链决策必须考虑供应商和客户的能力和需要才能做出，因此需要采用能够对供应链成本进行分类的管理工具，用这些工具分析和控制供应链中的成本。这种供应链成本核算方法必须将生产成本和交易成本全部纳入考虑范围，从而划分为三个成本层次：直接成本、作业成本和交易成本，如图 7–1 所示。

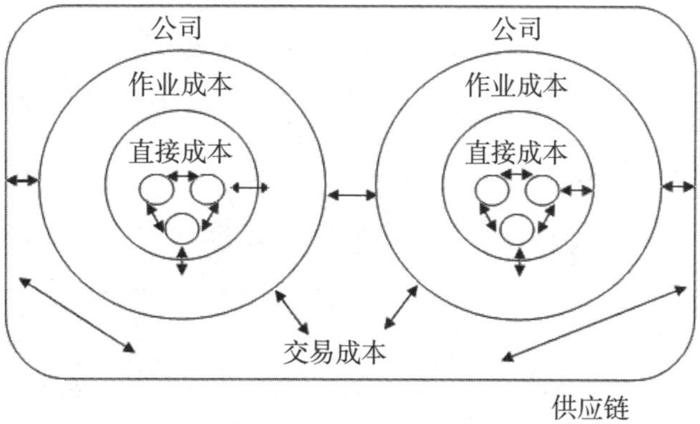

图 7–1　供应链成本核算中的三个成本层次

（1）直接成本。直接成本是由生产每一单位产品所引起的，包括原材料成本、人工成本和机器成本等。这些成本主要是由原材料和劳动力的价格决定的。

（2）作业成本。作业成本是由那些与产品没有直接关联，但与产品的生产和交付相关的管理活动所引起的成本。这些成本因公司的组织结构而生。

（3）交易成本。交易成本包括处理供应商和客户信息及沟通所产生的所有成本。因此，这些成本源自公司同其他供应商的相互交流。

这三个成本层次为分析和优化供应链成本奠定了基础，但只有将它们整合进生产—关系矩阵才能产生作用。

（二）四个决策区域的成本分析

将生产—关系矩阵和三个成本层次这些源自供应链管理和成本管理的概念综合在一起，就产生了一种供应链成本核算的概念框架，如图 7–2 所示。

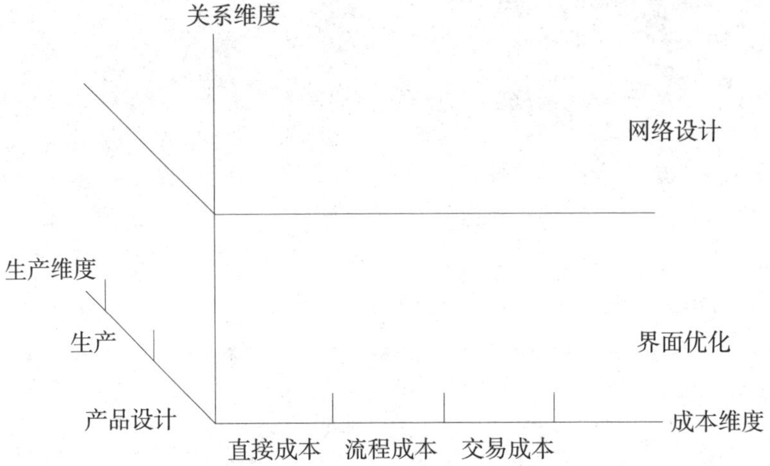

图 7–2 供应链成本核算的概念框架

下面介绍生产—关系矩阵的四个决策区域的成本分析。

1. 产品和网络的结构

第一个决策区域是产品和网络的结构，决定提供哪些产品和服务及相关的合作伙伴等。这些决策通常可以看作独立的决定，因此不存在成本问题。采购主要考虑价格，因此只需要考虑直接成本。战略外包决策必须有远见，必须考虑相关活动及与供应商和客户之间必不可少的交易。这些交易成本通常是一次性投资，它可以整合和优化供应链上各个企业之间的流程，因此可以通过长期合作降低作业成本而获得投资回报。通常在这一决策区域只会发生数量有限的直接成本。

2. 供应链产品设计

不同产品和服务有不同的要求，有些产品和服务要求相关公司在设计阶段就进行紧密的合作，因此，初次建立合作关系时交易成本将在总成本中占大头，供应链的能力较低，交易成本较高。然而，成本的重心是作业成本，研发活动的成本只能分摊到整体产品，而且要取决于内部结构。如果将专有技术转让给供应链，可能会缩短研发时间，这同样会增加交易成本，但会降低作业成本。由于在设计和开发流程需要用到某些原材料，因此会产生少量直接成本，但事实上大部分直接成本都已经由供应链决策决定了。

3. 生产网络的构建

生产和供应链管理必须相互兼容，必须遵循供应链决策所做出的成本要求。信息技术方面的投资必须能显著降低公司之间数据交换的运作成本，这样才会影响到交易成本和作业成本。如果产品的需求稳定且可以预测，那就必须保证高效的供货，例如服饰等时尚产品，就需要定期检查供应链中的发货量和库存量，未售出的产品必须在季末削价处理，但失销机会则无法弥补。因此，要想设计出理想的供应链，就会经常在公司内部或供应链范围内的流程中引起交易成本和作业成本。

4. 供应链流程优化

在供应链流程优化上主要强调成本缩减措施，通常是缩减直接成本和作业成本。分析供应链整体的生产流程和库存点有助于找出供应链的薄弱环节，包括从因错误地使用某些原材料而导致废品率较高，到重新设计生产流程或优化公司与供应链之间的订单履行等。如果引入电子数据交换系统或者将决策提前到前一决策区域，信息所引起的直接成本和作业成本就会显著降低。

现在我们将四个决策区域综合为一体，如图 7–3 所示，随着供应链活动操作的提高，成本会一步步地从交易成本转向作业成本和直接成本。

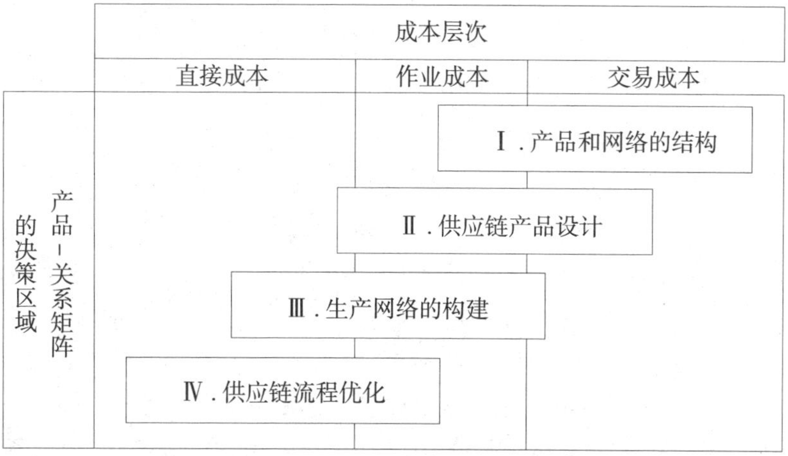

图 7–3　生产—关系矩阵中的主要成本

三个成本层次的相对重要性在很大程度上取决于企业提供的产品和服务。例如，生命周期较长的产品在供应链选择、关系构建及产品和流程设计方面所需的交易成本较低，而流行周期或技术周期较短的产品在初期决策阶段所需的成本较大，由于这些产品在市场上流通的时间通常短于产品开发时间，因此投资无法收回的风险较高。这就决定了交易成本和作业成本的重要性，需要对其进行积极主动的管理。

虽然决策区域之间的边界比较模糊，但供应链成本核算的概念框架被证实适应于供应链成本的分析和控制。到目前为止，尚未考虑供应商和客户的交易成本和作业成本，这主要是因为企业更倾向于关注自己的生产线。但在竞争日益激烈的全球竞争环境中，必须考虑供应链的整体竞争能力，成本管理将形成一个针对供应链各个环节的一体化供应链管理部门。除此之外，增强供应链和合作伙伴的信任和信息沟通也十分重要，供应链合作伙伴应将供应链看作一个独立的实体，只有通过共同努力并关注共同利益，才能提升供应链的竞争能力和客户满意度。

第二节　物流成本的特点与影响因素

一、物流成本的概念及其构成

1. 物流成本的概念

在当今社会，物流管理正在成为企业的经营职能之一。由于在很多企业中物流成本占比很大，物流成本的高低直接关系到企业利润水平的高低和竞争力的强弱，所以物流成本管理成为企业物流管理的核心，人们对物流的关心首先是从物流成本开始的。专家认为：“物流既是主要成本的产生点，又是降低成本的关注点”“物流是降低成本的宝库”。加强物流成本管理，对降低物流成本、提高物流活动的经济效益具有非常重要的意义。

物流成本的概念有广义与狭义之分。所谓狭义的物流成本，是指在物流过程中企业为了提供有关的物流服务，所要占用和耗费一定的活劳动和物化劳动中必要劳动的价值的货币表现，是物流服务价值的重要组成部分。在商品经济中，物流活动是创造时间价值、空间价值的过程，要保证生产和物流活动有秩序、高效率、低消耗地进行，需要耗费一定的人力和物力，投入一定的劳动。一方面，物流劳动同其他生产劳动一样也创造价值，狭义的物流成本在一定程度上即在社会需要的限度内会增加商品价值，扩大生产耗费数量，成为生产一定种类及数量产品的社会必要劳动时间的一项内容，其总额必须在产品销售收入中得到补偿。另一方面，物流劳动又不完全等同于其他生产劳动，它并不增加产品使用价值总量，相反，产品总量往往在物流过程中因损坏、丢失而减少。同时，为进行物流活动，还要投入大量的人力、物力和财力。所谓广义的物流成本，包括狭义的物流成本与客户服务成本。物流活动是企业追求客户满意、提高客户服务水平的关键因素和重要保障。客户服务是连接和统一所有物流管理活动的重要方面。物流系统的每一组成部分都会影响顾客是否在适当的时间、适当的地点以适当的条件收到适当的产品。现实中常有企业因为物流服务水平低下，造成客户不满意，而失去现有客户与潜在客户。这种情况所带来的损失，就是客户服务成本。

除了有注明以外，本章以后章节中的“物流成本”一词，指的均为狭义物流成本。

2. 物流成本的构成

物流成本涵盖了生产、流通、消费全过程的物品实体与价值变化而发生的全部费用。它包括了从生产企业内部原材料的采购、供应开始，经过生产制造中的半成品、产成品的仓储、搬运、装卸、包装、运输及在消费领域发生的验收、分类、仓储、保管、配送、废品回收等所有的成本。具体来讲，物流成本由以下几部分构成：一是物流活动中的物资消耗，主要包括电力、燃料、包装耗材、固定资产的损耗等；二是物资在物流活动中发生的合理耗损；三是企业为了开展物流活动付出的人力成本，包括职工工资、奖金、津贴及福利费用等；四是物流活动中发生的其他费用，包括与物流活动有关的办公、差旅支出；五是用于保证物流系统运作顺畅的资金成本，包括利息、手续费等；六是研究设计、重建与优化物流过程的费用。

从我国的财务管理过程来看，由于处于社会再生产的不同领域，物流成本在具体核算时是分为流通企业物流成本和生产企业物流成本分别核算的。

作为生产企业，涉及原材料、零部件的供应，加工组装形成产成品，然后向市场销售等环节；而作为批发企业，则涉及向供货方供货、保管、根据订单发货等工作，特别是当出现退货的状况时，还要包括最后的商品处理活动；零售企业则是先从供货方订货，进行进货检查，再根据顾客的要求进行个体配送服务。然而，在企业各类财务表中所表现出来的物流费主要是销售费用、一般管理费用和制造成本明细表中的保管费、运输费等对外支付的物流费，这些费用并没有涵盖物流成本的全部费用。一般情况下，多数企业发生的全部物流费用往往是表现出来的两倍或更多倍。这些隐藏的部分常被称为“第三利润源”。

在企业物流活动中，除了前面所说的直接支付的物流成本外，还有因使用本企业资源（人、设施）的物流活动而产生的“企业物流费”，表现为人员费、车辆费、折旧补偿费等。此外，应对供应要求而产生的费用，还包括销售成本或制造成本及库存资金利息等营业外费用。

为了全面地了解物流成本，需要按照不同的物流领域、不同的支付形态以及不同的物流功能来计算物流成本，从而根据业务负荷的比例来分配物流成本，具体如表 7–1 所示。

表 7–1 物流成本分配表

不同支付形态	不同物流作业	不同物流功能	不同领域
1. 企业支付	订货费	货物包装费	不同顾客
·企业物流费	入库检查费	装卸费	不同商品
人员费	入库作业费	保管费	不同营业员
车辆费	保管管理费	运输配送费	不同营业场所
仓库费	流通加工费	信息处理费	不同地域
仓库内设备费	补充作业费	折旧补偿费	……
信息处理费	订货处理费	物流管理费	
库存资金利息	拣货作业费		
·企业外支付物流费	出货检查费		
货物处理费	捆包费		
搬运费	分拣搬运费		
保管费	配送进货费		
运费	退货处理费		
中心费	其他物流作业费		
2. 其他企业支付	物流管理费		
进货成本			
原材料费			

二、物流成本的重要特征

长期以来，物流一直被认为是企业的“第三利润源”，在不少企业中，物流成本在企业销售成本中占了很大的比例，因而加强对物流活动管理的关键是控制和降低企业各种物流费用。而要加强物流成本管理，应首先明确企业活动中物流成本的特征与影响因素。

从企业物流实践中反映出来的物流成本的特征具体如下。

（1）在通常的企业财务决算表中，物流成本核算的是企业对外部运输业者所支付的运输费用，或向仓库支付的商品保管费等传统的物流成本；对于企业内与物流中心相关的人员费、设备折旧费、固定资产税等各种费用，则与企业其他经营费用统一计算。因而，从现代物流管理的角度来看，企业难以正确把握实际的企业物流成本。先进国家的实践经验表明，实际发生的物流成本往往要超过外部支付额的5倍以上。

（2）在一般的物流成本中，物流部门完全无法掌握的成本有很多，如保管费中过量进货、过量生产、销售残次品的在库维持及紧急输送等产生的费用都是纳入其中的，从而增加了物流成本管理的难度。

（3）物流成本削减具有乘数效果。例如，如果销售额为100万元，物流成本为10万元，那么物流成本削减1万元，不仅直接产生了1万元的利益，而且因为物流成本占销售额的10%，所以间接增加了10万元的利益，这就是物流成本削减的乘数效应。

（4）从销售关联的角度来看，物流成本中过量服务所产生的成本与标准服务所产生的成本是混同在一起的。例如，很多企业将销售促进费都算在物流成本中。

（5）物流在企业财务会计制度中没有单独的项目，一般把所有成本都列在费用一栏中，较难对企业发生的各项物流成本做出明确、全面的计算与分析。

（6）对物流成本的计算与控制，各企业通常是分散进行的。也就是说，各企业是根据自己不同的理解和认识来把握物流成本，这样就带来了一个管理上的问题，即企业间无法就物流成本进行比较分析，也无法得出产业平均物流成本值。例如，不同的企业外部委托物流的程度是不一致的，由于缺乏相互比较的基础，所以无法真正衡量各企业相对的物流绩效。

（7）由于物流成本是以物流活动全体为对象，所以它是企业唯一的、基本的、共同的管理数据。

（8）各类物流成本之间具有悖反关系，一类物流成本的下降往往以其他物流成本的上升为代价。

综合以上物流成本的特征可以看出，对企业来讲，要实施现代化的物流管理，首要的是全面、正确地把握企业内外发生的所有整体物流成本。也就是说，要削减物流成本必须以企业整体物流成本为对象。另外，物流成本管理应注意不能因为降低物流成本而影响对用户的物流服务质量。特别是流通业中多频度、定时进货的要求越来越广泛，这就要求物流企业能够及时对应流通发展的这种新趋向。例如，为了符合顾客的要求，及时、迅速地配送发货，企业需要进行物流中心等设施的投资。显然，如果仅仅为了减少物流成本而放弃这种投资，就会影响企业对顾客的物流服务水平。

三、影响物流成本的因素

1. 竞争性因素

企业所处的市场环境充满了竞争，企业之间的竞争除了产品的价格、性能、质量外，从某种意义上来讲，优质的客户服务是决定竞争成败的关键，而高效物流系统是提高客户服务的重要途径。如果企业能够及时可靠地提供产品和服务，则可以有效地提高客户服务水平，这些都依赖于物流系统的合理化，而客户的服务水平又直接决定物流成本的高低，因此物流成本在很大程度上是随着日趋激烈的竞争而不断发生变化的，企业必须对竞争做出反应。

影响客户服务水平的因素主要有以下几个。

（1）订货周期。企业物流系统的高效必然可以缩短企业的订货周期，降低客户的库存，从而降低客户的库存成本，提高企业的客户服务水平，提高企业的竞争力。

（2）库存水平。存货的成本提高，可以减少缺货成本，即缺货成本与存货成本成反比。库存水平过低，会导致缺货成本增加；但库存水平过高，虽然会降低缺货成本，但是存货成本会显著增加。因此，合理的库存应保持在使总成本最小的水平上。

（3）运输。企业采用更快捷的运输方式，虽然会增加运输成本，却可以缩短运输时间，降低库存成本，提高企业的快速反应能力。

2. 产品因素

产品的特性不同也会影响物流成本，这主要表现在以下几个方面。

（1）产品价值。产品价值的高低会直接影响物流成本的大小。随着产品价值的增加，每一项物流活动的成本都会增加。运费在一定程度上反映了货物移动的风险，一般来讲，产品的价值越大，对其所需使用的运输工具要求越高，仓储和库存成本也随着产品价值的增加而增加。高价值意味着存货中的高成本及包装成本的增加。

（2）产品密度。产品密度越大，相同运输单位所装的货物越多，运输成本就越低；同理，仓库中一定空间领域存放的货物也越多，库存成本就会降低。

（3）产品废品率。影响物流成本的一个重要方面还在于产品的质量，即产品废品率的高低。生产高质量的产品可以杜绝因次品、废品等回收、退货而发生的各种物流成本。

（4）产品破损率。产品破损率较高的物品即易损性物品，对物流成本的影响是显而易见的，易损性物品对物流各环节如运输、包装、仓储等都提出了更高的要求。

（5）特殊搬运。有些物品对搬运提出了特殊的要求。如对长大物品的搬运，需要特殊的装载工具，有些物品在搬运过程中需要加热或制冷等，这些都会增加物流成本。

3. 环境因素

环境因素包括空间因素、地理位置及交通状况等。空间因素主要指物流系统中企业制造中心或仓库相对于目标市场或供货点的位置关系等。若企业距离目标市场太远、交通状况较差，则必然会增加运输及包装等成本；若在目标市场建立或租用仓库，也会增加库存成本。因此，环境因素对物流成本的影响是很大的。

4. 管理因素

管理成本与生产和流通没有直接的数量依存关系，却直接影响着物流成本的大小，节约办公费、水电费、差旅费等管理成本可以相应地降低物流成本总水平。另外，企业利用贷款开展物流活动，必然要支付一定的利息（如果是自有资金，则存在机会成本问题），资金利用率的高低，影响着利息支出的大小，从而也影响着物流成本的高低。

第三节 物流成本管理的目的及方法

一、物流成本管理的目的

所谓物流成本管理，就是通过成本去管理物流，即管理的对象是物流而不是成本，物流成本管理可以说是以成本为手段的物流管理方法。物流成本管理的意义在于，通过对物流成本的有效把握，利用物流要素之间的效益背反关系，科学、合理地组织物流活动，加强对物流活动过程中费用支出的有效控制，降低物流活动中的物化劳动和活劳动的消耗，从而达到降低物流总成本、提高企业和社会经济效益的目的。

企业在进行物流成本管理时，首先要明确管理目的，有的放矢。一般情况下，企业物流成本管理的出发点有以下几个方面。

第一，通过掌握物流成本现状，发现企业物流中存在的主要问题；

第二，对各个物流相关部门进行比较和评价；

第三，依据物流成本计算结果，制订物流规划、确立物流管理战略；

第四，通过物流成本管理，发现降低物流成本的环节，强化总体物流管理。

二、物流成本管理的方法

1. 物流成本横向管理法

物流成本横向管理即对物流成本进行预测和编制计划。物流成本预测是在编制物流计划之前进行的，它是在对本年度物流成本进行分析，充分挖掘降低物流成本潜力的基础上，寻求降低物流成本的有关技术经济措施，以保证物流成本计划的先进性和可靠性。物流成本计划按时间标准进行划分，有短期计划（半年或一年）、中期计划和长期计划。

2. 物流成本纵向管理法

物流成本纵向管理即对物流过程的优化管理。物流过程是一个创造时间性和空间性价值的经济活动过程，为使其能提供最佳的价值效能，就必须保证物流各个环节的合理化和物流过程的迅速、通畅。物流系统是一个庞大而复杂的系统，对它进行优化，需要借助先进的管理方法和管理手段。

（1）用线性规划、非线性规划制订最优运输计划，实现物品运输优化。物流过程中遇到最多的是运输问题。例如，某产品现由某几个企业生产，又需供应某几个客户，怎样才能使企业生产的产品运到客户所在地时总运费最小？假定这种产品在企业中的生产成本为已知，从某企业到消费地的单位运费和运输距离以及各企业的生产能力和消费量都已确定，则可用线性规划来解决；如果企业的生产数量发生变化，生产费用函数是非线性的，就应使用非线性规划来解决。针对线性规划类型的运输问题，常用的方法有单纯型法和表上作业法。

（2）运用系统分析技术，选择货物最佳的配比和配送线路，实现货物配送优化。配送线路是指各送货车辆向各个客户送货时所要经过的路线，它的合理与否，对配送速度、车辆的利用效率和配送费用都有直接影响。目前较成熟的优化配送线路的方法是节约法，也称节约里程法。

（3）运用存储论确定经济合理的库存量，实现存储优化。存储是物流系统的中心环节。物资从生产到客户之间需要经过几个阶段，几乎在每一个阶段都需要存储，那么，究竟在每个阶段库存量保持多少为合理？为了保证供给，需隔多长时间补充库存？一次进货多少才能达到费用最省的目的？这些都是确定库存量的问题，也都可以在存储论中找到解决的方法。

（4）运用模拟技术对整个物流系统进行研究，实现物流系统的最优化。例如克莱顿·希尔模型，是一种采用逐次逼近法的模拟模型，它提出了物流系统的三项目标，即最高的服务水平、最小的物流费用、最快的信息反馈。在模拟过程中采用逐次逼近的方法来求解下列决策变量：流通中心的数目、对客户的服务水平、流通中心收发货时间的长短、库存分布、系统整体的优化。

3. 计算机管理系统管理法

计算机管理系统是物流成本管理的重要手段，它将物流成本的横向与纵向连接起来，形成一个不断优化的物流系统的循环。通过计算机管理系统可以对物流活动反复进行控制、计算、评价，使整个物流系统不断地优化，并及时确定其总成本最低的各项物流活动最佳方案。

由于物流成本是物流系统全部活动的价值耗费结果，因此，从某种意义上来讲，物流成本管理的内容几乎涉猎了物流技术与管理的各个方面。但是在现实工作中，物流成本管理和物流技术与管理有着较为明确的划分，这种划分也应体现在物流课程体系上。物流成本管理的方法虽然繁杂多样，但物流成本的划分、计算、控制与分析应是物流成本管理的基础与主体。

三、美国物流成本管理经验

美国的物流成本主要由三部分组成：一是库存费用；二是运输费用；三是管理费用。比较近 20 多年来的变化可以看出，运输成本在 GDP 中的比例大体保持不变，而库存费用比重降低是导致美国物流总成本比例下降的最主要的原因，这一比例由过去接近 5% 下降到不足 4%。由此可见，降低库存成本、加快周转速度是美国现代物流发展的突出成绩，也就是说利润的源泉更集中在降低库存、加速资金周转方面。

美国物流成本包括的三个部分，各有其测算的办法。第一部分库存费用是指花费在保存货物上的费用，除了仓储、残损、人力费用及保险和税收费用外，还包括库存占压资金的利息。其中，利息是用当年美国商业利率乘以全国商业库存总金额得到的。把库存占压的资金利息加入物流成本，这是现代物流与传统物流费用计算的最大区别，只有这样，降低物流成本和加速资金周转速度才能从根本利益上统一起来。

第二部分运输成本包括公路运输、其他运输方式与货主费用。公路运输费用包括城市内运送费用与区域间卡车运输费用；其他运输方式费用包括铁路运输费用、国际国内空运费用、货物代理费用、油气管道运输费用；货主方面的费用包括运输部门运作及装卸费用。近 10 年来，美国的运输费用占国民生产总值的比重大体为 6%，一直保持着这一比例，说明运输费用与经济的增长是同步的。

第三部分物流管理费用，是按照美国的历史情况，由专家确定一个固定比例，乘以库存费用和运输费用的总和得出的。美国的物流管理费用在物流总成本中所占比例大体在4%左右。

另一个反映美国物流效率的指标是库存周期。美国平均库存的周期在1996—1998年间保持在1.38个月到1.40个月之间，但1999年发生了比较显著的变化，库存周期从1999年1月份的1.38个月降低到年底的1.32个月，这是有史以来的最低周期。库存周期减少的原因是销售额的增长超过了库存量增长。

美国的物流成本管理经验对我们有三大启示。

第一，降低物流成本是提高效益的重要战略措施。美国每年10万亿美元的经济规模，如果降低1%的成本，就相当于多出1000亿美元的效益。我国现在是1万亿美元的经济规模，如果降低1%的物流成本，就等于增长了100亿美元的效益。业界普遍认为我国物流成本下降的空间应该在10个百分点或更多，这是一笔巨大的利润源泉。

第二，美国的实践表明，物流成本中运输部分的比例大体不变，减少库存支出就成为降低物流费用的主要来源。减少库存支出就是要加快资金周转、压缩库存，这与同期美国库存平均周转期降低的现象是吻合的。因此，发展现代物流要把目标锁定在加速资金周转、降低库存水平上面。这是核心的考核指标。

第三，物流成本的概念必须拓展。库存支出不仅仅是仓储的保管费用，更重要的是要考虑它所占有的库存资金成本，即库存占压资金的利息。理论上还应该考虑因库存期过长造成的商品贬值、报废等代价，尤其是产品周期短、竞争激烈的行业，如PC机、电子、家电等。

第四节　物流成本的分析、预测与决策

物流成本分析与物流成本预测是物流成本决策的基础。依据物流成本分析与物流成本预测提供的素材，企业可以制定各类物流成本决策，从而达到降低物流成本、提高物流成本使用效益，以及优化物流管理的目的。

一、物流成本分析

（一）物流成本分析的概念与含义

分析是人们认识客观事物本质特征及其发展规律的一种逻辑思维方法。物流成

本分析是指利用物流成本核算数据和其他相关资料，对照成本计划、同期成本指标、国内外同类企业的成本指标等，了解物流计划完成情况和变动趋势，查找影响物流成本变动的原因，测定其影响程度，为改进物流成本管理工作提供依据与建议。

企业物流成本是反映企业物流经营管理工作质量和劳动耗费水平的综合指标。企业在物流过程中原材料、能源消耗的多少，劳动生产率的高低，产品质量的优劣，物流技术状况，设备和资金的利用效果及生产组织管理水平等，都会直接或间接地反映到企业物流成本中。因此，加强物流成本分析，有利于揭示企业物流过程中存在的问题，总结经验，改善管理工作，为不断挖掘企业内部降低物流成本的潜力，为社会提供更多更好的产品，为企业积累更多资金，以及降低产品价格、增强企业竞争力创造条件。

需要注意的是，物流成本分析并不只是对过去成本管理工作的回顾、总结与评价，更重要的是通过对过去企业物流资金耗费活动规律的了解，正确评价企业物流成本计划的执行结果，揭示物流成本升降变动的原因，为编制物流成本决策提供重要依据，达到对未来成本管理工作展望和指导的目的。

（二）物流成本分析的原则

1. 与经济责任制相结合的原则

要使物流成本分析工作能够深入持久地开展下去，就必须在企业内部建立健全完善的经济责任制，把物流成本分析工作与物流各部门经济效果和工作质量的考核、评比及奖惩结合起来。在完善的经济责任制下，企业应依据各物流部门的特点和责任范围进行各类物流成本分析及总成本分析，并把物流成本分析建立在广泛深入的调查研究基础之上。

2. 与技术经济指标的变动相结合的原则

技术经济指标是与企业物流技术、工艺特点密切相关的一系列指标，它反映了企业的物流技术经济状况。企业各项技术经济指标的完成情况，直接或间接地影响到物流成本的高低。因此，在对物流成本进行分析时必须要考虑技术经济指标的变动情况，这样才能使物流成本分析深入技术领域，确保企业能够从根本上查明影响物流成本波动的具体原因，寻求降低物流成本的途径。此外，通过物流成本的技术经济分析，也可以从资金耗费效果上促进企业各部门更好地完成各项技术经济指标，有利于从经济的角度改善物流技术。

（三）物流成本分析的方法

物流成本分析采用的技术方法是多种多样的，包括会计的方法、统计的方法或数学的方法等。在实际的物流成本分析工作中，使用最广泛的技术方法主要有指标对比法、因素分析法和相关分析法。

1. 指标对比法

指标对比法又称比较法，是实际工作中广泛应用的分析方法。它是通过将相互关联的物流成本指标进行对比来确定数量差异的一种方法，通过对比揭露矛盾，发现问题，寻找差距，分析原因，为进一步降低物流成本、提高物流成本使用效益指明方向。物流成本指标的对比分析可采取以下几种形式。

（1）实际成本指标与计划成本指标对比。进行物流成本分析时，可以将实际成本指标与计划成本指标进行比较，通过对比说明计划完成的程度，为进一步分析指明方向。

（2）本期实际成本指标与前期（如上年同期或历史最好水平）实际成本指标对比。通过对比，可以反映企业物流成本动态和变化趋势，有助于吸取历史经验，改进物流成本管理。

（3）本期实际成本指标与同行业先进水平对比。通过对比，可以反映本企业与国内外先进水平的差距，以便扬长避短，努力挖掘降低物流成本的潜力，不断提高企业的经济效益。

需要指出的是，采用指标对比法时，应注意对比指标的可比性，即对比指标采用的计量单位、计价标准、时间单位、指标内容和前后采用的计算方法等都应具有可比的基础和条件。在同类企业比较物流成本指标时，还必须考虑它们在技术经济上的可比性。指标的对比可以用绝对数对比，也可以用相对数对比。

2. 因素分析法

因素分析法是将某一综合指标分解为若干个相互联系的因素，并分别计算、分析每个因素影响程度的一种方法。在几个相互联系的因素共同影响着某一指标的情况下，可应用这一方法来计算各个因素对经济指标发生变动的影响程度。如企业物流成本是一个综合性的价值指标，各方面工作都会影响物流成本水平。物流成本升降是由许多因素造成的，概括起来有两类：一类为外部因素，一类为内部因素。外部因素来自社会，是外部经济环境和条件影响所造成的；内部因素是由企业本身经营管理所造成的。这样分类有利于评价企业各方面的工作质量。

因素分析法的一般做法为：第一，确定分析指标由几个因素组成；第二，确定各个因素与指标的关系，如加减关系、乘除关系等；第三，采用适当的方法把指标分解成各个因素；第四，确定每个因素对指标变动的影响方向与程度。

利用因素分析法进行物流成本分析的计算程序是：以物流成本的计划指标为基础，按预定的顺序将各个因素的计划指标依次替换为实际指标，一直替换到全部是实际指标为止。每次计算结果与前次计算结果相比，就可以求得某一因素对计划完成情况的影响。具体来说，计算程序主要包括以下三个方面。

第一，在计算某一因素对一个计划指标的影响时，假定只有这个因素在变动而其他因素不变；

第二，确定各个因素替代顺序，然后按照这一顺序替代计算；

第三，把这个指标与该因素替代前的指标相比较，确定该因素变动所造成的影响。

3. 相关分析法

企业的各种经济指标存在着相互依存的关系，一个指标变了，就会影响到其他经济指标，如生产数量的变化，必然会引起成本的相应变化。利用数学方法进行相关分析，找出有关经济指标之间规律性的联系，即为相关分析法。

相关分析法是利用物流成本相关的两项数值的比率揭示企业物流成本规律的一种分析方法。在物流成本的分析过程中，相关分析法应用得比较广泛。由于只采用有关数值的绝对值进行对比不能深入揭示物流成本的内在规律，而采用相对值则能做到这一点，因此相关分析法在物流成本分析中占有重要的地位。在实践中，常常把相关分析法和其他方法结合起来共同揭示物流成本中的内在规律。

（四）用于物流成本分析的指标

1. 各类物流成本

在进行物流成本分析时，首先可以对各类物流成本的数值进行分析，这样可以找出各成本升降的原因，为进行相关物流成本决策和降低物流成本提供依据。

2. 企业物流成本的一般效益指标

具体而言，物流成本的一般效益指标包括如下几类。

（1）物流成本率。

物流成本率的计算公式为：物流成本率 =（物流成本 / 销售额）×100%。

该指标用来说明每单位销售额需要支出的物流成本，该指标越高，则说明企业单位销售额需要支出的物流成本越高。从企业历年的数据中，大体可以了解其动向。另外，通过与同行业和行业外进行比较，可以进一步了解企业的物流成本水平。在用成本指标进行成本分析的时候，可以把物流部门作为独立利润中心进行考核，物流成本更为直接地与产品事业部门或销售部门经营业绩挂钩，考核产品事业部门或销售部门所发生的物流成本。这里的物流成本是指完成物流活动所发生的真实成本。

（2）单位物流成本率。

单位物流成本率的计算公式为：单位物流成本率 =（物流成本 / 企业总成本）

×100%。

该指标用来评价企业物流成本占企业总成本的比例，一般作为考核企业内部的物流合理化或检查企业是否达到合理化目标的指标来使用。该指标越大，说明物流成本在企业总支出中的比例越大，对此应分析原因，找出改进的方法。

（3）单位营业费用物流成本率。

单位营业费用物流成本率的计算公式为：单位营业费用物流成本率 =[物流成本 / 销售费用 + 一般管理费用）]×100%。

该指标用来分析物流成本占营业费用的比例。通过物流成本占营业费用的比率，可以判断出企业物流成本的比例。该指标不受进货成本变动的影响，得出的数值比较稳定，因此适合作为企业物流过程物流合理化的评价指标。物流成本也是企业物流活动的全部真实成本，销售费用指企业销售过程中发生的全部支出，一般管理费用指企业日常经营过程中发生的支出。

（4）物流功能成本率。

物流功能成本率的计算公式为：物流功能成本率 =（物流功能成本 / 物流总成本）×100%。

该指标用来分析物流各项职能成本在物流总成本的比例。企业应合理计算各项物流功能成本，为提高物流过程的管理水平提供依据。

（5）产值物流成本率。

产值物流成本率的计算公式为：产值物流成本率 =（物流成本 / 企业总产值）×100%。

该指标用来分析企业创造单位产值需要支出的物流成本。产值物流成本率是一定时期生产一定数量产品过程中物流成本与总产值的比率。一定时期的产值物流成本率反映了该时期物流过程耗费的经济效益，企业投入产出率高，物流成本耗费低，产值物流成本率也就低。通过不同时期或与计划指标的比较，可以说明企业物流过程耗费经济效益的变动情况。

（6）物流成本利润率。

物流成本利润率的计算公式为：物流成本利润率 =（利润总额 / 物流成本）×100%。

该指标用来分析一定时期生产和销售一定数量产品所发生的物流成本的总额与获得利润总额的比率。该指标表明在物流活动中耗费一定量的资金以获得经济利益的能力。物流效率高，市场竞争能力强，产品成本水平低，盈利能力增强，该指标也会相应提高。通过不同时期或与计划指标的比较，可以说明企业物流资金耗费经济效益的状况。

（7）物流效用增长率。

物流效用增长率的计算公式为：物流效用增长率 = 物流成本本年比上年增长率 / 销售额本年比上年增长率。

该指标用于分析企业物流成本变化和销售额变化的关系。该指标的合理值应该小于 1，如果大于 1，则说明物流成本增加的速度超过销售额的增加速度，应引起企业的重视，考核物流成本控制是否具有可降低的空间。

3. 企业物流成本的专项效益指标

（1）物流营运能力指标。

营运能力的大小对获利能力的持续增长有着决定性的影响。物流的营运能力可描述为：物流基于外部市场环境的需要，通过内部人力资源和作业资源的配置组合而对实现财务目标所产生作用的程度。

第一，人力资源营运能力指标。

其中，物流劳动作业效率 = 物流营业净额 / 从事物流工作的员工人数的平均值；物流营业收入净额 = 物流营业额 – 物流营业折扣与折让。物流劳动作业效率越高，说明每一个从事物流工作的人员创造的物流营业净额越高，因而人力资源利用得越好，物流人力资源的营运能力越强。

第二，作业资源营运能力指标。

一是物流总资产营运能力指标。物流总资产的周转率代表着物流总资产的营运能力，计算公式为：物流总资产周转率 = 物流营业净额 / 平均物流资产总额。物流总资产周转率也可以用周转天数表示，它与物流总资产周转率的关系为：物流总资产周转天数 = 计算期天数 / 物流总资产周转率。物流总资产周转率全面综合地反映了全部物流资产的营运能力。物流总资产周转率越高，说明在一定的计算期内物流总资产周转的次数越多，周转一次的天数便越短，周转速度便越快，因而物流总资产的营运能力也就越高。

二是物流流动资产营运能力指标。物流总资产由流动资产与固定资产两部分组成。物流流动资产营运能力的大小主要通过流动资产周转率加以反映，计算公式为：物流流动资产周转率 = 物流营业净额 / 物流流动资产平均占用额；物流流动资产周转天数 = 计算期天数 / 物流流动资产周转率。与物流总资产营运能力指标相同，物流流动资产周转率越高，说明营运能力越强；而物流流动资产周转天数越高，则说明营运能力越弱。

三是物流固定资产营运能力指标。物流作业的收入主要来源于物流流动资产的周转，而不是物流固定资产的周转。但是，物流固定资产是实现物流流动资产周转的基础，物流流动资产投资规模、周转额的大小以及周转速度的快慢，在很大程度上取决于物流固定资产的作业经营能力及利用效率。反映物流固定资产营运能力的指标是物流固定资产周转率，其计算公式为：物流固定资产周转率 = 物流营业收入净额 / 物流固定资产平均占用额 = 物流流动资产平均占用额 /（物流固定资产平均占用额 × 物流流动资产周转率）。物流固定资产营运能力指标可以考察企业是否能以相对节约的物流固定资产投资，达到尽可能大的物流流动资产规模及尽可能快的周转速度，从而使企业能够以流动资产投资规模扩大和周转速度加快为手段，实现更多的物流营业收入。该指标越高，说明物流固定资产的营运能力越高。

（2）物流获利能力指标。

所谓物流获利能力，实际上就是指投入物流系统的资金（物流成本）的增值能力。通常用物流系统的收益来反映该能力的高低，具体包括以下几个指标。

第一，物流作业利润率。计算公式为：物流作业利润率 = 物流利润 / 物流营业收入净额。

第二，物流作业的成本利润率。计算公式为：物流作业成本利润率 = 物流利润 / 物流成本。物流作业的利润率与成本利润率指标为正向指标，该指标越高，说明物流获利能力越强。

第三，物流作业的资产利润率。物流作业的资产利润率用来反映物流资产的获利能力，包括以下三个具体指标。

一是物流总资产利润率。根据利润层次的不同，可以列出三类物流总资产利润率。它们的计算公式分别为：物流总资产息税前利润率 = 息税前物流利润总额 / 平均物流资产额；物流总资产利润率 = 物流利润总额 / 平均物流资产额；物流总资产净利润率 = 物流利润净额 / 平均物流资产额。

二是物流流动资产利润率。物流流动资产投资与其周转是物流利润的主要来源，因此，物流流动资产的利润率能够揭示物流利润增长的基础是否稳固。考核物流流动资产获利能力的指标主要有两项，计算公式分别为：物流流动资产经营利润率 = 物流经营利润 / 物流流动资产平均占用额；物流流动资产营业利润率 = 物流营业利润 / 物流流动资产平均占用额。

三是物流固定资产利润率。由于物流固定资产是物流流动资产周转获利的物质基础，因此还应当考察物流固定资产利润率，计算公式分别为：物流固定资产经营利润率 = 物流经营利润 / 物流固定资产平均占用额 = 物流流动资产平均占用额 /（物流固定资产平均额 × 物流流动资产经营利润率）；物流固定资产营业利润率 = 物流营业利润 / 物流固定资产平均占用额 = 物流流动资产平均占用额 /（物流固定资产平均额 × 物流流动资产营业利润率）。

第四，物流作业净资产利润率。计算公式为：物流作业净资产利润率 = 物流利

润净额 / 物流净资产。企业支出物流成本的最终目的是实现物流系统利润的最大化，要达到这一目的，首先就要最大限度地提高物流净资产利润率。因此，物流作业的净资产利润率是物流获利能力指标的核心。该项指标为正向指标。

由于商品制造企业和商品流通企业的收入与利润的获得来源于多方面，很难分清物流作业带来的收入与利润，因此可以采取内部转移价格的形式来获取与物流作业相关的收入与利润。物流服务提供商的主要业务为向客户提供物流服务，其收入与利润也主要来源于物流作业，因此可以直接使用上述指标。

（五）物流成本分析的步骤

1. 制定物流成本分析指标的标准

前面给出了用于物流成本分析的指标，针对这些指标，要判断其数据是好是坏，必须有一个基准。

（1）同行业其他企业的状况或同行业之间的平均值。此即竞争的比较。一般来讲，竞争对象清楚的企业，如果能够和同行业其他企业的状况做比较，就能判断本身的好坏。企业经营原本就是谋求企业间的竞争，因此是否优于竞争对象极为重要，各方面都无法胜过竞争者的企业是不可能获利的。在物流业中，性质相仿的企业不少，即使不是直接竞争的企业，只要规模、物流过程性质差不多，都可作为比较学习的对象。但这种竞争性的比较资料的收集不太容易，除了一些属于一般性的财务资料可由评鉴之类的刊物中获得外，较详细的资料则需通过参观、沟通来取得，在目前国内各企业资料不全与极端保密的情况下，要做到这一点并不容易。

（2）企业过去的状况。这是趋势的比较。除与同行业其他企业比较以了解别人怎样做、做得如何外，将企业本身前后期的物流过程情况做比较，可清楚地知道企业当前是处于成长还是衰退的状况。

（3）目标或计划。企业分析除注意趋势的变化外，若企业针对营运状况已设定好目标或计划，则应进一步与目标或计划值做比较，以辨明企业运作的水准是否达到预期的程度，其结果可作为管理者今后计划的方向或重新设定新目标值的参考。

2. 指标的分析检查

指标的分析检查，是指对基于实际数所呈现出的资料一一加以分析，发掘问题点。对于问题的发现，应不厌其烦地加以确认，找出真正的问题点，并且对于拟改善的问题点，应从各种角度检查其发生的原因。有时问题点并非由单一指标即可明显看出，必须配合两三个不同项目指标才能找出真正的问题，因而对于指标数据的分析，应从两方面来进行。

（1）单一指标分析。对单一指标过高或过低的结果分析可能原因，即以单一指标来评估物流。这种方法的缺陷是单独使用有些指标，往往会忽略另一些重要的层面。

（2）多元指标分析。找出互有关联的指标，由多个指标一一分析企业现况及可能的原因，即同时以多个指标来评估物流。这种方法的问题在于各种指标在评估过程中究竟应占多大比重，且多元指标相互间并不一定是周延的（所谓周延是指指标间的相互配合完全没有遗漏）。

既然这两种方式各有缺陷，那么究竟什么时候该使用何种方式进行分析，需要小心判断，以做出对企业最有益的分析。

3. 改善效率的步骤及要点

改善现有状况可以模仿以往或别人所采用的方法，或将改善构想要点作为改善基准，当然也可以通过独特的创意来获得良好的改善成果。不论是采用何种改善方式，都应依据基本的步骤来进行现况改善。

（1）确定问题点中哪些是最亟待解决的问题。这一步主要就是对问题进行评估，也就是预测每一问题对企业未来的影响程度，并依程度的不同安排解决的时机。问题经评估后，根据其重要性通常可区分为下列四种级别：一是错误警示，即对企业影响程度很小的问题，应予以摒弃；二是非紧急，即对将来可能会有影响但仍无须即刻思考的问题，可先延后至将来再解决；三是些微紧急，即必须在下一规划周期之前解决的问题，欲改善的计划及日期应于此阶段中订出；四是紧急，即必须立即处理的问题。

（2）收集有关事实，决定改善目标。这一步主要就是收集事实，调查比较各个事实间的相互关系，确定改善目标。

（3）分析事实，检查改善方法。这一步主要就是希望全体员工集思广益，为达到轻松（疲劳的减轻）、良好（品质的维持、提升）、迅速（物流过程时间的缩短）、低廉（成本的抑减）、安全（灾害事故的防止）的目标而寻求改善方案。

（4）拟定改善计划。即将构想出的改善方案向上报告，并做好实施的准备计划。

（5）试行改善。即先试行改善，并且详细追踪记录实施结果。

（6）检讨试行实施结果，并使之标准化。这一步主要是对改善效果与改善前的情况做比较，检查是否确实有进步，若是，则考虑将改善后的方式标准化，以作为往后的依据。

（7）对新的物流方式制定管理制度以便追踪衡量，并确保长期的改善效果。

二、物流成本预测

企业要在激烈的竞争中立于不败之地，就必须对未来的状况做出正确的估计，并以这种估计作为决策和计划的客观基础，正所谓“凡事预则立，不预则废”，对于企业的物流成本管理工作来说尤为如此。在物流成本管理工作中，物流成本预测具有十分重要的意义。物流成本预测可以使企业对未来的物流成本水平及其变化趋势做到“心中有数”，并能与物流成本分析一起为企业的物流成本决策提供科学的依据，以减少物流成本决策过程中的主观性和盲目性。

（一）物流成本预测的概念与含义

通俗地讲，成本预测就是回答诸如“如果……将怎样”这样一类的问题。如果事先计划安排得好，那么企业就能对自己拥有的资源从总体上实现平衡，从而避免被动式的“计划调度”。由于不同规模、行业及不同管理水平的企业间管理的内容与要求、成本预测的方法和成本预测模型均有不同，同时目前人类对经济学变量关系认识尚为肤浅，往往热衷于寻找一些模型，而这些模型常常过于简单或过于理想，或因约束条件太多在实践中很难利用，因此，成本预测成为成本管理中的一个瓶颈。

事实上，不少企业都曾经尝试在不同的背景和环境下进行过成本预测，其结果却经常与实际大相径庭，久而久之，便容易将成本预测视为形式主义或干脆放弃。一个重要原因是成本管理及成本预测需要使用整个企业的大量数据，这就需要有良好的数据基础，以及企业部门间良好的数据沟通和迅速的信息反馈机制。此外，我国目前的成本管理体系，无论是理论还是实践都落后于企业管理发展的需要，这也是一个不容忽视的方面。

所谓物流成本预测，是指依据物流成本与各种技术经济因素的依存关系，结合发展前景及采取的各种措施，并利用一定的科学方法，对未来期间物流成本水平及其变化趋势做出科学的推测和估计。

物流成本预测对被研究对象的发展趋势有指导意义，这种规律性可以被人们所认识和掌握，并据此事先对它们的发展变化进行科学的估计。各种成本预测都以不同程度的历史资料为依据，并且都存在不稳定性。

（二）物流成本预测的作用

物流成本预测是企业物流成本管理的一个重要环节，在企业物流成本管理过程中的主要作用表现在以下三个方面。

1. 物流成本预测为物流成本决策提供依据

物流成本预测是从客观实际出发，系统地研究物流过程中的有关信息资料，并对客观实际情况做出科学的论断，提出物流过程成本支出的若干可行性方案，以供企业决策。

2. 物流成本预测为确定目标成本打下基础

物流成本预测是物流成本管理的重要组成部分，是制定物流成本预算过程中必不可少的科学分析阶段。在物流过程之前必须做科学的分析论证，对每一步物流过程都应当有精心的成本预测，以免造成不应有的失误。

3. 物流成本预测可确定最佳的物流成本投入方案

物流成本预测对物流各功能成本投入的多少及物流过程的设计等方面进行分析、考核、测算，并以此为依据提供若干套方案，根据多方面的综合平衡，来测算企业最终的物流成本。

（三）物流成本预测的步骤

为了保证预测结果的客观性，企业在进行物流成本预测时，通常分为以下几个具体步骤。

1. 确定预测目标

进行物流成本预测，首先要有一个明确的目标。物流成本预测的目标又取决于企业对未来的生产经营活动所欲达成的总目标。物流成本预测目标确定之后，便可明确物流成本预测的具体内容。

2. 收集预测资料

物流成本指标是一项综合性指标，涉及企业的生产技术、生产组织和经营管理等各个方面。在进行物流成本预测前，必须尽可能全面地占有相关的资料，并应注意去粗取精、去伪存真。

3. 建立预测模型

在进行预测时，必须对已收集到的有关资料运用一定的数学方法进行科学的加工处理，建立科学的预测模型，借以揭示有关变量之间的规律性联系。

4. 评价与修正预测值

以历史资料为基础建立的预测模型可能与未来的实际状况有一定的偏差，且数量方法本身就有一定的假定性，因此必须采用一些科学方法对预测结果进行综合的分析判断，对存在的偏差及时予以修正。

（四）物流成本预测的方法

物流成本预测的方法可以分为三大类：一是外推法，即利用过去的资料预测未来状态的方法；二是因果法，即依据所掌握的历史资料，找出所要预测的变量和与它相关的变量之间的关系，从而预测未来状态的方法；三是判断分析法（或称集合意见法、直观法），即主要依靠管理人员过去的经验和综合分析能力预测未来状态的方法。

上述前两种方法一般称为定量分析法（或称数量方法），第三种方法一般称为定性分析法（或称非数量方法）。这两类方法必须结合起来使用，才能取得较为客观的预测效果。

1. 物流成本预测的时间序列预测法

定量分析中的外推法，主要是指时间序列预测法，即趋势预测法。这种方法的基本思路是把时间序列作为随机变量序列的一个样本，应用概率统计的方法，尽可能减少偶然因素的影响，做出在统计意义上较好的预测。时间序列预测法中最常用的两种方法是趋势平均法和指数平滑法。

（1）趋势平均法。趋势平均法建立在过去的物流成本趋势及其规律性依然不变这一假定之上。其基本计算公式为：某期预测值 = 最后一期移动平均数 + 推后期数 × 最后一期趋势移动平均数。

显然，采用趋势平均法计算若干期的平均数和趋势平均数时，前后各个时期所用的是同一个权数，即认为这些数据对未来的预测值具有同等的影响。因此，用趋势平均法预测的结果与实际情况往往差异较大。为了弥补这一缺陷，可以采用指数平滑法来进行预测。

（2）指数平滑法。设以 F_n 表示下期预测值，F_{n-1} 表示本期预测值，D_{n-1} 表示本期实际值，a 为平滑系数（取值范围为 $0<a<1$），则 F_n 的计算公式为：$F_n=F_{n-1}+a(D_{n-1}-F_{n-1})=aD_{n+1}+(1-a)F_{n+1}$。由上式类推下去，可得展开式如下：$F_n=aD_{n-1}+a(1-a)D_{n+2}+a(1-a)^2D_{n+3}+\Lambda+a(1-a)^{t-1}D_{n-t}+(1-a)^tF_{n-t}$。

可见，指数平滑法在预测时，分别以 a、$a(1-a)$、$a(1-a)^2$ 等系数对过去各期的实际数进行了加权。远期的实际值影响较小，因而其权数也较小；近期的实际值影响较大，因而其权数也较大。显然，这种预测方法更符合客观实际，但 a 的确定具有较大的主观因素。

2. 物流成本预测的回归分析法

定量分析中的因果法，主要是指回归分析法，它是通过对观察值的统计分析来确定它们之间的联系形式的一种有效的预测方法。从量的方面来说，事物变化的因果关系可以用一组变量来描述，因为因果关系可以表述为变量之间的依存关系，即自变量与因变量的关系。运用变量之间这种客观存在的因果关系，可以使人们对未来状况的预测达到更加准确的程度。

（1）一元线性回归预测法。用线性回归分析法时，首先要确定自变量 x 与因变量 y 之间是否线性相关及其相关程度，判别的方法主要有散布图法与相关系数法。所谓散布图法，就是将有关的数据绘制成散布图，然后依据散布图的分布情况判断 x 与 y 之间是否存在线性关系；所谓相关系数法，就是通过计算相关系数 r 判别 x 与 y 之间的关系。在确认因变量与自变量之间的线性关系后，便可以建立回归线性方程，并根据最小二乘法原理，求得方程中的系数。然后，便可据此方程进行预测。

（2）多元线性回归预测法。当影响因变量 y 变动的因素不止一个时，就必须采用多元线性回归模式对未来的状态进行预测。

三、物流成本决策

（一）物流成本决策的概念与含义

对于大多数企业来说，物流成为经营的一项关键性成本因素；物流决策及管理水平的高低，对成本的影响越来越明显。特别是当今的市场，企业的经营视角已不再局限于某个地区，而是转向全球贸易，原材料与零部件的供应、产品的分销及设施选址问题都需要企业审时度势，一些细微的差错就可能导致无法挽回的损失。许多成功与失败的经验让企业认识到，把物流成本决策作为一种负担或回避物流成本决策绝非明智之举。

物流成本决策是指根据物流成本分析与物流成本预测所得的相关数据、结论及其他资料，运用定性与定量的方法，选择最佳成本方案的过程。具体来说，就是以物流成本分析和预测的结果等为基础建立适当目标，拟定几种可以达到该目标的方案，再根据成本效益评价从这几个方案中选出最优方案的过程。

物流成本决策不仅是成本管理的重要职能，也是企业生产经营决策体系中的重要组成部分。而且，由于物流成本决策所考虑的是价值问题，更具体地讲是资金耗费的经济合理性问题，因而物流成本决策具有较大的综合性，对其他生产经营决策起着指导和约束作用。

（二）物流成本决策的意义

随着市场经济的不断发展，物流成本决策对于企业的生存和发展有着越来越重要的作用。

1. 物流成本决策是企业管理体制改革的客观要求

企业自主经营、自负盈亏的性质决定了企业必须对经营结果负责，对企业自身与广大员工负责。在物流过程中势必要做出正确的决策，没有这一点，且不说发展，即使生存问题也要受到影响。

2. 物流成本决策是企业提高经济效益的迫切需要

企业为了增强自身的竞争能力和适应能力，必须不断研究改进物流过程和降低物流成本的方法，不断提高经济效益，并从中求得发展。严格地讲，这一切都有赖于科学的物流成本决策。

3. 物流成本决策是企业内外部环境条件变化的必然结果

一方面，随着生产的社会性愈加强烈，企业外部环境条件处于急剧的变化之中，为了适应这种形势，必须从节约资金耗费的角度来规划企业的活动；另一方面，生产的高技术与大规模越来越明显，生产投资额不断升高，耗费也日益增大。因此，企业应对自身的物流活动进行合理控制，而这又要依赖于物流成本决策。

4. 物流成本决策是现代化成本管理的重要特征

近年来，管理科学的进步已对成本管理产生了重大影响，人们已经认识到，单一的计划管理和行政手段远远不能满足现代化生产经营管理的需要。应用新理论，采取新方法，更新传统的成本管理方式也就顺理成章了。在目前阶段，这种更新最具必要性并确有可能的莫过于实施物流成本决策，这也是现代化成本管理的重要标志。

（三）物流成本决策的步骤

1. 收集有助于决策的相关资料

收集与进行该项物流成本决策有关的所有成本资料及其他资料，是决策是否可靠的基础。一般讲来，全面、真实、具体是这种收集工作的基本要求。若做不到这些，决策便很难保证正确可信。

2. 拟定可行性方案

物流成本决策的可行性方案就是指保证成本目标实现和具备实施条件的措施。进行决策，必须拟定多个可行方案，才能通过比较选择最优者。换言之，一个成功的决策应该有一定数量（当然应各自具备一定的质量）的可行性方案为保证。

3. 做出选优决策

对各种可行性方案，应在比较分析之后，根据一定的标准、采取合理的方法进行筛选，做出成本最优化决策。

（四）物流成本决策的方法

1. 以物流总成本最低为依据的决策方法

现代物流的概念涵盖了企业经营的全过程，如需求预测、选址、采购、生产进度、运输、装卸搬运、库存控制、仓储、包装、配送、订单处理、客户服务、返还品管理、废弃物处理及其他辅助活动。不少企业在降低这些局部成本的工作中获得了不同程度的效果，但一些世界级企业的实践证明，从总体的观念综合考虑这些物流成本，能给企业带来更多实质性的成本节约。

以物流总成本最低为依据的决策方法是指在物流系统所要提供的客户服务水平既定的前提下，对各类物流成本进行权衡，将能够实现其他物流成本之和最小的方案作为最佳方案。

通过物流成本分析，企业可以发现哪些物流成本过高及存在的问题，并可以采取相应的手段与措施来降低该成本。但是，由于各类物流成本之间存在悖反关系，一类物流成本的下降往往以其他几类物流成本的上升为代价，因此在进行物流成本决策时，决不能只关注某一类物流成本，而是必须在物流成本预测的基础上，将各类物流成本综合在一起加以考虑，以物流总成本最低作为方案取舍的标准。同样，当企业为了适应市场需要，要在物流运作方面进行某些改变时，也应当以物流总成本最低作为方案取舍的标准。

（1）物流成本与客户服务之间的关系。

物流系统的目标就是向客户提供适当的物流服务。在物流管理中，“适当”的观点很重要，因为没有一个物流系统既可以做到提供最高的客户服务水平，使客户的满意程度最高，又可以做到狭义的物流成本之和最低。而这一点正说明了客户服务水平与物流成本之间的关系。

物流客户服务水平是影响客户购买和连续购买的关键因素，也是企业用来吸引潜在客户的有效手段。最佳的物流客户服务水平，可以创造客户满意与客户信任，减少现有客户与潜在客户的流失。然而，客户服务水平的提高要求有大量的存货、快捷的运输、充分的仓容和高效的订单处理作为保障，这必然要增加物流成本。而降低物流成本，又必然会导致客户服务水平的降低。客户服务水平与物流成本之间的关系，如图 7–4 所示。

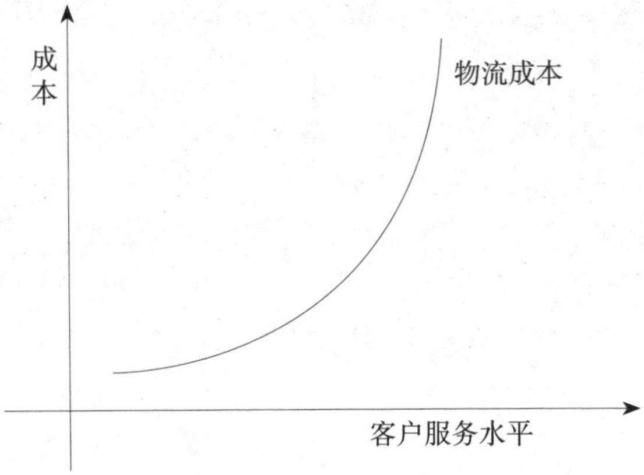

图 7–4　客户服务与物流成本之间的关系

一般来说，随着物流客户服务水平的提高，物流成本将加速增长。

（2）各类物流成本之间的悖反关系。

各类物流成本之间的悖反关系决定了企业管理层在进行物流决策时，必须要在各种物流成本之间进行权衡，并在实现既定服务水平条件下，以物流总成本最小作为选择物流运作方案的依据。

（3）库存持有成本与批量成本之间的关系。

库存持有成本和批量成本随着采购次数（生产线启动）或采购（生产）批量的变化而呈反方向变化，起初随着采购（生产）批量的增加，批量成本的下降比库存持有成本的增加要快，即批量成本的边际节约额比库存持有成本的边际增加额要多，使得总成本下降。当采购（生产）批量增加到某一点时，批量成本的边际节约额与库存持有成本的边际增加额相等，这时总成本最小。此后，随着采购（生产）批量的不断增加，批量成本的边际节约额比库存持有成本的边际增加额要小，总成本便会不断增加。

（4）运输成本与“和仓储活动有关的成本（库存持有成本与仓储成本）”之间的关系。

企业对运输作业的要求是：运费最低、运输时间最短、运输速度最快；对仓储作业的要求是：使仓库的建设和运营成本最低、降低库存水平、加快库存周转。

从运输和仓储作业本身来看，这些要求都是最希望达到的目标。但是，站在物流的角度来看，任何一个企业，它的仓储系统和运输系统都不可能同时达到各自的上述要求，即运输成本与“和仓储活动有关的成本（库存持有成本与仓储成本）”不可能同时达到最低。

从实际运作情况来看，仓储和运输作业是互相影响的，它们的目标甚至是矛盾的。以一个企业为例，假设某种产品一年的销售量是固定的，那么从生产地运往销售点的年总发货量也是固定的。如果想使运输成本最低，就要使每次的发运量达到经济规模，例如用火车发运，能够装满所有车皮的发运规模才是经济规模。也就是说，只有通过整车发运才能达到发运的经济规模，才能不浪费运力，并最大限度地提高运输工具的使用效率，减少运输次数，使运输总成本达到最低。如果想使与仓储作业有关的成本最低，仓库里存储的货物便越少越好，这就必须做到随要随送，这样就会增加运输的次数，降低每次发运的批量，相当于将一次整车运输变成多次零担运输。整车的运价低于零担运价，零担凑整需要更多的集结时间，待运期较长。最后的结果是，要完成全年的发运量，实现即时运送，那么全年的总运输成本会比整车发运时大幅度增加。这就是它们互相矛盾的地方。

随着每批发运的产品数量的增加，运输总成本逐渐降低，“和仓储活动有关的成本（库存持有成本与仓储成本）”会逐渐上升，这对运输来讲不是最经济的，对仓储来讲也不是最经济的，但此时的总成本达到了最小值，这应该是整个物流系统的最佳方案。若单独考虑运输或单独考虑仓储活动，是不可能得出这个方案的。

（5）包装成本与其他物流成本的关系。

第一，包装与各类物流活动的关系。

一是包装与运输的关系。运输的主要功能是使产品产生空间位置转移，具有流动性。产品运输的基本要求是安全、迅速、准确、方便。包装直接关系着运输过程中产品的安全、运输载体容积利用的充分程度，所以，不同的运输方式对包装有不同的要求。包装的设计必须考虑产品特性、产品特征、运输方式、运输工具、运输距离等因素，才能提高运输效率，并避免产品损失。

二是包装与装卸搬运的关系。装卸是产品运输和仓储过程中两个必不可少的作业环节，产品的装上卸下以及水平移动都会受到包装的影响，因此，包装的设计要适应装卸工作中的装上卸下、搬运的需要，以提高装卸搬运效率，防止产品的损坏。

三是包装与仓储活动的关系。仓储可以解决产品流通过程中时间上要求不一致的矛盾，它是维持并扩大社会再生产必不可少的条件。可以说，没有仓储就没有流通。产品的任何存储方式都与包装有着密切的关系。例如，在潮湿的环境下，需要对产品进行防湿、防潮包装；户外堆放，需要采用“茧式封存包装”；一般产品的存储，为了适应高层堆码，需考虑采用耐堆码负荷（又称堆压）的耐压包装。其他各类仓储活动也都与包装关系密切：库存货品盘存控制依赖人工或自动化识别系统的准确性，而识别系统与产品包装密切相关；分拣的速度、准确性和效率都要受包装识别、形状和操作的简便程度的影响。

第二，包装影响每一项物流作业的成本。

包装成本与其他各类物流成本呈悖反关系。高质量的包装会带来包装成本的提升，但是也会带来其他物流成本的下降。这种下降来源于两个方面：一方面是好的包装可以提高其他物流作业（如运输、仓储）的效率，降低对这些作业的要求；另一方面，好的包装可以降低这些物流作业中可能产生的损耗（被盗、丢失、毁损等）。同样，降低包装成本，也会带来其他物流成本的提升。因此，在进行物流决策时，必须将包装成本与其他物流成本进行权衡，以寻求总成本最低的物流运作方案。

（6）订单处理和信息系统成本与其他物流成本的关系。

订单处理和信息系统成本与其他物流成本呈悖反关系。以建立先进的计算机订单系统为例，建立先进的订单处理系统会带来订单处理及信息系统成本的大幅度攀升，但该系统能够节省大量的时间，从而带来其他物流成本的降低。

首先，由该系统带来的订单通信、订单输入和订单处理时间的减少，可以使企业的销售预测和生产计划部门更早地获得销售信息；同样，主管仓储、运输和库存管理等物流活动的人员也可以提前得到相关的信息，信息流的提前可以提高仓库分配订单的效率，让物流主管人员有更充裕的时间计划仓库作业，从而实现仓储成本的降低。

其次，订单通信、订单输入和订单处理时间的大幅度减少可以提高订货周期的稳定性，对降低安全库存水平有重要作用，有助于降低库存持有成本。

最后，计划时间的增加往往导致了运输时间的缩短和运输货品的准时送达，减少误点，有利于运输成本的降低。

2. 通过差量分析法进行物流成本决策

通过差量分析法进行物流成本决策，就是计算不同备选方案下物流总成本的数值，将总成本最低的那个方案作为最终的方案。

差量分析法还有一种变形，即当企业想要实施某一方案时，可以计算实施该方案后，看有哪些物流成本会下降，下降的数值是多少，有哪些物流成本会上升，上升的数值是多少，如果上升的成本数值低于下降的成本数值，则该方案可取。

3. 利用数学模型进行物流成本决策

经济订货批量模型是最经典的通过物流成本权衡，以物流总成本最小为依据，进行物流成本决策的数量模型。它来源于运筹学中的存储论，用于进行存储决策。

对于制造企业而言，为了保证生产（销售）的正常进行，必须存储一些原料、半成品、产成品以形成库存。由于企业生产（销售）时要从仓库中取出库存（原料、半成品、产成品）并将其消耗掉，因此随着生产（销售）的不断进行，库存将会不断减少。为了保证生产（销售）能够连续不断地持续下去，企业到一定时刻必须进行订货（生产），对库存进行补充。

商业企业（零售商与批发商）也面临着同样的问题。这些企业必须拥有一定的库存，当卖掉一部分商品使库存减少时，为了保证能够正常营业，避免缺货，必须及时订货，对库存进行补充。

在上述情况下，企业就面临着这样的决策：每次订货的数量应当为多少（确定订货批量），究竟在什么时候开始订货（确定再订货点）。对于企业而言，为了降低库存持有成本等，应当将存货数量控制在一个较低的水平，也就是降低再订货点与每次订货的数量，但是这样会降低客户服务水平，同时小批量订货也会带来批量成本的攀升。因此，企业必须通过经济订货批量模型对各物流成本进行权衡，选取物流总成本最低的方案作为最佳方案。

第五节　物流成本的控制

成本控制是成本管理最主要的内容。本节将对物流成本控制的概念和方法进行介绍，并重点介绍两种常用的成本控制方法——标准成本法和目标成本法。通过本节的学习，可以掌握物流成本控制的理念和操作方法。

一、物流成本控制概述

物流成本控制是指企业在物流活动中依据物流成本标准，对实际发生的物流成本进行严格的审核，进而采取不断降低物流成本的措施，实现预定的物流成本目标。进行物流成本控制，应根据物流成本的特性和类别，在物流成本的形成过程中对其事先进行规划，事中进行指导、限制和监督，事后进行分析评价，总结经验教训，不断采取改进措施，使企业的物流成本不断降低。

现代物流成本控制是企业全员控制、全过程控制、全环节控制和全方位控制，是商品使用价值和价值相结合的控制，是经济和技术相结合的控制。在现代企业管理中，物流成本控制占有十分重要的地位，它突破了传统物流成本管理把物流成本局限为“唯成本而成本”的研究领域，把重心转向企业整体战略这一更为广阔的研究领域。

（一）现代物流成本控制意识

现代物流成本控制意识是指企业管理人员对物流成本管理和控制有足够的重视，不受“物流成本控制即为物流成本降低，物流成本到一定程度即无法再降低”的传统思维定式的束缚，充分认识到企业物流成本降低的潜力是无穷无尽的。的确，在相关指标不变的情况下，降低物流成本支出的绝对额，会相应地增加企业的收益，而单纯的物流成本降低确实是有限度的。然而，在各项经济指标发生变化的情况下，有时增加物流成本支出的绝对额反而会相应地增加企业的收益。因此，现代企业物流成本控制的内容不再仅是孤立地降低物流成本，其目的是从成本与效益的对比中寻找物流成本的最小化。必须指出，这种无穷尽地降低物流成本的思想必须依靠战略构筑、组织措施的配合才能形成现代完整意义上的物流成本意识。其表现为：一方面把降低物流成本的工作扩展到供应、生产和设计等各个部门，形成全企业全员式的降低物流成本格局，形成贯穿企业各部门的物流成本意识；另一方面将降低物流成本从战略布局的高度加以定位，即从选择开发项目种类、进行可行性研究起就注入物流成本思考，确立具有长期发展观的成本意识。

成本效益理念可通俗地表述为“为了省钱而花钱”的思想，即为了未来的更多收益应该支出某些短期看来似乎是高昂的费用。比如引进新型物流设备可能导致一笔较大的支出，但是在今后的设备使用期间，因设备利用效率的提高而增加的效率加上设备维修费用降低的综合效益，可能会抵补支出且有余，这样就总体而言效益是有所增加的。树立现代物流成本控制意识，运用成本效益分析，可以为企业创造更大收益，所以为未来“增效”而树立物流成本效益理念是极为重要的。

（二）物流成本控制现代化的主要表现

（1）物流成本控制思想革新化。

传统的算账报账型成本管理模式只采用手工操作，不考虑先进的控制手段，只依靠企业财务部门，不注意发挥广大员工的积极性。这就需要在物流成本控制观念上进行革新，树立竞争观念、效益观念、经营观念、法制观念和开拓观念等新观念。

（2）物流成本控制组织合理化。

这是管理现代化的保证，没有组织上的保证，企业就很难把现有的人力、物力和财力组织好，就不可能发挥最大的总体效益。物流成本控制组织合理化就是要求实行统一领导、分级控制的原则，要建立物流成本控制责任制度，保证目标物流成本的顺利实现。

（3）物流成本控制方法科学化。

要总结我国物流成本控制的较好经验，引进国外现代化成本控制方法，使之相互融合，并培养一支能够适应物流成本控制现代化需要的专业人员队伍。只有这样，才能推动物流成本控制工作不断前进，保证物流成本控制现代化早日实现。

总之，管理思想是灵魂，管理人才是关键，管理组织是保证，管理方法和管理手段是条件。只有将这五个方面的内容配套并同步进行，才能推动物流成本管理向着现代化方向迈进。

二、物流成本控制的基本程序

物流成本控制应贯穿于企业生产经营的全过程。一般来说，物流成本控制应包括以下几项基本程序。

1. 制定成本标准

物流成本标准是物流成本控制的准绳，是对各项物流费用开支和资源耗费所规定的数量限度，是检查、衡量、评价实际物流成本水平的依据。物流成本标准应包括物流成本计划中规定的各项指标，但物流成本计划中规定的一些指标通常都比较综合，不能满足具体控制的要求，这就必须规定一系列具体的标准。确定这些标准可以采用计划指标分解法、预算法、定额法等。在采用这些方法确定物流成本控制标准时，一定要进行充分的调查研究和科学计算，同时还要正确处理物流成本指标与其他技术经济指标的关系（如和质量、生产效率等的关系），从完成企业的总体目标出发，综合平衡，防止片面性，必要时还应对多种方案进行择优选用。

2. 监督物流成本的形成

应根据控制标准，对物流成本形成的各个项目经常性地进行检查、评比和监督。不仅要检查指标本身的执行情况，而且要检查和监督影响指标的各项条件，如物流设施设备、工具、工人技术水平、工作环境等，所以物流成本日常控制要与企业整体作业控制等结合起来进行。物流成本日常控制主要包括物流相关费用的日常控制、物流相关工资费用的日常控制及物流相关间接费用的日常控制等三个方面。

上述各种与物流相关费用的日常控制，不仅要有专人负责和监督，而且要使费用发生的执行者实行自我控制，并在责任制中加以规定。只有这样，才能调动全体人员的积极性，使成本的日常控制有群众基础。

3. 及时揭示并纠正不利偏差

揭示物流成本差异即核算确定实际物流成本脱离标准的差异，分析差异的成因，明确责任的归属。针对物流成本差异发生的原因，要分别情况，分清轻重缓急，提出改进措施，加以贯彻执行。对于重大差异项目的纠正，一般采用下列步骤。

（1）提出降低物流成本的课题。从各种物流成本超支的原因中提出降低物流成本的课题，其中最关键的是那些成本降低潜力大、各方关心、可能实行的项目。所提出的课题，应包括课题的目的、内容、理由、根据和预期达到的经济效益等。

（2）讨论和决策。课题选定以后，应发动有关部门和人员进行广泛的研究和讨论。对重大课题，可能要提出多种解决方案，然后进行各种方案的对比分析，从中选出最优方案。

（3）确定方案实施的方法、步骤及负责执行的部门和人员。

（4）贯彻执行确定的方案。在方案执行过程中要及时加以监督检查，并且还要检查方案实行后的经济效益，衡量是否达到了预期的目标。

4. 评价和激励

评价物流成本目标的执行结果，根据物流成本控制业绩实施奖惩。

三、物流成本控制必须遵循的原则

为了有效地进行物流成本控制，必须遵循以下原则。

1. 经济原则

这里所说的“经济”是指节约，即对人力、物力和财力的节省，它是提高经济效益的核心。因此，经济原则是物流成本控制最基本的原则。

2. 全面原则

在物流成本控制中实行全面原则，具体来说有如下几方面的含义。

（1）全过程控制。物流成本控制不限于生产过程，而是从生产向前延伸到投资、设计，向后延伸到用户服务成本的全过程。

（2）全方位控制。物流成本控制不仅对各项费用发生的数额进行控制，而且还对费用发生的时间和用途加以控制，讲究物流成本开支的经济性、合理性和合法性。

（3）全员控制。物流成本控制不仅要有专职物流成本管理机构的人员参与，而且还要发挥广大员工在物流成本控制中的重要作用，使物流成本控制更加深入和有效。

3. 责、权、利相结合原则

只有切实贯彻责、权、利相结合的原则，物流成本控制才能真正发挥其效益。显然，企业管理人员在要求企业内部各部门和单位完成物流成本控制职责的同时，必须赋予其在规定的范围内有决定某项费用是否可以开支的权力。如果没有这种权力，也就无法进行物流成本的控制。此外，还必须定期对物流成本控制业绩进行评价，据此实行奖惩，以充分调动各单位和员工进行物流成本控制的积极性和主动性。

4. 目标控制原则

目标控制原则是指企业管理人员以既定的目标作为管理人力、物力、财力和各项重要经济指标的基础。物流成本控制是目标控制的一项重要内容，即以目标物流成本为依据，对企业经济活动进行约束和指导，力求以最小的物流成本获取最大的盈利。

5. 重点控制原则

所谓重点控制，简而言之，就是对超出常规的关键性差异进行控制，旨在保证管理人员将精力集中于偏离标准的一些重要事项上。企业日常出现的物流成本差异往往成千上万，头绪烦杂，管理人员对异常差异实行重点控制，有利于提高物流成本控制的工作效率。重点控制原则是企业进行日常控制所采用的一种专门方法，特别是在对物流成本指标的日常控制方面应用得更为广泛。

四、物流成本控制的内容

按照控制的时间，物流成本控制具体可分为事前控制、事中控制和事后控制三个环节。

1. 事前控制

事前控制是指在物流活动或提供物流作业前对影响物流成本的经济活动进行事前的规划、审核，确定目标物流成本。它是物流成本的前馈控制。

2. 事中控制

事中控制是在物流成本形成过程中，随时对实际发生的物流成本与目标物流成本进行对比，及时发现差异并采取相应措施予以纠正，以保证物流成本目标的实现。它是物流成本的过程控制。

事中控制应在物流成本目标的归口分级管理的基础上进行，严格按照物流成本目标对一切生产经营耗费进行随时随地的检查审核，把可能产生损失浪费的苗头消灭在萌芽状态，并且把各种成本偏差的信息及时反馈给有关的责任单位，以利于及时采取纠正措施。

3. 事后控制

事后控制是在物流成本形成之后，对实际物流成本的核算、分析和考核。它是物流成本的后馈控制。

事后控制可以通过实际物流成本和一定标准的比较，确定物流成本的节约或浪费，并进行深入的分析，查明物流成本节约或超支的主客观原因，确定其责任归属，对物流成本责任单位进行相应的考核和奖惩。通过物流成本分析，为日后的物流成本控制提出积极改进意见和措施，进一步修订物流成本控制标准，改进各项物流成本控制制度，以达到降低物流成本的目的。

物流成本的事中控制主要是针对具体各个物流成本费用项目进行实地实时的分散控制，而物流成本的综合性分析控制，一般只能在事后才可能进行。物流成本事后控制的意义并非是消极的，大量的物流成本控制工作有赖于物流成本事后控制来实现。从某种意义上来讲，控制的事前与事后是相对而言的，本期的事后控制，也就是下期的事前控制。

【思考题】

1. 供应链成本核算的内容主要包括哪些？
2. 整合供应链成本核算的四个决策区域是什么？
3. 物流成本的构成因素有哪几个部分？
4. 物流成本有哪些重要的特征？
5. 试述影响物流成本的因素。
6. 物流成本的管理方法有哪些？
7. 试述物流成本分析的原则。
8. 物流成本分析的步骤有哪些？
9. 物流成本控制现代化的主要表现是什么？

【案例分析】

东方药业物流问题剖析及改进建议

1. 企业概况

东方药业是一个以市场为核心、现代医药科技为先导、金融支持为框架的新型公司，是西南地区经营药品品种较多、较全的医药专业公司。公司成立以来，效益一直稳居云南同行业前列，属下有一个制药厂、9个医药经营分公司、30个医药零售连锁药店。它有着庞大的销售网络，该网络以昆明为中心，辐射整个云南省乃至全国，包括医疗单位网络、商业调拨网络和零售连锁网络。

2. 企业物流管理面临的主要问题

目前，东方药业虽已形成规模化的产品生产和网络化的市场销售，但其流通过程中物流管理严重滞后，造成物流成本居高不下，不能形成价格优势。这严重阻碍了物流服务的开拓与发展，成为公司业务发展的“瓶颈”，主要表现在以下几个方面。

（1）装卸搬运费用过高。装卸搬运活动是衔接物流各环节活动正常进行的关键，它渗透到物流各个领域，控制点在于管理好储存物品、减少装卸搬运过程中商品的损耗率、装卸时间等。而东方药业恰好忽视了这一点，由于搬运设备的现代化程度较低，只有几个小型货架和手推车，大多数作业仍处于人工作业为主的原始状态，工作效率低，且易损坏物品。另外仓库设计得也不太合理，造成长距离的搬运，并且库内作业流程混乱，形成重复搬运，大约有70%属于无效搬运，这种过多的搬运次数既浪费了时间，也增加了许多无谓的成本。

（2）储存费用过高。目前，东方药业的仓库平面布置区域安排不合理，只强调充分利用空间，没有考虑前后工序的衔接，混合堆码的现象严重，造成出入库的复杂性和长期存放，甚至一些已过效期发生质变和退回的商品没能得到及时处理，占据库存空间，增大了库存成本。

（3）运输费用没有得到有效控制。运输费用占物流费用的比重较大，据日本通产省六大类货物物流成本的调查结果表明，运输成本占物流总成本的40%左右，是影响物流费用的重要因素。东方药业拥有庞大的运输队伍，但由于物流管理缺乏力度，没有独立的运输成本核算方法，只单纯地追求及时送货，因此不可能做到批量配送，形成不必要的迂回，造成人力、物力上不必要的浪费。而且由于部分员工的工作作风不够扎实，乘送货之机办自己的私事，影响了工作效率，也增大了运输费用。

（4）物流管理系统不完备。在企业中物流信息的传递依然采用“批条式”或“跑腿式”方式进行，电脑、网络等先进设备与软件基本上处于初级应用或根本不用，使得各环节间严重脱离甚至停滞，造成不必要的损失。

3. 企业物流系统的合理化改造

（1）重视对原有仓库的技术改造，加快实现仓储的现代化。

目前医药行业的仓库类型主要分为生产物流中的制药原料及成品库和销售物流中的战略仓库，大多数的企业比较倾向于采用高位货架结合窄通道高位驾驶三向堆垛叉车的立体仓库模式。在此基础上，可以根据实际需要，尽可能引进国外先进的仓储管理经验和现代化物流技术，有效地提高仓库的储存、配送效率和服务质量。

（2）完善仓库功能，逐步实现仓库的社会化。

加快实现仓库功能多元化是市场经济发展的客观要求，也是仓库增加服务功能、提高服务水平、增强竞争力、实现仓库社会化的重要途径。在市场经济条件下，仓库不应该再仅仅是存储商品的场所，更要承担商品分类、挑选、整理、加工、包装、代理销售等职能，还应成为集商流、物流、信息流于一身的商品配送中心、流通中心。现在在美国、日本等发达国家，基本上都把原来的仓库改成商品的流通加工配送中心。基于东方药业目前的规模及企业实力，应将现有仓库向共同配送的库存型配送中心转化，商品进入配送中心后，先是分类储存，再根据用户的订货要求进行分拣、验货，最后配送到各连锁店和医疗单位。这种配送中心作业简单，只需将进货商品解捆后，每个库区都以托盘为单位进行存放即可。

（3）建立完备的仓库管理系统。

东方药业收购的众多子公司存在程度不等的存货管理不善问题，各种过期和滞销存货以及应收款项，使得这些子公司步履维艰。所以东方药业物流管理的建设必须解决存货管理的低效率现状，降低库存成本和存货滞销风险，解决整个管理链条中的信息传递问题。

（4）减少作业环节。

每一个作业环节都需要一定的活劳动和物化劳动消耗，采用现代技术手段和实行科学管理的方法，尽可能地减少一些作业环节，既有利于加快作业进度，又有利于降低成本。

第一，采用“二就直拨”的方法。一是就厂直拨。企业可以根据订单要求，直接到制药厂提货，验收后不经过仓库就将商品直接调运到各店铺或销售单位。二是就车直拨。对外地运来的商品，企业可事先安排好短途运输工具，在原车边即行分拨，装上其他车辆，转运收货单位，省去入库后再外运的手续。以上这两种方法既减少了入库的作业环节，又降低了储存成本。

第二，减少装卸搬运环节。改善装卸作业，就要设法提高装卸作业的机械化程度，还必须尽可能地实现作业的连续化，从而提高装卸效率，缩短装卸时间，降低物流成本。其合理化措施包括：尽量减少装卸次数、努力提高被装卸物品的纯度、选择最短的作业路线等，防止和消除无效作业；在堆码物品时事先应考虑装卸搬运作业的方便性，把分类好的物品集中放在托盘上，以托盘为单元进行存放，既方便装卸搬运，又能妥善保管好物品；积极而慎重地利用重力原则，实现装卸作业的省力化；进行正确的设施布置，采用“L 形”和“U 形”布局，以保证物品的单一流向，既避免了物品的迂回和倒流，又减少了搬运环节。

（5）减少退货成本。

伴随退货，会产生一系列的物流费、退货商品损坏或滞销而产生的费用以及处理退货商品所需的人员费等各种事务性费用，而且由于退回的商品数量小、品种繁多，使配送费用有增高的趋势，处理业务也很复杂，这些费用构成了企业物流成本中的重要部分，必须加以控制。

控制退货成本首先要分析退货的原因，一般来讲，只要掌握本企业商品在店铺的销售状况及客户的订货情况，做出短期的销售预测，调整企业的商品数量和种类，就能从根本上解决由用户引起的退货现象。另外，应从本企业的角度找出退货的原因，企业往往为了追求最大的销售目标，一味将商品推销给最终用户，而不管商品实际的销售状况和销售中可能出现的问题，结果造成流通在库增加、销售不振，退货成本高昂，因此应改变企业片面追求销售额的目标战略，在追踪最终需求动向和流通在库的同时，为实现最终需求增加而实施销售促进策略。

要从根本上减少退货成本，企业还必须改变员工绩效评价制度，即不是以员工每月的销售额作为奖惩的依据，而是在考察用户在库状况的同时，以员工年度月平均销售额作为激励的标准，这样才能在防止退货出现的情况下，提高经营效率。当然，在制度上还必须明确划分产生退货的责任，端正员工的工作态度，按用户要求准确无误地发货。

第八章　供应链物流管理中的信息技术

第一节　供应链物流信息

一、供应链物流信息及其作用

供应链成员之间的信息分享是有效的供应链物流管理的基本要求。供应链中的物流信息有狭义和广义之分。狭义的物流信息是指与物流活动（如运输、保管、包装、装卸、流通加工等）有关的信息。在物流活动的管理与决策中，如运输工具的选择、运输路线的确定、每次运送批量的确定、在途货物的追踪、仓库的有效利用、最佳库存数量的确定、库存时间的确定、订单管理、如何提高顾客服务水平等，都需要详细而准确的物流信息，因为物流信息对运输管理、库存管理、订单管理、仓库作业管理等物流活动具有支持保证的作用。

广义的物流信息不仅指与物流活动有关的信息，而且包含与其他流通活动有关的信息，如商品交易信息和市场信息等。商品交易信息是指与买卖双方交易过程有关的信息，如销售和购买信息、订货和接受订货信息、发出货款和收到货款信息等。市场信息是指与市场活动有关的信息，如消费者的需求信息、竞争者或竞争性商品的信息、销售促进活动信息、交通通信等基础设施信息等。在现代经营管理活动中，物流信息与商品交易信息、市场信息相互交叉、融合，有着密切的联系。例如，零售商可以根据对消费者需求的预测以及库存状况制订订货计划，向批发商或直接向生产厂家发出订货信息；批发商接到零售商的订货信息后，在确认现有库存水平能满足订单要求的基础上，向物流部门发出发货配送信息，如果发现现有的库存水平不能满足订单的要求则马上向生产厂家发出订单；生产厂家接到订单之后，如果发现现有库存不能满足订单要求则马上组织生产，再按订单上的数量和时间要求向物流部门发出发货配送信息。由于物流信息与商品交易信息和市场信息相互交融、密切联系，所以广义的物流信息还包含与其他流通活动有关的信息。广义的物流信息不仅能够起到连接、整合从生产厂家、经过批发商和零售商最后到消费者的整个供应链的作用，而且在应用现代信息技术的基础上能实现整个供应链活动的效率化，具体说就是利用物流信息对供应链各个企业的计划、协调、顾客服务和控制活动进行更有效的管理。总之，物流信息不仅对物流活动具有支持保证的功能，而且具有连接整合整个供应链和使整个供应链活动效率化的作用。

供应链中的物流信息对物流的运动发挥着引导和优化的作用。有学者根据信息在供应链管理中的作用，对供应链不同环节所需信息的内容进行了分析，如表 8-1 所示。

表 8-1　供应链不同环节所需信息

在供应链管理中的作用	所需信息内容
处理、仓储和运输需求	顾客身份、需求量、需求类型 交割频率 仓储需求、空间需求
交割需求、服务零件需求、交割能力	预测数量和目的 储藏和运输产品的数量 公司管理产品和分销网络的数量 分销商服务要求
额外交割和目的	分销商的数量 距离
现系统的负荷和能力	订单数量 现有物流系统的利用
评估降低系统库存的潜力	供应商和企业之间库存的地点和数量
评估利用自有运输工具进行原料供应的潜力	自有工具可得性检查 订货频率检查

二、供应链物流信息的特点

从表 8-1 中我们不难发现，在供应链中，信息具有以下特点。

（1）信息的流动跨越不同部门和企业。这是对原先的由基层作业部门向管理层以至决策层传递渠道的有效补充，提高了信息传递的效率。

（2）强调为客户服务。横向信息传递的最终目的是提供客户真正所需要的服务和信息。

（3）信息量大。物流信息随着物流活动以及商品交易活动展开而大量发生。多品种、少批量生产和多频度、小数量配送使库存、运输等物流活动的信息大量增加。零售商广泛应用 POS 系统读取销售时点的商品品种、价格、数量等即时销售信息，并对这些销售信息进行加工整理，通过 EDI 向相关企业传送。同时，为了使库存补充作业合理化，许多企业采用了 EOS 系统。随着企业间合作倾向的增强和信息技术的发展，物流信息的信息量在今后将会越来越大。

（4）更新快。物流信息的更新速度很快。多品种少批量生产、多频度小数量配送、利用 POS 系统的即时销售使得各种作业活动频繁发生，从而要求物流信息不断更新，而且更新的速度越来越快。

（5）来源多样化。物流信息不仅包括企业内部的物流信息（如生产信息、库存信息等），而且包括企业间的物流信息和与物流活动有关的基础设施的信息。企业竞争优势的获得需要供应链各参与企业之间相互协调合作，协调合作的手段之一就是信息即时交换和共享。许多企业把物流信息加以标准化和格式化，利用 EDI 在相关企业间进行传送，实现信息分享。另外，物流活动往往要利用到道路、港湾、机场等基础设施，因此为了高效率地完成物流活动，必须掌握与基础设施有关的信息，如在国际物流过程中必须掌握报关所需信息、港湾作业信息等。

第二节 供应链的信息系统

信息是未来物流竞争优势的关键因素之一，而现有的简单的供应链信息系统并不能满足这一需要。竞争性的供应链信息系统建立在交易系统的基础之上，包括交易系统、管理控制、决策分析、制订战略计划四个层次，如图 8-1 所示。

制订战略计划	战略联盟形成 顾客服务分析 开发厂商能力和市场机会
决策分析	车辆生产日程安排　存货水平和管理 网络　设施选址配置　与第三方垂直一体
管理控制	衡量普通功能：金融　资产管理　顾客服务 衡量特殊功能：成本　生产率　质量
交易系统	记录订单内容　作用程序选择　定价和开发票 安排存货任务　装船　消费者询问

图 8–1　信息系统层次

在交易系统的基础上，第二层的管理控制主要是评价过去的功能和鉴别各种可选方案，利用金融、顾客服务、生产率、质量指标等衡量其普通功能；利用运输成本和仓储成本、存货周转（资产）、供应比率、生产率以及顾客感受等指标衡量其特殊功能。一个有效的管理信息系统应该有能力根据预测的需求和预期的入库数据来预测未来存货的短缺情况。

第三层的决策分析主要是协助管理人员鉴别、评估和比较物流战略和策略上的可选方案。典型分析包括：车辆日常工作和计划、存货管理、设施选址以及有关作业的成本效益分析。对于决策分析，供应链信息系统必须包括数据库维护、建模和分析，以及范围很广的可选方案的构造。

最上一层的制订战略计划主要是决策分析层次的延伸，但是比较抽象、松散，并且注重于长期。包括建立战略联盟、开发厂商的能力和市场机会，以及顾客对服务的反馈。

一、建立供应链信息系统的意义

1. 保证信息的可得性

因为顾客频繁地需要存取货和订货状态方面的信息，因此，信息的可得性对于对消费者需求做出快速反应以及改进管理决策十分必要。无论是管理上的、消费者的，还是产品订货位置方面的信息，由于物流作业分散的性质所决定，都要求对其具有存取能力，并能在国内甚至世界范围内的任何地方得到及时更新，这样可以减少作业和计划制订上的不确定性。

2. 提高信息的精确性

物流信息必须精确地反映当前状况和定期活动，以衡量顾客订货和存货水平。精确性可理解为供应链信息系统的报告与实际状况相比所达到的程度。例如，平稳的物流作业要求实际的存货与供应链信息系统报告的存货相吻合的精确度最好在99%以上。当实际存货量与信息系统存在较低的一致性时，就需要建立缓冲存货或安全存货。因此，增加信息的精确性，可减少不确定性，减少存货数量。

3. 信息反馈的及时性

物流信息必须及时地提供快速的管理反馈。及时性是指一种活动发生的时间与该活动进入信息系统内的时间之间的耽搁。例如，在某些情况下，系统要花几个小时或几天才能将一个新订货视为实际需求，因为该订货有时不能直接进入现行的需求数据库，结果，在认识实际需求时就出现了耽搁，这种耽搁会使计划的有效性降低，而使存货量增加。

4. 突出反映异常情况

供应链信息系统应该有很强的异常性导向，应该能够利用系统去识别需要管理部门引起注意的决策，如定期检查存货情况，判断是否需要补充订货，向管理部门提供异常情况存货报告，这样，管理部门就能把精力集中在最需要解决的问题上。突出的异常情况中，应包括很大批量的订货、小批量或无存货的产品、延迟到货或降低的生产率。

5. 增强信息的灵活性

供应链信息系统必须具有灵活性，以满足系统用户和顾客两方面的需求，提供能迎合特定顾客需要的数据。例如，有些顾客可能需要把订货发货票跨越地区或部门进行汇总，而有些顾客可能只要一个店的单独的发货票，灵活的信息系统应能适应这些要求。从内部来讲，信息系统要有更新能力。

6. 用正确的结构和顺序包含正确的信息

如在一份报表中同时显示几个配送中心的存货状态；将存货流量和存货水平结合起来，即将过去和未来的信息结合起来，包括现有库存、最低库存、需求量、需求预测、计划入库数等。

二、供应链信息系统结构

典型的供应链信息系统结构包括维持数据库的信息基础和执行模块两部分。信息基础包括采购订货、存货状态、顾客订货等描述过去活动水平和当前状态的信息；

执行模块具有启动、监督的作用，通常采取两种形式，第一种是用于生产和配置存货的计划和协调活动，第二种是对顾客订货进行入库、处理、装船和开发票的作业活动，如图 8-2 所示。

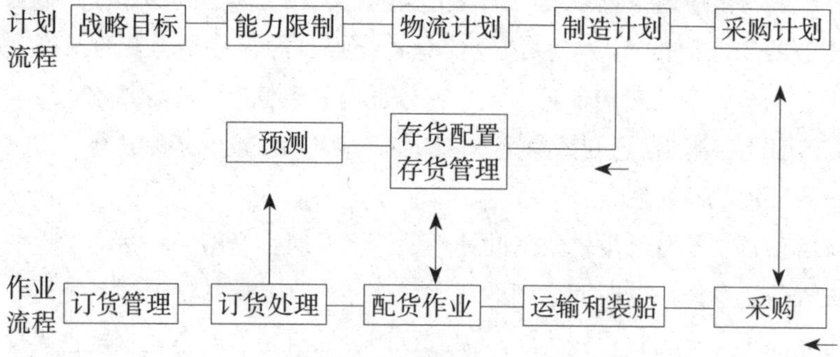

图 8-2　供应链信息系统结构

（一）计划

系统的计划模块形成了制造商和经销商信息系统的支柱，目的在于指导企业资源分配、履行从产品采购到交付使用的职能。该模块包括战略目标、能力限制、物流计划、制造计划和采购计划。

1. 战略目标

战略目标包括营销目标，例如明确目标市场、产品、营销计划、服务水平等，以及金融目标，例如明确入库数、销售额、生产水平、资金和人力资源的限制等。营销目标和金融目标应该结合起来取得一致。

2. 能力限制

能力限制是由企业内部和外部的制造、仓库和运输等资源确定的，通过能力限制可以识别物料的“瓶颈”所在，并对资源进行有效的管理，以满足市场需要。对每一种产品来说，能力限制可以决定其生产、储存和运输的时间、地点和数量。

3. 物流计划

物流计划起着协调设备、设施、劳动力以及库存等资源的作用，通常作为存货管理和过程控制的工具，通过使用配送需求计划来实施。计划期物流需求是建立在预测、顾客订货和促销基础上的，其公式为：计划期物流需求 = 计划期需求数 - 现在库存 - 计划入库数 = 预测数 + 顾客订货数 + 促销数 - 现在库存 - 计划入库数。

4. 制造计划

制造计划用于确定 MPS 和 MRP。MPS 用于确定每周或每天的生产和机器设备的安排，给定 MPS 后，MRP 才能为执行制造计划而协调采购和物料、零部件的到达时间。

5. 采购计划

采购计划用于对物料发放、装船和入库做出安排。采购需求建立在能力限制、物流需求和制造需求的基础上，显示长期的物料需求和发放计划。

正由于物流信息对供应商管理具有这些作用，使得物流信息在现代企业经营战略中占有越来越重要的地位。建立供应链信息系统，提供迅速、准确、及时、全面的物流信息，满足供应链中信息需求，是现代企业获得竞争优势的必要条件。

（二）作业

系统的作业模块包括接收、处理、装运顾客订货以及协调采购订货入库等，如表 8-2 所示。

表 8-2　供应链信息系统功能

订货管理	订货处理	存货管理	配送作业	运输和装船	采购
订货登录	创建总订购单	预测分析和建立模型	分配和跟踪存货选址	承运人选择	搭配和支付
信用检查	生成发票	预测数据维护和更新	存货控制	承运人计划	公开订货检验
存货可得性	生成订单选择单证	预测参数选择	劳动力计划	调度	采购计划内容登记
订货确认	盘存准备金	预测技术选择	批量控制	单证准备	采购订货维护
订货修改	处理总订购单	存货参数选择	订货选择选址补充	运费支付	采购订货接收
订货定价	重新分配订货源	存货仿真模拟	接收和放置	功能衡量	采购订货状态
订货状况询问	发放保留存货	制订存货需求计划	储存	联合装船和线路安排	报价申请单
价格和折扣附加条件	发放总订货	促销数据综合	功能衡量	装船等级	需求通信

续表

订货管理	订货处理	存货管理	配送作业	运输和装船	采购
促销检查	核实装船	补充订货发货计划	装船计划		接收约定清单
退货处理				车辆装货	
服务管理					

1. 订货管理

通过使用通信技术（如邮件、电话、传真、EDI 等），登录和维护顾客订货。当收到订货时，订货管理就存取所需要的信息，编辑适当的计算结果，然后对可接受的订货进行处理。

2. 订货处理和存货管理

即向公开的顾客订货和补充订货指派或分配存货。分配可以以收到订货的实际时间（即时）为基础，也可以按批量（按天或按工班）进行。实时分配更易做出及时反应，但当存货量较低时，批量处理能够使厂商更易于控制局面。

3. 配送作业

结合供应链信息系统功能指导配送中心的活动，其中包括产品入库、物料搬运、储存和订货选择等。

4. 运输和装船

包括装船计划和时间表、联合装船和线路安排、装船通知、运输单证的生成和承运人的管理等。

5. 采购

传统的采购系统没有被看作供应链信息系统的组成部分，但在管理整个供应链时，有效的供应链信息系统应该将采购、物流计划和物流活动结合起来，以协调物料入库、设施的生产能力等。

三、供应链信息系统流程

图 8–3 表明了供应链信息系统从多种角度进行处理的流程，包括处理数据和信息的模块、储存具体任务数据的数据文件、从外部环境获得信息的管理和数据登录、

提供有关物流信息的报告、供应链信息系统与外部环境的通信连接等。

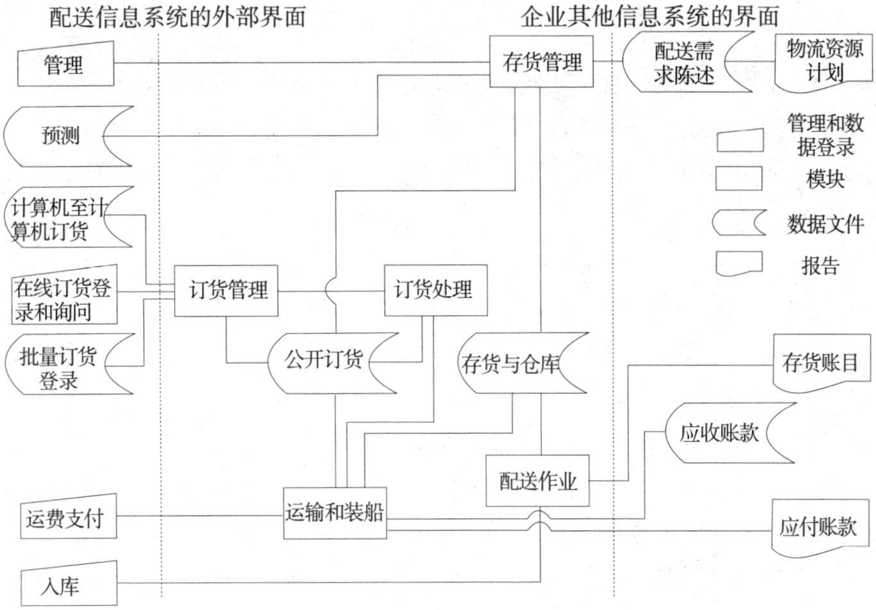

图 8–3 供应链信息系统流程

第三节 供应链管理模式下采购的信息化

一、传统采购模式的主要特点

传统采购的重点放在如何和供应商进行商业交易的活动上，重视价格比较，虽然质量、交货期也是采购过程中的重要考虑因素，但是对其主要是以事后把关的办法进行控制。因此在供应商与采购部门之间经常要进行报价、询价、还价等来回的谈判，并且是多头进行，最后从多个供应商中选择一个价格最低者签订合同，订单才决定下来。传统采购模式的主要特点表现在如下几个方面。

1. 传统采购过程是典型的非信息对称博弈过程

选择供应商在传统的采购活动中是一个首要的任务。在采购过程中，采购一方为了能够从多个竞争性的供应商中选择一个最佳的供应商，往往会保留私有信息作为谈判筹码，采购、供应双方都不进行有效的信息沟通，这就成为一个非信息对称的博弈过程。

2. 验收检查是采购部门一个重要的事后把关工作

质量与交货期是采购方要考虑的另外两个重要因素。在传统的采购模式下，要有效控制质量和交货期只能通过事后把关的办法。由于采购方很难参与供应商的生产组织过程和有关质量控制活动，相互的工作是不透明的，因此需要通过各种有关标准如国际标准、国家标准等进行验收。缺乏合作导致采购部门对采购物品质量控制的难度增加。

3. 供需关系是临时的或短期的合作关系，且竞争多于合作

在传统的采购模式中，供应与需求之间的关系是临时性或者短时性的合作，且竞争多于合作。由于缺乏合作与协调，供应与需求之间缺乏合作的气氛，并增加了许多运作中的不确定性。

4. 响应用户需求能力迟钝

由于供应与采购双方在沟通方面缺乏及时的信息反馈，在市场需求发生变化的情况下，采购方也不能改变供应方已有的订货合同，因此采购方往往在需求减少时库存增加，需求增加时出现供不应求。供需之间对用户需求的响应没有同步进行，缺乏应付需求变化的能力。

二、实施电子化采购的必要性和紧迫性

（一）采购在企业中的地位和作用

物流管理在供应链管理中有着重要的作用，这一点可以通过价值分布来考察。表 8-3 为供应链的价值分布示例。不同的行业和产品类型，供应链价值分布不同，物流价值（采购与分销之和）在各种类型的产品和行业中都占到了整个供应链价值的一半以上，而制造价值还不到一半。在易耗消费品和一般工业品中，物流价值的比例更大，达 80% 以上，这充分说明了物流的价值意义。供应链是一个价值增值过程，有效地管理好物流过程，对于提高供应链的价值增值水平，有着举足轻重的作用。

物资采购作为企业生产经营价值链主链条的第一个环节，是企业资金和物质投入的开始，对工程项目投资成本控制、产成品成本控制和质量控制至关重要，是企业挖掘效益潜力的关键环节。物资采购不仅要保证物资供应、降低采购风险，更要在保证供应的同时，降低物资采购成本、减少资金占用。

表 8-3　供应链上的价值分布

产品类别	采购（%）	制造（%）	分销（%）
易耗品（如肥皂、香精）	30 ~ 50	5 ~ 10	30 ~ 50
耐用消费品（如轿车、洗衣机）	50 ~ 60	10 ~ 15	20 ~ 30
重工业（如工业设备、飞机）	30 ~ 50	30 ~ 50	5 ~ 10

（二）实施电子化采购是提升采购管理水平的重要手段

由于中小公司不具备国际性大公司的市场、渠道、信息、资源等方面的优势，因此它们更期望通过实施电子化采购打开企业与市场实时联系反馈的通道，使企业强化物资供应各环节之间的相互制约和控制，减少和避免暗箱操作、比质比价，并且为企业提供充分的采购决策依据、降低采购成本、优化库存结构、提高工作效率和物资管理水平等。

（1）实施电子化采购，可以扩大比价范围，提高采购效率，降低采购成本。电子化采购模式突破了传统物资采购模式的各种局限，扩大了采购比价范围，由货比三家到货比百家千家，大幅度降低采购费用，降低物资采购成本，同时还大大提高了物资采购工作效率。

（2）实施电子化采购，可以实现物资采购过程公开化。电子化采购有利于进一步公开物资采购过程，实现对物资采购过程中业务操作与结果的适时监控，使采购工作更透明、更规范。

（3）实施电子化采购，可以实现物资采购业务操作程序化。采购业务操作必须按照软件规定的流程进行，否则无法通过，可以大大减少物资采购过程中的随意性。

（4）实施电子化采购，可以促使物资采购管理定量化、科学化。借助电子化采购网站可以实现企业集团内部物资采购管理信息的大容量、快速传递，为各级物资采购决策者提供更多、更准确、更及时的量化决策信息，使我们的物资采购决策更科学、依据更充分，大大缓解和改变传统物资管理决策中信息不灵、信息源不足、传递缓慢、无法定量化等问题。同时，还可以实现企业与供应商之间供需信息的及时沟通与共享，减少物资采购过程中的随意性，为供应商营造更加公平、公正的竞争氛围。

三、供应链物流管理模式下企业的电子化采购模式

发展和应用电子化采购的过程，是先进物资采购管理思想的渗透过程，是对传统物资采购管理方式的变革过程，是物资采购管理的创新过程，是开放各级物资采购管理决策者的视听过程，而绝不仅仅是将传统物资采购业务操作简单地搬到网上进行的问题。

（一）发展电子化采购的关键目标

发展电子化采购，必须改变物资采购传统模式，实现企业物资需求信息的网上动态发布，实现供应商产品和库存信息的实时交流，实现网上询价比价和商务技术交流，这是最基本的功能要求。因此，发展电子化采购必须重点实现以下核心功能和内容。

（1）网上询价（物资采购最大增值环节之一）功能，即在网上编制询价方案、向供应商发布询价书或招标公告，供应商在网上对询价书进行报价、投标。

（2）网上比价（物资采购最大增值环节之一）功能，即在网上对各供应商的报价或标书进行比较，结合网上采购过程积累的关于各供应商的产品质量、服务水平、交货期、资信状况等情况，选择确定供应商。

（3）在线集成用户企业与供应商之间的供求信息与资源，实现物资需求动态、可供产品信息、新产品情况等重要信息和库存资源的共享，为减少物资储备资金占用、降低物资采购成本提供条件，为各级物资采购人员提供大量的决策信息。

（4）网上实时传递和交流商务技术业务信息，大幅度提高供需之间的联系频度与速度。

（5）供应商动态考评（物资采购最大增值环节之一）功能，即在网上对供应商每一份合同交易中的质量、价格、交货期、售后服务等方面的情况进行考核评价，为下一次物资采购决策提供参考依据。

（二）电子化采购模式构建思路

1. 建立物资采购网站模式或同行企业间联建模式

在 Internet/Intranet 集成网络环境下建立企业间的相互沟通平台，供应链企业内部与企业之间的信息交流通常都是通过双方的 IP 和主页来完成。这种信息沟通方式无论从效率上还是时间上都是传统方式无法比拟的。这一过程如图 8-4 所示。

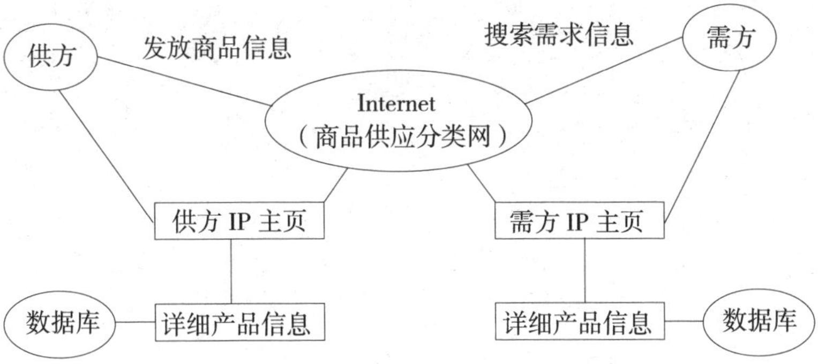

图 8-4　采购网站模式或同行企业间联建模式

Internet/Intranet 集成环境下开发的管理信息系统，必须提供高效的数据库与 Web 相接，利用可视化开发工具，采用有效方式（应用程序接口 API、通用网关接口 CGI 等）与数据库端连接。采用先进的网络数据库引擎技术，并与 Web 技术结合，可实现企业动态、交互的信息管理系统，实现基于 Web 的信息网络，使各种信息交流更为及时，经营成本进一步降低。数据库的无缝连接技术，使企业内外部信息环境成为一个统一的平台，实现内外部及内部各个业务部门之间的信息共享，以提供组织、管理和决策的工具，提高决策的科学性、可行性。

2.J2EE 的四层次电子化采购模型构想

基于 J2EE（Java 2 Platform，Enterprise Edition，即 Java2 平台企业版）的电子化采购开发模型分为四层，分别是客户层、Web 层、业务层和企业信息系统层（见图 8-5）。其中，客户层为通过浏览器对电子化采购系统进行访问的网络终端用户，又分为一般用户与会员和管理员。一般用户与会员可通过访问电子化采购系统进行信息查询和产品定购等操作，而管理员则负责对电子化采购系统进行管理和维护。Web 层实现与客户层的交互，处理客户层的请求并做出响应。Web 层向客户层提供了两个接口，分别是电子化采购系统接口和管理接口。客户层的所有用户都可以通过电子化采购系统接口访问电子化采购系统；而管理接口只能由管理员进行访问，一般用户与会员则无此权限。Web 层的功能通过 Web 组件实现对用户处理数据的表达。业务层实现与 Web 层的交互，处理 Web 层的数据处理请求，是模型的核心层。模型对业务层的业务对象进行封装，使 Web 层不直接访问 EJB 组件，而是通过系统访问会话 Bean 和子系统会话 Bean 来实现对 EJB 组件的访问。企业信息系统层主要是运行企业信息系统软件，例如企业资源计划、大型机事务处理、数据库系统及其他遗留信息系统。企业信息系统层实现与业务层的交互，一般处理业务层的数据库操作。

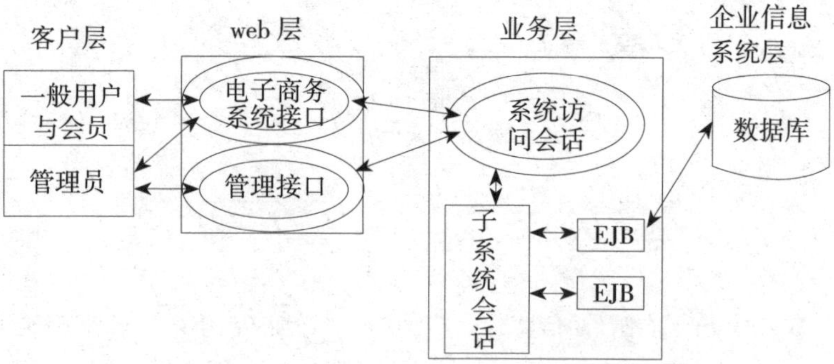

图 8-5　基于 J2EE 的电子化采购开发模型

（三）发展电子化采购要注意的几个问题

1. 把握电子化采购概念的本质

顾名思义，电子化采购概念中包含两个含义，即网络技术是手段与载体、提高商务活动的效果才是最终目的。因此，发展电子化采购的落脚点，应该放在应用电子手段在互联网上进行一个或多个具有实质意义的关键采购环节的业务处理与商务活动上，而不应该拘泥于采购商务活动的全过程是否在互联网上完成的形式上。

2. 认识电子化采购的功能与作用

电子化采购就是互联网应用于经济领域的产物，电子化采购的着眼点是加快信息传递速度、加大信息共享量和提高商务活动的效率与效果，而不是立足于把网下业务活动搬到网上操作。电子化采购是建立在互联网上的市场营销活动，绝不能用闭关自守的心态和方式来发展本来就是开放的电子化采购。

3. 物资采购的侧重点

物资采购的主要着眼点应该定位在供应商的管理上，因此不仅要实现观念上的转变，更要在工作的内容和重点上进行调整。否则，电子化采购的巨大潜能就无法得到充分的发挥。

4. 电子化采购网站的运行安全

鉴于物资采购工作的特殊性，电子化采购网站的设计建设不仅要从网络技术角度充分考虑安全问题，还要特别强调实行用户会员制和对不同角色用户进行有限授权。对纷繁的供应商群体进行资格筛选审查，只有通过资格认证、可以确保产品质量、价格竞争优势明显、实力强的供应商才可以进入电子化采购网站与用户企业进行实时的商务技术交流和信息共享，这一方面有利于降低物资采购风险，另一方面也有利于供应链的形成和企业市场竞争能力的提高。

总而言之，应用电子化采购，可以使物资采购工作公开化、透明化；可以大大提高物资供应工作效率和科学化决策水平；可以充分利用供应商储备，在公司范围甚至世界范围内进行物资储备的实时调度调剂，最大限度地降低物资供应储备资金占用；可以通过物资资源信息的掌握与调控，用很少的物资供应人员，确保企业生产建设的物资供应。

发展电子化采购，其意义将远远超过应用电子手段进行物资采购商务活动本身，不仅是促进物资采购成本大大降低、采购效率大大提高，其更加深远的意义在于借助电子化采购，可以改变中国企业传统的物资采购理念、方法、习惯，公开物资采购过程，规范物资采购行为，进而促进市场的健康快速发展。

四、自动销售信息系统

自动销售信息系统，即 POS（Point of Sale）系统，是指通过自动读取设备（如收银机）在销售商品时直接读取商品销售信息（如商品名称、单价、销售数量、销售时间、销售商店、购买顾客等），并通过通信网络和计算机系统传送至有关部门进行分析加工以提高经营效率的系统。

（一）POS 系统的特征

POS 系统有四个主要特征。

1. 单品管理、职工管理和顾客管理

零售业的单品管理是指对商店陈列展示销售的商品以单个商品为单位进行销售跟踪和管理的方法，由于 POS 信息即时准确地反映了单个商品的销售信息，因此 POS 系统的应用使高效率的单品管理成为可能；职工管理是指通过 POS 终端机上的计时器的记录，依据每个职工的出勤状况、销售状况（以月、周、日甚至时间段为单位）进行考核管理；顾客管理是指在顾客购买商品结账时，通过收银机自动读取零售商发行的顾客 ID 卡或顾客信用卡来把握每个顾客的购买品种和购买额，从而对顾客进行分类管理。

2. 自动读取销售时点的信息

POS 系统的最大特征，是在顾客购买商品结账时通过扫描读数仪自动读取商品条形码标签或 OCR 标签上的信息，在销售商品的同时获得实时的销售信息。

3. 信息的集中管理

在各个 POS 终端获得的销售时点信息以在线联结方式汇总到企业总部，与其他部门发送的有关信息一起由总部的信息系统加以集中并进行分析加工，如把握畅销

商品和滞销商品以及新商品的销售倾向，对商品的销售量和销售价格、销售量和销售时间之间的相关关系进行分析，对商品陈列方式、促销方法、促销期间、竞争商品的影响进行相关分析等。

4. 连接供应链的有力工具

供应链参与各方合作的主要领域之一是信息共享，而销售时点信息是企业经营中最重要的信息之一，通过它能及时把握顾客需要的信息，供应链的参与各方可以利用销售时点信息并结合其他信息来制订企业的经营计划和市场营销计划。目前，领先的零售商正在与制造商共同开发一个整合的物流系统——整合预测和库存补充系统（Collaboration Forecasting and Replenishment，SFAR），该系统不仅分享 POS 信息，而且一起联合进行市场预测，分享预测信息。

（二）POS 系统的效益

POS 系统的效益主要表现在以下三个方面。

1. 作业水平提高

一是使收银台业务省力化，缩短了商品检查的时间、核算购买金额的时间，大大降低了输入商品数据的出错率，提高了收银作业效率，减少了店内票据的数量，使现金管理合理化。二是提高数据收集能力，实现信息的发生时点收集，强化了信息的依赖性，实现了数据收集的迅速化和实时化。

2. 商店营运水平提高

一是使商店作业合理化，提高了收银台的管理水平，实现商品价格贴签作业的迅速化，简化数据输入作业，能够随时把握销售额。二是使商店营运的效率提高，能够及时把握库存水平，实现人员配备效率化、作业指南明确化，易于测定销售目标的实现程度，易于实行时间段减价，易于把握畅销商品和滞销商品的信息，实现商品陈列和布置的合理化，并且易于发现不良库存，使对特殊商品进行单品管理成为可能。

3. 企业经营管理水平提高

一是提高资本周转率，可以提前避免出现缺货现象，使库存水平合理化、商品周转率提高。二是实现商品计划的效率化，易于进行促销方法的效果分析，把握顾客的购买动向，实现按商品品种进行利益管理、基于销售水平制订采购计划，进行有效的商店空间管理，同时易于实现基于时间段的促销活动分析。

五、货物跟踪与车辆运行管理系统

（一）货物跟踪系统

货物跟踪系统是指物流运输企业利用物流条形码和EDI技术及时获取有关货物运输状态的信息（如货物品种、数量、货物在途情况、交货期间、发货地和到达地、货物的货主、送货责任车辆和人员等），来提高物流运输服务水平的方法。其功能主要表现在以下几个方面。

（1）查询作业简便迅速，信息及时准确。顾客若需要查询货物的状态，只要输入货物的发票号码，立即就可以知道有关货物状态的信息。

（2）提高运送货物的准确性和及时性，提高顾客服务水平。通过货物信息可以确认货物能否在规定的时间内送到顾客手中，及时发现没有在规定的时间内把货物交付给顾客的情况，便于马上查明原因并及时改正。

（3）提高物流运输效率，提供差别化物流服务。

（4）通过货物跟踪系统得到的有关货物运送状态的信息，丰富了供应链的信息分享源，这些信息的分享有利于顾客预先做好接货以及后续工作的准备。

例如，澳大利亚Fliway公司的货运跟踪系统，把进口商、海运、空运和海关、银行联系在一起。该系统由三部分组成：一是会计部，是其心脏部分，与银行连接，在任何时间都可提供有多少客户、各客户的历史情况怎样、谁欠多少钱，以及代用户垫支、外汇控制、关税及成本计算、财务盈利分析等信息；二是清关部，与海关银行连接，可提供自动报关、自动付关税等服务；三是运作部，当清关以后，把货物从仓库运回，为用户提供货物跟踪服务。

（二）车辆运行管理系统

在全国范围甚至跨国范围进行车辆运行管理就需要应用通信卫星、全球定位系统（GPS）和地理信息系统（GIS）。应用通信卫星、GPS技术和GIS技术的车辆运行管理系统中，物流运输企业的计划调度中心和运行车辆可以通过通信卫星进行双向联络。例如，调度中心发出的装货运送指令，通过通信线路传送到卫星控制中心，由卫星控制中心把信号传送给通信卫星，再经通信卫星把信号传送给运行车辆，而运行车辆就可通过GIS系统确定车辆准确位置，找出到达目的地的最佳路线，同时，通过车载的通信卫星接送天线、GPS天线、通信联络控制装置和输出输入装置把车辆所在位置和状况等信息通过通信卫星传回调度中心。应用通信卫星、GPS技术和

GIS 技术不仅可以对车辆运行状况进行控制，而且可以实现全企业车辆的最佳配置，提高物流运送业务效率和顾客服务满足程度。在美国，由于应用通信卫星、GPS 技术和 GIS 技术的车辆运行系统能够提高配车运送效率、缩短等待装货时间，越来越多的企业开始采用这一系统。

【思考题】

1. 供应链信息的特点有哪些？
2. 建立供应链信息系统的意义是什么？
3. 阐述供应链信息系统结构。
4. 发展电子化采购要注意哪些问题？
5.POS 系统的特征及其效益有哪些？
6. 货物跟踪系统的功能表现有哪些？

【案例分析】

耐克借助信息系统管理供应链

1. 耐克供应链的发展现状

从 20 世纪 70 年代打造自己的品牌开始，耐克就在全世界范围内不断地建立和发展自己的供应链系统。经过 30 多年的开发，耐克已经建立起自己强大的虚拟供应链。

2006 年，耐克在全球范围内卖出了约 2.2 亿双鞋子和约 2 亿件衣服，实现了 150 亿美元的销售收入。虽然经营业绩很突出，但耐克在全球只有约 28000 名雇员，是什么能促使这样的事情发生呢？强大的供应链！据不完全统计，在供应链的各个环节中，直接或间接为耐克服务的人员超过了 65 万。目前，耐克有 40 家签约的鞋类生产工厂，其中 99% 的鞋类工厂位于亚洲，另外的 1% 位于意大利；有超过 300 家签约的服装生产工厂，其中 70% 在亚洲，另外的 30% 位于美洲和欧洲；有大约 60 家签约的装备生产工厂，其中 90% 在亚洲，另外的 10% 分布在全球不同地区。

2. 耐克供应链信息系统的发展历程

要提高全球供应链的效率，降低供应链成本，在越来越信息化的现代社会，耐克必须借助信息系统。伴随着自身供应链管理的发展，耐克供应链信息系统的发展经历了三个阶段。

第一个阶段是从 20 世纪 70 年代到 80 年代中期。在这个阶段，信息技术尚未得到普遍使用，耐克也只是在一些主要的国家和地区（美国、加拿大、日本和欧洲等）开展业务。那个时期，供应链管理处于启蒙的阶段，而技术的限制使得利用信息技术管理供应链处于非常初级的阶段。在这段时间，耐克采用集中化的信息管理手段，信息系统主要集中在全球总部，由全球总部的供应链信息系统人员与各个区域/国家的相应伙伴共同工作，来完成供应链需求信息的收集；将需求信息手工传送给制造工厂；产品制造完成后，由全球总部负责产品入库和分销。在当时，由于各个国家内部没有什么信息系统支持，供应链信息系统在供应链的运营和管理中所扮演的角色相当有限。

第二个阶段是从20世纪80年代中期到90年代末期。在这个阶段，个人计算机技术得到迅速发展、大型关系型数据库技术发展成熟、软件开发语言和软件工程技术得到充分运用、互联网迅速在全球范围普及。大的软件厂商开始利用成熟的数据库技术、系统整合技术，将现代企业管理理念运用到新的企业管理软件开发中，使得开发出来的软件能够更加满足企业管理的需要。这期间，耐克逐步在越来越多的国家开展业务，产品线也在不断拓展，所根植的市场发展逐渐趋向成熟。市场竞争的日趋激烈以及全球化形势，使得公司对供应链管理和供应链管理信息系统的要求也在不断提高。耐克借助管理软件的迅速成熟，在主要参与运营的国家导入了供应链系统。当时，其供应链系统的特点是：各个国家拥有自己的业务流程和独立的信息系统；各个国家的信息系统通过手工/半自动的方式，与全球总部的供应链信息系统整合在一起；各个国家利用自己的信息系统，实施产品分销计划。在这个阶段，供应链信息系统面临的最大挑战是各国业务流程不一样、系统之间欠缺整合。

第三个阶段是从2000年到现在。进入21世纪，ERP系统技术得到完善。借助ERP系统，企业可以充分地对资源进行计划和安排。ERP系统利用内部的整合技术，将企业的产品、生产、分销、人力资源和财务信息紧密地整合在一起。同时，互联网和EDI技术也发展成熟，这两项技术的发展，使得应用系统之间可以跨越空间的障碍，进行实时的整合，信息的时效性得到了极大的提高。

在这个阶段，耐克开始导入全球统一的供应链信息系统，通过BPR，制定了一个全球统一的供应链业务流程，并将其通过应用系统的方式加以实现。因为充分地运用了供应链信息系统内部的整合技术，以及Internet EDI等通用整合技术，耐克的供应链系统实现了各个国家与区域/全球总部系统、耐克系统与签约工厂信息系统、耐克系统与零售商系统之间的整合。这样的整合，避免了“信息孤岛效应”，使得必要的信息能够及时地流动到合作伙伴的信息系统中，同时，合作伙伴信息系统中对耐克有帮助的信息，也迅速地流入耐克的供应链系统中。BPR简化并合理化了业务流程，而系统整合使得信息的作用得到更快和更大范围内的分享，这两项措施使得供应链信息系统的效率大大提高。

3. 信息系统在耐克供应链中的作用

信息系统能够帮助公司记录和追踪供应链中的各个环节，从产品计划的产品创作开始，到需求计划、供应计划的制订，再到产品外包、产品制造、产品入库、产品仓储、库存管理、产品分销，直到最后的产品运送。对于一个业务覆盖范围宽泛、客户众多、产品线广泛的企业来说，如此复杂的供应链流程，如果没有一个功能强大的信息系统帮助企业进行内部记录，整个公司的经营将会无法进行。

对于耐克来说，要打造一个准确、高效的供应链，必须要在耐克公司、制造工厂、第三方物流厂商和耐克客户之间进行充分的整合和信息共享。在耐克公司与耐克客户之间，信息系统能够帮助其客户及时了解到耐克的最新库存信息，以及客户订单的处理状况、客户订单产品运送信息，供客户订货参考或做收货准备等；而耐克能够通过整合的信息系统，方便地接受客户从网络上或者通过 EDI 方式传送过来的电子订单，按照正常的流程对订单进行处理和跟踪。在耐克公司与制造工厂之间，信息系统能够汇总耐克在全世界各个国家 / 地区的产品需求信息，从而统一、大批量地向制造工厂下单，降低采购和制造成本；通过互联网和 EDI，制造工厂能够方便地接收到电子订单，而制造工厂的订单生产状况也能够通过 EDI，及时地反馈到互联网络平台，耐克可以看到最新的订单生产状况，理解未来产品交付日期是否可以提前或者可能导致延误；信息系统能够对制造工厂的生产情况进行追踪，为将来选择更加合适的制造工厂提供数据参考。在耐克公司与第三方物流公司之间，通过信息交换，耐克可以在系统中及时跟踪产品运送的状况，预估产品到达时间，对物流和仓储成本进行控制。

信息系统可以记录和追踪交易。交易的详细信息和历史信息，是对供应链运营绩效进行分析的基础。耐克借助信息系统对供应链中的交易进行记录，这些交易的详细信息，是耐克所设计的供应链记分卡的数据来源。而通过信息系统提供数据支持的供应链记分卡系统，耐克可以对供应链的绩效进行管理，从信息系统中找到哪些地方做得不好、哪些地方做得优秀，扬长避短，从而找到长远的提升供应链时效和准确率的方法。

耐克最新的供应链信息系统导入只是一个开始。随着各个业务和管理部门对信息需求的增长，耐克也开始了新一轮的供应链信息系统的升级。在之前导入的 SAPR/3 信息系统的基础上，耐克新一轮的供应链信息系统升级主要集中在两个方面。

第一，对于新的业务和不断改进的流程，需要从供应链信息系统上予以支持。比如，NIKE ID 这项新的业务使得消费者可以要求耐克在产品上进行个性化的设计

（签上消费者的名字等）；直接运输这个新的流程支持耐克将产品直接从工厂运送到耐克客户（零售商、经销商等）的分销中心。

第二，将信息系统作为耐克商业智能战略最主要的工具。为此，耐克启动了一个 NBIS（NIKE Business Intelligence Strategy，即耐克商业情报战略）项目。这个项目最主要的目标是在全球范围内统一各种概念和指标，从而为业务和管理部门提供唯一的数据决策支持系统，使得所有人都说同一语言，都使用同样的统计口径进行数据统计。

第九章　供应链管理下的供应商选择与合作

第一节　供应商选择概述

一、供应商的定义、特征及供应商选择的基本原则

（一）供应商的定义

依据供应链管理的概念，上游企业向下游企业提供产品或服务，下游企业再向它的下游企业提供产品或服务，则位于上游的提供产品或服务的企业叫作供应商，位于下游的购买产品或服务的企业叫作采购商。在供应链环节，每一个组织都是上级节点组织的用户，又是其下级节点组织的供应商。

（二）供应商的特征

一个良好的供应商应具备如下特征。

（1）经济实力雄厚，有稳定的业绩和良好的信誉，以合理而有竞争的价格提供产品。

（2）能对买方企业不可预见的需求变化做出快速反应。

（3）能主动提供附加增值服务来帮助买方企业降低成本。

（4）技术力量强大，能为买方企业开发领先的优势技术、提供技术支持等。

非常理想的供应商在现实生活中是很难找到的，但是企业可以根据上面这些特征找到最适合自己的供应商。

（三）供应商选择的基本原则

结合国内外学者在这个问题研究上的成果与趋势，本书认为，有别于传统的供应商的选择，在供应链管理环境下进行供应商选择需要遵循如下两个原则。

1. 选择方法上区别对待原则

与传统的供应商选择相比较，在供应链管理环境下，供应商选择指导原则的最大不同就在于，它是本着集中发展其核心业务并寻求与供应商建立长期合作协同关系的思想寻找合作伙伴的，而非寻找单纯的、一般买卖关系的交易供应商。一般而言，企业的供应商数量较多，但是不必要也不可能与所有的供应商都试图建立合作伙伴关系。如果和所有的供应商都建立伙伴关系，一方面会导致在选择供应商时浪费太多的人力和物力，另一方面也会导致后续对供应商的管理难度增大、成本增加。

2. 选择步骤上的多目标比较最优原则

面对全球范围内大量的供应商，以及政治、法律和文化等方面的差异，如果对每个供应商都进行详细的综合评价，工作量必然会非常的大，成本效益比太低。对于这个问题的解决，国内外学者倾向于采用多目标比较最优的模式。所以本书也遵循供应商选择过程的多目标比较最优原则。

二、企业与供应商关系的过去与现在比较

（一）传统企业与供应商的关系

传统的企业与供应商关系多是建立在传统的管理模式下，着重于供应商选择和供应商的关系管理。通常情况下，企业及其供应商之间是一种对手关系，价格驱动机制在其中起很大作用。传统的采购模式一般是多头采购，即同时向多个供应商采购，供应商的数目相对较多，在价格谈判中尽可能压低价格，通过供应商之间的价格比较来获得好处，追求短期的最大获利。这种模式主要是通过在供应商之间分配采购数量对供应商加以控制，与供应商保持的是一种短期合作关系，其采购的重点放在如何和供应商交易的活动上，企业与供应商都是从各自利益最大化的角度出发，采取非合作博弈的策略。这种传统的采购模式具有以下几个鲜明的特点，并由此带来了一系列弊端。

1. 企业与供应商之间的竞争多于合作

由于供需双方的关系是临时性或短时性的，相互之间缺乏合作和协调，各种抱怨和扯皮的事情比较多，大量时间都耗费在解决日常问题上，企业对市场的预测与计划工作难以做到位，这就增加了企业经营中的不确定性，使经营风险加大。

这种建立在不信任基础上的供应商一制造商关系，对于双方来讲都是不利的。对于供应商而言，下游企业的多头订货使得每一家供应商获利的订单都不大，难以实现原材料或零部件生产的规模经济性；而大量后备供应商的存在，使得供应商难

以获得稳定的订货，生产处于非均衡状态，生产设备和人力资源时常遭遇闲置，利用不充分。供应商生产的低效率将增加原材料或零部件的生产成本，最终必然会转移给下游企业，影响下游企业所生产的最终产品的市场竞争力。同时，下游企业由于必须就每一种原材料或零部件与众多的供应商打交道，也大大增加了供应商管理的难度。

此外，企业与供应商之间缺乏合作和协调、多源头采购必然使得原材料或零部件难以达到有效的生产规模。多源头采购分散供应企业资源，难以实现专业化分工所带来的成本节约，而且不利于企业生产的改进；在生产过程中，能力的不均衡使得生产要素利用率低、效益差，更谈不上相互协调发展。

2. 企业与供应商之间信息不能有效沟通

企业与供应商的沟通一般仅限于采购部门与供应商销售部门之间，信息交流也仅限于订货收货信息。企业为了能从多个竞争性的供应商中选择一个最佳的供应商，往往会保留私有信息以减少供应商的竞争筹码。

3. 客观上造成为库存而采购

原材料或零部件采购的最终目的是满足企业的生产需要，但是在传统的采购模式中，由于采购部门与生产部门的分割，使得采购部门难以做到对生产进度了如指掌，它所制订的采购计划往往遵循的是自己部门利益的最大化，采购的直接结果是原材料或零部件库存的大量增加，对于采购部门而言，大批量订货不但能够降低价格及相应的运输费用，而且不至于发生生产过程中原材料或零部件的缺货现象。大批量采购的结果必然是原材料或零部件库存的大量增加，包括资金利息、保管费用、自然损耗、降价损失等在内的库存费用必然上升，大量的原材料或零部件堆积在采购部门的仓库中，生产部门有需要时，再从采购部门领取。在多数情况下，原材料或零部件库存费用的增加要远远高于订货价格、运输费用及缺货损失费用的降低等，使企业蒙受巨大的经济损失。尤其对于生产类似于计算机等更新换代速度较快的产品的制造商而言，降价损失更是大得惊人。

4. 事后的质量控制

在传统的供应模式中，相互之间极少有技术支持，彼此的工作是不透明的，企业很难参与供应商的生产组织过程以及相应的质量控制过程，对于供应商提供的原材料或零部件，只能由采购部门依据相关的质量标准在交货时进行严格的检查验收。这种事后的质量把关，对于供应商企业而言，所造成的损失既成事实，无法挽回；对于制造商企业而言，严格的质量检验需要增加大量额外的支出，在时间上也造成延误。

5. 价格成为采购关注的焦点

在传统的采购模式中，作为原材料或零部件采购重要条款的质量、提前期都只能通过事后把关的形式进行控制，因此企业大都将采购的重点放在对供应商价格的比较和谈判上，注重从众多的供应商中，经过多轮询价、比较、还价，最终以价格为取舍标准，确定价格最低的几家供应商为自己供应原材料或零部件。过分依赖价格作为谈判依据，一方面可能使企业误选了产品质量和服务都不到位的供应商，造成不必要的损失；另一方面会使供应商忽视对供应服务的改进，难以实现对下游企业原材料或零部件的快速反应。

6. 响应用户需求能力较低

在市场需求变化的情况下，企业与供应商之间对用户需求的响应不能同步进行，缺乏应付需求变化的能力。

（二）供应链管理下的企业与供应商关系

建立战略性合作伙伴关系是供应链管理的重点，也是供应链管理的核心。供应链管理的关键就在于供应链各节点企业之间的联结和合作及相互之间的设计、生产、竞争策略等方面的良好协调。供应链合作关系就意味着产品、技术的共同开发，数据和信息的交换，市场机会共享和风险共担。在供应链合作关系环境下，制造商选择供应商不再是只考虑价格，而是更注重选择能在优质服务、技术革新、产品设计等方面进行良好合作的供应商。

供应商为企业的生产和经营供应各种生产要素（原材料、能源、设备、零部件、工具、技术和服务），供应商所提供产品的数量和价格直接影响到企业的生产、成本的高低和产品质量的优劣。因此，供应链管理下的企业与供应商关系应着重于以下几个方面。

（1）让供应商了解企业的生产程序和生产能力，使供应商能够清楚地知道企业所需产品或原材料的期限、质量和数量。

（2）向供应商提供自己的经营计划和经营策略的必要措施，使供应商明确企业自身的期望，以使自己也能随时达到企业要求的目标。

（3）企业与供应商要明确双方的责任，并各自向对方负责，使双方明确共同的利益所在，并为此团结一致，以达到双赢的目的。

供应链管理下的企业与供应商是合作伙伴关系，彼此交换的不仅仅是物质方面，而且包括设计、信息、物流等方面。供应商要具备创新和良好的设计能力，以保证交货的可靠性和时间的准确性。供应链中的企业及其供应商之间的关系，是在一定时期内的共享信息、共担风险、共同获利的协议关系。在供应链管理思想指导下，企业与其供应商之间建立、维持长期的亲密关系，以团队合作优于相互竞争为原则，保证最大可能的商业利益，会使有关各方都能在各自的成功中获益。

三、供应商选择评价指标体系建立原则

供应商选择是企业与供应商建立合作伙伴关系的首要环节，由于合作伙伴选择涉及许多因素，必须从多方面权衡，兼顾定性、定量指标及指标权重，建立一套评价指标体系，全面考察潜在的伙伴企业，通过对各潜在伙伴企业的特征信息进行分析、整理、评估，从中做出优化选择。在建立供应商选择评价指标体系时，必须遵循以下原则。

1. 完整性原则

由于合作伙伴选择涉及的因素很多，因此要尽可能地建立完备的评价体系，特别是对于合作伙伴的一些主要因素既不要遗漏也不要重复，保证对合作伙伴进行全面、综合的评价，使评价结果具有合理性和客观性，为组建高效供应链打下良好的基础。

2. 动态可重构性原则

由于市场机遇的不断变化，供应链所追求的目标的不同以及对不同合作伙伴具有的核心优势有不同的要求，所以合作伙伴的评价指标应有所不同。同时评价指标应具有一定的灵活性和可扩展性，能够根据实际情况的变化对评价体系进行调整。

3. 简洁性原则

评价体系既要完备又要突出影响合作伙伴选择的主要因素，但是如果把影响合作伙伴选择的因素都罗列在评价体系中，首先是不利于发现合作伙伴的核心优势，其次会增加合作伙伴选择的难度，降低选择的准确性，因此合作伙伴的评价体系也要遵守简洁性原则。

4. 定性指标和定量指标相结合原则

影响评价合作伙伴优劣的许多因素是无法用定量指标描述的，因此按照定性和定量指标相结合的原则建立合作伙伴选择的评价体系与评价方法，是非常必要的。

第二节　供应链管理下的供应商选择

一、选择供应链合作伙伴的必要性

在现代物流科学理念的引导下，为进一步提升企业的核心竞争力、降低资源配置成本和更好地满足客户柔性化需要，人们开始将管理目光从企业内部的生产和服务过程转向产品和服务全生命周期中的整个供应链系统，即从内部整合走向外部整合，从“大而全”的纵向一体化走向优势互补的横向联营化。这里就提出了一个供应链战略合作伙伴的选择问题。

过去，大部分企业都将自己看成是独立于其他企业而存在的市场竞争主体。在“优胜劣汰”和“适者生存”的达尔文主义影响下，企业忽视了竞争性合作的战略运作。一些零散的单个企业为了在市场竞争中改变势单力薄的困境，盲目地贷款投资，追大求全。而对现代物流认识上的误区，又刺激了企业不恰当地向前、向后延伸其原来的产业链。应该说纵向一体化曾是我国企业追求经营规模、增强自身实力、控制竞争对手的常用方法和绩效标杆，但现在人们已经认识到这种“大而全”的纵向一体化组织模式是只有规模而不经济的，因而也是缺乏竞争力的。其主要的缺陷是：第一，纵向一体化迫使企业从事并不擅长的业务，难以集中力量形成自己的核心竞争力；第二，纵向一体化迫使企业在不同的业务领域内直接面对不同的竞争对手。如果供应链上的某个环节不景气，纵向一体化的链节就会断裂或扭曲，使企业平添经营风险，遭受市场损失。

事实表明，企业只有按照现代物流理念，利用和整合外部力量，有逻辑地组合成上下游一体化的供应链，才能适应以供应链为主体的市场竞争的需要。

二、供应链合作伙伴的选择机理

既然供应链是由以现代物流流程为纽带的环环相扣的企业所组成的集合体，那么链上每一个环节的表现都将影响到供应链整体实力和效能的发挥。根据“木桶理论”，木桶的蓄水能力取决于最短的那块板，因而，如果对供应链上的战略合作伙伴选择不慎，就可能使整个供应链的竞争力大打折扣。可见，如何科学地选择战略合作伙伴是实施供应链管理的关键。在供应链战略合作伙伴的选择上，需要注意以下几点。

（1）从物流运行的具体流程考察，要选择上下游之间核心竞争力与市场取向不存在物流运营上的逻辑矛盾、相互之间存在天然合作关系的企业作为战略合作伙伴。例如制造商与运输商、供应商与销售商、航运公司与码头等，这些企业各占供应链上的一个基本环节，业务关系紧密，经济利益相关，而且具有较强的相互依赖性。一般而言，这种上下游企业建立的供应链，可以使众多企业能作为一个相当自然和顺畅的整体实现协作经营和协调运转。

（2）从物流运行的服务标杆考察，要选择具有良好商业信誉的企业作为战略合作伙伴。供应链要求每个合作伙伴都要作为整个供应链上的一个有机组成部分进行运营，现代物流所要求的实时送达、精确配送、降低库存、客户满意等服务标杆，要求供应链上每个环节都要确保在规定的时间内，按规定的地点、质量、数量将货物送至下一个环节。这也就要求每一个供应链上的企业必须以诚信为本，严格履行规定的计划与承诺，做到言必信、行必果。显然，没有较高商业信誉的企业是难以堪当此任的。事实表明，只有信誉卓著的企业，才能成为供应链上可信赖的战略合作伙伴。例如：IBM、联想、三星电子、诺基亚等几十家国际著名的跨国公司之所以都与中海物流有限公司建立了长期稳定的合作关系，正是因为看中了后者具有良好的商业信誉。中海物流有限公司是中国海运集团的全资下属公司，下设 8 个区域公司，在全国铺设了 120 余个服务网点，形成了从南到北、从沿海到内陆纵横交叉的服务网络体系。从码头、机场、公路到海关、检疫，从陆路运输到仓库及生产线，从接单到转单，从进货到配货，中海物流都以最低的成本运营、最快的速度运转并达到最高的用户满意率。因此中海物流在与众多公司的合作中，取得了客户的信任，成为众多供应链争夺的对象。

（3）从物流运行的运营成本考察，要选择有利于降低物流总成本而不是某一环节成本的企业作为战略合作伙伴。供应链管理所涉及的对象，大都是一个包含多种要素且相互关联的有机体系，具有整体性、综合性、相关性的特点。从理论上看，如果合作伙伴能使每一环节的成本都降至最低，当然是最为理想的，但在现实中很难做到。而且从现代物流的本义而论，其着眼的应是整个供应链所涵盖的物流总成本，因此只要有利于物流总成本的降低，即便某一环节的企业的单个成本相对较高，也应该果断地将其选为供应链合作伙伴。因为某一环节成本的超支，可以从整个供应链物流总利润的丰厚回报中得到加倍的补偿。例如，戴尔公司坚持选择离工厂较近的供应商作为战略合作伙伴，尽管当地的制造成本比海外要高出许多，但地理的优势使供应链实现了准时制生产。电脑配件的种类和数量可以完全按照戴尔公司的生产需求运送，它们在组装工厂的存放时间不会超过 15 分钟，从而使戴尔公司在赢取对企业至关重要的市场占有率和客户满意率上抢得先手。戴尔这种选择战略伙伴的策略是十分明智的，正是依靠其顺畅快捷的采购方式、销售渠道和短暂的库存时间，保证了其PC机总成本的最低，从而为自己拓展了最大的利润空间和市场份额。

（4）从物流运行的信息管理角度考察，要选择能组合于统一公共信息平台的企业作为战略合作伙伴。供应链管理的每一要素之间的互动都是通过信息沟通来完成的，如果没有信息的“黏合”与“无缝对接”，供应链管理的每一要素都会成为彼此孤立的残缺片断。同时，物流在供应链上的运行讲究实时制管理，离开信息的实时传递、检测、解读、交换是难以想象的。由于供应链中的每个企业都会有自己不同的管理制度和业务流程规范，有基于不同操作系统和数据库平台的内部信息系统，因此在供应链环境下，企业间必须建立一个通用的信息平台，使全体成员的信息系统彼此相联，共享生产、库存、运输、销售、配送、交付以及市场供需等动态信息，彼此配合，协作经营。例如，生产企业可以将原材料或零部件需求信息传输到供应商的系统中，直接生成相应的订货合同，甚至可以让供应商直接访问生产信息系统中的生产计划和生产进度情况等战略级信息，根据对原材料或零部件消耗情况的监测，制订相应的供应计划。同样，仓储商、运输商也应该与生产商、销售商等分享相关的业务信息，以确保科学配送，准时送达。

（5）从物流运行的经营理念考察，要选择具有“肥水外流”“多赢共荣”经营理念的企业作为战略合作伙伴。供应链管理的目的是要使整个供应链产生的价值最大化。供应链成功与否的评估标准是总体的盈利，而不是单个组织的局部利润。如果供应链上的单个组织只关心本身的盈利，则通常会导致整个供应链盈利的减少。因此现代物流始终在倡导一种首先为客户利益考虑、为合作伙伴利益考虑、为整个供应链利益考虑的“肥水外流”和“多赢共荣”的新理论，认为只有具有这种理念的企业，才能成为精诚合作的战略伙伴。当然，“肥水外流”并不是要求企业放弃自己的利益，而是要求建立一种新的盈利观念：一是要供应链的“大河有水”使自己的“小河满”；二是不能靠牺牲或挤压战略合作伙伴的利润来满足自己的盈利愿望，而是要通过技术或管理上的支持和协调来帮助合作伙伴降低成本，达到“多赢共荣”的目的；三是要适度地让出自己的部分利润给合作伙伴，以换取供应链整体效益的提高。

三、供应链合作伙伴的选择方法

选择合乎要求的合作伙伴，需要根据具体的情况采用合适的方法。常用的方法主要有以下几种。

1. 直观判断法

直观判断法是通过调查、征询意见、综合分析和判断来选择合作伙伴的一种方法，它的主观性较强，主要是倾听和采纳有经验的采购人员的意见，或者直接由采购人员凭经验做出判断，其结果取决于对供应商资料掌握得是否正确、齐全，以及决策者的分析判断能力与经验等。这种方法运作简单、快速、方便，但是缺乏科学性，受掌握信息的详尽程度限制，常用于选择企业非主要原材料的供应商。

2. 考核选择法

所谓考核选择，就是在对供应商充分调查了解的基础上，再进行认真考核、分析比较而做出最终的选择。

（1）调查了解供应商。供应商调查可以分为初步调查和深入调查两个阶段。每个阶段的调查对象都有一个供应商选择的问题，而且选择的目的和依据是不同的。初步调查对象的选择非常简单，基本依据就是其产品的品种规格、质量价格水平、生产能力、地理位置、运输条件等。在这些条件合适的供应商中所选择出的几个，就是初步调查的对象。深入调查对象的选择，一是根据企业自己产品的 ABC 分类确定的产品重要程度，二是根据供应商的生产能力水平的实际情况。对于影响企业的关键产品、重要产品，要认真地选择供应商，这些产品或者是价值高，或者是精度高，或者是性能优越，或者是技术先进，或者是稀缺品，或者是企业产品的关键零部件等，要对提供这些产品的供应商进行深入的研究考察，从中选择真正能够满足企业要求者。而对于那些不太重要的产品，例如普通的供大于求的原材料、通用件、标准件、零部件等，则可以不需要进行深入调查。深入调查对象的选择标准主要是企业的实力、产品的生产能力、技术水平、质量保障体系和管理水平等。

（2）考察评估供应商。对于初步确定的供应商还要进入试运行阶段进一步考察，试运行阶段的考察更实际、更全面、更严格，因为这是直接面对实际的生产运作。在运作过程中，就要进行各个评估指标的考核评估，包括产品质量合格率、准时交货率、准时交货量、交货差错率、交货破损率、价格水平、进货费用水平、信用度、配合度等。在单项考核评估的基础上，还要进行综合评估，就是把以上各个指标进行加权平均计算得到一个综合成绩。

（3）考核选择供应商。通过试运行阶段，得出各个供应商的综合评估成绩后，基本上就可以最后确定哪些供应商可以入选、哪些供应商被淘汰。一般试运行阶段达到优秀级的应该入选；达到一般或较差级的供应商，应予以淘汰；对于良好级的供应商，可以先暂时将其列入候补名单，再根据具体情况进行处理。考核选择供应商是一个长时间的深入细致的工作，需要采购管理部门牵头负责，各相关部门的人员共同协调才能完成。当供应商选定之后，就应终止试运行期，签订正式的供应商关系合同，进入正式运行阶段，开始稳定正常的物资供需关系合作。

3. 招标选择法

当订购数量大、供应商竞争激烈时，可采用招标法来选择适当的合作伙伴。由企业提出招标条件，各供应商进行竞标，然后由企业决标，与提出最有利条件的供应商签定合作合同或协议。招标时可以是公开招标，也可以是指定竞标。公开招标对投标者的资格不予限制，指定竞标则是由企业预先选择若干个可能的合作伙伴，再进行竞标和决标。招标方法的竞争性强，利于企业在更广泛的范围内选择适当的合作伙伴，以获得供应条件有利的便宜而适用的物资。

4. 协商选择法

在可选择的供应商较多、采购单位难以抉择时，也可以采用协商选择的方法，即由采购单位选出供应条件较为有利的几个供应商，同他们分别进行协商，再确定合适的供应商。和招标选择法相比较，协商选择法因双方能充分协商，因而在商品质量、交货日期和售后服务等方面较有保证，但由于选择范围有限，不一定能得到最便宜、供应条件最有利的供应商。当采购时间紧迫、投标单位少、供应商竞争不激烈、订购物资规格和技术条件比较复杂时，采用协商选择法比招标选择法更为合适。

5. 采购成本比较法

对质量和交货期都能满足要求的合作伙伴，则需要通过计算采购成本来进行比较分析。采购成本一般是指售价、采购费用、运输费用等各项支出的总和。采购成本比较法是通过计算分析针对各个不同合作伙伴的采购成本，从而选择采购成本较低的合作伙伴的一种方法。

6.ABC 成本法

ABC 成本法（Activity Based Costing Approach）又称作业成本分析法，主要用于对现有流程的描述和成本分析。首先是将现有的业务进行分解，找出基本活动，再着重分析各个活动的成本，特别是活动中所消耗的人工、资源等，最后通过计算各个供应商的总成本来选择适当的合作伙伴。

7. 层次分析法

层次分析法的基本原理是根据具有递阶结构的目标、子目标（准则）、约束条件、部门等来评估方案，采用两两比较的方法确定判断矩阵，然后把判断矩阵的最大特征相对应的特征向量的分量作为相应的系数，最后综合给出各方案的权重（优先程度）。由于该方法是让评估者对照相对重要性函数表，给出因素两两比较的重要性等级，因而可靠性高、误差小，不足之处是遇到因素众多、规模较大的情况时，容易出现问题，如判断矩阵难以满足一致性要求，往往难于进一步对其分组。

8. 神经网络算法

人工神经网络（Artificial Neural Network，ANN）是20世纪80年代后期迅速发展的一门新兴学科，ANN可以模拟人脑的某些智能行为，如知觉、灵感和形象思维等，具有自学习、自适应和非线形动态处理等特征。将ANN应用于供应链管理环境下合作伙伴的综合评估选择，意在建立更加接近于人类思维模式的定性与定量相结合的综合评估选择模型。通过对给定样本模式的学习，获取评估专家的知识、经验、主观判断及对目标重要性的倾向，当对合作伙伴做出综合评估时，该方法可再现评估专家的经验、知识和直觉思维，从而实现了定性分析与定量分析的有效结合，也可以较好地保证合作伙伴综合评估结果的客观性。

四、供应链合作伙伴的选择过程

供应链管理下，企业对合作伙伴的选择过程一般包括提出采购需求、选择供应商、签订合同、质量控制及评价、合作关系终止。

1. 提出采购需求

供应链企业根据生产计划、产品销售情况等，提出采购需求、需求说明并制定采购文件进行需求确认。在采购文件中要清楚地说明采购的产品要求，主要包括以下三个方面：名称、规格、型号、类别、式样、等级或其他准确标识方法；规范、图样、过程（加工）要求、交货状态、包装方式、检验规程、采用的标准及其他有关技术资料（包括产品、程序、人员的认可或鉴定要求）的有效版本；适用的质量体系标准的名称、编号和版本等。采购文件需经采购部门主管领导审批后实施。

2. 选择供应商

供应商合作伙伴关系是供应链管理的重要组成部分，贯穿于供应链管理的全过程，而慎重选择供应商是合作的第一步。在现今复杂多变的市场环境下，同一个产品在市场上的供应商数量越来越多，由此引起的供应商的多样性就使得供应商选择变得更为复杂，更需要依照科学、合理、规范的程序来操作。

（1）确立供应商选择的目标。供应链企业在与供应商开展合作伙伴关系前，必须要首先明确企业通过开展合作伙伴关系希望得到什么和可以得到什么，即供应商选择的目标，这是开展各项活动尤其是开展供应商合作伙伴关系的前提和动力。企业必须确保供应商选择能够依照一定的程序有效地进行并建立实质性的目标，并且保证这些目标经过企业和供应商之间一段时间和一定程度上的合作努力可以实现。这样才能使其与供应商开展的各项活动有规可依，有章可循，不至于偏离既定的目标。

（2）建立供应商选择的标准。供应商评选标准，是供应链企业对供应商进行综合评价的依据和标准。企业要对潜在的供应商进行评价和选择，必须建立起一套科学合理的指标体系。虽然不同的行业、不同的企业、不同产品需求和环境下的供应商选择标准是不一样的，但一般情况下都会涉及以下几个可能影响合作关系的方面：供应商的企业能力、财务状况、质量控制、成本控制、技术开发、合作程度等。

（3）成立供应商评选小组。供应链企业在进行供应商选择时，应建立一个专门的评选小组来对供应商的评价活动进行实施和控制。这个评选小组的组员一般以采购、质量管理、生产等与供应商合作关系比较密切的部门人员为主。评选小组通过各种途径收集供应商信息资料，汇总分析后进行详细的评级及判定，如表 9–1 所示。

表 9–1　供应商评级标准

评审级别	分级标准	评审结论
A	85 分以上	企业能力、财务状况等符合要求，供货质量较好
B	60 ~ 85 分	企业能力、财务状况等基本符合要求，供货质量存在缺陷需改进
C	60 分以下	企业能力、财务状况等不符合要求

（4）初步确定供应商。经过粗筛后，评选小组可以将一些具有合作可能性的潜在供应商列入合格供应商之列，并在可行的范围内，对其进行初步现场调查，获取供应商的生产、设备、技术能力及内部运作情况等，用以评价供应商满足其他质量保证要求的能力。对于初步确定的供应商还要进入试运行阶段来进行考核评估，具体如表 9–2 所示。

表 9–2　供应商考核评估表

序号	考核项目	标准分	实际得分	考核情况简述	备注
1	质量体系	45			
2	质量意识	5			
3	样品检验、试验和鉴定	20			
4	小批量供货合格率	15			
5	装配（加工）过程中出现的质量问题	5			

续表

6	产品包装、标识	5			
7	质量证明	5			
结论	总得分	100		级别评定	

3. 签订合同

在供应商所提供产品符合采购要求的条件下，供应链企业与供应商就产品质量、交货期限、违约责任、验收付款办法、包装运输以及不合格品（包括“三包”期内的不合格品）清退等方面达成一致，形成合同。合同应主要包含以下几个方面的内容。

（1）供应商产品必须达到产品图纸和技术条件要求。图纸技术条件未特别指明的或暂无图纸资料明确规定的，则应符合相关国家标准、行业标准、部颁标准或质检部门所定样品、技术通知的要求。如对产品图纸资料有疑义，供应商应提前与技术部门进行商讨，求得统一。供应商不得自行更改产品材料、尺寸、技术要求，否则，达不到质量技术要求造成的所有损失由供应商承担。

（2）严格执行《中华人民共和国产品质量法》，供应商所提供的产品必须是质量合格产品，附有产品检验合格证，不得以次充好、掺杂劣质产品。供应商对生产的产品实行质量“三包”。

（3）提供给供应商的产品图纸、技术资料，供应商不得泄露给第三方，按图纸资料生产的产品不得提供给第三方，如果供应商擅自将产品图纸、技术资料及按图纸生产的产品提供给第三方，合作企业可以对供应商进行处罚。

（4）一般在每月25—28日下达给供应商下一月书面供货计划。为适应市场需求和供需双方的共同利益，要求供应商严格按照下达的生产计划和供货进度送货。在生产高峰期，供应商应具备超过原合同平均月生产率一倍以上的生产供货能力，在此条件下，供应商不得拒绝接受下达的供货计划及追加供货计划。否则，供应商应承担违约责任，并赔偿由此造成的各项损失。

双方同意供应的产品全年总数可以按市场需求变化而增减，供应商应按所下达的生产计划组织生产和供货，凡按下达月度计划按时生产送货的合格品，合作企业保证收货，由于超出月度计划而盲目生产引起的积压损失，供应商自行承担。

（5）供应商必须按质、按量、按时供货，保证质优的同时要保证产品价格从优。当原材料价格、产品质量要求、市场因素等条件变化时，双方均可以提出重新议价，协商一致后签订协议书，按协议书签订的新价格和执行开始时间执行。当供应商在产品价格有优势、产品质量和供货均能满足需要时，合作企业不能随意更换供应商。

（6）供应商送货产品必须经合作企业质检部门检查验收，检查验收合格的产品按照合同规定结款日期给予结算。检查验收时间不超过一周。当双方对检查验收结果有争议时，可由合作企业送到国家认可的技术质量监督部门进行复检，以此为判定依据，费用由错误一方承担。

（7）供应商必须及时清退不合格品，补回合格品。不合格品包括检验部门检验不合格的、生产部门在使用过程中发现不合格的、售后部门退回的在“三包”期内的不合格品。

4. 质量控制及评价

企业质检部门要严格加强对供应商的监督管理，以确保供应商提供的产品符合要求。一般情况下，可根据如表 9–3 所示的考核项目，对合作供应商进行质量考评。

表 9–3　供应商质量控制及评价

序号	考核项目	标准要求	评分办法	标准分	考核部门	参与部门
1	质量体系	组织机构健全 体系文件齐全 实际动作正常 资源充足	酌情给分（每单位项标准分为 2.5 分）	45	质管办	采购部门
2	质量意识	质量意识强	酌情给分	5	质管办	采购部门
3	交验合格率	每次抽检合格率 100%	综合评价、酌情给分	10	质检处	采购部门
4	信息反馈处理及现场服务	及时处理质量问题并书面回复产生的原因和改进措施，售后服务及时彻底	不及时处理扣 2 分，达到三次不给分	5	配套（采购）公司	质检部门
5	质量问题重复发生	不允许发生	一般问题扣 3 ~ 5 分，超过三次或严重质量问题扣 5 ~ 10 分	5	质检处	售后服务部门
6	装配（加工）过程中出现的质量问题	不能影响装配（加工）	发生一次扣 2 分，造成停产不给分	5	质检处	采购部门

续表

序号	考核项目	标准要求	评分办法	标准分	考核部门	参与部门
7	质量事故(用户投诉)	不允许发生	一般问题扣 5 ~ 8 分，超过三次或严重质量问题扣 8 ~ 10 分	——	质检处	售后服务部门
8	三包产品占有率	不允许有	一般 10% 以下扣 2 分，10% 以上扣 5 分	5	质检处	售后服务部门
9	合同完成率	按质按量按时完成	每降低一个百分点扣 1 分	5	配套（采购）公司	——
10	产品包装、标识	包装满足要求，标识符合规定	每缺少一次（批）扣 1 分，二次（批）扣 3 分，三次（批）不给分	5	质检处	仓管部门
11	质量证明	质量合格凭证、送货清单、检测报告等证明资料齐全	每缺少一次（批）扣 1 分，二次（批）扣 3 分，三次（批）不给分	5	配套（采购）公司	质检部门
12	产品回用次数	不允许发生	每回用一次（批）扣 1 分，二次（批）扣 3 分，三次（批）不给分	5	质检处	采购部门
13	样品检验、试验和鉴定	按样品检验，试验和鉴定细则给分	综合评价、酌情给分	20	质检处	设计部门
14	小批量供货合格率	每次全检合格率 100%	合格率为 80% 以下每少 10% 扣 5 分	15	质检处	采购部门

5. 合作关系终止

当供应商存在以下情况之一时，企业即可终止与供应商的合作关系。

（1）根据《供应商质量控制及评价》被评为 C 级，且在整改期限后质量无法提高。

（2）生产过程中出现重大事故、批量性质量问题且没有改进效果。

（3）将已被判为不合格品混作合格品交验入库且造成严重后果。

（4）产品不合格而在整改期内没有做出改进。

第三节　供应链管理下的供应商合作

一、供应链合作伙伴关系

（一）供应链合作伙伴关系的发展历程

在一个企业能从实施供应链战略合作关系获益之前，首先必须认识到这是一个复杂的过程，供应链合作关系的建立不仅是企业结构上的变化，而且在观念上也必须有相应的改变，所以必须要一丝不苟地选择供应商，以确保真正实现供应链合作关系的利益。

供应链合作伙伴关系从产生到现在大致经历了三个阶段：20 世纪 60—70 年代传统的客户关系，其主要特征是短期的合同关系；70—80 年代基于产品质量和服务的物流关系，对物料从供应链上游到下游的转换过程进行集成，注重服务的质量和可靠性，供应商在产品组、柔性、准时等方面的要求较高；90 年代到现在的合作伙伴关系，企业与其合作伙伴在信息共享、服务支持、并行工程、群体决策等方面合作，强调基于时间和基于价值的供应链管理；未来可能实现以集成化战略合作伙伴关系和信息共享为主要特征的网络资源关系。其具体发展情况如图 9-1 所示。

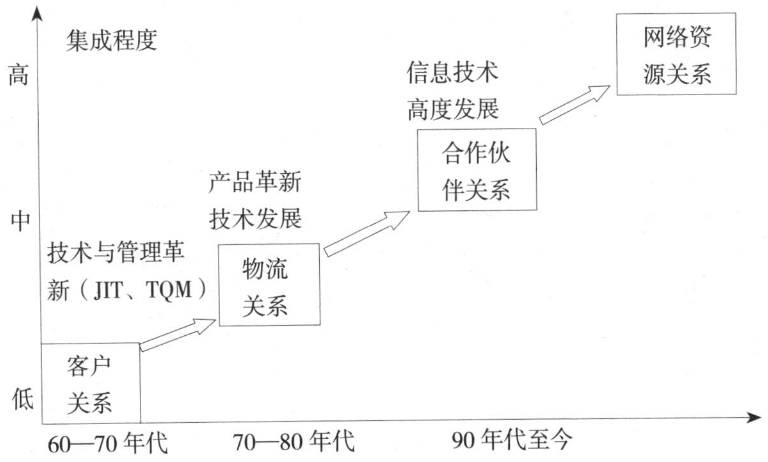

图 9-1　供应链合作伙伴关系的发展

1. 传统的客户关系

在传统的企业与企业的关系中，供应管理就是物流管理，企业之间的关系主要是买卖关系。基于这种企业关系，企业的经营管理理念是以生产为中心的，供销处于次要的、附属的地位。企业间很少沟通与合作，更谈不上企业间的战略联盟与协作。

从 20 世纪 70 年代以来，由于 1973 年第一次石油危机的影响导致了需求的大量萎缩，在投资性工业产品领域尤其严重，处于战后繁荣的黄金时期的美国经历了对商品需求从卖方市场向买方市场的转变，推动了产品价格的削减，这时的客户与供应商的关系基本上还是一种传统的、简单的买卖关系，这种关系的着眼点一般局限在价格、质量等少数几个方面，买卖关系是基于价格的关系，买方往往通过在卖方之间引起价格竞争并在卖方之间分配采购数量来对卖方加以控制，如表 9–4 所示。

表 9–4　传统的客户关系

质量	供应商负责满足客户的质量要求，客户负责接受并检验质量是否达到要求
成本	客户选择供应商的标准是在满足质量要求的前提下价格最低
发运	客户提供一份标明所需产品、数量和要求的发运日期的合同；需要安全库存以防止发运延误而导致的问题
柔性	客户通过寻找新的供应商来实现供应来源的多元化；如果交易成本过高，客户会倾向于自制产品
供应链上的公司关系	客户开发供应网络中从原材料到标准部件的产品和流程，把半成品或部件的生产委托给供应商，客户控制质量，特别是第一次发运的质量

这种客户关系是以传统的产品买卖为特征的短期合同关系，企业间很少合作，关系的持续期也是不确定的，任何关系都可能被其他关系所取代。双方的利益在很大的程度上是对立的，由于双方很少关注除了价格和质量以外的东西，往往导致运作上的低效率。由于信息的不透明，使得需求的很小的波动导致了生产的很大的波动，导致了大量的缺货和库存现象的出现，也使得生产计划很难准确，运作流程上也往往存在重复和盲点，供货提前期冗长使企业很难对市场变化做出快速的反应，在供应链的管理战略上有着种种的不协调。

2. 物流关系

从传统的以生产为中心的企业关系模式向物流关系模式转化，JIT 和 TQM 等管理思想起着催化剂的作用。1973年的石油危机也使世界认识到一种全新的日本式生产管理方法——JIT的先进性。美国的管理学家和企业在对这种方法进行认真研究之后，总结出精益生产（广义JIT）方法。它的基本目标是寻求消除企业生产活动各方面浪费的原因，包括员工关系、供应商关系、技术水平及原材料、库存的管理。JIT生产要求消除各种形式的浪费，反对过量库存（或安全库存）的存在，这就要求供应商进行频繁的供货，而JIT要求生产的快速反应，就要求制造商与供应商共享生产计划，简化甚至取消供应产品的验收检查程序，对产品质量的保证主要通过对供应商初期的质量认证。因此，在JIT下，制造商必然要减少同一部件的供应商数量并与供应商实现一定程度的流程集成和合作；在供应链上的企业为了达到生产的均衡化和物流的同步化，必然要加强部门与部门之间、企业与企业之间的合作与沟通。但是，这种基于简单物流关系的企业合作关系，在供应链合作中其实是一种处于作业层和技术层的合作，简言之就是处于一种战术层面的合作关系。

3. 战略合作伙伴关系

从传统的客户关系到供应链管理的发展过程中，供应链合作越来越深入、广泛，也越来越重要。基于简单物流关系的企业合作关系，在合作伙伴之间的信息交换与共享（透明性）、服务支持（协作性）、并行工程（同步性）、群体决策（集智性）、柔性化与敏捷性等方面都不能很好地适应越来越激烈的市场竞争的需要，企业需要更高层次的合作与集成，于是产生了供应链企业间的战略合作伙伴关系，主要以实现集成化战略合作伙伴关系和信息共享的网络资源关系为特征。供应链战略合作伙伴关系体现了企业内外资源集成与优化利用的思想，具体如表9–5所示。

表9–5　供应链战略合作伙伴关系

质量	供应链上的各方都对最终用户满意负责；各方共同提高对质量的要求
成本	具有供应管理的所有优势，这导致更低的交易成本；链上成员分享降低成本的方法和知识；每个成员具有各自领域的核心竞争力，使得资源的投入能够产生更好的回报
发运	链上成员统一物流运作（同样的运作步骤、文件等）；相连的计划和控制系统（比如通过EDI）；对合作伙伴的选择主要考虑速度，也就是合作者对缩短提前期的贡献
柔性	链上所有成员共同推动产品的开发;买方市场保证了这一方法的有效性:交易成本低，买方相对比较容易安排替代的供应商
供应链上的公司关系	所有成员从开始就涉及产品和流程的开发；所有成员都涉及计划与控制

4. 网络资源关系

以实现集成化战略合作伙伴关系和信息共享的网络资源关系为特征。信息技术高度发展以及供应链节点企业间的高度集成，最终使供应链节点企业间的合作关系集成为网络资源关系。

二、供应链合作伙伴关系的基本内容

（一）供应链合作伙伴关系的概念

供应链合作伙伴关系一般是指在供应链内部两个或两个以上独立的成员之间形成的一种协调关系，以保证实现某个特定的目标或效益。建立供应链合作伙伴关系的目的在于通过提高信息共享水平，减少整个供应链产品的库存总量、降低成本和提高整个供应链的运作绩效。它需要满足以下几个充分条件：各方的独立性；相互间的利益共享；在一个或多个关键领域的持续合作，如技术、产品、市场等。

不同的研究者对供应链合作伙伴关系的认识也不尽相同。Maloni 等人认为供应链合作伙伴关系是供应渠道中两个独立实体为了取得特定的目标和利益而结成的一种关系，这种关系通常可以通过降低总成本、降低供应链上的库存和增加信息共享水平来提高每个成员的财务和经营绩效；Rackham 认为真正的企业变革指的是组织之间以团队合作、合理创造价值的方法来产生变化，公司开发出新的合作经营方法，以使协作企业取得前所未有的活力和竞争力，这种新的关系就被称为“伙伴关系”；Vlkurka 等人指出，伙伴关系是买方和供应商就一段较长时间达成的承诺和协议，其内容包括信息共享，以及分享和分担由于伙伴关系带来的利益和风险，也就是说，伙伴的概念必须建立在合作和信任之上；马士华教授认为，供应链的合作伙伴关系，也就是供应制造关系，或者称为卖主 / 供应商—买主的关系、供应商关系。

（二）供应链合作伙伴关系形成的驱动力

供应链合作伙伴形成的驱动力主要有三个：企业的核心竞争力；不断变化的顾客期望；业务外包战略。

企业的核心竞争力是指企业具有某种能力，这种能力使其他企业不能模仿或者其他企业能够模仿但需付出极大的成本或代价而使得难以拥有这种能力。它是建立在企业核心资源基础之上的企业技术、产品、管理、文化的综合优势在市场上的反映，同时也是一个组织内部具有的一系列互补的技能和知识的结合，既有一项或多项业务达到竞争领域一流水平的能力，又为顾客提供某种特殊的利益。企业核心竞争力具有价值优越性、难替代性、差异性和可延伸性等四个特点，从而说明具有核心竞争力的企业在创造价值和降低成本方面比竞争对手更优秀，能为顾客带来较大的利益，生产出来的产品在市场上不会轻易被其他产品所替代，在同行业中与众不同，至少比其他竞争者优越，不仅能为当前提供某种特殊的产品或服务，而且还可以帮助企业下一步开发新的产品或进入新的领域。

产品的生命周期越来越短，对产品革新的要求越来越高，大规模生产越来越被满足客户个性化需求的定制生产所取代。企业为满足消费者需要不断进行个性化的产品设计，面对市场上广阔的产品选择范围要求有企业的特色，同时消费者对产品质量和可靠性以及优异性能提出更高的要求，并且要求企业具有快速反应满足顾客需求的能力，以及提供高水平的顾客服务的能力，这些变化的出现都要求供应链上的企业网络实现良好的合作，从而提高反应速度、减少浪费、实现运作的高效率，从而更好地满足顾客的需求。

在供应链管理环境下，企业强调集中精力和资源在核心竞争力上，强调根据企业的具体情况和自身特点，专门从事某一个领域、某一专门业务，只在某一方面形成自己的核心竞争力，这就必然要求企业将其他非核心竞争力的业务外包给其他企业去做，这就是目前许多企业采用的业务外包战略。供应链管理环境下的资源配置决策是一个不断增值的决策过程，如果企业能够通过业务外包以更低的成本获得比自制更高价值的资源、更短的生产时间和更高的生产率，那么企业就应该选择业务外包，它可以使企业减少固定资产的投资、降低成本、减少浪费，从而获取比较优势。实行业务外包战略还可以使企业保持柔性优势、质量优势和专业化优势。供应链管理的出现，使企业从传统的“纵向一体化”转向“横向一体化”，加快了企业的发展速度和技术革新，通过供应链上不同企业的外向资源配置，企业可以在全球范围内选择最优秀的合作伙伴以实现技术上的创新，并敏捷响应市场需求的变化，与市场需求变化保持同步，利用供应链上不同企业的技术资源和技术优势，以最快的速度对用户的特殊需求做出反应，从而实现运作柔性和保持竞争优势。

（三）建立供应链合作伙伴关系的意义

1. 从宏观方面分析构建供应链合作关系的意义

（1）创新现代流通方式。传统上流通方式一般称为批发和零售，在电子商务的环境下，批发被称为 B2B（Business to Business），零售被称为 B2C（Business to Customer）或 C2C（Customer to Customer）。应该说 B2B 即传统的批发在社会商品的流通中占据相当大的份额，对社会资源的配置起到巨大的作用。实际上在流通方式的革命中，都希望自己的商圈相对稳定，并积极寻求这一路径。供应链管理提供了这一方法，所以说，供应链管理是现代流通方式的创新，是新的利润源，在供应链中，上下游企业形成了战略联盟。因此它们的关系是相对稳定的，它们通过信息共享形成双赢关系，实现社会资源的最佳配置，降低社会总的成本，避免了企业间的恶性竞争，提高了各企业和整个供应链及全社会的效益。因此，供应链向人们展示了现代的全新的流通方式。

（2）加速现代生产方式的产生和发展。供应链管理是适应现代生产方式而产生和发展起来的现代流通方式，反过来，它的不断完善和水平的提高又加速了现代生产方式的发展。现代生产方式是依据比较优势的理论，以现代信息技术为手段，以企业的核心竞争优势为中心，实现全球化的采购、全球化的组织生产和全球化的销售。于是，现代物流成为与现代生产方式衔接的枢纽，与现代物流共生的供应链管理成为现代生产和现代物流的有力工具。

（3）改变现代社会竞争的方式。在传统的生产和流通中，竞争方式主要是企业之间的竞争，既有同业之间的竞争，也有供应链中上下游企业之间的竞争。这种竞争的结果往往破坏了生产和流通的规律和程序，使企业的效益下降，更有甚者导致了产品的加速灭亡。这是一种低档次的竞争，往往以降价为主要手段。现代的供应链管理使上下游企业形成战略联盟，社会竞争从企业的竞争转为供应链之间的竞争。竞争的核心是组织和管理手段的现代化程度，是现代信息技术更高水平的竞争，这将导致这个社会现代化程度的提高。

（4）导致企业机构和供应链的重构。供应链的管理不仅是技术和管理方法，还涉及企业组织和产业组织重构这样深层次的问题。要真正实施供应链管理，在企业内部就要进行业务流程的重构、企业组织机构的重构；在企业外部就要进行供应链的重构，选择好自己的战略合作伙伴，从而优化资源配置，有效地进行优势互补。

（5）促进现代信息技术的应用。由于利益主体的不同，供应链的管理比企业的管理更为复杂，特别是供应链上各企业的地域分布更广，因此，现代信息技术成为供应链管理必不可少的技术手段。在供应链管理的主要方法 ECR 和 QR 中，都运用了如 EDI、POS、自动补货、预先发货通知、厂家管理库存等信息技术。它们在供应链管理中产生，反过来又促进了供应链管理的成熟和不断发展。

2. 在微观方面分析构建供应链合作关系的意义

（1）减少不确定因素，降低库存。通过合作，共享需求与供给信息，能使供应链成员企业所面对的供需关系上的不确定因素得到减少，降低甚至消灭库存。

（2）快速响应市场。通过合作，供应链成员企业能够集中力量于自身的核心竞争优势，充分发挥各方的优势，并能迅速开展新产品的设计和制造，从而使新产品响应市场的时间明显缩短。

（3）加强企业的核心竞争力。以战略合作关系为基础的供应链管理，能够发挥供应链成员企业的核心竞争优势，获得竞争地位。

（4）用户满意度增加。从产品设计、产品制造过程到售后服务，供应链成员企业可以共同应对，合作共赢。制造商能够帮助供应商更新生产和配送设备，加大对技术改造的投入，提高产品和服务质量，增加用户满意度。

（四）供应链合作伙伴关系的影响因素

1. 高层态度

建立良好的供应链关系，首先必须得到最高管理层的支持和协商。只有最高层领导赞同合作伙伴，企业之间才能保持良好的沟通，建立相互信任的关系。

2. 企业战略和文化

建立良好的供应链关系，还要解决企业战略和文化之间的障碍，在合作伙伴之间建立统一一致的运作模式或体制，解决业务流程和结构上存在的障碍。

3. 合作伙伴能力和兼容性

建立良好的供应链关系，也要考虑合作伙伴能力和兼容性，包括合作伙伴的能力和定位、自然地理位置分布、总成本和利润的分配、文化兼容性、财务稳定性、管理的兼容性等。

4. 信任

在供应链战略合作关系建立的实质阶段，需要进行期望和需求分析，相互之间需要紧密合作，加强信息共享，相互进行技术交流和提供设计支持。因此，双方建立信任非常重要

（五）供应链合作伙伴的类型和理论基础

1. 供应链合作伙伴的类型

在集成化供应链管理环境下，供应链合作关系的运作出于短期成本最小化的要求，需要减少供应源的数量，相互的连接变得更密切，并且链主会在更大的市场范围内寻找最杰出的合作伙伴。这样可以把合作伙伴分为两个层次：重要合作伙伴和次要合作伙伴。重要合作伙伴是少而精的、与链主关系密切的合作伙伴，而次要合作伙伴则是相对多的、与链主关系不很密切的合作伙伴。供应链合作关系的变化主

要影响重要合作伙伴，而对次要合作伙伴的影响较小。根据合作伙伴在供应链中的增值作用及其竞争实力，可将合作伙伴分成不同的类别，分类矩阵如图 9–2 所示。

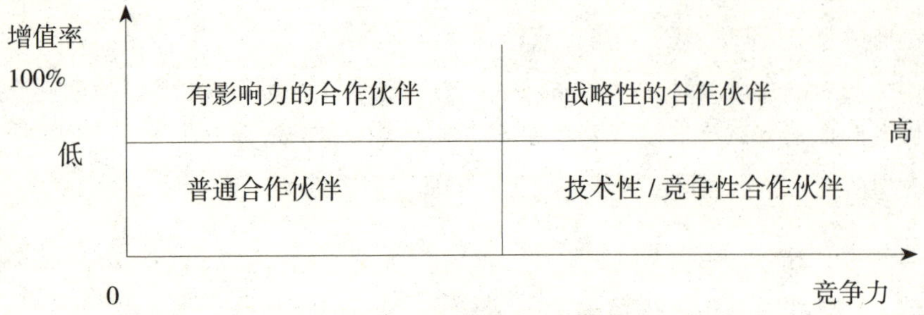

图 9–2　供应链合作伙伴类型

在图中，纵轴代表的是合作伙伴在供应链中增值的作用，对于一个合作伙伴来说，如果它不能对增值做出贡献，那么它对供应链的其他企业就没有吸引力。横轴代表某个合作伙伴与其他合作伙伴之间的区别，主要是设计能力、特殊工艺能力、柔性、项目管理能力等方面的竞争力的区别。

2. 供应链合作伙伴的理论基础

供应链合作伙伴的形成是基于委托—代理理论，具体来说就是，当一个参与人（称为委托人）想使另一个参与人（称为代理人）按照前者的利益选择行动，但委托人不能直接观测到代理人选择了什么行动，能观测到的只是另一些变量，这些变量由代理人的行动和其他外生的随机因素共同决定，因而充其量只是代理人行动的不完全信息，那么委托人的问题就是如何根据这些观测到的信息来奖惩代理人，以激励其选择对委托人最有利的行动。

【思考题】

1. 供应商的特征有哪些？
2. 供应商选择有哪些基本原则？
3. 试述供应链管理下企业与供应商的关系。
4. 试述供应链管理下供应商的选择指标体系建立原则。
5. 试述选择供应链合作伙伴的必要性。
6. 阐述供应链合作伙伴关系的基本内容。

【案例分析】

本田美国公司与其供应商的合作伙伴关系

位于俄亥俄州的本田美国公司，一直强调与供应商之间的长期战略合作伙伴关系。本田公司总成本的大约80%都是用在向供应商的采购上，这在全球范围是最高的。因为它选择离制造厂近的供应源，所以与供应商能建立更加紧密的合作关系，能更好地保证准时供货，制造厂库存的平均周转周期不到3小时。1982年，27个美国供应商为本田美国公司提供了价值1400万美元的零部件，而到1990年，有175个美国供应商为它提供了超过22亿美元的零部件。大多数供应商与它的总装厂距离不超过150英里。在俄亥俄州生产的汽车零部件本地率达到90%（1997年），只有少数的零部件来自日本。强有力的本地化供应商的支持是本田美国公司成功的原因之一。

在本田美国公司与供应商之间是一种长期相互信赖的合作关系。如果供应商达到本田美国公司的业绩标准，就可以成为它的终身供应商。而本田美国公司也在以下几个方面提供支持帮助，使供应商成为世界一流的供应商：派出公司员工协助供应商改善员工管理；派出工程师在采购部门协助供应商提高生产率和质量；质量控制部门配备工程师解决进厂产品和供应商的质量问题；在塑造技术、焊接、模铸等领域为供应商提供技术支持；成立特殊小组帮助供应商解决特定的难题；直接与供应商上层沟通，确保供应商的高质量；定期检查供应商的运作情况，包括财务和商业计划等；外派高层领导人到供应商所在地工作，以加深本田美国公司与供应商相互之间的了解及沟通。

本田美国公司与Donnelly公司的合作关系就是一个很好的例子。本田美国公司从1986年开始选择Donnelly公司为它生产全部的车内玻璃，当时Donnelly公司的核心能力就是生产车内玻璃，随着合作的加深，相互的关系越来越密切（部分原因是相同的企业文化和价值观），本田美国公司开始建议Donnelly公司生产外玻璃（这不是Donnelly公司的强项）。在本田美国公司的帮助下，Donnelly公司建立了一个新厂生产外玻璃，双方之间的交易额在第一年为500万美元，到1997年就达到了6000万美元。

在俄亥俄州生产的汽车是本田美国公司在美国销量最好、品牌忠诚度最高的汽车。事实上，它在美国生产的汽车已经部分返销日本。本田美国公司与供应商之间的合作关系无疑是它成功的关键因素之一。

第十章　供应链物流系统绩效评价与激励

第一节　供应链绩效评价特点及原则

我们从事任何一项工作，都要通过对该活动所产生的效果进行度量和评价，以此判断这项工作的绩效及其存在的价值。同样，在供应链管理中，为了能够使供应链健康发展，科学、全面地分析和评价供应链的运营绩效，就成为一个非常重要的问题。本章在对供应链管理及其运作特点研究的基础上，提出了供应链绩效评价原则、供应链绩效评价指标体系及供应链关键绩效指标的优化方法，进而根据供应链运行要求，提出了对企业进行激励的原则和方法。

供应链绩效是指供应链的整体运作效率，对供应链绩效的管理是对供应链业务流程的动态评价。一般来说，可以用两个特性指标来衡量：一是从质量、成本、服务、可靠性、订货提前期等方面来评价产品的性能；二是如何对需求的变化和没有预见到的供应链中断事件做出反应。

一、现行的企业绩效评价指标的特点

供应链管理是通过前馈的信息流和反馈的物料流及信息流将供应商、制造商、分销商直到最终用户联系起来的一个整体的管理模式，它与现行企业管理模式有着较大区别，在对企业运行绩效的评价上也有许多不同。

现行企业绩效评价指标侧重于单个企业，评价的对象是某个具体企业的内部职能部门或者职工个人，其评价指标在设计上有如下一些特点。

（1）现行企业绩效评价指标的数据来源于财务结果，在时间上略为滞后，不能反映供应链动态运营情况。

（2）现行企业绩效评价指标主要评价企业职能部门工作完成情况，不能对企业业务流程进行评价，更不能科学、客观地评价整个供应链的运营情况。

（3）现行企业绩效评价指标不能对供应链的业务流程进行实时评价和分析，而

是侧重于事后分析。因此，当发现偏差时，偏差已成为事实，其危害和损失已经造成，并且往往很难补偿。

鉴于此，为衡量供应链整体运作绩效，以便决策者能够及时了解供应链整体状况，应该设计出更适合于度量供应链企业绩效的指标和评价方法。

二、供应链绩效评价指标的特点

根据供应链管理运行机制的基本特征和目标，供应链绩效评价指标应该能够恰当地反映供应链整体运营状况以及上下节点企业之间的运营关系，而不是单独评价某一供应商的运营情况。例如，对于供应链上的某一供应商来说，该供应商所提供的某种原材料价格很低，如果孤立地对这一供应商进行评价，就会认为该供应商的运行绩效较好。若其下游节点企业仅仅考虑原材料价格这一指标，而不考虑原材料的加工性能，就会选择该供应商所提供的原材料，而该供应商提供的这种价格较低的原材料，如果其加工性能不能满足该节点企业生产工艺要求，势必增加生产成本，从而使这种低价格原材料所节约的成本被增加的生产成本所抵消。所以，供应链运行绩效评价指标不仅要评价该节点企业（或供应商）的运营绩效，而且还要考虑该节点企业（或供应商）的运营绩效对其上层节点企业或整个供应链的影响。

现行的企业绩效评价指标主要是基于部门职能的绩效评价指标，并不适用于对供应链运营绩效的评价，而供应链绩效评价指标则是基于业务流程的绩效评价指标，通过图 10–1、图 10–2，即可看出它们之间的差异。

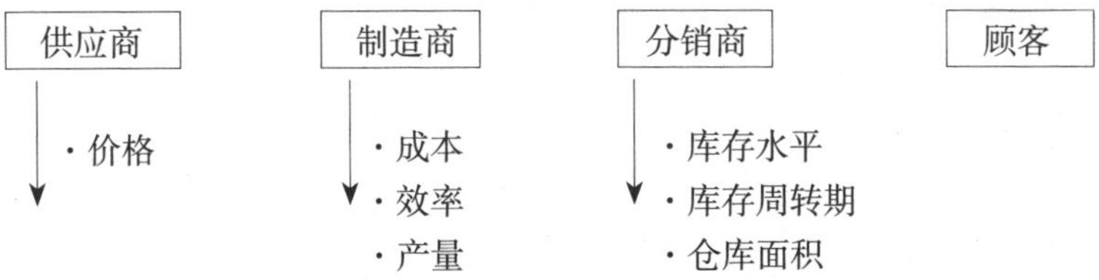

图 10–1　现行的基于职能的绩效评价指标示意图

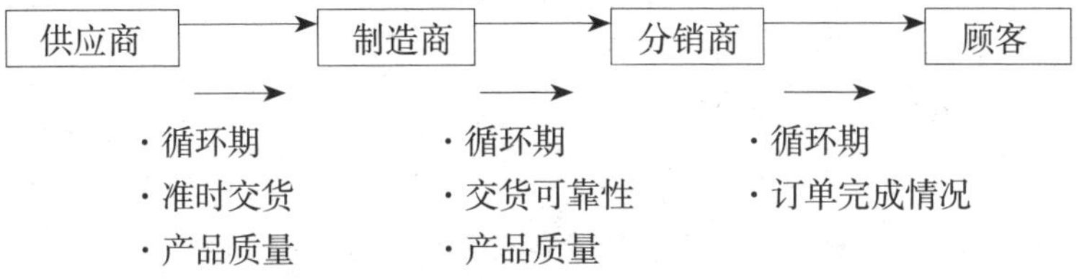

图 10–2　基于供应链业务流程的绩效评价示意图

三、供应链绩效评价应遵循的原则

随着供应链管理理论的不断发展和供应链实践的不断深入，为了科学、客观地反映供应链的运营情况，应该考虑建立与之相适应的供应链绩效评价方法，并确定相应的绩效评价指标体系。反映供应链绩效的评价指标有其自身的特点，其内容比现行的企业评价指标更为广泛，它不仅仅代替会计数据，同时还提出一些方法来测定供应链的上游企业是否有能力及时满足下游企业或市场的需求。在实际操作中，为了建立能有效评价供应链绩效的指标体系，应遵循如下原则。

（1）应突出重点，要对关键绩效指标进行重点分析。

（2）应采用能反映供应链业务流程的绩效指标体系。

（3）评价指标要能反映整个供应链的运营情况，而不是仅仅反映单个节点企业的运营情况。

（4）应尽可能采用实时分析与评价的方法，要把绩效度量范围扩大到能反映供应链实时运营的信息上去，因为这要比仅做事后分析有价值得多。

（5）在衡量供应链绩效时，要采用能反映供应商、制造商及用户之间关系的绩效评价指标，把评价的对象扩大到供应链上的相关企业。

四、供应链绩效评价指标的作用

为了能评价供应链的实施给企业群体带来的效益，方法之一就是对供应链的运行状况进行必要的度量，并根据度量结果对供应链的运行绩效进行评价。因此，供应链绩效评价主要有以下四个方面的作用。

（1）用于对整个供应链的运行效果做出评价。主要考虑供应链与供应链间的竞争，为供应链在市场中的存在（生存）、组建、运行和撤销的决策提供必要的客观依据。目的是通过绩效评价而获得对整个供应链运行状况的了解，找出供应链运作方面的不足，及时采取措施予以纠正。

（2）用于对供应链上各个成员企业做出评价。主要考虑供应链对其成员企业的激励，吸引企业加盟，剔除不良企业。

（3）用于对供应链内企业与企业之间的合作关系做出评价。主要考察供应链的上游企业（如供应商）对下游企业（如制造商）提供的产品和服务的质量，从用户满意度的角度评价上下游企业之间合作伙伴关系的好坏。

（4）除对供应链企业运作绩效的评价外，这些指标还可起到对企业激励的作用，包括核心企业对非核心企业的激励，也包括供应商、制造商和销售商之间的相互激励。

为了达到这些目的，供应链的绩效评价一般从三个方面考虑：一是内部绩效度量，二是外部绩效度量，三是供应链综合绩效度量。

（1）内部绩效度量。内部绩效度量主要是对供应链上的企业内部绩效进行评价。常见的指标有成本、客户服务、生产率、良好的管理、质量等。

（2）外部绩效度量。外部绩效度量主要是对供应链上企业之间的运行状况进行评价。主要指标有用户满意度、最佳实施基准等。

（3）供应链综合绩效度量。正如有人指出的那样，21 世纪的竞争是供应链与供应链之间的竞争，这就引起人们对供应链总体绩效和效率的日益重视，要求提供能从总体上观察透视供应链运作绩效的度量方法。这种透视方法必须是可以比较的，如果缺乏整体的绩效衡量，就可能出现制造商对用户服务的看法和决策与零售商的想法完全背道而驰的现象。供应链综合绩效的度量主要从用户满意度、时间、成本、资产等几个方面展开。

本书以上述三个方面的供应链绩效度量为主线，同时又给予一定扩展，比较系统地论述了有关供应链的绩效评价指标。关于供应链绩效评价的一般性统计指标如表 10–1 所示。

表 10–1　供应链绩效评价的一般性统计指标

客户服务	生产与质量	资产管理	成本
饱和率	人均发运系统	库存周转	全部成本 / 单位成本
脱销率	人工费系统	负担成本	销售百分比成本
准时交货率	生产指数	废弃的库存	进出货运输费
补充订单	破损率	库存水平	仓库成本
循环时间	退货数	供应天数	管理成本
发运错误	信用要求数	净资产回报	直接人工费
订单准确率	破损物价值	投资回报	退费成本

第二节 供应链绩效评价指标体系

为了客观、全面地评价供应链的运营情况，这一节从以下几个方面来分析和讨论供应链绩效评价指标体系。

一、反映整个供应链业务流程的绩效评价指标

在这里，整个供应链是指从最初供应商开始直至最终用户为止的整条供应链。反映整个供应链运营的绩效评价指标，目前国内外研究得很少，本书综合考虑了指标评价的客观性和实际可操作性，提出了如下反映整个供应链运营绩效的评价指标。

1. 产销率指标

产销率是指在一定时间内已销售出去的产品与已生产的产品数量的比值，即产销率 = 一定时间内已销售的产品数量（S）/ 一定时间内生产的产品数量（P），因为 S<P，所以产销率小于或等于 1。

产销率指标又可分成如下三个具体的指标。

一是供应链节点企业的产销率。供应链节点企业的产销率 = 一定时间内节点企业已销售的产品数量 / 一定时间内节点企业已生产的产品数量，该指标反映供应链节点企业在一定时间内的经营状况。

二是供应链核心企业的产销率。供应链核心企业的产销率 = 一定时间内核心企业已销售的产品数量 / 一定时间内核心企业已生产的产品数量，该指标反映供应链核心企业在一定时间内的产销经营状况。

三是供应链产销率。供应链产销率 = 一定时间内供应链各节点企业已销售的产品数量之和 / 一定时间内供应链各节点企业已生产的产品数量之和，该指标反映供应链在一定时间内的产销经营状况，其时间单位可以是年、月、日。

随着供应链管理水平的提高，时间单位可以取得越来越小，甚至可以做到以天为单位。该指标也反映供应链资源（包括人、财、物、信息等）的有效利用程度，产销率越接近 1，说明资源利用程度越高。同时，该指标也反映了供应链库存水平和产品质量，其值越接近 1，说明供应链成品库存量越小。

2. 平均产销绝对偏差指标

$$平均产销绝对偏差 = \sum_{i=1}^{n} |P_i - S_i|/n$$

上式中，n 表示供应链节点企业的个数，P_i 表示第 i 个节点企业在一定时间内生产产品的数量，S_i 表示第 i 个节点企业在一定时间内已生产的产品中销售出去的数量。

该指标反映在一定时间内供应链总体库存水平，其值越大，说明供应链成品库存量越大，库存费用越高；反之，说明供应链成品库存量越小，库存费用越低。

3. 产需率指标

产需率是指在一定时间内，节点企业已生产的产品数量与其上层节点企业（或用户）对该产品的需求量的比值。具体可分为如下几个指标。

（1）供应链节点企业产需率。供应链节点企业产需率 = 一定时间内节点企业已生产的产品数量 / 一定时间内上层节点企业对该产品的需求量，该指标反映上、下层节点企业之间的供需关系。产需率越接近 1，说明上、下层节点企业之间的供需关系协调，准时交货率高；反之，则说明下层节点企业准时交货率低或者企业的综合管理水平较低。

（2）供应链核心企业产需率。供应链核心企业产需率 = 一定时间内核心企业生产的产品数量 / 一定时间内用户对该产品的需求数量，该指标反映供应链整体生产能力和快速响应市场的能力。若该指标数值大于或等于 1，说明供应链整体生产能力较强，能快速响应市场需求，具有较强的市场竞争能力；若该指标数值小于 1，则说明供应链生产能力不足，不能快速响应市场需求。

4. 供应链产品出产（或投产）循环期或节拍指标

当供应链节点企业生产的产品为单一品种时，供应链产品出产循环期是指产品的出产节拍；当供应链节点企业生产的产品品种较多时，供应链产品出产循环期是指混流生产线上同一种产品的出产间隔。由于供应链管理是在市场需求多样化经营环境中产生的一种新的管理模式，其节点企业（包括核心企业）生产的产品品种较多，因此，供应链产品出产循环期一般是指节点企业混流生产线上同一种产品的出产间隔期。它可以分为如下两个具体的指标。

（1）供应链节点企业（或供应商）零部件出产循环期。该循环期指标反映了节点企业库存水平以及对其上层节点企业需求的响应程度。该循环期越短，说明该节点企业对其上层节点企业需求的快速响应性越好。

（2）供应链核心企业产品出产循环期。该循环期指标反映了整个供应链的在制品库存水平和成品库存水平，同时也反映了整个供应链对市场或用户需求的快速响应能力。核心企业产品出产循环期决定着各节点企业产品出产循环期，即各节点企业产品出产循环期必须与核心企业产品出产循环期合拍。若该指标数值大于或等于 1，说明供应链整体生产能力较强，能快速响应市场需求，具有较强的市场竞争能力；若该指标数值小于 1，则说明供应链生产能力不足，不能快速响应市场需求。

5. 供应链产品质量指标

供应链产品质量是指供应链各节点企业（包括核心企业）生产的产品或零部件的质量，主要包括合格率、废品率、退货率、破损率、破损物价值等指标。

二、反映供应链上、下节点企业关系的绩效评价指标

本书所提出的反映供应链上、下节点企业关系的绩效评价指标是以供应链层次结构模型为基础的。根据供应链层次结构模型，对每一层供应商逐个进行评价，从而发现问题，解决问题，以优化整个供应链的管理。在该结构模型中，供应链可看成是由不同层次供应商组成的递阶层次结构，上层供应商可看成是其下层供应商的用户。有关供应链结构问题在前面的各章中已进行了讨论，这里进一步简化成一种层次结构模型，如图 10–3 所示。

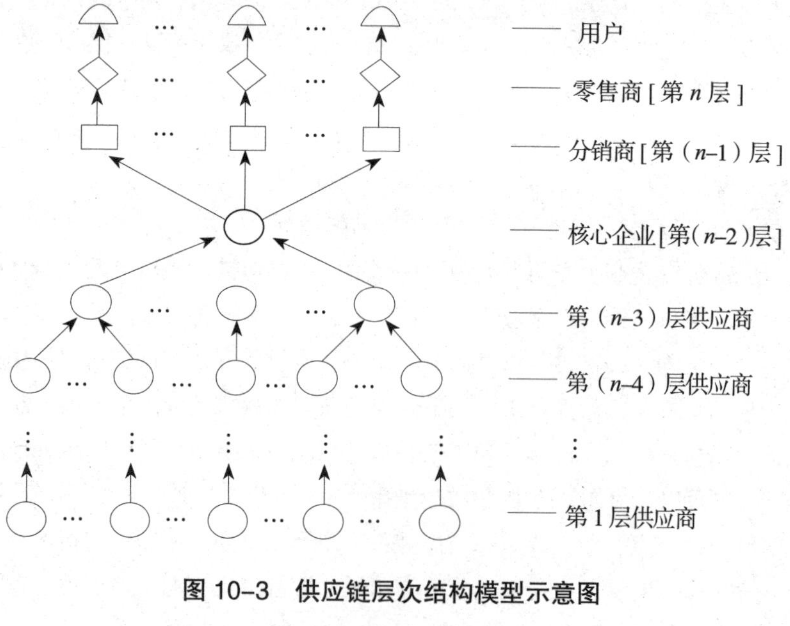

图 10–3　供应链层次结构模型示意图

供应链是由若干个节点企业组成的一种网络结构，如何选择供应商、如何评价供应商的绩效以及由谁来评价等是必须要明确的问题。根据供应链层次结构模型，这里提出了相邻层供应商评价法，可以较好地解决这些问题。相邻层供应商评价法的基本原则是通过上层供应商来评价下层供应商。由于上层供应商可以看成是下层供应商的用户，因此通过上层供应商来评价和选择与其业务相关的下层供应商更直

接、更客观，如此递推，即可对整个供应链的绩效进行有效的评价。

满意度指标是反映供应链上、下节点企业之间关系的绩效评价指标，即在一定时间内上层供应商 i 对其相邻下层供应商 j 的综合满意程度 C_{ij}，其表达式为：满意度 $C_{ij}=j\times$ 供应商 j 准时交货率 $+j\times$ 供应商 j 成本利润率 $+j\times$ 供应商 j 产品质量合格率，式中，前面的三个 j 为权数，且 $(j+j+j)/3=1$。在满意度指标中，准时交货率是指下层供应商在一定时间内准时交货的次数占其总交货次数的百分比。供应商准时交货率低，说明其协作配套的生产能力达不到要求，或者是对生产过程的组织管理跟不上供应链运行的要求；供应商准时交货率高，说明其生产能力强，生产管理水平高。成本利润率是指单位产品净利润占单位产品总成本的百分比。在市场经济条件下，产品价格是由市场决定的，因此，在市场供需关系基本平衡的情况下，供应商生产的产品价格可以看成是一个不变的量。按成本加成定价的基本思想，产品价格等于成本加利润，因此产品成本利润率越高，说明供应商的盈利能力越强，企业的综合管理水平越高。在这种情况下，由于供应商在市场价格水平下能获得较大利润，其合作积极性必然增强，必然对企业的有关设施和 / 或设备进行投资和改造，以提高生产效率。产品质量合格率是指质量合格的产品数量占产品总产量的百分比，它反映了供应商提供货物的质量水平。质量不合格的产品数量越多，则产品质量合格率就越低，说明供应商提供产品的质量不稳定或质量差，供应商必须承担对不合格的产品进行返修或报废的损失，这样就增加了供应商的总成本，降低了其成本利润率。因此，产品质量合格率指标与产品成本利润率指标密切相关。同样，产品质量合格率指标也与准时交货率密切相关，因为产品质量合格率越低，就会使得产品的返修工作量加大，必然会延长产品的交货期，使得准时交货率降低。

在满意度指标中，权数的取值可随着上层供应商的不同而不同。但是对于同一个上层供应商，在计算与其相邻的所有下层供应商的满意度指标时，其权数均取相同值，这样，通过满意度指标就能评价不同供应商的运营绩效以及这些不同的运营绩效对其上层供应商的影响。满意度指标值低，则说明该供应商运营绩效差，生产能力和管理水平都比较低，并且影响了其上层供应商的正常运营，从而影响整个供应链的正常运营，因此对满意度指标值较低的供应商的管理应作为管理的重点，要么进行全面整改，要么重新选择供应商。在整个供应链中，若每层供应商满意度指标的权数都取相同值，则得出的满意度指标可以反映整个上层供应商对其相邻的整个下层供应商的满意程度。同样，对于满意度指标值低的供应商就应当进行整改或更换。

供应链的最后一层为最终用户层，最终用户对供应链产品的满意度指标是供应链绩效评价的一个最终标准。

第三节　供应链企业激励机制

一、建立供应链企业激励机制的重要性

为什么要建立供应链企业的激励机制？要回答这个问题，不妨从一个实际例子谈起。某一大型汽车制造商为了促进其生产的汽车在市场上的销售，向分销商提出了一个促销的激励措施。公司规定，只要经销商的销售额达到一定数额，年底时制造商将付给经销商一笔奖励资金。同时，为了帮助经销商，制造商出面与银行签订了分期付款的协议。此举推行下去之后，曾出现一阵销售热潮，库存量明显下降。但是，到年底一算账，制造商才发现有问题。原来，经销商为了扩大销售业绩，纷纷下调价格出售汽车。结果，汽车卖出去不少，经销商也得到了实惠，但是制造商则损失惨重。制造商不得不承受低价销售的损失，使本来就步履艰难的生产经营活动更加雪上加霜。于是，制造商不得不检讨该项措施的失误，第二年重新制定新的促销战略。这个例子说明，制造商的出发点是激励经销商多卖汽车，希望在给自己带来效益的同时，经销商也能获得一定利益。但是事与愿违，此激励措施不但没有发挥正常作用，反而给企业造成一定的损失。

导致这种情况出现的原因当然是多种多样的，其中之一就是在实现委托—代理过程中的风险所造成的。委托—代理过程中的风险有多种表现形式，其中最为常见的是不完全信息下决策的风险、代理人的道德风险等。供应链企业间的关系实际上是一种委托—代理关系，即居于信息优势与处于信息劣势的市场参加者之间的相互关系。由于信息非对称现象在经济活动中相当普遍，而许多经济合同又都是在信息非对称条件下执行的，就难免出现道德风险问题。产生道德风险的原因之一在于代理人拥有私有信息，这从道德风险对策环境中看得很清楚：委托人与代理人签订合同时，双方所掌握的信息是相互对称的（至少双方都认为他们自己已经掌握了对方了解的信息）。然而，建立委托—代理关系后，委托人无法观察到代理人的某些私有信息，特别是代理人的努力程度方面的信息，在这种情况下，代理人可能会利用其私有信息采取某些损害委托人利益的行动（如上面举的汽车经销商的例子）。为了克服道德风险带来的危害，委托—代理理论普遍发展了以合作和分担风险概念为中心的信息激励机制理论。

对于委托人来讲，只有使代理人行动效用最大化，才能使其自身利益最大化。

然而，要使代理人采取效用最大化行动，必须对代理人的工作进行有效的激励。因此，委托人与代理人，即制造商和供应商或制造商和经销商之间的利益协调关系，就转化为信息激励机制的设计问题。所以，如何设计供应链上各个节点企业的激励机制，对保证供应链的整体利益是非常重要的。

二、供应链企业激励机制的特点

激励机制并不是一个新话题。在组织行为学中就专门讨论过激励问题，在委托—代理理论中也研究过激励问题。这里我们将激励的概念和范围扩大到了整个供应链及其相关企业上，从广义的激励角度研究供应链管理环境下的激励和激励机制的建立问题。

根据组织行为学的基本观点，一个人的工作成绩可以用公式来表示：工作成绩 = 能力 × 动机，即一个人工作成绩的好坏，既取决于人的能力，也取决于人的动机。如果一个人的积极性被调动起来，即动机被激发，那么他取得的成绩就大。美国哈佛大学心理学家威廉·詹姆士在对职工的激励研究中发现按时计酬的职工仅能发挥其能力的 20% ~30%，如果受到充分激励则可以达到 80% ~90%，也就是说，同样一个人在通过充分激励后所发挥的作用相当于激励前的 3~4 倍。它反映的是这样一个问题：在现代企业中，人们往往不是不会做，而是不积极地去做。因此企业管理的重要问题之一是调动职工的工作积极性，而职工积极性是与个人需要和动机相联系、由动机推动的。可以说，影响积极性的基本因素是人的需要和动机。我们应该明确这样一个观点：人人有待激励，人人可以激励。只有了解人的需要和动机的规律性，才能预测、引导和控制人的行为，才能达到激励职工、调动职工积极性的目的。这就是“需要—动机—行为—目标”激励模式。

从供应链的委托—代理特征去理解，所谓激励，就是委托人拥有一个价值标准，或一项社会福利目标，这些标准或目标可以是最小个人成本或社会成本约束下的最大预期效用，也可以是某种意义上的最优资源配置，或个人的理性配置集合。现在，委托人希望能够达到这些目标，那么，委托人应该制定什么样的规则，使其他市场参与者（代理人）都能够使利己行为的最后结果与委托人给出的标准一致呢？更进一步地分析，激励就是委托人如何使代理人在选择或不选择委托人标准或目标时，从自身利益效用最大化出发，自愿或不得不选择与委托人标准或目标一致的行动。

由于每个经济模型都是一个机制，因此，设计激励机制必然要求既定模型应符合参与约束和激励相容约束。激励属于心理学范畴，在管理学的应用中，对激励的研究一般限于个人行为的范围。供应链激励因其对象包括团体（供应链和企业）和个人（管理人员和一般员工）两部分而将研究范围扩大为个人的心理和团体的心理。一般来讲，供应链涵盖的社会范围很大，具有社会性，供应链的团体心理即是社会心理。供应链的社会心理作为一个“整体”，具有“个体”（个人心理）的一般特性，即基于需要产生动机进而产生某些行为以达到目标。但是整体毕竟不是个体的简单相加，供应链的社会心理同时又具有其独特的一面。

作为众多企业的集合，供应链管理系统也存在同样的问题：成员企业的积极性不够，核心企业的开拓精神不强烈，有些企业是小富即安，更有一些企业仅安于维持现状、做到不亏损就心满意足，或者是受到竞争压力和外部某些压力（例如项目失败，市场需求疲软等）时则退缩、丧失进取心等。一个企业如同一个人一样，也有需要、行为、动机和目的，也有心理活动，也有惰性，当然也需要激励。供应链激励是供应链管理的一项重要工作。供应链包含组织层（即供应链层）、企业层和车间层三个层面，可激励对象包括供应链自身、成员企业、企业管理人员、一般员工。其中管理人员和一般员工的激励属于企业激励机制的范畴，因此供应链激励主要专注于供应链环境下的成员企业。

供应链企业的激励过程可以借用传统的激励过程模型来描述，如图 10-4 所示。从图中可以看出，供应链的激励机制包含激励对象（又称激励客体、代理方）、激励的目标、供应链绩效测评（包括评价指标、指标测评和评价考核）和激励方式（正激励和负激励，物质性激励、精神性激励和感情性激励）等内容。事实上，根据供应链激励的特点，供应链的激励机制还隐含了两个内容——供应链协议（Supply Chain Protocol，SCP）和激励者（又称激励主体、委托方），用来考察激励主体实质上是站在什么角度去实现激励行为，达到什么目的。

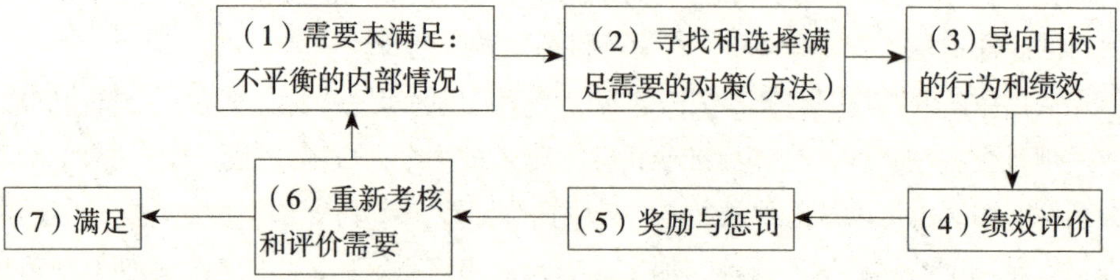

图 10-4　供应链企业激励过程

三、供应链协议

供应链激励需要一个好的规则来评判好与坏，供应链协议则充当了这一角色。

供应链协议是将供应链管理工作进行程序化、标准化和规范化的协定。供应链协议为激励目标的确立、供应链绩效测评和激励方式的确定提供了基本依据。激励目标要与激励对象的需要相联系，同时也要反映激励主体的意图和符合供应链协议。激励方式视绩效评价结果和激励对象的需要具体而定。

供应链的运作以快速、高效、敏捷等特点而显示出竞争优势，兼容并蓄了许多先进管理方法如 JIT、MRP Ⅱ、CIMS、FMS 等的优点。但是，供应链在运作时存在着安全性、法律法规、协商时间、供应链优化、主动性限制、供应链淘汰机制等现实问题。这些问题的存在制约了供应链功能的发挥，因此，针对这几个根本性问题，相应地提出了供应链协议，以规范对供应链运作的管理。供应链协议是根据供应链产品生产模式的特点，结合 GATT（《关税和贸易总协定》）、ISO9000、EDI、TCP/IP 等多方面知识，将供应链管理工作程序化、标准化和规范化，使供应链系统能有效控制、良好运作、充分发挥功能。简单来讲，供应链协议就是在一系列标准（供应链协议标准，简称 SCP 标准）支持下的拥有许多条目的文本（供应链协议文本，简称 SCP 文本），并且这些文本固化于一个网络系统（供应链协议网络系统，简称 SCPNet）中。供应链协议强调供应链的实用性和供应链管理的可操作性，重视完全信息化和快速响应的实现。

SCP 标准包括产品标准、零配件标准、质量标准、标准合同、标准表（格）单（据）、标准指令、标准数据、标准文本以及 SCPNet 标准等。

SCP 文本是供应链管理规范化、文本化、程序化的主体部分，包括 10 个部分：定义；语法规范；文本规范；供应链的组建和撤销；企业加入供应链条件、享受权利、应担风险以及应尽义务；供应关系的确立与解除；信息的传递、收集、共享与发布；供应、分销与生产的操作；资金结算；纠纷仲裁与责任追究。

SCPNet 分为硬件和软件两部分。硬件包括 Internet/Intranet/Extranet、客户机、工作站、网管中心；软件包括数据库、网络系统、SCPNet 支撑软件。

在供应链协议环境下，企业以期货形式在 SCPNet 上发布订单（接受订单），寻求供应商（得到销售商）。在这种灵活机制下，可以保持企业的主动性，并将不能适应的企业从供应链上淘汰出局。企业以接受 SCP 文本某某条款的形式在供应链中运作，极大地减少加入、组建供应链所需花费的较长谈判时间。供应链通过网管中心来协调由于供应链的优化而带来的利益问题，网管中心一般设在核心企业，并由核心企业负责管理。在经济活动中，供应链由于有供应链协议的严格规定而实实在在地存在，并广泛地形成供应链与供应链间的竞争。

四、激励机制的内容

从一般意义上来讲，激励机制的内容包括激励主体与客体、激励目标和激励手段。

1. 激励主体与客体

激励主体是指激励者，激励客体是指被激励者，即激励对象。激励的主体从最初的业主转换到管理者、上级，到今天已经抽象为委托人。相应的，激励的客体从最初针对蓝领的工人阶层转换到白领的职员阶层，以及今天的代理人。供应链管理中的激励对象（激励客体）主要指其成员企业，如上游的供应商企业、下游的分销商企业等，也包括每个企业内部的管理人员和员工。在这里主要讨论对以代理人为特征的供应链企业的激励，或对代理人的激励。因此，供应链管理环境下的激励主体与客体主要涉及以下几对。

（1）核心企业对成员企业的激励；

（2）制造商（下游企业）对供应商（上游企业）的激励；

（3）制造商（上游企业）对销售商（下游企业）的激励；

（4）供应链对成员企业的激励；

（5）成员企业对供应链的激励。

2. 激励目标

激励目标主要是通过某些激励手段，调动委托人和代理人的积极性，兼顾合作双方的共同利益，消除由于信息不对称带来的风险，使供应链的运作更加顺畅，实现供应链企业共赢的目标。

3. 激励手段

供应链管理模式下的激励手段多种多样。从激励理论的角度来理解的话，主要就是正激励和负激励两大类。正激励和负激励是一种广义范围内的划分。正激励是指一般意义上的正向强化、正向激励，是鼓励人们采取某种行为；而负激励则是指一般意义上的负强化，是一种约束、一种惩罚，阻止人们采取某种行为。

根据 Y 理论及“自我实现人”假设，人是有智慧而且有责任心的，他们追求挑战性和有意义的工作，从事这些工作并取得成功将会产生内在的精神上的激励，极大地调动人的积极性。供应链和企业拥有社会心理，同样追求挑战性和有意义的工作，更多的订单对于供应链来说就是一种挑战。精神激励模式有公开表扬或批评、工作的承认、权力和责任、在同行中获得高的信誉和在公众中获得高的声誉等。感情激励模式既不以物资为刺激，也不是以精神理想为刺激，而是以企业与企业之间的感情联系为手段的激励模式，主要有沟通思想式、排忧解难式等。但是对供应链企业的激励并不仅限于此，例如一条供应链因为获得比别的供应链更多的信息而被激励，信息既不属于精神，也不属于物资，所以我们称之为信息激励模式。

一般而言，有以下几种激励模式可供参考。

（1）价格激励。

在供应链环境下，各个企业在战略上是相互合作关系，但是各个企业的利益不能被忽视。供应链各个企业间的利益分配主要体现在价格上，价格包含供应链利润在所有企业间的分配、供应链优化而产生的额外收益或损失在所有企业间的均衡。供应链优化所产生的额外收益或损失大多数时候是由相应企业承担，但是在许多时候并不能辨别相应对象或者相应对象错位，因而必须对额外收益或损失进行均衡，这个均衡就要通过价格来反映。

价格对企业的激励是显然的，高的价格能增强企业的积极性，不合理的低价会挫伤企业的积极性。供应链利润的合理分配有利于供应链企业间合作的稳定和运行的顺畅，但是，价格激励本身也隐含着一定风险，这就是逆向选择问题，即制造商在挑选供应商时，由于过分强调低价格的谈判，他们往往选中报价较低的企业，而将一些整体水平较好的企业排除在外，其结果就会影响产品的质量、交货期等。看重眼前利益是导致这一现象的一个不可忽视的原因，但出现这种差供应商排挤好供应商的最根本的原因是在签约前对供应商不了解，没意识到报价越低意味着违约的风险也越高。因此，使用价格激励机制时要谨慎从事，不可一味强调低价策略。

（2）订单激励。

供应链获得更多的订单是一种极大的激励，在供应链内的企业也需要更多的订单激励。一般来说，一个制造商往往会拥有多个供应商，多个供应商竞争来自制造商的订单，那么更多的订单对供应商就是一种激励。

（3）商誉激励。

商誉是一个企业的无形资产，对于企业来说极其重要。商誉来自供应链内其他企业的评价和在公众中的声誉，反映企业的社会地位（包括经济地位、政治地位和文化地位）。委托—代理理论认为：在激烈的竞争市场上，代理人的代理量决定于其过去的代理质量与合作水平。从长期来看，代理人必须对自己的行为负完全的责任。因此，即使没有显性激励合同，代理人也要积极地努力工作，因为这样可以改进自己在代理人市场上的声誉，从而提高未来收入。

（4）信息激励。

在信息时代里，信息对企业意味着生存。企业获得更多的信息意味着企业拥有更多的机会、更多的资源，从而获得激励。信息对供应链的激励实质上属于一种间接的激励模式，但是它的激励作用不可低估。在供应链企业群体中利用信息技术建立起信息共享机制，其主要目的之一就是为企业获得信息提供便利。如果能够快捷地获得合作企业的需求信息，本企业能够主动采取措施提供优质服务，必然会使合作方的满意度大为提高，这对合作方之间建立信任有着非常重要的作用。信息激励机制的提出，在某种程度上克服了由于信息不对称而使供应链中的企业相互猜忌的弊端，消除了由此带来的风险。

（5）淘汰激励。

淘汰激励是负激励的一种。优胜劣汰是世间万物生存的自然法则，供应链管理也不例外。为了使供应链的整体竞争力保持在一个较高的水平，供应链必须建立对成员企业的淘汰机制，同时供应链自身也面临淘汰。淘汰弱者是市场规律之一，保持淘汰对企业或供应链都是一种激励。对于优秀企业或供应链来讲，淘汰弱者能使其获得更优秀的业绩；对于业绩较差者，为避免淘汰的危险则更需要争取上进。

淘汰激励是在供应链系统内形成的一种危机激励机制，让所有合作企业都有一种危机感。这样一来，企业为了能在供应链管理体系中获得群体优势的同时自己也获得发展，就必须承担一定的责任和义务，对自己承担的供货任务，从成本、质量到交货期等负有全方位的责任。这对防止短期行为和“一锤子买卖”给供应链群体带来的风险也会起到一定的作用，而且危机感可以从另一个角度激发企业发展。

（6）新产品 / 新技术的共同开发。

新产品 / 新技术的共同开发和共同投资也是一种激励机制，它可以让供应商全面掌握新产品的开发信息，有利于新技术在供应链企业中的推广和开拓供应商的市场。

传统的管理模式下，制造商独立进行产品的研究与开发，只将零部件的最后设计结果交由供应商制造。供应商没有机会参与产品的研究与开发过程，只是被动地接受来自制造商的信息。这种合作方式最理想的结果也就是供应商按期、按量、按质交货，不可能使供应商积极主动地关心供应链管理。因此，供应链管理实施好的企业，都将供应商、经销商甚至用户结合到产品的研究开发工作中来，按照团队的工作方式展开全面合作。在这种环境下，合作企业也成为整个产品开发中的一分子，其成败不仅影响制造商，而且也影响供应商及经销商。因此，每个人都会关心产品的开发工作，这就形成了一种激励机制，构成对供应链所有企业的激励作用。

（7）组织激励。

在一个较好的供应链环境下，企业之间的合作愉快，供应链的运作也比较通畅，少有争执。也就是说，一个良好组织的供应链对供应链及供应链内的企业都是一种激励。减少供应商的数量，并与主要的供应商和经销商保持长期稳定的合作关系，是制造商采取的组织激励的主要措施。但有些企业对待供应商与经销商的态度忽冷忽热，零部件供过于求时和供不应求时对供应商的态度两个样，产品供不应求时对经销商态度傲慢，供过于求时往往企图将损失转嫁给经销商，因此得不到供应商和经销商的信任与合作。产生这种现象的根本原因，还是由于企业管理者的头脑中没有建立起与供应商、经销商长期的战略合作意识，管理者追求短期业绩的心理较重。如果不能从组织上保证供应链管理系统的运行环境，供应链的绩效也会受到影响。

第四节　薪酬水平对供应链企业的影响

随着经济全球化的发展，各行各业的企业数量越来越多，每个企业面临的不仅是本国内企业的竞争，还有一些跨国企业集团的竞争，主要包括物质资源竞争、资本资源竞争、人力资源竞争等。在科技日益发展、推崇知识的现代社会中，人力资源是一个企业在激烈的竞争中生存且制胜的关键因素。而在企业人力资源管理中，劳动报酬即薪资是否合理公平是吸引人才、留住人才的关键。那么，企业应如何才能在人力资源方面取得优势？如何才能吸引人才、留住人才呢？解决这个问题的关键之一就是制定一套适合且体现公平性的薪酬管理制度。那么，适合的薪酬体系又是从哪几个方面来体现公平性的，是如何让公司员工拥有较强烈的公平感，从而使企业能很好地吸引人才、留住人才呢？

亚当斯认为，公平感知主要源于报酬数量的公平性。员工会对自己与他人（参照对象）的投入和产出比进行比较，判断分配结果的公平性。当不公平产生时，个体将采取心理上或行为上的一些手段来恢复公平，如改变自己的投入、改变他人的产出、重新对自己的投入产出比进行评价、离开或迫使他人离开等。这样会使得企业成员的工作积极性下降，从而导致员工工作效率下降，最终使得企业无法很好地实现组织目标，甚至使企业的“第一资源”——优秀的人力资源流失。

一、薪酬水平的外部公平对供应链企业的影响

就单个企业而言，自身直接构成了企业的内部。但是将供应链作为一个整体而言，整个供应链就构成了一个整体，整条供应链内所有的企业都成了一个内部，供应链以外则为链的外部，如图 10–5 所示。

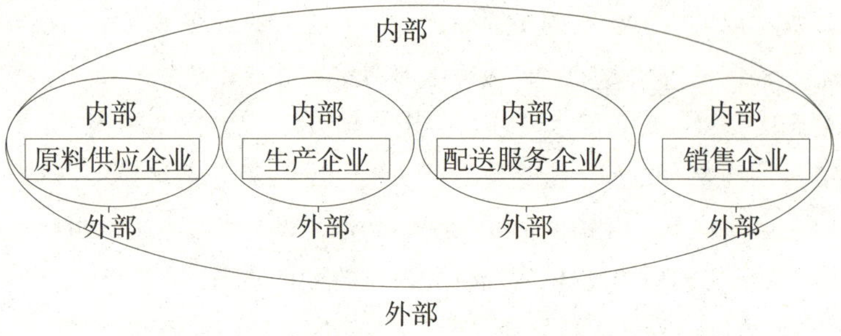

图 10-5　供应链企业内部与外部关系图

根据对现实企业的调查，我们不难发现：许多企业设计薪酬管理体系时，在考虑薪酬管理体系体现公平性方面，都会侧重内部公平，却往往忽视了薪酬水平的外部公平对薪酬管理体系质量的影响，忽视了薪酬水平的外部公平对供应链企业的影响。

外部公平指企业各岗位特别是供给有限的稀缺型人才，其薪酬水平相对于外部市场应具有一定的竞争性。这种外部竞争力关注的是组织之间薪酬水平的相对高低。很显然，外部市场环境是影响薪酬满意度的一个重要因素，根据以往国内外的研究，员工薪酬满意度是影响员工工作态度与行为的重要因素，也是影响员工离职倾向的重要原因之一，并且，许多研究还认为薪酬水平的外部公平是决定员工薪酬满意度的主要因素之一。为了保持公司薪酬政策的外部竞争力，公司核心员工的薪酬水平应该高于其他公司，或与其他公司保持一致，否则公司就难以避免人才流失和企业的生存危机。

在供应链企业中，薪酬水平的外部公平对供应链企业的影响主要表现如下。

1. 薪酬过低，招募不到合适的员工，现有的员工队伍也会不稳定

在一个供应链企业内部的单个企业，想招聘一些相对稀缺、具有专业技能的人才，但供应链企业能够提供的薪酬水平远低于市场价格水平，在这种条件下，想顺利完成招聘是十分困难的。不仅如此，当市场工资水平远高于其在供应链企业中所处级别的工资水平时，也会使一部分供应链企业内部核心员工产生不平衡心理，导致人才流失现象，而供应链内部企业不得不花费更大的代价去不断地寻找新的专业人员。如此循环，不仅影响到企业自身的发展，最终也将影响整个供应链。而只有充分体现薪酬的外部公平性，企业才能留住优秀人才、发挥优秀人才的作用。

2. 供应链内个别企业薪酬过高，会影响链内其他企业员工的稳定性

在我国，绝大部分的企业都比较重视资历，在制定工资升涨制度时，都是实行“一刀切”的增资办法，而可能出现薪酬过高的情况，这使很大部分的一般岗位职工的工资水平要远远高于市场均衡工资率，在企业所在的供应链内也处于过高水平。

这样，不仅使得企业的人力资本增加，导致企业的产品成本相对上涨、利润减少，还会使企业内部员工产生不公平感，不利于员工进一步提高工作效率。另外，还会影响供应链内其他企业员工的稳定性，使得他们对供应链企业的忠诚度下降。

二、供应链企业薪酬设计的考虑因素

为了用最少、最适合的资本来保持企业的核心资源——人力资源，设计薪酬管理系统时，要在综合考虑薪酬的内部公平、个人公平基础上，建立一个令职工满意且能够体现外部公平的薪酬体系。

1. 在薪酬设计时，要考虑到内部公平和外部公平

由于内部公平体现在企业以岗位价值、个人能力素质和业绩贡献作为薪酬分配的主要依据，通常情况下，会存在这样一种误解，认为薪酬设计很难兼顾内外部公平。因为用一套评价体系对所有岗位进行评价，根据各岗位的得分，会形成一条平滑曲线，岗位与得分之间形成对应关系，满足某个函数。而为了确保薪酬的竞争性，则首先需要根据供给关系，将岗位划分为关键岗位和通用岗位，与外部市场比较，确定薪酬水平，这势必会打破内部公平确立起的相对平衡，即各岗位之间的相对价值，对供应链企业起到稳定的作用。

为确保薪酬的外部公平，需根据人才的供求关系确定竞争性的薪酬。对于供给有限的稀缺型人才，使其薪酬高于其他企业而具备竞争性；对于普遍性的劳动力，使其薪酬不低于市场平均水平，将人员流失率控制在适当范围。其步骤如下。

（1）在岗位评价的基础上，明确划分岗位等级，建立职等系统。

（2）根据外部薪酬市场调查和内部薪酬现状，确定各职等的薪酬水平。外部薪酬调查针对的是行业、地区和关键岗位；内部薪酬现状则要考虑企业目前的薪酬水平和预计的薪酬总额。

我们可以看到，职等本身就是一个区间的概念。通过岗位评价，只是将各岗位划分为一个个子集合，即只是将所有岗位分堆，其实没有量化薪酬的动作。因此，在结合外部薪酬市场和预计薪酬总额确定总体及各岗位薪酬水平时，只要不打破这个大的平衡（子集合之间的相对位置）即可。

所以，薪酬体系设计应当也可以从技术上兼顾内外部公平。内部公平体现以岗位价值付酬的原则，通过岗位评价，根据各岗位对企业的贡献不同，确定薪酬的倾向；同时要考虑人才供给关系、外部薪酬市场水平和企业薪酬总额控制，从而使薪酬体系既保证内部的平衡性，又确保外部的竞争性

2. 工资水平与市场价位接轨

对于供应链企业内的大部分通用性岗位而言，如果其工资水平已经高于市场工资率的话，可以采取多数不升、少数下降的办法，即在考核员工贡献度大小的基础上，对多数超过市场工资水平岗位的员工，维持原工资不变，通过多年的工资不增长来最终达到与市场工资价位相一致；或者按照市场价位制定工资标准，对于目前工资水平超过市场工资价位的部分员工，给以降低工资的办法。这样逐步使供应链企业一般岗位员工的工资水平与市场价位接轨。

总之，在供应链企业的薪酬设计上，一方面要考虑供应链内部单个企业的实际情况，另一方面也要把整个供应链作为一个整体来考虑，其薪酬水平不仅要考虑企业所处的供应链内的其他企业的影响，也要考虑供应链外的薪酬水平对其的影响。

【思考题】

1. 试述供应链绩效评价指标的特点。
2. 供应链绩效评价应遵循的原则有哪些?
3. 试述供应链绩效管理的方法。
4. 供应链绩效评价指标的作用有哪些?
5. 反映供应链上、下节点企业关系的绩效评价指标有哪些?
6. 简述建立供应链企业激励机制的重要性。
7. 供应链企业薪酬设计的考虑因素有哪些?

【案例分析】

从 Flextronics 案例看无效的供应链绩效管理

2001 年，电子制造服务（EMS）提供商 Flextronics 公司面临着一个令人激动的但也具有挑战性的环境。由于包括 HP、3Com 和 Nokia 公司在内的高技术独创设备制造商外包战略（OEMs）的火爆，Flextronics 公司的年收入额在三年之后高达 120 亿美元，年增长率超过 50%。然而，当时整个 EMS 行业的订单额正在下降，同时，OEMs 继续迫切要求显著地降低制造成本和直接材料成本。不幸的是，尽管 Flextronics 公司的采购力经常超过其 OEM 客户，但它并不能总是取得最低价格的原材料。Flextronics 与众不同的信息技术系统导致的采购修订问题使企业很难分辨和纠正价格过高的外包问题，或者难以利用市场上可以获得的低价格。这是因为包括

Flextronics 在内，所有最好的 EMS 提供商已经通过兼并比其更小的同行和 OEM 机构获得了控制地位。传统的管理优势表现在产品运输和获取市场机会，而不是表现在流程整合以及整合跨世界范围的、广泛的信息系统网络。

为了进一步降低并保持更低的原材料成本，Flextronics 公司不得不克服三个影响采购灵活性的问题。

首先，当地分支机构的优势使其会以比最低合同价格更高的订货价格购买部件。从以前的情况来看，对于在哪里购买，这种当地分支机构订货程序给了当地分支机构极大的自主性。即使与供应商谈的是全球合同，分支机构购买者仍然可以挑选不同的货源。如果买主没有及时抓住机会，他们将不能重新获得不同的价格。

其次，当地分支机构不能总是从战略性卖主那里采购，这使他们不能以此强化与战略性卖主之间的关系并获得大量采购的折扣。发生这种情况的原因是分支机构购买者可能没有意识到一个新合同与本地供应商有很强的关系，或可能需要快速变化以满足顾客需求。

最后，如果一些供应商向当地分支机构报出更低的价格，公司的采购中心可能难以快速甄别并重新谈判一个全球性合同。传统的手工式和定期报告程序不允许他们有效地聚集力量并鉴别机会。Flextronics 公司的采购经理知道他们需要一个可以提高合同谈判和执行流程绩效的方法，那么一个开放式的问题就是：如何做？

Flextronics 并不是唯一面对这种情况的公司。实际上，其他许多行业的公司在他们的供应链中也遭遇了同样的问题。这个危险的问题表现在供应链的所有方面——采购、制造、分销、物流、设计、财务，等等。这些公司都不可避免地掉入了三个无效的供应链绩效管理的“陷阱”之中。

第一个“陷阱”是聚焦于企业的部分并导致整体绩效的次优化。美国的 Zenith 公司作为一家无线电设备制造商，成立于 1915 年，从 1972 年到 1978 年一直领导着彩色电视机的市场销售。后来，低成本的日本彩电的进口开始影响 Zenith 公司的收入。为了摆脱缺乏竞争力的罪名，公司内部功能部门相互指责，还迁怒于竞争者，一度游说国会并对日本人提出“倾销”诉讼，并试图将制造运营机构移到墨西哥等地。不幸的是，Zenith 公司再也没有恢复过来，由于沉重的债务被迫提出破产要求，并在 1995 年被 LG 电子兼并。

第二个“陷阱”是聚焦于正确的事情，但采取的是连续的非平衡方式。L.A.Gear 公司从洛杉矶的一个零售商店开始迅速成长，到 1989 年后成为美国第三号真皮皮鞋制造商品牌。它的好运结束于接下来几年该公司试图进行的一系列激进战略转变的失败。L.A.Gear 公司由众所周知的女士时尚鞋领域，开始引进男士篮球运动鞋和有扣休闲鞋，而这些新鞋给公司带来严重的库存问题。其后，公司又由于折价商店销售过剩的鞋子而使自己的品牌变得更加黯然失色。由于一系列的供应链问题和质量问题，L.A.Gear 公司在 1998 年宣告正式破产。

第三个“陷阱”是聚焦于正确的事情，直到这些事情变成错误。数码设备公司 DEC 为扩大它的 VAX 计算机系统产品线而花费了数十亿美金在垂直整合上，报纸和分析家们乐观地认为，DEC 的销售额在 1984—1988 年之间会从 2 倍增长到接近 4 倍。然而，UNIX 和开放系统个人电脑重要性的增长，导致 DEC 失去警惕，最终被 Compaq 公司收购。

第十一章　供应链风险管理

第一节　供应链风险管理概述

随着供应链管理范围的不断扩展，企业遇到的挑战也在不断增加。2011 年 3 月，日本地震引发的核泄漏，导致了食用盐、日本奶粉、海产品等食品短时间内的哄抢，以及其他周边地区绿色蔬菜的采购恐慌，从供应链层面来讲，这也凸显了解决企业供应链风险管理问题的重要性。近年来，供应链风险管理已成为供应链管理的一个新的热点研究方向。

一、风险及风险管理

（一）风险的定义及特征

风险是一个抽象且笼统的概念，风险的特性是在强调未来的可能性，以及未发生事件的不确定性，如果一个事件或活动没有不确定性，即没有风险的存在。关于风险的定义有很多，目前较为公认的定义为：风险是指某一事件出现的实际状况与预期状况有背离，从而产生的一种损失。这种损失有时表现为实际值的绝对减少，有时表现为相对减少或机会损失，而这种背离或差异的出现又是不确定的，即以一定的概率随机发生，并且不是事先能准确预计的。因此，风险一词包括了两方面的内涵：其一，风险意味着出现了损失，或者是未实现预期的目标值；其二，这种损失出现与否是一种不确定的随机现象，它可用概率表示出现的可能程度，但不能对出现与否做出确定性判断。简单来说，可以将风险理解为组织或个人发生损失的概率以及损失严重性二者的组合，它普遍存在于社会经济生活中，具有客观性、不确定性、潜在性、偶然性、复杂性、可变性和无形性等特征。

（二）风险管理的模式和内容

1. 风险管理的模式

风险管理的基本理念是以合适的成本将风险控制在一定范围内。它需要寻找介于合适结果与合适预防成本两者之间的一个平衡点，一方面可以降低风险的大小，另一方面可以减少风险的预防成本。一般来说我们所投入的代价并非最低，面对的风险也不是最小，而是两者组合之下对整体而言处于最经济有效的风险管理策略位置。基于这种思想，可以将风险成本分为遭遇风险的损失和预防与控制风险所需支付的成本。因此，当个人或企业希望将实际遭遇风险的损失控制在很低的水平时，则必须支付高额的预防与控制风险的成本，反之，若个人或企业希望节省预防与控制风险的成本时，则可能造成高额的实际损失。如图 11–1 所示，可将风险管理的模式表述为函数图形。

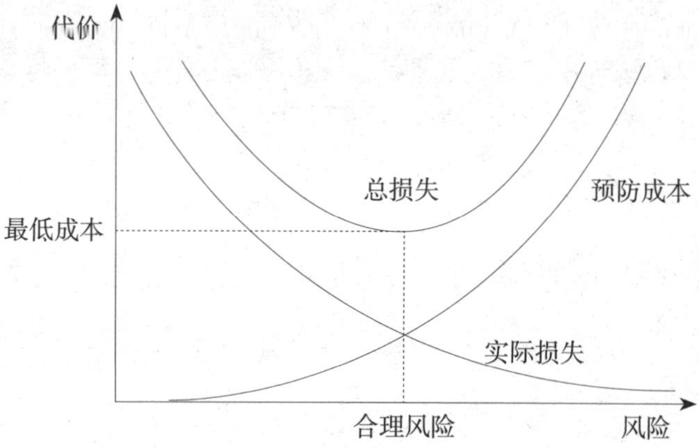

图 11–1　风险管理模式

由图 11–1 可知，风险管理的总成本即是遭遇风险的实际损失加上预防及控制成本的总和。如图所示，在总成本曲线中存在一个最小极值点，在最小极值点附近可将实际损失与预防成本控制在合理的状况下。换言之，进行风险管理就是在有效配置总风险成本下将风险保持在一定范围内。

2. 风险管理的内容

风险管理中往往存在风险与效率的冲突，如何在较低风险情况下取得较高的效率是风险管理的目标。一般而言，风险管理大致可以分为风险识别、风险衡量、风险评估、风险控制，如图 11–2 所示。

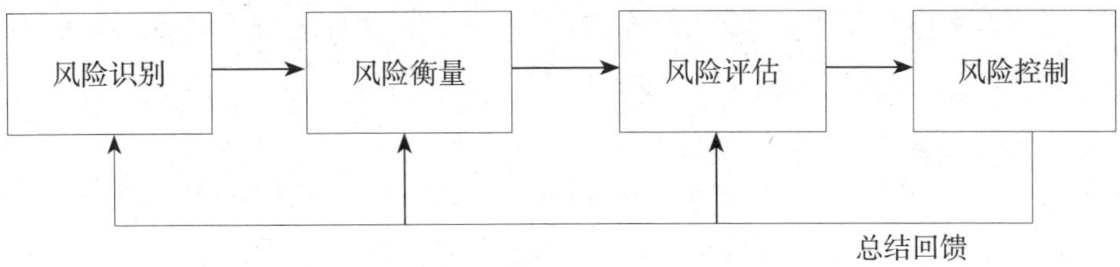

图 11-2　风险管理的内容

（1）风险识别。风险识别即认识风险的来源与所在。风险识别必须尽量考虑周全，如果未能进行全面的风险识别，将会使潜在风险的发生概率以及严重性无法被完整估计，最后可能会出现低估风险的情况。

（2）风险衡量。风险衡量又叫作风险估计，它是将风险进行量化的统计过程，主要包括损失发生的概率与损失发生的严重程度。

（3）风险评估。采用有效制定的风险指标对所衡量的风险进行主客观的评估以及排序工作，为进行后续的风险控制奠定基础。风险评估就是根据风险衡量的结果进行排序，确定企业需要多加关注的风险。

（4）风险控制。风险控制的定义相当广泛，任何一类管理方法、科学技术或是规章程序，只要能用来有效地降低或消除不确定性，减轻风险冲击所带来的影响，都可以算在风险控制的范围之内。

按照风险控制的时间点，大致上可分为事前、事中以及事后三个阶段。

第一阶段，事前控制。事前控制也叫主动控制、前馈控制，指的是根据风险分析的结果和风险规划，事先采取措施防止发生风险事件，并准备风险应对手段。在风险管理者做决策时，需要事先制定可以接受的风险阈值或是标准值，一旦方案的风险超过了阈值，便即刻进行降低风险或规避风险的工作。

第二阶段，事中控制。事中控制也叫被动控制、保护性控制，是指密切监视供应链系统的运行，当风险事件发生时，及时通知可能受到影响的各个组织，立即采取措施，努力将危机进行消除、转换以及降低风险造成的影响。

第三阶段，事后控制。事后控制是指当风险发生后，采取相应的改进措施进行善后工作，是一个总结回馈的过程，通过检讨过去风险管理的失误和疏忽，为以后的风险管理提供参考。

二、供应链风险的定义

供应链系统是一个复杂的系统，其风险是很难界定的。在国内外学者的相关研究中，存在着对于供应链风险的多种不同的定义。总体来说，大多数是试图借用风险的概念来为供应链风险下定义。主要有如下两种观点。

一种观点认为供应链风险是供应链相关企业由于存在各种不确定因素，有遭受损失的可能性。例如，Deloitte 管理咨询公司（2004）认为供应链风险是对一个或多个供应链成员产生不利影响或破坏供应链运行，使其达不到预期目标甚至导致供应链失败的不确定性因素或意外事件；胡金环（2005）从供应链风险的突发性特征出发，认为是供应链相关企业由于各种事先无法预测的不确定因素带来的影响，使供应链企业实际收益与预期收益发生偏差；马林（2004）认为供应链风险是影响和破坏供应链安全运行，导致供应链网络失败和解体的不确定因素和意外事件。这些观点重点强调供应链风险产生的根本原因源自不确定因素。

还有一种观点认为，供应链风险是由于系统存在的脆弱性，对供应链系统造成破坏，给上下游企业及整个供应链带来损失的潜在威胁。例如，Cranfield 管理学院（2002）把供应链风险定义为供应链的脆弱性；丁伟东（2003）等认为供应链风险是一种导致供应链系统的脆弱性的潜在威胁，将给上下游企业以及整个供应链带来损害；张存禄（2004）认为供应链的脆弱性表现为多参与主体、跨地域、多环节等特征，使供应链容易受到来自外部环境和链上各实体内部不利因素的影响。该观点重点强调由于节点企业的独立自主性使供应链系统易受外界冲击所体现的脆弱性。

总结以上看法，可以得出供应链风险的基本含义如下：供应链风险的来源是各种不确定性因素的存在；供应链网络上的企业之间是相互依赖的，任何一个企业出现问题都有可能波及其他企业，影响整个供应链的正常运作，甚至导致供应链的破裂和失败。

三、供应链风险产生的原因

1. 供应链内生风险

（1）道德风险。道德风险是指由于信息的不对称，供应链合约的一方从另一方那里得到剩余的收益，使合约破裂，导致供应链的危机。在整个供应链管理环境中，委托人往往比代理人处于一个更加不利的位置，代理企业往往会通过增加信息的不对称，从委托合作伙伴那里得到最大的收益。例如，供应商由于自身生产能力的局限或是为了追求自身利益的最大化而不择手段，偷工减料、以次充好，所提供的物资达不到采购合同的要求，而给采购带来风险。

（2）信息传递风险。由于每个企业都是独立经营和管理的经济实体，所以供应链实质上是一种松散的企业联盟，当供应链规模日益扩大、结构日趋繁复时，供应链上发生信息错误的机会也随之增多。信息传递延迟将导致上下游企业之间沟通不充分，对产品的生产以及客户的需求在理解上出现分歧，不能真正满足市场的需要。同时会产生“牛鞭效应”，导致过量的库存。

（3）生产组织与采购风险。现代企业生产组织强调集成、效率，这样可能导致生产过程刚性太强，缺乏柔性，若在生产或采购过程的某个环节上出现问题，很容易导致整个生产过程的停顿。

（4）分销商选择所产生的风险。分销商是市场的直接面对者，要充分实施有效的供应链管理，必须做好分销商的选择工作。在供应链中，如果分销商选择不当，会直接导致核心企业市场竞争的失败，也会导致供应链凝聚力的涣散，从而导致供应链的解体。

（5）物流运作风险。物流活动是供应链管理的纽带。供应链要加快资金流转速度，实现即时化生产和柔性化制造，离不开高效运作的物流系统。这就需要供应链各成员之间采取联合计划，实现信息共享与存货统一管理。但在实际运行中是很难做到这一点的，导致原料供应、原料运输、原料缓存、产品生产、产品缓存和产品销售等过程中可能出现衔接失误，这些衔接失误都可能导致供应链物流不畅通而产生风险。例如，运输障碍使原材料和产品不能及时供应，造成上游企业在承诺的提前期内无法交货，致使下游企业的生产和销售受到不利影响。

（6）不同的企业在经营理念、文化制度、员工职业素养和核心价值观等方面必然会存在一定的差异，从而导致对相同问题的不同看法，采取不一致的工作方法，最后输出不同的结果，造成供应链的混乱。

2. 供应链外来风险

（1）市场需求不确定性风险。供应链的运作是以市场需求为导向的，供应链中的生产、运输、供给和销售等都建立在对需求准确预测的基础之上。市场竞争的激化，大大增强了消费者需求偏好的不确定性，使准确预测的难度加大，很容易增加整个供应链的经营风险。如果不能获得正确的市场信息，供应链就无法反映出不断变化的市场趋势和顾客偏好，一条供应链也会由于不能根据新的需求改变产品和供应物，而无法进入一个新的细分市场，最后，市场机会也会由于不能满足顾客快速交货的需要而丧失。

（2）经济周期风险。市场经济的运行轨迹具有明显的周期性，繁荣和衰退交替出现，这种宏观经济的周期性变化，促使供应链的经营风险加大。在经济繁荣时期，供应链在市场需求不断升温的刺激下，会增加固定资产投资，进行扩大再生产，增加存货、补充人力，相应地增加了现金流出量。而在经济衰退时期，供应链销售额下降，现金流入量减少，而未完成的固定资产投资仍需大量资金的继续投入。此时市场筹资环境不理想，筹资成本加大，这种资金流动性差的状况就增大了供应链的经营风险。

（3）政策风险。当国家经济政策发生变化时，往往会对供应链的资金筹集、投资及其他经营管理活动产生极大影响，使供应链的经营风险增加。例如，当产业结构调整时，国家往往会出台一系列的产业结构调整政策和措施，对一些产业的鼓励，给供应链投资指明了方向；而对另一些产业的限制，也使供应链原有的投资面临遭受损失的风险，供应链需要筹集大量的资金进行产业调整。

（4）法律风险。供应链面临的法律环境的变化也会诱发供应链经营风险。每个国家的法律都有一个逐渐完善的过程，法律法规的调整、修订等不确定性，有可能对供应链运转产生负面效应。

（5）意外灾祸风险。主要表现为地震、火灾、政治的动荡、意外的战争等，这些都会引起非常规性的破坏，影响到供应链的某个节点企业，从而影响到整个供应链的稳定，使供应链企业资金运动过程受阻或中断，生产经营过程遭受损失，既定的经营目标、财务目标无法实现等。

四、供应链风险的分类

国内外学者从风险的来源、所属的供应链节点以及作用的结果等不同的角度，有着各自不同的风险分类方法。

首先，根据风险的不同来源，大体可分为内部风险和外部风险。如马士华（2003）把供应链风险归纳为内生风险和外生风险两大类，研究了供应链风险防范的过程和理论模型；丁卫东（2003）的研究指出供应链风险因素通常来自自然环境和社会环境两个方面，并研究了利用模糊风险因素分析法来评估供应链的风险水平；Bailey（2004）把供应链风险分为外部环境风险、自然灾害风险和运作风险三大类，在这三大类风险的基础上又划分出 21 种风险，指出要有效地降低供应链风险，应该将所有的风险都考虑进去的综合风险管理战略。

其次，还存在根据供应链各节点存在的风险来划分的情况。Ernst 和 Young（2003）的供应链风险调查表明供应链存在八大风险：持续经营计划风险、数据完整性风险、供应链管理技术应用安全风险、企业治理风险、合作关系风险、供应链管理成本与投资风险、劳动力风险、税收风险，而通过供应链风险管理可以节约成本，获取战略优势；Harland 等（2003）把供应链视为供应网络，在研究分析的基础上归纳出了对供应网络运作及其环境有现实影响的 10 类风险，包括战略风险、作业风险、供应风险、客户风险、资产损伤风险、竞争风险、信誉风险、税收风险、制度风险、法律风险；李晓英等（2003）从系统结构、管理模式与运行机制等各方面对供应链风险进行了较为深入的分析，指出在供应链管理中存在着系统风险、管理风险、信息风险、市场风险等多种风险，企业应在认识风险存在与发展条件的基础上有效规避供应链风险。

最后，还有从其他方面进行的研究。Cavinato（2004）从物流、资金流、信息流、关系网和创新网五个方面分析了供应链风险的来源；Christopher（2004）研究了如何通过增进合作伙伴之间的信任以降低供应链风险。

第二节　供应链风险管理内容

一、供应链风险分析

供应链作为一个由原材料不断增值为最终用户产品的过程是客观存在的，不论整个供应链是由一个企业运作还是由多个企业协同运作。就单个企业而言，如果其只作为供应链上的一个节点，会极大地减少运作整个供应链的投资风险，但就整个供应链而言，由于它是多个独立企业的联合，因此便增加了经营的不确定性。供应链上的任何一个节点出现问题，都会波及整个供应链，而个别企业的经营风险又远非别的企业所能控制，因此，供应链上的每个企业都要考虑供应链的风险。

另外，供应链风险具有“牛鞭效应”。在供应链中，各节点企业之间信息相对封闭，造成链上企业对需求信息的曲解会沿着下游向上游逐级放大的现象出现，即所谓“牛鞭效应”。实践中，供应链生产源头和终点需求之间总会存在时间上的延迟，这种延迟导致反馈误解。由于供应链上的企业多依据比邻企业的需求进行决策，而并不探求其他成员信息，造成这种曲解从一点微小差异最终传递到源头时出现不可思议的放大。供应链越长，中间非价值生产过程越多，则“牛鞭效应”越严重，供应链效率越低下。

1. 供应链风险的来源

供应链的风险来自多个方面，有自然灾害这种不可抗力的因素，如地震、火灾、暴风雨雪等，也有人为因素，主要包括如下几个方面。

（1）独家供应商问题。采取独家供应商政策存在巨大风险，一个环节出现问题，整个链条就会崩溃。

（2）IT 技术的缺陷会制约供应链作用的发挥。如网络传输速度、服务器的稳定性和运行速度、软件设计中的缺陷、病毒等。

（3）信息传递方面的问题。供应链规模日益扩大、结构日趋繁复，不仅使供应链上发生信息错误的机会随之增多，而且会出现信息传递延迟，从而增加供应链的风险。

（4）企业文化方面的问题。不同的企业一般都具有自己的企业文化，这就会导致对相同问题的不同看法，从而产生分歧，影响供应链的稳定。

（5）经济波动的风险。经济高速增长容易导致企业原材料供应出现短缺，影响企业的正常生产，而经济萧条则会使产品库存成本上升。

此外，还有一些其他不可预见的因素，小的如交通事故、海关堵塞、停水停电等，大的如政治因素、战争等，也都会影响到供应链的正常运作。

2. 供应链的不确定性

所谓不确定性，指的是这样一种情况：当引入时间因素后，事物的特征和状态不可充分地、准确地加以观察、测定和预见。在供应链企业之间的合作过程中，存在着各种产生内生不确定性和外生不确定性的因素。供应链的不确定性一般来自以下几个方面。

（1）来自供应链环节的不确定性。造成不能按时供应的原因有很多，如运输问题、供应商自身的货源问题等都会造成其在承诺的提前期内无法交货，而这种不确定性会出现在供应链环环相扣的每一个环节。

（2）来自生产过程的不确定性。生产过程的不确定性主要来自设备的故障、关键人员的临时短缺以及受供应链环节影响造成的缺货停工等，其困难还在于供应链上多个企业生产系统的可靠性处于不同的水平上，有时还相差很大。

（3）来自客户需求的不确定性。充分的供给导致需求的多元化、消费群体的不稳定，客户有了很多的选择，很容易就会从一个产品转向别的产品。供应链复杂的协调运作依靠完善的计划控制，而计划的编制来源于对需求的预测，需求的不确定性很容易造成整个供应链的混乱。

3. 供应链风险的两种表现形式

（1）由短缺造成的连锁反应。由于供应链伙伴间业务紧密关联，而各个伙伴出于自身运行成本的压力，往往拼命地降低库存，结果个别节点出现短缺就可能引起整条供应链运作中断，或扰乱整条供应链的正常排程。后果可能是由于订单延期而丢失客户，或者是由于采取了应急措施而成倍地提高了整条供应链的运行成本，导致市场竞争能力下降。

（2）虚假需求引起的连锁反应。往往由于客户端产生的一个虚假需求信号，在沿供应链传播的过程中就被逐渐放大。因为企业理性的反应是增大库存来消除不确定性，结果造成客户端的一点风吹草动，就使得供应链成员尤其是位于源头的成员成倍地增加库存，这种库存成本同时会降低供应链的竞争力，最终使得每个成员蒙受损失。因此，正如美国的 John Sheridan 所说："供应链上的每个成员必须接受这样一种观念，供应链上的每个供应商的浪费就是供应链上的每个成员的浪费，供应链上的每个成员都拥有整个供应链。"

二、供应链风险评估

供应链风险评估主要包括如下几个步骤。

1. 调查表格设计与调查

首先将供应链的内外部指标确定为调查表格中的一级指标。二级指标有系统风险、管理风险、信息风险、合作风险、自然环境风险与市场环境风险等。在二级指标的基础之上又可细分出众多的易获得数据的三级指标，例如，管理因素可分为采购价格过高、供应商选择不当、采购品质量不合格、客户关系管理能力差、库存控制不严格等；信息风险可分为合作伙伴扭曲信息、IT 系统和软件选择不当、信息共享水平低等；合作风险可分为合作伙伴的自利行为、合作伙伴不胜任、合作伙伴间利益分配不均等；自然环境风险可分为发生自然灾害与疾病、公用事业提供不足、行业限制及产业政策限制等；市场环境风险可分为需求大幅度波动、客户财务状况不好等。由以上确定的指标设计调查表格，根据抽样调查原则，对各行业供应链企业进行问卷调查，对收集到的数据进行预处理，使之规范化、标准化。然后在预处理的基础上再进行数据挖掘以确定重要数据间的潜在联系，自动发现奇异值，总结出特征指标，并对其进行归纳、分析和筛选，从而确定影响企业供应链风险识别的初级指标体系。

2. 企业供应链风险识别指标体系的构建

把所确定的初级指标体系中的指标先进行简单的定性分类，使每一类指标都能大概反映企业供应链风险的某个方面，再以此为基础对每一类指标进行主成分分析，以选出的主成分作为新的分析变量，以各企业在各个主成分上的得分作为新的分析数据再进行因子分析。通过因子分析，找出影响企业供应链风险的几个主要因素（因子），并以此作为构建企业供应链风险最终评价指标体系的依据。接下来，计算出各企业在每个因子上的得分，作为判断企业在供应链风险某个方面强弱的标准，再以每个因子的贡献率作为权数，得到加权因子得分和，便可作为评价整个企业供应链风险强弱的标准。

3. 企业供应链风险评估模型的构建

（1）对统计分析中确定的不同因素研究其影响供应链企业风险的方式、范围和程度，按相关程度大小对各因素进行筛选，将筛选出的最主要的几个因素作为评估模型的构成要素，根据数据挖掘过程中确定的各种数据之间的潜在联系，确定评估模型的结构和各个要素在模型中的地位与相互关系。

（2）利用多元统计分析方法，根据不同行业的特点，确定该模型各个要素取值的有效范围、测试标准和适用场合。

（3）在各种不同类型的企业中随机抽取足够大的样本，使用这些样本企业的数据对构造的模型进行测试，根据测试的结果对模型做出必要的修正。

（4）通过模型对供应链企业风险进行动态的测定，以利于企业实施有效的风险管理。

三、供应链运行风险管理机制

在供应链管理中，可以通过严格供应商的选择流程、细化供应商的评价指标，对供应商实行 ABC 管理，来确保供应商的质量；通过与少数高质量的供应商建立战略合作关系，减少供应商数量，来不断降低供应链的管理费用；通过与供应商建立战略合作关系，减少公司的原料与供应商的成品库存的总和，并合理布局双方的库存结构和存货位置，从而降低双方的资金占用和物流成本。

总体而言，供应链风险管理的程序分为以下四个阶段。

第一，风险识别。对企业或供应链面临的潜在各种风险进行归类分析，从而加以认识和辨别。

第二，风险衡量。运用定量分析法对特定风险发生的可能性和损失范围及程度进行估计与度量。

第三，风险控制。根据风险管理目标，选择恰当的风险管理工具，优化组合，规避、转移、降低风险。

第四，风险管理实施与评价。协调配合使用各种风险管理工具，不断反馈、检查、调整、修正，使之更接近目标。

第三节　供应链风险的防范与控制

一、供应链风险的防范

企业在供应链管理环境下进行风险防范的一般过程，如图 11-3 所示。

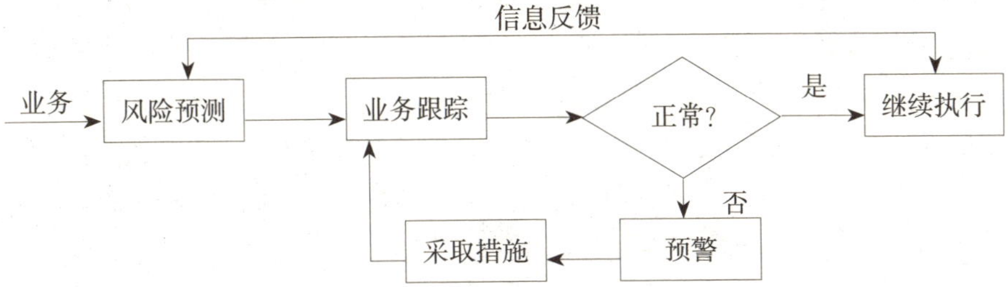

图 11-3　风险防范的一般过程

针对供应链企业合作存在的各种风险及其特征，应该采取不同的防范对策。对风险的防范，可以从战略层面和战术层面分别考虑，主要包括以下一些措施。

（1）发展多种供应渠道、多地域的供应渠道，加强对供应商情况的跟踪评估。为确保产品供应稳定，供应链上应发展多个供应渠道，不能单单依靠某一个供应商，否则一旦该厂商出现问题，势必影响整个供应链的正常运行。同时，在对某些供应材料或产品有依赖性时，还要考虑地域风险。比如，战争会使某些地区原材料供应中断，如果没有其他地区的供应，势必造成危机。除建立多地域、多个供应商外，还须对每个供应商的情况进行跟踪，如果欲与供应商建立信任、合作、开放性交流的供应链长期合作关系，必须首先分析市场竞争环境。目的在于找到针对哪些产品市场开发供应链合作关系才有效，必须知道现在的产品需求是什么，产品的类型和特征是什么，以确认用户的需求，确认是否有建立供应链合作关系的必要，如果已建立供应链合作关系，则可以根据需求的变化确认供应链合作关系变化的必要性。同时分析现有供应商的现状，分析、总结企业中存在的问题，对供应商的业绩、设备管理、人力资源开发、质量控制、成本控制、技术开发、用户满意度、交货协议等方面也要做充分的调查，这些都很有可能成为影响供应链安全的一个因素。一旦发现某个供应商出现问题，应及时调整供应链战略。

（2）建立战略合作伙伴关系。供应链企业要实现预期的战略目标，客观上要求供应链企业进行合作，形成共享利润、共担风险的双赢局面。因此，与供应链中的其他成员企业建立紧密的合作伙伴关系，成为供应链成功运作、风险防范的一个非常重要的先决条件。建立长期的战略合作伙伴关系，首先要求供应链的成员加强信任，其次应该加强成员间信息的交流与共享，最后要建立正式的合作机制，在供应链成员间实现利益分享和风险分担。

（3）加强信息交流与共享，建立多种信息传递渠道，防范信息风险。供应链上各企业之间的信息共享一方面可提高供应链运作的协同性和运作效率，另一方面有利于及时发现供应链上的潜在风险，为规避风险、及早采取补救措施赢得宝贵的时间。随着经济的飞速发展，社会分工越来越细，厂家、消费者、供应商之间的关系也变得越来越复杂，各个企业在供应链中起的作用也越来越密切，相互之间的互动也日益加快。因此，供应链企业之间应建立库存信息、可供销售信息、订单信息、计划信息、最终客户的需求信息和历史信息、货物运输状态信息等的共享机制，以此让整个供应链上的企业都能敏捷、快速地反应市场需求，同时供应链企业之间还应通过相互的信息交流和沟通来消除信息扭曲，从而降低不确定性、降低风险。

（4）确立核心企业的领导地位。供应链上的各个企业，由于所占有的资源不同，如具有的资金实力、研发能力、品牌价值各不相同，因此不可能处于平等的地位。实际上，供应链也是围绕核心企业形成的网链，而决不是简单地从供应链到用户的一条链。由于供应链是一个业务紧密联系的利益共同体，核心企业的领导作用有利于在整个供应链上保持强大的改进压力，从而提高供应链的协同性和运作效率，降低因此而带来的风险。

（5）建立核心供应链。任何一条供应链上总是存在着一些关键资源，即那些技术含量高、在决定向最终用户所提供的质量上起关键作用以及那些供不应求的资源。核心企业之所以能形成其领导地位，在很大程度上是因为它掌握了许多关键资源。如果核心企业不能掌握所有关键资源，则应强化与掌握部分关键资源的企业之间的关系，与它们结成战略伙伴，构成核心供应链，这对降低供应链的风险至关重要。尤其是当两个或多个供应链竞争同一资源时，建立和维护这种关系就显得尤为重要。一般来说，可通过兼并、参股或互换股权等方式来强化这种关系。

（6）加强节点企业的风险管理。供应链从采购、生产到销售过程是由多个节点企业共同参与而形成的串行或并行的混合网络结构，其中某一项工作既可能由一个企业完成，也可能由多个企业共同完成。供应链整体的效率、成本、质量指标取决于节点指标。由于供应链整体风险是由各节点风险传递而成，因此，通过对节点企业风险的识别与判断，进行风险调整和优化，将会大大加强整个供应链的风险控制。

（7）建立应急处理机制。供应链是多环节、多通道的一种复杂系统，很容易发生一些突发事件，因此，必须建立相应的预警系统与应急系统。

（8）加强对供应链企业的激励。要防止供应链中某一企业败德行为的出现，就应该尽可能消除信息不对称问题，积极采取一定的激励手段和机制，使合作伙伴能够得到更大的利益，来消除对方的败德风险。

（9）优化合作伙伴选择。一方面要充分利用各自的互补性以发挥合作竞争优势，另一方面也要考量伙伴的合作成本与敏捷性。只有链上伙伴坚持并最终执行对整条供应链的战略决策，供应链才能真正发挥成本优势，占领市场份额。

（10）重视柔性化设计，保持供应链的弹性。通过在合同设计中互相提供柔性，可以部分消除外界环境不确定性的影响，传递供给和需求的信息。柔性设计是消除由外界环境不确定性引起的变动因素的一种重要手段。

（11）加强供应链文化建设，打造共同的价值观。良好的供应链文化能够在系统内形成一股强大的凝聚力，增强成员企业之间的团结协作，使得供应链的成员与整体具有相同的利益要求和共同的价值标准，从而维持供应链的稳定与发展。

（12）加强采购管理，优化物流配送。采购风险的防范，应从供应渠道或供应商的选择与强化采购制度控制两方面入手。

（13）与供应链上下游共同制订风险防范计划。核心企业必须与供应链上下游共同制订风险防范计划，建立起操作简便、灵敏有效的风险防范机制，借助产品质量、合同履约、库存周转、客户满意度等监控指标，进行供应链风险的识别、评估与预警，以达到及时预防、控制和转移风险，保证整条供应链连续、平稳、有效地运行，实现利益共享、风险共担。

二、供应链管理中的风险控制

在确定了供应链中存在的风险及发生的可能性和对供应链上企业的风险冲击，并排列出风险的优先等级后，就可以根据风险性质以及供应链和企业对风险的承受能力制订相应的控制和管理计划，即风险管理与控制。供应链风险控制有别于风险识别和风险评价，其主要是管理供应链风险（风险规避、损失控制、风险自留和风险转移）。控制一个包括广泛供销渠道在内的供应链是不容易的，而长期地维护整个供应链的安全运行则更难。

（1）供应链风险规避是彻底规避供应链风险的一种做法，即断绝风险的来源。供应链风险规避的方法是放弃或终止某项供应链合作，或改变供应链合作环境，尽量避开一些外部事件对企业造成的影响。规避风险的行为很常见，尤其在那些强烈厌恶风险的供应链群体中更是如此，然而规避风险并不总是可行的，有时即使是可能的，也不会取得令人满意的效果。风险管理者必须始终权衡与引起风险的活动相联系的成本和收益。当一项风险被避免，在某种程度上也意味着丧失了可能获利的机会。

（2）供应链风险控制是在对供应链风险进行识别和评价的基础上，有针对性地采取积极防范控制措施的行为。供应链风险控制不是放弃特定活动，而是在开展这些活动时，有意识地做出一些安排，其目的是在风险发生之前降低其发生的概率，风险发生之后降低其造成的损失，从而使风险发生所造成的损失降低到最低的程度。

（3）供应链风险自留是指供应链中的企业将可能的风险损失留给自己承担。自留可以是有计划的，也可以是非计划的，并且可以事先为将发生的损失预留资金，也可以不预留。也就是说，对于企业而言，可能已知风险存在，但因为可能会获得高额回报而甘愿冒险；另一种可能是因为风险是供应链系统风险，无法回避，各供应链企业只能通过系统吸纳来接受风险。

（4）供应链风险转移是将供应链中可能发生风险的一部分转移出去的风险防范方式，它涉及一方（转移者）对另一方（被转移者或风险承担者）的支付。被转移者同意承担转移者希望规避的风险，有时风险程度会通过风险转移过程而降低，因为被转移者可能更擅长运用大数定律（或称平均法则）来预测损失。在其他情况下，风险程度保持不变，而只是以一个价格从转移者转给被转移者。风险转移可分为控制型风险转移、财务型非保险转移和保险型风险转移。控制型风险转移是指借助降低节点企业的损失频率和缩小其损失幅度的手段将损失的法律责任转移给非保险业的另一企业；财务型非保险转移是指受补偿人将风险所导致损失的财务负担转移给补偿的人（保险人除外）；保险型转移是指向保险公司投保，将供应链中的部分风险损失转移给保险公司承担。其中，不论是控制型风险转移还是财务型非保险转移，都要通过合同来实现，因此供应链合作伙伴之间合同的签订和合作伙伴的选择不仅要考虑利益的分配方式，而且还要考虑风险的分担。

竞争中的企业时刻面临着风险，因此对于风险的管理必须持之以恒，建立有效的风险防范体系。要建立一整套预警评价指标体系，当其中一项以上的指标偏离正常水平并超过某一临界值时，发出预警信号。对于临界值的确定，必须根据各种指标的具体分布情况，选择能使该指标错误信号比率最小的临界值。

供应链是多环节、多通道的一种复杂的系统，很容易发生一些突发事件。供应链管理中，对突发事件的发生要有充分的准备，针对合作过程中可能发生的各种意外情况，从多方面、多层次考虑建立一定的应急系统，在预警系统发出警告后，及时对紧急、突发的事件进行应急处理。所以，在供应链风险控制过程中，特别要注意供应链风险的控制流程及其主要的控制点，如图 11–4 所示。

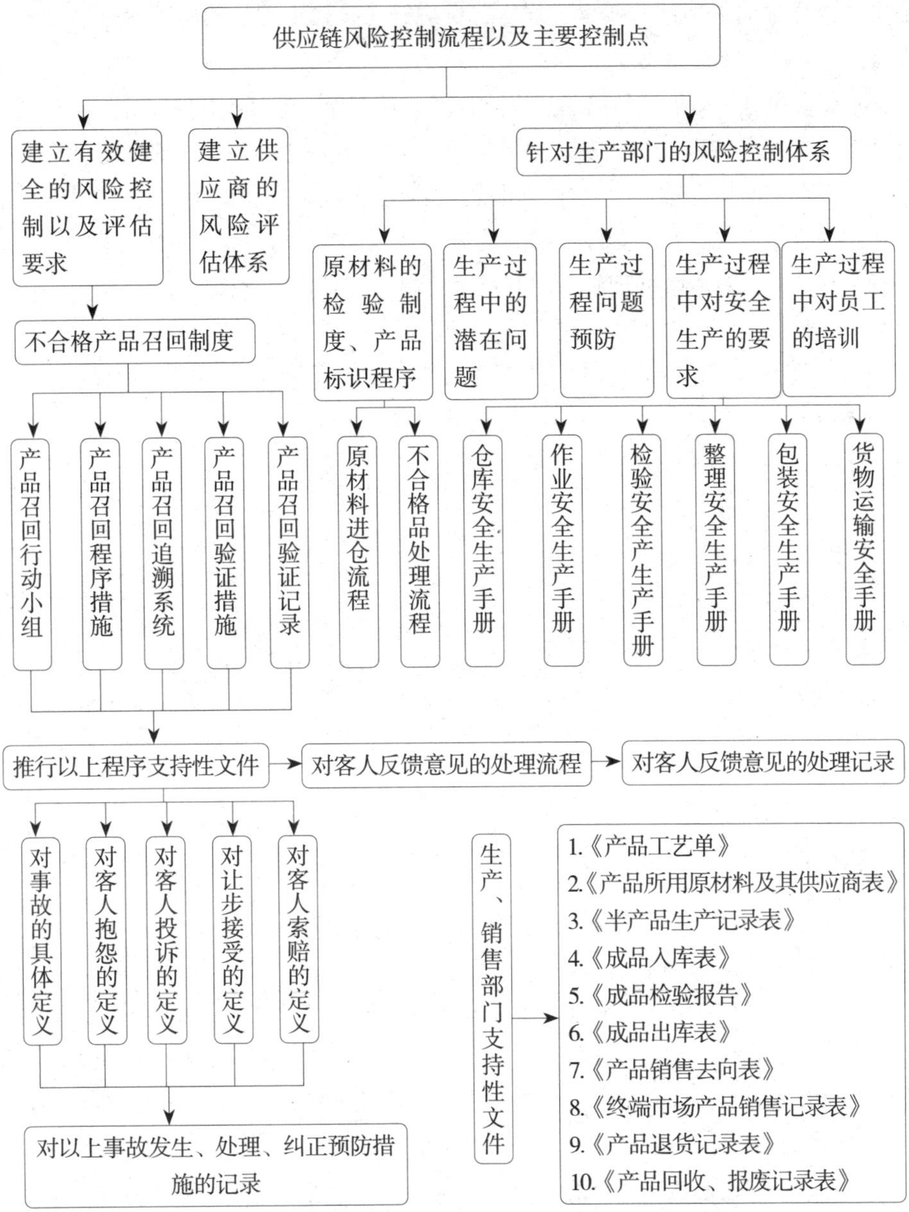

图 11-4 供应链风险的控制流程及其主要的控制点

在供应链网络中，风险经常会从一个企业向另一个企业进行传递，且具有放大效应，因此供应链企业对风险进行协作管理是非常必要的。处理供应链风险的方法选择是一种科学决策，要对供应链的企业内部情况、外部环境有充分的了解，同时还要注意方法的适用性和效果。通常，供应链风险处理方法的使用并不是单一的，而是几种方法的混合运用。

对于供应链风险处理的结果，风险管理者要进行评价，看处理方法的效果如何，有什么地方还有待进一步改进、提高，评价的结果可以作为后续风险处理的借鉴。任何事情都在变化发展之中，外部环境、供应链企业不是静止的，供应链风险也处在不停的变化之中。为了更好地控制处理风险，还需要对风险因素的发展变化情况进行跟踪，并针对风险处理结果建立反馈机制，以有效地对风险进行控制，减少风险发生的概率和由此带来的损失。

【思考题】

1. 试述风险管理的模式。
2. 风险管理的步骤有哪些？
3. 供应链风险产生的原因是什么？
4. 试述供应链的不确定性。
5. 供应链风险评估步骤有哪些？
6. 阐述供应链管理中的风险控制。

【案例分析】

多留一招准备应变——西尔斯的风险管理

2001 年，“9·11 事件”的发生，以及事后采取的交通管制，使美国的商业供应链几乎陷入全面瘫痪。美国连接世界各地的航空运输延迟起码数天，东西海岸之间的陆上往来也受到层层安全检查的阻隔。因为海外供货的中断，福特汽车公司只好宣布几处工厂停产。

当危机到来的时候，美国最大的零售商之一——西尔斯百货却沉着冷静，坦然应对，最先恢复了自己遍布全国的供应链系统。而这一切，都要归于西尔斯百货公司副总裁葛斯·帕戈尼斯的功劳。

9 月 11 日早晨，是葛斯·帕戈尼斯的妻子最先通报他一架飞机撞上了纽约的世贸大厦。当世贸大厦的另一座大厦也遭到飞机撞击的时候，葛斯·帕戈尼斯预感到，美国正在面临一场有预谋的袭击。

“怎样保护公司的供应链？”这是葛斯·帕戈尼斯的第一个反应。他毫不犹豫地启动了早已为公司准备好的救灾计划的第一步，宣布公司的应急行动小组立即进入工作状态。这一救灾计划，是葛斯·帕戈尼斯在1993年加盟西尔斯公司后，在两个月内就制订好的，其中包括各种应对方案和公司救灾行动指挥中心的设置。制订这一救灾计划的目的，就是在发生全国性天灾人祸的时候，如龙卷风、地震、暴风雪、洪水等，能够让公司以最快速度、最低成本采取事先准备好的解决方案，化险为夷。

西尔斯公司的应急行动小组于9月11日当日成立，之后马上就接到公司送货卡车司机的电话报告，说他们遇到的问题主要都在美国东北部各州。随着越来越多交通受阻的报告向潮水一般涌来，葛斯·帕戈尼斯决定启动公司的救灾行动指挥中心。该指挥中心设在伊利诺伊州西尔斯总部一所专门的房间里，整面墙壁都覆盖着显示公司系统状态的图表，摆满了追踪本公司送货、供应商供货以及货品到达的电脑。为这些电脑输送信息的，是由SeeCommerce公司提供的带有直观在线追踪技术的供应链管理系统。指挥中心的一个小组专门监督集装箱何时卸货，另一个小组专门监督货品的路上流动，第三个小组专门处理新来的灾区订单。

当海外供货受到边境检查的阻拦，纷纷延迟交货的时候，葛斯·帕戈尼斯及其同僚马上又启动了另一应急计划，优先处理航运集装箱的卸货和拆箱，尤其是要保证装载着已经对市场发布了广告的促销商品的集装箱，以保证各个店铺能够及时获得他们最急需的货品供应。

西尔斯救灾行动指挥中心持续运作了30天，在此之后，公司仍然严密监督其供应链的工作状况。葛斯·帕戈尼斯对其团队的应急准备状态颇具信心。他说："如果军人训练有素，那么即使在战斗白热化状态下，他们也能应对自如。商战一如血战，平时用心，关键时候自会得利。"

参考文献

[1] 日本综合研究所供应链研究部 . 供应链管理 [M]. 北京：中信出版社，2001.

[2] 何明珂 . 现代物流与配送中心：推动流通创新的趋势 [M]. 北京：中国商业出版社，1997.

[3] 刘志学 . 物流管理的发展沿革 [J]. 中国物资流通，2001（23）：28–29.

[4] 博宇 . 全球物流管理的十大趋势 [J]. 政策与建议，2000（6）：22–23.

[5] 翁心刚 . 浅论物流管理的发展 [J]. 中国流通经济，1999（4）：5–7.

[6] 曾前锋 . 物流管理案例与实训 [M].2 版 . 北京：机械工业出版社，2009.

[7] 张理 . 现代物流案例分析 [M].2 版 . 北京：中国水利水电出版社，2008.

[8] 何倩茵 . 物流案例与实训 [M]. 北京：机械工业出版社，2008.

[9] 王蓓彬 . 现代物流运输管理 [M]. 北京：人民交通出版社，2003.

[10] 周万森 . 物流运输配送管理 [M]. 北京：北京大学出版社，2005.

[11] 刘毅 . 物流运输作业实务 [M]. 北京：机械工业出版社，2006.

[12] 陆之清 . 营销渠道变革的作用机理研究 [J]. 商业时代，2004（8）：49–50.

[13] 吕一林 . 营销渠道决策与管理 [M]. 北京：首都经贸大学出版社，2002.

[14] 韩兆林，张晓燕 . 高科技企业分销渠道设计的模式与特征 [J]. 外国经济与管理，1999（12）：27–29.

[15] 程涵 . 电子商务时代的新渠道 [J]. 电子商务世界，2001（3）：31–32.

[16] 张继焦 . 分销链管理 [M]. 北京：中国物价出版社，2002.

[17] 马绍瑾 . 关于食品分销渠道策略创新的思考——分销渠道逆向重构策略 [J]. 重庆商院学报，2001（2）：62–64.

[18] 王海涛 . 快速消费品物流市场研究中 [D]. 武汉：武汉理工大学，2006.

[19] 李凤莲 . 恋日公司销售渠道管理 [D]. 北京：北京物资学院，2003.

[20] 马尔霍特拉 . 营销管理 [M]. 涂平，等译 . 北京：电子工业出版社，2002.

[21] 孙杰 . 我国家电销售物流渠道研究 [D]. 天津：天津科技大学，2006.

[22] 哈特利．市场营销成与败 [M]. 梁忠，等译．北京：中信出版社，2002.

[23] 斯特恩，等．市场营销渠道 [M]. 赵平，译．北京：清华大学出版社，2001.

[24] 科特勒．营销管理 [M]. 梅汝和，梅清豪，等译．北京：中国人民大学出版社，2004.

[25] 徐晓春．服装企业适应快速反应系统框架分析与研究 [D]. 青岛：青岛大学，2005.

[26] 曹英姿．基于快速反应能力的组织结构的演进 [D]. 南京：南京理工大学，2004.

[27] 彭振庆．雅芳中国有限公司销售渠道分析研究 [D]. 成都：西南交通大学，2004.

[28] 张远昌．销售物流与渠道建设 [M]. 北京：中国纺织出版社，2004.

[29] 李飞．分销渠道设计与管理 [M]. 北京：清华大学出版社，2003.

[30] 阮红波．企业物流系统与营销的匹配研究 [D]. 武汉：华中科技大学，2008.

[31] 余孝炉．协同环境下物流管理与市场营销关系整合的意义 [J]. 物流科技，2009，32（9）：109–111.

[32] 梁栋．市场营销视角下的企业物流管理刍议 [J]. 中国市场，2008（2）：20–21.

[33] 姜莉．企业物流与市场营销 [J]. 中国储运，2006（1）：92–93.

[34] 陈运娟，李艳红．浅析市场营销对物流的作用 [J]. 商场现代化，2009（8）：99–100.

[35] 李涤非．浅析物流与市场营销关系的协调 [J]. 内江科技，2005（6）：18.

[36] 李涤非．协调物流与市场营销的关系——提高企业竞争力 [J]. 中国科技信息，2005（17）：344+360.

[37] 刘鹏飞，谢如鹤．论物流与市场营销的关系 [J]. 商业研究，2007（2）：168–171+181.

[38] 王淑云．企业物流一体化研究 [J]. 烟台大学学报（哲学社会科学版），2003（3）：200–203.

[39] 曾剑，王景峰，邹敏．物流管理基础 [M]. 北京：机械工业出版社，2004.

[40] 希特，等．战略管理 [M]. 吕巍，等译．北京：机械工业出版社，2002.

[41] 郭咸刚．西方管理学说史 [M]. 北京：中国经济出版社，2003.

[42] 慕庆国．营销策略与物流的一体化 [J]. 销售与市场，1997（6）：64–65.

[43] 郑承志，刘宝．物流管理概论 [M]. 北京：电子工业出版社，2008.

[44] 王槐林，刘明菲．物流管理学 [M].2 版．武汉：武汉大学出版社，2010.

[45] 马士华 . 新编供应链管理 [M]. 北京：中国人民大学出版社，2008.

[46] 宋华，苟彦忠 . 现代物流管理 [M]. 北京：中国人民大学出版社，2008.

[47] 冯耕中，刘伟华 . 物流与供应链管理 [M]. 北京：中国人民大学出版社，2010.

[48] 骆温平 . 物流与供应链管理 [M].2 版 . 北京：电子工业出版社，2008.

[49] 范庆玉 . 现代物流管理概论 [M]. 上海：立信会计出版社，2008.

[50] 王道平，杨建华 . 供应链物流信息系统 [M]. 北京：电子工业出版社，2008.

[51] 易华 . 物流成本管理 [M]. 北京：清华大学出版社，2005.

[52] 马士华，林勇 . 供应链管理 [M]. 北京：机械工业出版社，2010.